中国工业经济统计年鉴

2012

CHINA INDUSTRY ECONOMY STATISTICAL YEARBOOK

国家统计局工业统计司 编

中国统计出版社
China Statistics Press

图书在版编目（CIP）数据

2012 中国工业经济年鉴 / 国家统计局工业统计司编. -- 北京 : 中国统计出版社, 2012.10
ISBN 978-7-5037-6727-2

Ⅰ. ①2… Ⅱ. ①国… Ⅲ. ①工业经济－中国－2012－年鉴 Ⅳ. ① F42-54

中国版本图书馆 CIP 数据核字(2012)第 245358 号

2012 中国工业经济统计年鉴

作　者/国家统计局工业统计司
责任编辑/胡文华
封面设计/李雪燕
出版发行/中国统计出版社
通信地址/北京市丰台区西三环南路甲 6 号　邮政编码/100073
电　话/邮购（010）63376909 书店（010）68783171
网　址/http://csp.stats.gov.cn
印　刷/河北天普润印刷厂
经　销/新华书店
开　本/880×1230mm　1/16
印　张/24.5
字　数/770 千字
版　别/2012 年 11 月第 1 版
版　次/2012 年 11 月第 1 次印刷
定　价/198.00 元

如有印装差错，由本社发行部调换。

《2012中国工业经济统计年鉴》

编委会和编辑人员

编者说明

一、《2012中国工业经济统计年鉴》是一部全面反映中华人民共和国工业经济发展情况的资料性年刊。本书收录了2011年全国各类工业行业和各省、自治区、直辖市工业经济各方面的统计数据,以及部分重要历史数据。

二、全书包括五部分内容，分为综合、中国工业经济的发展、中国工业经济的行业结构、中国工业经济的地区布局及附录。可供各级领导、广大经济工作者、经济理论研究人员、企业管理人员了解和研究我国工业经济发展情况使用和参考。

三、本书所涉及的全国工业统计数据，均未包括港、澳、台的数据。1997年及以前，我国工业统计范围按隶属关系划分，1998年及以后年份改变为按企业规模划分。本书1998年至2006年为全部国有和年主营业务收入500万元及以上非国有工业企业;2007年至2010年为年主营业务收入500万元及以上的工业企业（即规模以上工业企业）;2011年开始，为年主营业务收入2000万元及以上的工业企业（即规模以上工业企业）。

四、东部、中部、西部、东北地区划分标准如下:

东部地区包括：北京、天津、河北、上海、江苏、浙江、福建、山东、广东和海南。

中部地区包括：山西、安徽、江西、河南、湖北和湖南。

西部地区包括：内蒙古、广西、重庆、四川、贵州、云南、西藏、陕西、甘肃、青海、宁夏和新疆。

东北地区包括：辽宁、吉林和黑龙江。

五、本书资料中工业行业分类按2002年《国民经济行业分类》标准划分；企业大中小微型划分按2011年《统计上大中小微型企业划分办法》标准执行。

目　　录

一、综合

二、中国工业经济的发展

三、中国工业经济的行业结构

四、中国工业经济的地区布局

五、附录

一 综合

1-1 国民经济和社会发展总量

指　　标		1978	1990	2000	2010	2011
人口与就业						
人口	**(万人)**					
总人口(年末)		96259	114333	126743	134091	134735
男性人口		49567	58904	65437	68748	69068
女性人口		46692	55429	61306	65343	65667
城镇人口		17245	30195	45906	66978	69079
乡村人口		79014	84138	80837	67113	65656
就业	**(万人)**					
就业人员数		40152	64749	72085	76105	76420
城镇登记失业人数		530	383	595	908	922
宏观经济						
国民经济核算	**(亿元)**					
国民总收入		3645.2	18718.3	98000.5	399759.5	472115.0
国内生产总值		3645.2	18667.8	99214.6	401512.8	472881.6
第一产业		1027.5	5062.0	14944.7	40533.6	47486.2
第二产业		1745.2	7717.4	45555.9	187383.2	220412.8
第三产业		872.5	5888.4	38714.0	173596.0	204982.5
支出法国内生产总值		3605.6	19347.8	98749.0	402816.5	465731.3
最终消费支出		2239.1	12090.5	61516.0	194115.0	228561.3
居民消费		1759.1	9450.9	45854.6	140758.6	164945.2
政府消费		480.0	2639.6	15661.4	53356.3	63616.1
资本形成总额		1377.9	6747.0	34842.8	193603.9	225006.7
固定资本形成总额		1073.9	4827.8	33844.4	183615.2	213043.1
存货增加		304.0	1919.2	998.4	9988.7	11963.5
货物和服务净出口		-11.4	510.3	2390.2	15097.6	12163.3
固定资产投资						
全社会固定资产投资总额	(亿元)		4517.0	32917.7	251683.8	311485.1
城　镇			3274.4	26221.8	243797.8	302396.1
#房地产开发			253.3	4984.1	48259.4	61796.9
全社会施工房屋建筑面积(万平方米)			137171	265294	885173	1035519
全社会竣工房屋建筑面积(万平方米)			107952	181974	304306	329073
消费						
社会消费品零售总额	(亿元)	1559	8300	39106	156998	183919
对外贸易						
货物进出口总额	(亿美元)	206.4	1154.4	4742.9	29740.0	36418.6
出口额		97.5	620.9	2492.0	15777.5	18983.8
进口额		108.9	533.5	2250.9	13962.4	17434.8
实际利用外资额	**(亿美元)**					
外商直接投资			34.9	407.2	1057.4	1160.1
外商其他投资			2.7	86.4	30.9	16.9
财政	**(亿元)**					
国家财政收入		1132.3	2937.1	13395.2	83101.5	103874.4
中　央		175.8	992.4	6989.2	42488.5	51327.3
地　方		956.5	1944.7	6406.1	40613.0	52547.1
国家财政支出		1122.1	3083.6	15886.5	89874.2	109247.8
中　央		532.1	1004.5	5519.9	15989.7	16514.1
地　方		590.0	2079.1	10366.7	73884.4	92733.7

1-1 续表 1

指 标	1978	1990	2000	2010	2011
物价总指数(上年=100)					
居民消费价格指数	100.7	103.1	100.4	103.3	105.4
商品零售价格指数	100.7	102.1	98.5	103.1	104.9
农产品生产价格指数	103.9	97.4	96.4	110.9	116.5
工业生产者出厂价格指数	100.1	104.1	102.8	105.5	106.0
工业生产者购进价格指数		105.6	105.1	109.6	109.1
固定资产投资价格指数			101.1	103.6	106.6
能源生产与消费 (万吨标准煤)					
能源生产总量	62770	103922	135048	296916	317987
能源消费总量	57144	98703	145531	324939	348002
产 业					
农业					
农林牧渔业总产值 (亿元)	1397.0	7662.1	24915.8	69319.8	81303.9
主要农产品产量 (万吨)					
粮 食	30476.5	44624.3	46217.5	54647.7	57120.8
棉 花	216.7	450.8	441.7	596.1	658.9
油 料	521.8	1613.2	2954.8	3230.1	3306.8
甘 蔗	2111.6	5762.0	6828.0	11078.9	11443.4
甜 菜	270.2	1452.5	807.3	929.6	1073.1
茶 叶	26.8	54.0	68.3	147.5	162.3
水 果	657.0	1874.4	6225.1	21401.4	22768.2
肉 类			6013.9	7925.8	7957.8
奶 类			919.1	3748.0	3810.7
水产品	465.4	1237.0	3706.2	5373.0	5603.2
工业					
主要工业产品产量					
原 煤 (亿吨)	6.18	10.80	13.84	32.35	35.20
原 油 (万吨)	10405	13831	16300	20241	20288
天然气 (亿立方米)	137	153	272	948	1027
成品糖 (万吨)	227	582	700	1118	1187
布 (亿米)	110	189	277	800	814
水 泥 (万吨)	6524	20971	59700	188191	209926
粗 钢 (万吨)	3178	6635	12850	63723	68528
钢 材 (万吨)	2208	5153	13146	80277	88620
家用电冰箱 (万台)	2.8	463	1279	7296	8699
房间空气调节器 (万台)	0.02	24	1827	10887	13913
家用洗衣机 (万台)	0.04	663	1443	6248	6716
彩色电视机 (万台)	0.38	1033	3936	11830	12231
发电量 (亿千瓦小时)	2566	6212	13556	42072	47130
规模以上工业企业					
主要指标 (亿元)					
工业总产值			85674	698591	844269
资产总计			126211	592882	675797
主营业务收入			84152	697744	841830
利润总额			4393	53050	61396
建筑业					
建筑业企业从业人员 (万人)		1011	1994	4160	3852
建筑业总产值 (亿元)		1345	12498	96031	117060

1-1 续表 2

指　　标		1978	1990	2000	2010	2011
交通运输业						
客运量	(万人)	253993	772682	1478573	3269508	3526319
铁　路		81491	95712	105073	167609	186226
公　路		149229	648085	1347392	3052738	3286220
水　运		23042	27225	19386	22392	24556
民　航		231	1660	6722	26769	29317
货运量	(万吨)	248946	970602	1358682	3241807	3696961
铁　路		110119	150681	178581	364271	393263
公　路		85182	724040	1038813	2448052	2820100
水　运		43292	80094	122391	378949	425968
民　航		6	37	197	563	557
管　道		10347	15750	18700	49972	57073
沿海规模以上港口货物吞吐量	(万吨)	19834	48321	125603	548358	616292
邮电通信业						
邮电业务总量	(亿元)	34.1	155.5	4792.7	31978.5	13333.5
函　件	(亿件)	28.4	54.9	77.7	74.0	73.8
报刊期发数	(万份)	11250	20078	20090	17158	15008
移动电话年末用户	(万户)		1.8	8453.3	85900.3	98625.3
固定电话年末用户	(万户)	192.5	685.0	14482.9	29434.2	28509.8
城市		119.2	538.4	9311.6	19658.1	19121.7
农村		73.4	146.6	5171.3	9776.1	9388.1
公用电话	(万户)	1.2	4.6	352.0	2595.9	2468.3
局用交换机容量	(万门)	405.9	1231.8	17825.6	46537.3	43428.4
旅游业						
入境旅游过夜游客	(万人次)	71.6	1048.4	3122.9	5566.5	5758.1
国际旅游外汇收入	(亿美元)	2.6	22.2	162.2	458.1	484.6
金融业	**(亿元)**					
金融机构人民币各项存款余额		1155	13943	123804	718238	809368
金融机构人民币各项贷款余额		1890	17511	99371	479196	547947
股票筹资额				2103	11972	5814
保险公司保费金额				1598	14528	14339
保险公司赔款及给付金额				526	3200	3929
教育、科技、文化						
教育						
专任教师数	(万人)					
#普通高等学校		20.6	39.5	46.3	134.3	139.3
普通中学		318.2	303.3	400.5	504.2	508.0
普通小学		522.6	558.2	586.0	561.7	560.5
在校学生数	(万人)					
#普通高等学校		85.6	206.3	556.1	2231.8	2308.5
普通中学		6548.3	4586.0	7368.9	7703.2	7519.0
普通小学		14624.0	12241.4	13013.3	9940.7	9926.4
教育经费支出	(亿元)			3849.1	19561.8	
科技	**(亿元)**					
研究与试验发展经费支出				895.7	7062.6	8687.0
技术市场成交额			75.1	650.8	3906.6	4764.0
文化						
图书出版总印数	(亿册、亿张)	37.7	56.4	62.7	71.7	77.1
电视节目制作时间	(万小时)		9.2	58.5	274.3	295.0
故事片产量	(部)	46	134	91	526	558

1-1　续表 3

指　　标	1978	1990	2000	2010	2011
家庭生活					
规模　（人）					
城镇居民平均每户家庭人口		3.50	3.13	2.88	2.87
农村居民平均每户常住人口		4.80	4.20	3.95	3.90
婚姻　（万对）					
结婚登记总数	597.8	951.1	848.5	1241.0	1302.4
离婚数	28.5	80.0	121.3	267.8	287.4
居住　（平方米）					
城镇人均住房建筑面积				31.6	32.7
农村人均住房面积	8.1	17.8	24.8	34.1	36.2
生活					
城镇居民人均可支配收入　（元）	343	1510	6280	19109	21810
农村居民人均纯收入　（元）	134	686	2253	5919	6977
城乡人民币储蓄存款余额(亿元)	211	7120	64332	303303	343636
社会保险　（亿元）					
社会保险基金收入		187	2645	18823	24043
社会保险基金支出		152	2386	14819	18055
卫生					
医院　（个）	9293	14377	16318	20918	21979
执业(助理)医师　（万人）	97.8	176.3	207.6	241.3	246.6
医院床位数　（万张）	110.0	186.9	216.7	338.7	370.5
城市市政建设					
年供水总量　（亿吨）	78.8	382.3	469.0	507.9	513.4
人工煤气供气量　（亿立方米）		174.7	152.4	279.9	84.7
天然气供气量　（亿立方米）		64.2	82.1	487.6	678.8
年末实有道路长度　（万公里）	2.7	9.5	16.0	29.4	30.9
排水管道长度　（万公里）	2.0	5.8	14.2	37.0	41.4
年末公共交通车辆运营数(万辆)	2.6	6.2	22.6	38.3	41.3
城市绿地面积　（万公顷）	8.2	47.5	86.5	213.4	224.3
环境、灾害					
化学需氧量排放量　（万吨）					2500
二氧化硫排放量　（万吨）					2218
交通事故发生数　（起）		250244	616971	219521	210812
交通事故直接财产损失（万元）		35362	263290	92634	107873
火灾发生数　（起）		57302	189185	132497	125417
火灾直接经济损失　（万元）		51182	152217	195945	205743

注：1.本表价值指标除邮电业务总量按不变价格计算外，其余均按当年价格计算。邮电业务总量2000年及以前按1990年不变价格计算，以后按2000年不变价格计算。

2.2011年起，固定资产投资除房地产投资、农村个人投资外，统计起点由50万元提高至500万元，城镇固定资产投资数据发布口径改为固定资产投资(不含农户)。固定资产投资(不含农户)等于原口径的城镇固定资产投资加上农村企事业组织的项目投资。为便于比较，2010年数据作了相应调整（以下有关各表同)。

1-2　全国规模以上工业企业基本情况

指　　标	2011	2010	2011年比2010年	
			增长量	增长率(%)
规模以上工业企业				
企业单位数(个)	**325609**	**452872**	**-127263**	**-28.10**
内资企业	268393	378827	-110434	-29.15
港澳台商投资企业	25952	34069	-8117	-23.83
外商投资企业	31264	39976	-8712	-21.79
工业总产值(当年价)(亿元)	**844268.79**	**698591**	**145678**	**20.85**
内资企业	625851.59	508673	117179	23.04
港澳台商投资企业	77529.31	65358	12171	18.62
外商投资企业	140887.88	124560	16328	13.11
资产合计(亿元)	**675796.86**	**592882**	**82915**	**13.99**
内资企业	513809.13	444330	69479	15.64
港澳台商投资企业	59954.15	52495	7459	14.21
外商投资企业	102033.59	96057	5977	6.22
主营业务收入(亿元)	**841830.24**	**697744**	**144086**	**20.65**
内资企业	625525.94	509015	116511	22.89
港澳台商投资企业	76367.53	64893	11475	17.68
外商投资企业	139936.77	123836	16101	13.00
利润总额(亿元)	**61396.33**	**53050**	**8346**	**15.73**
内资企业	45902.11	38030	7872	20.70
港澳台商投资企业	5521.08	5113	408	7.98
外商投资企业	9973.14	9906	67	0.68
全部从业人员年平均人数(万人)	**9167.29**	**9545**	**-377**	**-3.95**
内资企业	6593.15	6899	-306	-4.43
港澳台商投资企业	1204.89	1235	-30	-2.45
外商投资企业	1369.25	1411	-41	-2.92

注：规模以上工业企业统计范围2010年为年主营业务收入在500万元及以上的工业企业;2011年为年主营业务收入在2000万元及以上的工业企业。

1-3 全国规模以上工业企业单位数及比重

指　　标	2011		2010	
	企业单位数 (个)	占全国比重 (%)	企业单位数 (个)	占全国比重 (%)
全国总计	**325609**	**100**	**452872**	**100**
在总计中:				
国有及国有控股	17052	5.24	20253	4.47
按注册登记类型分				
内资企业	268393	82.43	378827	83.65
国有企业	6707	2.06	8726	1.93
集体企业	5365	1.65	9166	2.02
股份合作企业	2415	0.74	4481	0.99
联营企业	506	0.16	704	0.16
有限责任公司	58626	18.01	70078	15.47
股份有限公司	8563	2.63	9562	2.11
私营企业	180612	55.47	273259	60.34
港澳台商投资企业	25952	7.97	34069	7.52
外商投资企业	31264	9.60	39976	8.83
按轻重分				
轻工业	131403	40.36	188040	41.52
重工业	194206	59.64	264832	58.48
按企业规模分				
大型企业	9111	2.80	3742	0.83
中型企业	52236	16.04	42906	9.47
小型企业	256319	78.72	406224	89.70
微型企业	7943	2.44		
按门类分				
采矿业	16805	5.16	20703	4.57
制造业	301489	92.59	422532	93.30
电力燃气及水的生产和供应业	7315	2.25	9637	2.13
按地区分				
东部地区	159002	48.83	291092	64.28
中部地区	64026	19.66	77923	17.21
西部地区	77132	23.69	49248	10.87
东北地区	25449	7.82	34609	7.64

1-4 全国规模以上工业企业资产合计及比重

指标	2011		2010	
	资产合计（亿元）	占全国比重（%）	资产合计（亿元）	占全国比重（%）
全国总计	**675796.86**	**100.00**	**592881.89**	**100.00**
在总计中:				
国有及国有控股	281678.87	41.68	247759.86	41.79
按注册登记类型分				
内资企业	513809.13	76.03	444329.57	74.94
国有企业	88753.63	13.13	79887.93	13.47
集体企业	5422.61	0.80	5473.44	0.92
股份合作企业	2750.2	0.41	2628.51	0.44
联营企业	1507.82	0.22	1421.73	0.24
有限责任公司	196338.02	29.05	168138.92	28.36
股份有限公司	84259.03	12.47	68098.8	11.49
私营企业	127749.86	18.90	116867.83	19.71
港澳台商投资企业	59954.15	8.87	52495.36	8.85
外商投资企业	102033.59	15.10	96056.96	16.20
按轻重分				
轻工业	155704.16	23.04	137815.16	23.24
重工业	520092.7	76.96	455066.73	76.76
按企业规模分				
大型企业	342998.91	50.75	236257	39.85
中型企业	162942.05	24.11	191194.55	32.25
小型企业	165789.51	24.53	165430.34	27.90
微型企业	4066.39	0.60		
按门类分				
采矿业	69568.02	10.29	57600.82	9.72
制造业	513301.65	75.96	450033.63	75.91
电力燃气及水的生产和供应	92927.19	13.75	85247.43	14.38
按地区分				
东部地区	311671.06	46.12	337319.61	56.89
中部地区	119215.00	17.64	100474.35	16.95
西部地区	189675.79	28.07	105343.82	17.77
东北地区	55235.01	8.17	49744.10	8.39

1-5　全国规模以上工业企业主营业务收入及比重

指　　标	2011		2010	
	主营业务收入（亿元）	占全国比重（%）	主营业务收入（亿元）	占全国比重（%）
全国总计	**841830.24**	**100.00**	**697744.00**	**100.00**
在总计中：				
国有及国有控股	228900.13	27.19	194339.68	27.85
按注册登记类型分				
内资企业	625525.94	74.31	509014.59	72.95
国有企业	69029.97	8.20	58956.9	8.45
集体企业	11148.26	1.32	10335.31	1.48
股份合作企业	3936.22	0.47	3755.8	0.54
联营企业	1618.47	0.19	1201.16	0.17
有限责任公司	198771.63	23.61	159709.42	22.89
股份有限公司	83554.20	9.93	64414.2	9.23
私营企业	247277.89	29.37	207838.22	29.79
港澳台商投资企业	76367.53	9.07	64893.3	9.30
外商投资企业	139936.77	16.62	123836.11	17.75
按轻重分				
轻工业	234307.06	27.83	197073.87	28.24
重工业	607523.18	72.17	500670.13	71.76
按企业规模分				
大型企业	358893.16	42.63	238016.82	34.11
中型企业	195162.68	23.18	200996.9	28.81
小型企业	283400.11	33.66	258730.27	37.08
微型企业	4374.30	0.52		
按门类分				
采矿业	61096.45	7.26	47234.08	6.77
制造业	729263.68	86.63	606299.6	86.89
电力燃气及水的生产和供应业	51470.11	6.11	44210.32	6.34
按地区分				
东部地区	403567.37	47.94	428033.51	61.35
中部地区	160799.69	19.10	121112.04	17.36
西部地区	206417.72	24.52	90002.37	12.90
东北地区	71045.46	8.44	58596.07	8.40

1-6 全国规模以上工业企业利润总额及比重

指标	2011		2010	
	利润总额 (亿元)	占全国比重 (%)	利润总额 (亿元)	占全国比重 (%)
全国总计	**61396.33**	**100**	**53049.66**	**100**
在总计中:				
国有及国有控股	16457.57	26.81	14737.65	27.78
按注册登记类型分				
内资企业	45902.11	74.76	38030.12	71.69
国有企业	3567.45	5.81	3302.77	6.23
集体企业	864.44	1.41	805.66	1.52
股份合作企业	375.05	0.61	319.02	0.60
联营企业	111.34	0.18	69.9	0.13
有限责任公司	14259.97	23.23	11986.83	22.60
股份有限公司	7647.56	12.46	6203.22	11.69
私营企业	18155.52	29.57	15102.5	28.47
港澳台商投资企业	5521.08	8.99	5113.44	9.64
外商投资企业	9973.14	16.24	9906.11	18.67
按轻重分				
轻工业	17197.25	28.01	15018.54	28.31
重工业	44199.08	71.99	38031.12	71.69
按企业规模分				
大型企业	26433.71	43.05	17630.35	33.23
中型企业	15310.06	24.94	17346.83	32.70
小型企业	19438.93	31.66	18072.48	34.07
微型企业	213.63	0.35		
按门类分				
采矿业	11245.15	18.32	8216	15.49
制造业	47843.09	77.92	42550.45	80.21
电力燃气及水的生产和供应业	2308.09	3.76	2282.71	4.30
按地区分				
东部地区	27872.87	45.40	30408.69	57.32
中部地区	11992.90	19.53	9735.8	18.35
西部地区	16396.73	26.71	8441.79	15.91
东北地区	5133.83	8.36	4463.38	8.41

1-7 按人口平均的工业总产值和主要产品产量

年 份	工 业 总产值 (元)	轻工业总产值	重工业总产值	布 (米)	成品糖 (公斤)	原煤 (吨)	原油 (公斤)	发电量 (千瓦小时)	粗钢 (公斤)
1957	109	60	49	7.8	1.3	0.20	2.3	29.9	8.3
1958	164	76	88	9.8	1.4	0.41	3.4	41.7	12.1
1959	221	92	129	11.3	1.6	0.55	5.6	62.9	20.6
1960	247	83	165	8.2	10.7	0.60	7.9	89.7	28.2
1961	161	68	93	4.7	0.6	0.42	8.1	72.9	13.2
1962	137	64	72	3.8	0.5	0.33	8.5	68.1	9.9
1963	144	64	79	4.8	0.6	0.31	9.4	70.8	11.0
1964	165	73	92	6.7	1.5	0.30	12.0	79.4	13.7
1965	193	100	94	8.7	2.0	0.32	15.6	93.2	16.9
1966	218	107	111	9.8	2.1	0.34	19.5	110.7	20.6
1967	181	96	85	8.6	1.9	0.27	18.2	101.4	13.5
1968	164	88	76	8.2	1.9	0.28	20.4	91.2	11.5
1969	206	104	103	10.2	1.5	0.33	26.9	116.5	16.5
1970	251	116	135	11.0	1.6	0.43	36.9	139.7	21.4
1971	283	122	162	10.0	1.7	0.47	46.9	164.5	25.3
1972	294	126	168	9.7	1.8	0.48	53.0	176.8	27.1
1973	313	136	177	9.9	2.2	0.47	60.8	189.1	28.6
1974	307	137	171	9.0	2.0	0.46	72.0	187.5	23.5
1975	347	153	194	10.3	1.9	0.53	84.1	213.7	26.1
1976	350	155	195	9.5	1.8	0.52	93.7	218.2	22.0
1977	392	172	220	10.8	1.9	0.58	99.3	236.8	25.2
1978	440	190	250	11.5	2.4	0.65	108.8	268.4	33.2
1979	480	210	270	12.5	2.6	0.66	109.5	291.0	35.6
1980	522	246	276	13.7	2.6	0.63	108.0	306.3	37.8
1981	540	278	262	14.4	3.2	0.63	101.8	311.2	35.8
1982	572	287	285	15.2	3.4	0.66	101.2	324.9	36.8
1983	629	305	324	14.5	3.7	0.70	103.7	343.4	39.1
1984	733	347	386	13.2	3.7	0.76	110.5	363.6	41.9
1985	925	439	486	14.0	4.3	0.83	118.8	390.8	44.5
1986	1051	500	550	15.4	4.9	0.84	122.5	421.4	48.9
1987	1278	616	662	16.0	4.7	0.86	123.7	458.7	51.9
1988	1663	819	843	17.1	4.2	0.89	124.4	494.9	53.9
1989	1980	968	1012	16.9	4.5	0.94	123.0	522.8	55.1
1990	2092	1023	1059	16.6	5.1	0.95	121.8	547.2	58.4
1991	2439	1192	1247	15.8	5.6	0.94	122.5	588.7	61.7
1992	3163	1493	1671	16.4	7.1	0.96	122.0	647.1	69.5
1993	4446	1956	2490	17.2	6.5	0.98	123.2	712.4	76.0
1994	6453	3038	3415	17.7	5.0	1.04	122.6	778.7	77.7
1995	6795	3212	3583	21.6	4.6	1.13	124.5	835.8	79.1
1996	8138	3917	4221	17.2	5.3	1.15	129.2	888.1	83.2
1997	9200	4506	4694	20.2	5.7	1.13	130.7	923.2	88.6
1998	9538	4701	4837	19.4	6.7	1.07	129.6	939.7	93.1
1999	10016	4928	5088	20.0	6.9	1.09	127.7	989.3	99.2
2000	6767	2693	4074	21.9	5.5	1.10	129.1	1073.6	101.8
2001	7478	2949	4530	22.8	5.1	1.16	128.9	1164.3	119.2
2002	8621	3374	5247	25.2	7.2	1.21	130.4	1291.8	142.4
2003	11009	3907	7102	27.4	8.4	1.42	131.6	1482.9	172.6
2004	15519	4910	10609	37.2	8.0	1.64	135.7	1700.0	218.3
2005	19237	5985	13252	37.2	7.0	1.80	139.1	1917.8	270.9
2006	24085	7215	16869	45.7	7.2	1.93	140.9	2185.9	319.7
2007	30665	9055	21610	51.2	9.6	2.04	141.4	2490.0	371.3
2008	38199	10951	27248	54.6	10.8	2.12	143.8	2639.0	379.8
2009	41080	12100	28980	56.6	10.1	2.23	142.3	2790.3	429.8
2010	52098	14921	37177	59.8	8.4	2.42	151.3	3145.1	476.4
2011	62812	17684	45127	60.6	8.8	2.62	150.9	3506.4	509.8

注：1.2000年及以后年份工业总产值口径为规模以上工业企业。
2.工业总产值按当年价格计算。
3.2004年、2008年产品产量为全国经济普查数据。

1-8　工业职工平均

指　　标	计算单位	1978	1980	1985	1990	1995	1998
工业总产值	亿元	11.60	14.10	26.60	65.50	251.80	185.58
利润和税金	亿元	2.50	2.90	4.60	5.30	13.80	15.13
纱	万吨	0.65	0.80	0.97	1.27	1.49	1.48
布	亿米	0.03	0.37	0.40	0.52	0.71	0.66
绒线(俗称毛线)	吨	104.0	157.0	345.0	652.0	1408.0	841.1
毛机织物(呢绒)	万米	24.34	27.66	59.77	80.84	179.20	73.36
丝织品	万米	167.4	207.9	397.0	469.1	1825.0	1027.1
机制纸及纸板	万吨	1.20	1.47	2.50	3.76	7.70	5.82
缝纫机	万架	1.33	2.10	2.72	2.08	2.66	1.56
两轮脚踏自行车	万辆	2.34	3.57	8.84	8.61	12.25	6.34
原盐	万吨	5.35	4.73	4.05	5.54	8.16	6.14
成品糖	万吨	0.62	0.70	1.24	1.59	1.53	2.26
卷烟	万箱	3.24	4.16	6.49	9.03	9.55	9.24
罐头	万吨	0.13	0.16	0.39	0.43	0.85	0.43
收音机	万台	3.20	8.23	4.38	5.76	22.48	7.79
彩色电视机	万台	0.14	0.68	4.57	7.36	9.58	11.73
家用电冰箱	台	76.70	134.2	3967	12687	22068	29041
家用洗衣机	台	1.10	672.1	24307	18156	25984	33077
家用电风扇	万台	0.38	1.98	8.70	15.89	35.53	18.42
原煤	万吨	169.0	170.0	239.0	296.0	373.0	342.5
原油	万吨	28.51	29.03	34.22	37.89	41.11	44.11
天然气	亿立方米	0.38	0.39	0.35	0.42	0.49	0.64
发电量	亿千瓦小时	7.03	8.24	11.25	17.02	27.59	31.97
生铁	万吨	9.53	10.42	12.01	17.09	28.85	32.50
粗钢	万吨	8.71	10.17	12.82	18.18	26.13	31.67
钢材	万吨	6.05	7.44	10.12	14.12	24.60	29.42
水泥	万吨	17.87	21.88	39.99	57.45	130.30	140.44
平板玻璃	万重量箱	4.89	6.76	13.54	22.10	43.10	47.11
硫酸(折100%)	万吨	1.81	2.09	1.85	3.28	4.96	5.95
纯碱	万吨	0.36	0.44	0.55	1.04	1.64	2.04
烧碱(折100%)	万吨	0.45	0.53	0.64	0.92	1.46	1.48
农用化肥(折纯)	万吨	2.38	3.38	3.62	5.15	6.98	8.25
金属切削机床	台	502	366	458	368	557	326
汽车	辆	408	609	1198	1408	3980	4466
大中型拖拉机	台	311	268	123	108	173	186
小型拖拉机	台	888	597	2253	3018	5652	5134

注：1.工业总产值按当年价格计算；利润和税金1998年以前为乡及乡以上独立核算工业企业的数字，1998年以后为规模以上工业企业口径。
2.成品糖1997年及以前名称为糖，1998～2004年名称为机制糖。
3.卷烟2003年及以前计量单位为万箱。
4.2008年为经济普查数据。

每天创造的财富

1999	2000	2001	2002	2003	2004	2005	2006	2007	2008	2009	2010	2011
199.20	234.72	261.50	303.50	389.78	552.66	689.37	867.37	1110.07	1389.82	1502.22	1913.95	2313.07
18.36	26.06	28.23	32.94	43.49	58.79	72.11	93.04	124.87	149.40	167.20	237.55	274.98
1.55	1.8	2.08	2.33	2.69	3.54	3.97	4.78	5.67	5.95	6.56	7.44	7.86
0.47	0.62	0.79	0.88	0.97	1.32	1.33	1.64	1.85	1.98	2.06	2.19	2.23
997.5	1159.5	1266	1411	1801	1692.60	1060.27	1110.96	982.00	1044.66	891.78	819.17	832.88
74.84	76.25	93.98	89.56	121.36	223.81	90.30	121.87	149.45	232.99	135.63	155.15	142.02
1062.7	1025.5	1282.5	1463.4	1733.60	443.79	2129.81	2251.22	2379.54				
5.92	6.81	10.34	12.79	13.27	14.83	17.00	18.80	21.35	23.03	24.56	26.94	30.17
1.32	1.39	1.5	1.89	2.18	3.08	2.70	3.24	3.80	3.80	2.80	3.36	
6.57	7.96	7.95	10.84	14.94	21.66	18.91	21.61	20.48	19.69	15.77	18.68	19.64
7.70	8.57	9.34	9.87	9.42	68.50	68.50	15.52	16.90	18.26	18.25	19.28	18.47
2.33	1.92	1.74	2.54	2.97	2.83	2.50	2.60	3.48	3.92	3.67	3.06	3.25
9.04	9.31	9.32	9.50	9.81	51.33	53.12	55.39	58.74	60.82	62.74	65.08	67.05
0.46	0.49	0.79	1.03	1.19	1.46	1.37	1.41	1.65	2.10	2.22	2.69	3.00
7.55	8.09	8.52	9.24	13.17	22.03	14.22	16.72	16.69				
12.29	12.33	12.63	15.91	20.62	23.20	25.00	24.79	23.96	25.17	27.12	32.41	33.51
32859	35041	37021	43805	61444	82400	81837	96737	120460	131505	162478	199882	238334
36772	39534	36756	43719	53820	69408	83165	97548	109730	121836	136264	171170	183998
16.87	20.99	26.34	29.48	35.56	38.82	32.94	39.63	42.30	43.47	43.71	49.50	51.63
287.1	273.4	318	378	457.0	545.84	604.04	650.07	692.05	767.72	814.52	886.30	964.38
43.90	44.66	44.92	45.75	46.47	48.18	49.69	50.62	51.05	52.17	51.91	55.62	55.58
0.69	0.75	0.83	0.89	0.96	1.14	1.35	1.60	1.90	2.20	2.34	2.60	2.81
32.84	37.14	40.56	45.32	52.34	60.36	68.50	78.51	89.91	95.77	101.77	115.26	129.12
34.35	35.89	42.61	46.81	58.54	73.51	94.18	113.00	130.55	131.03	151.46	163.65	175.48
33.96	35.21	41.54	49.96	60.91	77.51	96.78	114.84	134.05	137.82	156.76	174.58	187.75
32.68	36.01	44.02	52.74	66.05	87.60	103.48	128.47	154.96	165.64	190.15	219.94	242.79
149.09	163.56	181.1	198.63	236.19	264.88	292.84	338.84	372.92	390.02	450.40	515.59	575.14
45.99	50.28	57.43	64.23	75.90	101.44	110.17	127.60	147.72	164.08	160.48	181.73	216.73
6.16	6.65	7.38	8.36	9.23	10.76	12.45	13.79	14.83	13.97	16.33	19.43	20.50
2.10	2.28	2.5	2.83	3.10	3.66	3.89	4.28	4.81	5.08	5.33	5.57	6.29
1.59	1.83	2.15	2.41	2.59	2.85	3.40	4.14	4.82	5.28	5.02	6.11	6.78
8.74	8.73	9.26	10.39	10.63	13.16	14.19	14.64	15.96	16.52	17.49	17.36	17.02
390	484	701	845	838	1335	1401	1570	1772	1965	1604	1910	2430
5354	5671	6416	8907	12100	13948	15630	19942	24353	25496	37795	50042	50456
173	112	105	124	134	312	447	546	556	779	1017	1051	1101
5631	5299	5273	5055	5108	5315	5507	5247	5857	4816	5221	6249	6501

二　中国工业经济的发展

2-1 各种经济类型工业企业和生产单位数

单位：万个

年 份	企业单位数	#大中型企业	1.国有经济	2.集体经济	3.其他经济
1957	16.95		4.96	11.90	
1958	26.30		11.90	14.40	
1959	31.84		9.88	21.96	
1960	25.40		9.60	15.80	
1961	21.71		7.06	14.65	
1962	19.74		5.30	14.44	
1963	17.02		4.73	12.29	
1964	16.11		4.51	11.60	
1965	15.77		4.59	11.18	
1970	19.51	0.40	5.74	13.77	
1971	21.04	0.45	6.42	14.62	
1972	21.96	0.47	6.80	15.16	
1973	23.08	0.50	6.94	16.14	
1974	24.11	0.53	7.16	16.95	
1975	26.29	0.57	7.50	18.79	
1976	29.36	0.60	7.83	21.63	
1977	32.27	0.66	8.21	24.06	
1978	34.84	0.44	8.37	26.47	
1979	35.50	0.45	8.38	27.12	
1980	37.73	0.47	8.34	29.35	0.04
1981	38.15	0.50	8.42	29.68	0.05
1982	38.86	0.54	8.60	30.19	0.07
1983	39.25	0.59	8.71	30.46	0.08
1984	43.72	0.63	8.41	35.21	0.10
1985	46.32	0.79	9.37	36.78	0.17
1986	49.93	0.88	9.68	40.04	0.21
1987	49.36	0.99	9.76	39.21	0.39
1988	50.00	1.08	9.91	39.54	0.55
1989	50.54	1.23	10.23	39.59	0.72
1990	50.44	1.35	10.44	39.11	0.88
1991	50.48	1.45	10.48	38.92	1.08
1992	50.21	1.70	10.33	38.45	1.42
1993	52.01	1.88	10.47	38.33	3.21
1994	53.18	2.04	10.22	38.51	4.45
1995	59.21	2.30	11.80	41.36	6.05
1996	57.88	2.39	11.38	39.48	7.02
1997	53.44	2.40	9.86	35.79	7.79
1998	16.51	2.34	6.47	4.77	5.27
1999	16.20	2.22	5.07	4.26	6.87
2000	16.29	2.17	5.35	3.78	7.16
2001	17.13	2.30	4.68	3.10	9.35
2002	18.16	2.33	4.11	2.75	11.30
2003	19.62	2.36	3.43	2.25	13.94
2004	27.65	2.77	3.56	1.81	22.28
2005	27.18	2.98	2.75	1.59	22.84
2006	30.20	3.29	2.50	1.42	26.28
2007	33.68	3.65	2.07	1.30	30.31
2008	42.61	4.04	2.07	0.97	39.57
2009	43.44	4.13	2.05	1.03	40.36
2010	45.29	4.66	2.03	0.92	42.34
2011	32.56	6.13	1.71	0.53	30.32

注：1.1997年及以前年份统计范围为全部工业企业(包括个体工业)。
2.1998～2006年范围为全部国有及年产品销售收入500万元及以上非国有工业企业。
3.2007年至2010年为年主营业务收入500万元及以上的工业企业。
4.2011年为年主营业务收入2000万元及以上工业企业(下同)。

2-2 各种经济类型工业企业和生产单位数所占比重

单位：%

年 份	企业单位数	#大中型企业	1.国有经济	2.集体经济	3.其他经济
1957	100.0		29.3	70.7	
1958	100.0		45.2	54.8	
1959	100.0		31.0	69.0	
1960	100.0		37.8	62.2	
1961	100.0		32.5	67.5	
1962	100.0		26.8	73.2	
1963	100.0		27.8	72.2	
1964	100.0		28.0	72.0	
1965	100.0		29.1	70.9	
1970	100.0	2.1	29.4	70.6	
1971	100.0	2.1	30.5	69.5	
1972	100.0	2.1	31.0	69.0	
1973	100.0	2.2	30.1	69.9	
1974	100.0	2.2	29.7	70.3	
1975	100.0	2.2	28.5	71.5	
1976	100.0	2.0	26.7	73.3	
1977	100.0	2.0	25.4	74.6	
1978	100.0	1.3	24.0	76.0	
1979	100.0	1.3	23.6	76.4	
1980	100.0	1.2	22.1	77.8	0.1
1981	100.0	1.3	22.1	77.8	0.1
1982	100.0	1.4	22.1	77.7	0.2
1983	100.0	1.5	22.2	77.6	0.2
1984	100.0	1.5	19.2	80.6	0.2
1985	100.0	1.7	20.2	79.4	0.4
1986	100.0	1.8	19.4	80.1	0.5
1987	100.0	2.0	19.8	79.4	0.8
1988	100.0	2.2	19.8	79.1	1.1
1989	100.0	2.4	20.2	78.3	1.4
1990	100.0	2.7	20.7	77.5	1.7
1991	100.0	2.9	20.8	77.1	2.1
1992	100.0	3.4	20.6	76.6	2.8
1993	100.0	3.6	20.2	73.7	6.2
1994	100.0	3.8	19.2	72.4	8.4
1995	100.0	3.9	19.9	69.9	10.2
1996	100.0	4.1	19.7	68.2	12.1
1997	100.0	4.5	18.4	67.0	14.6
1998	100.0	14.2	39.2	28.9	31.9
1999	100.0	13.7	37.8	26.3	35.9
2000	100.0	13.3	32.8	23.2	44.0
2001	100.0	13.4	27.3	18.1	54.6
2002	100.0	12.8	22.6	15.2	62.2
2003	100.0	12.0	17.5	11.5	71.1
2004	100.0	10.0	12.9	6.5	80.6
2005	100.0	11.0	10.1	5.8	84.0
2006	100.0	10.9	8.3	4.7	87.0
2007	100.0	9.2	6.2	3.9	90.0
2008	100.0	9.5	4.9	2.3	92.9
2009	100.0	9.5	4.7	2.4	92.9
2010	100.0	10.3	4.5	2.0	93.9
2011	100	18.8	5.3	1.6	93.1

2-3　各种经济类型的工业总产值

单位：亿元

年　份	国有控股	集体经济	城乡个体经济	其他经济
1957	378.54	133.97	5.84	185.65
1963	887.05	105.95		
1964	1042.25	121.75		
1965	1262.78	139.22		
1966	1461.52	159.48		
1967	1222.52	159.48		
1968	1136.20	148.80		
1969	1477.02	187.98		
1970	1854.70	262.30		
1971	2073.87	340.14		
1972	2177.17	387.83		
1973	2347.52	446.48		
1974	2300.89	491.11		
1975	2600.56	606.44		
1976	2567.66	710.34		
1977	2869.37	855.63		
1978	3289.18	947.82		
1979	3673.60	1007.70		
1980	3915.60	1231.36	0.81	24.49
1981	4037.10	1329.38	1.90	31.40
1982	4326.00	1442.42	3.40	39.40
1983	4739.40	1663.14	7.50	50.40
1984	5262.70	2263.09	14.80	76.70
1985	6302.12	3117.19	179.75	117.41
1986	6971.12	3751.54	308.54	163.06
1987	8250.09	4781.74	502.39	278.77
1988	10351.28	6587.49	790.49	495.32
1989	12342.91	7858.05	1057.66	758.44
1990	13063.75	8522.73	1290.30	1047.56
1991	14954.58	8783.00	1287.00	1599.58
1992	17824.15	12135.00	2006.00	2633.57
1993	22724.67	16464.00	3861.00	5352.06
1994	26200.84	26473.00	7082.00	10421.35
1995	31220.00	33623.00	11821.00	15231.00
1996	36173.00	39232.20	15419.80	16582.30
1997	35968.00	43347.18	20376.13	20982.01
1998	33621.00	45730.00	20372.00	27270.00
1999	35571.00	44607.00	22928.00	32962.00
2000	40554.37	11907.92		53609.45
2001	42408.49	10052.49		68207.30
2002	45178.96	9618.95		83886.40
2003	53407.90	9458.43		114333.39
2004	70228.99	7865.41		170431.79
2005	83749.92	8615.06		215554.56
2006	98910.45	9174.88		276685.92
2007	119685.65	10169.77		358620.24
2008	143786.66	8955.92		451635.44
2009	146630.00	9587.29		493076.11
2010	185861.02	10383.40		631194.52
2011	221036.25	11059.08		766537.15

注：1.本表按当年价格计算。1957年及以前其他经济类型工业为公私合营工业和私营工业的数字(下同)。
　　2.其他经济为不包括国有和集体两种经济类型的企业。

2-4 各种经济类型工业总产值所占比重

单位：%

年份	国有控股	集体经济	城乡个体经济	其他经济
1957	53.77	19.03	0.83	26.37
1963	89.33	10.67		
1964	89.54	10.46		
1965	90.07	9.93		
1966	90.18	9.82		
1967	88.46	11.54		
1968	88.42	11.58		
1969	88.71	11.29		
1970	87.61	12.39		
1971	85.91	14.09		
1972	84.88	15.12		
1973	84.02	15.98		
1974	82.41	17.59		
1975	81.09	18.91		
1976	78.33	21.67		
1977	77.03	22.97		
1978	77.63	22.37		
1979	78.47	21.53		
1980	75.97	23.54	0.02	0.47
1981	74.76	24.62	0.04	0.58
1982	74.44	24.82	0.06	0.68
1983	73.36	25.74	0.12	0.78
1984	69.09	29.71	0.19	1.01
1985	64.86	32.08	1.85	1.21
1986	62.27	33.51	2.76	1.46
1987	59.73	34.62	3.64	2.02
1988	56.80	36.15	4.34	2.72
1989	54.06	35.69	4.80	3.44
1990	54.60	35.62	5.39	4.38
1991	56.16	33.00	4.83	6.01
1992	51.52	35.07	5.80	7.61
1993	46.95	34.02	7.98	11.05
1994	37.34	37.72	10.09	14.85
1995	33.97	36.59	12.86	16.58
1996	36.32	39.39	15.48	16.65
1997	31.62	38.11	17.92	18.45
1998	28.24	38.41	17.11	22.91
1999	28.21	35.37	18.18	26.14
2000	47.33	13.90		64.07
2001	44.41	10.53		71.46
2002	40.78	8.68		75.73
2003	37.54	6.65		80.36
2004	34.81	3.90		84.49
2005	33.28	3.42		85.67
2006	31.24	2.90		87.40
2007	29.54	2.51		88.51
2008	28.34	1.77		89.03
2009	26.74	1.75		89.93
2010	26.61	1.49		90.35
2011	26.18	1.31		90.79

注：本表按当年价格计算。

2-5 各种经济类型的工业总产值指数

(以上年为100)

年 份	国有控股	集体经济	城乡个体经济	其他经济
1957	109.82	124.23	78.31	107.99
1963	110.33	94.89		
1964	119.94	117.28		
1965	127.10	119.93		
1966	121.11	119.65		
1967	84.56	101.33		
1968	94.93	95.23		
1969	134.72	130.91		
1970	130.96	145.55		
1971	114.02	119.32		
1972	105.59	114.70		
1973	108.38	115.67		
1974	98.68	110.77		
1975	113.71	123.87		
1976	98.89	117.68		
1977	112.70	121.48		
1978	114.44	110.58		
1979	108.88	108.57		
1980	105.61	119.24		
1981	102.53	109.01	234.57	131.60
1982	107.05	109.54	178.95	127.73
1983	109.39	115.53	220.59	133.90
1984	108.92	134.85	197.33	156.81
1985	112.94	132.69	190.41	139.54
1986	106.18	117.97	167.57	134.16
1987	111.30	123.24	156.59	166.39
1988	112.61	128.16	147.34	161.53
1989	103.86	110.48	123.77	142.68
1990	102.96	109.02	121.11	139.33
1991	108.62	118.40	125.29	150.11
1992	112.40	133.30	147.00	164.80
1993	105.70	135.00	166.20	192.50
1994	106.50	124.90	156.30	174.30
1995	108.20	115.20	151.50	137.20
1996	105.13	120.88	120.00	123.77
1997	101.03	110.21	115.38	130.18
1998	100.10	108.10	114.70	125.29
1999	108.80	106.00	114.35	127.60
2000	109.63	96.08		135.74
2001	107.85	83.82		128.84
2002	108.16	94.17		125.08
2003	114.11	96.71		131.08
2004	131.50	83.16		149.07
2005	119.25	109.53		126.48
2006	118.10	106.50		128.36
2007	121.00	110.84		129.61
2008	120.14	88.06		125.94
2009	101.98	107.05		109.18
2010	126.76	108.30		128.01
2011	118.93	106.51		121.44

注：本表2004年及以后年份按当年价格计算，其他年份按可比价格计算。

2-6 全国工业总产值总量、构成及指数

年 份	绝 对 数(亿元)			构 成(%)		指数(以上年为100)		
	全部工业总产值	轻工业	重工业	轻工业	重工业	全部工业总产值	轻工业	重工业
1952	349	225	124	64.5	35.5	129.9	123.5	143.5
1957	704	387	317	55.0	45.0	111.5	105.7	118.4
1963	993	445	548	44.8	55.2	108.5	102.3	113.8
1964	1164	516	648	44.3	55.7	119.6	117.8	121.0
1965	1402	723	679	51.6	48.4	126.4	147.7	110.2
1966	1624	796	828	49.0	51.0	120.9	114.5	127.5
1967	1382	733	649	53.0	47.0	86.2	92.9	80.0
1968	1285	690	595	53.7	46.3	95.0	95.2	94.9
1969	1665	837	828	50.3	49.7	134.3	125.0	144.1
1970	2117	976	1141	46.2	53.8	132.6	119.9	144.3
1971	2414	1037	1377	43.0	57.0	114.7	106.4	121.1
1972	2565	1100	1465	42.9	57.1	106.9	106.5	107.1
1973	2794	1212	1582	43.4	56.6	109.5	110.5	108.7
1974	2792	1241	1551	44.4	55.6	100.6	103.1	98.8
1975	3207	1413	1794	44.1	55.9	115.5	113.2	117.2
1976	3278	1448	1830	44.2	55.8	102.4	103.6	101.6
1977	3725	1638	2087	44.0	56.0	114.6	114.5	114.7
1978	4237	1826	2411	43.1	56.9	113.5	110.9	115.6
1979	4681	2045	2636	43.7	56.3	108.8	110.0	108.0
1980	5154	2430	2724	47.2	52.8	109.3	118.9	101.9
1981	5400	2781	2619	51.5	48.5	104.3	114.3	95.5
1982	5811	2919	2892	50.2	49.8	107.8	105.8	109.9
1983	6461	3135	3326	48.5	51.5	111.2	109.3	113.1
1984	7617	3608	4009	47.4	52.6	116.3	116.1	116.5
1985	9716	4575	5141	47.4	52.6	121.4	122.7	120.2
1986	11194	5330	5864	47.6	52.4	111.7	113.1	110.2
1987	13813	6656	7157	48.2	51.8	117.7	118.6	116.7
1988	18224	8979	9245	49.3	50.7	120.8	122.1	119.4
1989	22017	10761	11256	48.9	51.1	108.5	108.2	108.9
1990	23924	11813	12111	49.4	50.6	107.8	109.2	106.2
1991	26625	12887	13738	48.4	51.6	114.8	115.0	114.5
1992	34599	16123	18476	46.6	53.4	124.7	120.0	129.0
1993	48402	22507	25895	46.5	53.5	127.3	127.0	127.5
1994	70176	32491	37685	46.3	53.7	124.2	123.6	124.6
1995	91894	43466	48428	47.3	52.7	120.3	122.9	118.0
1996	99595	47932	51663	48.1	51.9	116.6	124.0	112.7
1997	113733	55701	58032	49.0	51.0	113.1	114.5	111.7
1998	119048	58673	60375	49.3	50.7	110.8	111.8	109.7
1999	126110	62051	64060	49.2	50.8	111.6	110.9	112.3
2000	85674	34095	51579	39.8	60.2	116.9	113.0	120.1
2001	95449	37637	57812	39.4	60.6	114.6	112.4	116.3
2002	110776	43356	67421	39.1	60.9	118.2	117.1	119.1
2003	142271	50498	91774	35.5	64.5	125.5	114.8	133.4
2004	201722	63819	137903	31.6	68.4	141.8	126.4	150.3
2005	251620	78280	173339	31.1	68.9	124.7	122.7	125.7
2006	316589	94846	221743	30.0	70.0	125.8	121.2	127.9
2007	405177	119640	285537	29.5	70.5	128.0	126.1	128.8
2008	507285	145429	361856	28.7	71.3	125.2	121.6	126.7
2009	548311	161498	386813	29.5	70.5	108.1	111.0	106.9
2010	698591	200072	498519	28.6	71.4	127.4	123.9	128.9
2011	844269	237700	606569	28.2	71.8	120.9	118.8	121.7

注：工业总产值按当年价格计算；发展速度2004年及以后年份按当年价格计算，其它年份按可比价格计算。

2-7　全国工业企业主要财务指标

单位：亿元

年　份	固定资产原价	固定资产净值	亏损企业亏损总额	利润总额	利税总额
1957	339.6				
1963	908.1				
1964	971.4				
1965	1064.1				
1966	1148.2				
1967	1204.6				
1968	1258.2				
1969	1329.6				
1970	1507.5				
1971	1673.2				
1972	1900.4				
1973	2143.2				
1974	2325.3				
1975	2577.5	1828.5	56.8	428.7	
1976	2825.0			387.1	
1977	3114.2	2173.1	63.0	470.9	752.3
1978	3477.6	2423.7	45.1	599.3	916.0
1979	3803.8	2629.7	40.2	654.3	994.1
1980	4134.0	2830.2	38.8	692.3	1060.8
1981	4506.7	3063.6	53.5	682.4	1081.0
1982	4926.7	3322.0	55.8	704.2	1141.6
1983	5399.4	3623.7	37.6	772.1	1236.0
1984	5916.0	3935.6	34.2	852.4	1386.3
1985	6685.9	4664.3	40.5	944.1	1664.0
1986	7921.4	5416.8	72.4	877.6	1665.1
1987	9158.2	6346.8	84.7	1005.0	1893.4
1988	10641.1	7420.3	106.6	1189.9	2288.8
1989	12474.0	8751.6	234.1	1000.3	2275.5
1990	14390.0	10138.9	453.7	559.8	1945.9
1991	17156.3	12019.7	475.5	642.8	2233.3
1992	19963.1	14118.3	469.1	972.4	2800.0
1993	25818.3	18427.9	638.9	1602.5	3923.7
1994	33441.5	23627.0	772.5	1796.8	4935.3
1995	44988.8	32287.1	1198.6	1634.9	5050.3
1996	52026.6	37033.9	1431.3	1489.7	5147.2
1997	59569.7	41787.5	1586.9	1703.5	5740.5
1998	64832.1	43833.2	1736.9	1458.1	5521.9
1999	71847.1	49367.4	1463.6	2288.2	6701.8
2000	78646.3	52798.4	1136.1	4393.5	9512.9
2001	86293.1	56626.3	1211.0	4733.4	10305.4
2002	93888.0	60820.3	1131.6	5784.5	12022.1
2003	105557.1	68233.5	1157.8	8337.2	15874.2
2004	125761.9	82137.5	1747.9	11929.3	16648.1
2005	143143.6	92802.6	2031.8	14802.5	26320.8
2006	168850.2	109949.4	2272.3	19504.4	33958.0
2007	198739.3	129123.6	1970.7	27155.2	45577.6
2008	245352.8	158293.3	5295.6	30562.4	54530.4
2009	278541.1	179547.1	3281.0	34542.2	61028.4
2010	334839.4	211217.9	2359.2	53049.7	86705.5
2011	386086.7	228774.4	3913.2	61396.3	100368.6

注：本表1957年资料中包括公私合营和私营企业。

2-8 国有工业企业主要财务指标

单位：亿元

年 份	固定资产原价	固定资产净值	亏损企业亏损总额	利润总额	利税总额
1957	334.6	239.8		78.8	114.4
1963	889.6	670.7		121.0	185.0
1964	951.7	709.7		166.1	243.8
1965	1040.0	777.2		217.0	309.2
1966	1120.0	828.9		271.0	386.4
1967	1176.0	854.1		165.0	263.8
1968	1229.0	884.4		129.0	223.6
1969	1294.0	919.1		219.0	345.0
1970	1462.0	1033.3		311.0	472.1
1971	1610.0	1156.9		336.1	522.4
1972	1906.9	1301.1	32.3	355.1	546.2
1973	2033.6	1459.0	39.9	369.2	566.8
1974	2196.1	1561.2	61.8	316.3	512.7
1975	2428.3	1716.3	55.1	363.4	582.7
1976	2621.8	1846.4	76.9	317.1	535.5
1977	2882.2	2011.3	60.7	384.5	633.9
1978	3193.4	2225.7	42.1	508.8	790.7
1979	3466.7	2378.6	36.4	562.8	864.4
1980	3730.1	2528.0	34.3	585.4	907.1
1981	4032.3	2709.3	46.0	579.7	923.3
1982	4375.0	2914.0	47.6	597.7	972.3
1983	4767.8	3161.0	32.1	640.9	1032.8
1984	5170.0	3395.5	26.6	706.2	1152.8
1985	5956.2	3980.8	32.4	738.2	1334.1
1986	6744.8	4543.8	54.5	689.9	1341.4
1987	7677.9	5242.4	61.0	787.0	1514.1
1988	8795.2	6040.4	81.9	891.0	1774.9
1989	10160.8	7033.2	180.2	743.0	1773.1
1990	11610.3	8088.3	348.8	388.1	1503.1
1991	13556.8	9507.2	367.0	402.2	1661.2
1992	15699.8	10982.7	369.3	535.1	1944.1
1993	19066.4	13304.4	452.6	817.3	2454.7
1994	23101.9	15677.5	482.6	829.0	2876.3
1995	30935.7	21363.9	639.6	665.6	2874.2
1996	34765.0	23860.7	790.7	412.6	2737.1
1997	38351.0	25883.0	831.0	805.0	2907.2
1998	47913.3	31429.8	1150.7	525.1	3371.0
1999	53146.3	35735.1	966.7	997.9	4079.0
2000	57295.0	37638.8	704.3	2408.3	5879.0
2001	61782.5	39588.2	752.2	2388.6	6047.7
2002	64522.0	40762.7	668.5	2632.9	6615.3
2003	69701.1	43667.3	678.0	3836.2	8451.7
2004	76599.4	47647.4	836.7	5453.1	8438.9
2005	83515.5	51302.4	1071.8	6519.8	12739.9
2006	96085.3	59523.4	1175.8	8485.5	16028.4
2007	110084.7	68069.2	890.8	10795.2	19988.8
2008	129146.6	80091.6	3434.9	9063.6	19715.0
2009	145330.3	90853.4	1553.9	9287.0	21994.9
2010	165601.0	102013.1	1133.5	14737.7	31116.0
2011	185896.6	111883.9	2285.3	16457.6	34917.2

注：本表口径1998年及以后年份包括国有控股工业企业。

2-9 主要工业产品产量

年 份	原煤 (亿吨)	原油 (万吨)	天然气 (亿立方米)	铁矿石原矿 (万吨)	硫铁矿石(折含硫35%) (万吨)	磷矿石(折含五氧化二磷30%) (万吨)
1957	1.31	146.00	0.70	1937.00	149.00	31.00
1958	2.70	226.00	1.10	7500.00	239.00	208.00
1959	3.69	373.00	2.90	9659.00	272.00	156.00
1960	3.97	520.00	10.40	11279.00	309.00	142.00
1961	2.78	531.00	14.70	5159.00	118.00	19.00
1962	2.20	575.00	12.10	2578.00	144.00	11.00
1963	2.17	648.00	10.20	2422.00	213.00	23.00
1964	2.15	848.00	10.60	2674.00	245.00	74.00
1965	2.32	1131.00	11.00	3149.00	336.00	158.00
1966	2.52	1455.00	13.40	3929.00	315.00	352.00
1967	2.06	1388.00	14.60	2962.00	276.00	256.00
1968	2.20	1599.00	14.00	2679.00	220.00	101.00
1969	2.66	2174.00	19.60	4333.00	206.00	198.00
1970	3.54	3065.00	28.70	6422.00	346.00	394.00
1971	3.92	3941.00	37.40	8146.00	392.00	563.00
1972	4.10	4567.00	48.40	8460.00	460.00	551.00
1973	4.17	5361.00	59.80	9164.00	431.00	530.00
1974	4.13	6485.00	75.30	8681.00	458.00	694.00
1975	4.82	7706.00	88.50	9693.00	519.00	1018.00
1976	4.83	8716.00	101.00	8970.00	588.00	866.00
1977	5.50	9364.00	121.20	9384.00	659.00	1117.00
1978	6.18	10405.00	137.30	11779.00	687.00	1138.00
1979	6.35	10615.00	145.10	11876.00	634.00	852.00
1980	6.20	10595.00	142.70	11259.00	589.00	1081.00
1981	6.22	10122.00	127.40	10459.00	588.00	1087.00
1982	6.66	10212.00	119.30	10732.00	620.00	1169.00
1983	7.15	10607.00	122.10	11339.00	742.00	1160.00
1984	7.89	11461.00	124.30	12670.00	203.00	1345.00
1985	8.72	12490.00	129.30	13819.00	692.00	681.00
1986	8.94	13069.00	137.60	14751.00	783.00	962.00
1987	9.28	13414.00	138.90	16143.00	1087.00	1517.00
1988	9.80	13705.00	142.60	16854.00	1119.00	1824.00
1989	10.54	13764.00	150.50	17145.00	1269.00	1983.00
1990	10.80	13831.00	152.98	17941.00	1275.00	2155.00
1991	10.87	14099.00	160.73	19016.00	1413.00	2140.00
1992	11.16	14210.00	157.88	21022.00	1585.00	2320.00
1993	11.50	14524.00	167.65	22599.00	1490.00	2116.00
1994	12.40	14608.00	175.59	25056.00	1724.00	2482.00
1995	13.61	15004.95	179.47	26210.00	1770.70	3120.00
1996	13.97	15733.39	201.14	25228.00	1828.07	3104.00
1997	13.88	16074.14	227.03	26699.00	2583.00	3476.00
1998	13.32	16100.00	232.79	24689.00	1284.00	2703.00
1999	13.64	16000.00	251.98	23723.00	1194.00	2510.00
2000	13.84	16300.00	272.00	22256.19	963.87	1937.00
2001	14.72	16395.87	303.29	21701.47	883.99	2100.79
2002	15.50	16700.00	326.61	23143.00	926.00	2301.00
2003	18.35	16959.98	350.15	26138.83	871.47	2447.00
2004	21.23	17587.33	414.60	34634.27	1270.00	3726.53
2005	23.50	18135.29	493.20	42049.00	1146.00	3044.00
2006	25.29	18476.57	585.53	58888.27	1189.00	3895.95
2007	26.92	18631.82	692.40	70665.53	1200.54	4541.72
2008	28.02	19043.06	802.99	82673.50	1571.01	6135.12
2009	29.73	18948.96	852.69	88122.34	1247.96	6020.89
2010	32.35	20241.40	948.48	107770.51	1512.90	6807.00
2011	35.20	20287.55	1026.89	132880.84	1583.80	8122.30

注：1.2004年、2008年为全国经济普查数据。
2.硫铁矿、磷矿石1995年及以后年份为实物量。
3.原煤1997～2007年产量为第二次全国经济普查后修订数据。

2-9 续表 1

年份	原盐（万吨）	精制食用植物油（万吨）	成品糖（万吨）	乳制品（万吨）	罐头（万吨）	饮料酒（万千升）	#啤酒	卷烟（亿支）
1957	828.00	110.00	86.00	1.27	6.20	67.00	5.00	446.00
1963	1056.00	84.00	44.00	1.33	7.30	90.00	9.00	323.00
1964	501.00	113.00	107.00	1.76	10.10	97.00	8.00	413.00
1965	1147.00	139.00	146.00	2.12	12.20	89.00	9.00	478.00
1966	998.00	149.00	159.00	2.35	14.10	94.00	9.00	540.00
1967	1043.00	145.00	148.00	2.31	12.20	87.00	11.00	490.00
1968	1325.00	120.00	151.00	2.31	13.10	96.00	12.00	521.00
1969	966.00	100.00	121.00	2.62	15.20	105.00	15.00	677.00
1970	1109.00	103.00	135.00	2.96	19.30	121.00	16.00	783.00
1971	1235.00	124.00	141.00	3.03	20.00	133.00	18.00	701.00
1972	1386.00	132.00	155.00	3.40	24.10	152.00	20.00	745.00
1973	1076.00	136.00	191.00	3.45	28.40	163.00	23.00	846.00
1974	1456.00	166.00	184.00	3.53	32.20	185.00	23.00	872.00
1975	1481.00	156.00	174.00	3.66	35.10	212.00	27.00	992.00
1976	1401.00	148.00	165.00	3.67	35.30	212.00	30.00	982.00
1977	1710.00	154.00	182.00	3.92	44.20	238.00	35.00	1211.00
1978	1953.00	177.00	227.00	4.65	48.80	247.00	40.00	1182.00
1979	1477.00	214.00	250.00	5.36	50.10	310.00	52.00	1303.00
1980	1728.00	222.00	257.00	6.32	57.20	368.00	69.00	1520.00
1981	1832.00	292.00	317.00	7.91	68.40	447.00	91.00	1704.00
1982	1638.00	345.00	338.00	9.97	78.50	493.00	117.00	1885.00
1983	1613.00	360.00	377.00	11.22	84.50	604.00	163.00	1938.00
1984	1642.00	382.00	380.00	13.02	109.00	711.00	224.00	2132.00
1985	1479.00	401.00	451.00	16.37	142.50	851.00	310.00	2370.00
1986	1766.00	441.00	525.00	22.58	164.10	985.00	413.00	2596.00
1987	1764.00	478.00	506.00	27.22	161.50	1195.00	540.00	2881.00
1988	2264.00	480.00	461.00	29.53	220.90	1357.00	656.00	3096.00
1989	2829.00	494.00	501.00	26.68	232.50	1285.00	643.00	3195.00
1990	2023.00	544.00	582.00	31.37	157.10	1386.00	692.00	3298.00
1991	2410.00	644.00	640.00	37.66	193.00	1539.00	838.00	3226.00
1992	2838.00	661.00	829.00	41.29	224.30	1753.00	1021.00	3285.00
1993	2943.00	965.00	771.00	41.73	230.30	1971.00	1192.00	3376.00
1994	2996.00	724.00	592.00	42.46	247.30	2233.00	1415.00	3432.00
1995	2977.72	1144.00	558.64	52.57	310.60	2560.00	1568.82	3485.02
1996	2903.57	947.00	640.20	50.41	282.60	2651.00	1681.91	3401.92
1997	3082.66	894.00	702.58	56.48	254.60	2834.00	1888.94	3377.42
1998	2242.52	603.00	826.00	54.03	156.50		1987.67	3374.00
1999	2812.36	734.00	861.00	69.10	169.10	2706.00	2098.77	3340.00
2000	3128.00	835.00	700.00	82.92	178.20	2846.00	2231.32	3397.00
2001	3410.51	1383.00	653.10	74.29	290.37	2803.00	2288.93	3402.10
2002	3602.43	1531.00	926.00	84.55	375.20	2887.00	2402.70	3467.08
2003	3437.70	1584.29	1083.94	140.59	436.38	3001.33	2540.48	3580.86
2004	4043.44	1682.63	1033.70	1060.11	533.56	4532.60	2948.59	18736.35
2005	4661.06	2071.00	912.37	1204.37	500.30	3566.00	3126.05	19389.08
2006	5663.13	2335.23	949.07	1441.78	513.88	4072.00	3543.58	20218.13
2007	6166.97	2636.98	1271.38	1761.80	603.62	4601.65	3954.07	21438.84
2008	6664.43	2805.09	1432.61	1809.21	764.77	5394.94	4156.91	22199.20
2009	6662.79	3433.43	1338.35	1924.08	811.65	5066.52	4162.18	22901.50
2010	7037.76	3878.54	1117.59	2157.77	980.52	5668.13	4490.16	23752.60
2011	6742.16	4331.80	1187.43	2316.44	1093.41	6168.41	4834.50	24474.00

注：1.精制食用植物油2005年及以前名称为食用植物油。
2.成品糖1997年及以前名称为糖，产量包括土糖，1998～2004年名称为机制糖。
3.饮料酒、啤酒2003年及以前计量单位为万吨。
4.卷烟2003年及以前计量单位为万箱。

2-9 续表 2

年 份	纱 (万吨)	#棉纱	布 (亿米)	#棉布	印染布 (亿米)	绒线(毛线) (万吨)
1957	84.40		50.50		29.40	0.57
1963	67.80	359.30	33.40	30.70	23.40	0.80
1964	97.00	512.90	47.10	43.80	29.80	0.93
1965	130.00	681.80	62.80	57.40	35.90	1.10
1966	156.50	807.00	73.10	64.80	40.40	1.25
1967	135.20	607.80	65.60	58.10	35.10	1.11
1968	137.70	685.30	64.40	56.00	37.10	1.21
1969	180.50	856.00	82.10	71.00	48.80	1.70
1970	205.20	974.20	91.50	78.00	53.00	2.17
1971	190.00	960.90	84.20	71.00	47.60	2.35
1972	188.60	953.40	83.50	70.00	46.50	2.21
1973	196.70	965.20	87.10	72.20	51.60	2.32
1974	180.30	878.80	80.80	66.50	51.30	2.36
1975	210.80	1030.90	94.00	77.70	58.90	2.66
1976	196.00	944.60	88.40	71.70	53.60	2.78
1977	223.00	1063.30	101.50	81.60	59.80	3.11
1978	238.20	1059.70	110.30	81.50	65.00	3.78
1979	263.50	194.90	121.50	82.20	71.80	4.44
1980	292.60	213.30	134.70	87.10	80.70	5.73
1981	317.00	220.30	142.70	85.10	82.90	7.65
1982	335.40	251.80	153.50	101.30	80.80	9.25
1983	327.00	229.90	148.80	90.40	73.30	10.21
1984	321.90	209.80	137.00	70.10	68.10	11.00
1985	353.50	230.80	146.70	82.10	75.30	12.59
1986	397.80	275.60	164.70	100.60	79.50	14.91
1987	436.80	311.70	173.10	107.65	83.10	20.47
1988	465.70	343.10	187.90	118.74	95.10	22.50
1989	476.70	338.10	189.20	117.95	94.90	25.00
1990	462.60	308.30	188.80	108.25	91.60	23.80
1991	460.80	312.20	181.70	108.58	99.50	28.30
1992	501.70	337.80	190.70	111.88	125.70	35.06
1993	501.50	331.30	203.00	122.07	137.60	34.35
1994	489.50	290.80	211.30	115.73	137.00	43.94
1995	542.20	315.90	260.18	131.84	136.50	51.38
1996	512.21	276.30	209.10	105.23	120.60	48.25
1997	559.83	284.00	248.79	118.85	141.40	48.80
1998	542.00		241.00	114.27	146.50	30.70
1999	567.00		250.00	118.46	159.10	38.56
2000	657.00		277.00	139.22	158.19	42.32
2001	760.68		290.00	153.98	178.30	46.21
2002	850.00		322.39	172.54	210.87	51.50
2003	983.58		353.52	200.86	251.32	65.74
2004	1291.34		482.10	242.00	427.57	61.78
2005	1450.54		484.39	196.58	362.15	38.70
2006	1742.96		598.55	235.49	430.30	40.55
2007	2068.17	1582.55	675.26	271.12	490.19	35.84
2008	2170.92	1744.57	723.05	423.64	754.03	38.13
2009	2393.46	1856.51	753.42	319.62	539.80	32.55
2010	2717.00	2069.56	800.00	383.30	601.50	29.90
2011	2870.17	2164.40	814.14	365.26	593.10	30.40

注：纯棉纱1961～1978年为万件数字，1979年及以后各年为万吨数字。

2-9 续表 3

年 份	毛机织物(呢绒)(万米)	生丝(万吨)	丝织品(亿米)	服装(亿件)	皮革鞋靴(万双)
1957	1817.00	0.99	1.45		2529.00
1963	4369.00	0.47	2.46	2.56	2635.00
1964	4809.00	0.71	2.77	3.07	2114.00
1965	4240.00	0.91	3.42	3.85	1808.00
1966	4383.00	1.18	3.79	4.41	1970.00
1967	3577.00	1.13	3.24	4.08	2023.00
1968	3976.00	0.93	2.86	3.25	2204.00
1969	4975.00	1.30	3.55	3.54	2283.00
1970	5776.00	1.67	4.32	3.66	4729.00
1971	6153.00	1.93	4.48	4.14	4710.00
1972	6046.00	1.95	4.48	4.86	4647.00
1973	6211.00	2.11	4.60	5.47	5468.00
1974	6357.00	1.82	4.22	5.68	5794.00
1975	6943.00	2.31	4.54	6.73	6646.00
1976	7072.00	2.28	4.60	7.18	7382.00
1977	7840.00	2.69	5.29	7.17	9119.00
1978	8885.00	2.97	6.11	6.73	10053.00
1979	9017.00	2.97	6.63	7.44	11608.00
1980	10095.00	3.54	7.59	9.45	15745.00
1981	11308.00	3.74	8.35	10.08	20239.00
1982	12669.00	3.71	9.14	9.85	18661.00
1983	14291.00	3.69	9.99	10.04	18361.00
1984	18049.00	3.76	11.78	11.06	19676.00
1985	21816.00	4.22	14.49	12.67	23162.00
1986	25187.00	4.72	14.99	27.00	26440.00
1987	26537.00	5.19	16.02	23.00	30910.00
1988	28609.00	5.10	16.87	29.11	34720.00
1989	27962.00	5.22	16.28	30.04	35433.00
1990	29505.00	5.66	17.12	31.75	43770.00
1991	31141.00	6.07	24.06	36.30	53592.00
1992	33792.00	7.42	25.41	42.66	77068.00
1993	35382.00	9.40	28.22	63.68	115059.00
1994	41900.00	10.65	31.28	79.37	154284.00
1995	65392.00	11.34	65.91	179.96	320207.00
1996	45954.00	9.49	49.45	126.64	237528.00
1997	38791.00	8.25	65.22	136.74	247343.00
1998	26777.00	6.77	37.49	150.29	120562.00
1999	27317.00	7.02	38.79	160.90	101375.00
2000	27832.00	7.33	37.43	209.34	146838.00
2001	34303.39	8.73	46.81	228.44	133586.00
2002	32691.21	9.82	53.41	252.37	152282.44
2003	44294.58	11.10	63.28	363.08	181646.92
2004	81689.47	15.16		375.18	274393.13
2005	32960.00	13.25		147.98	252547.52
2006	44482.54	13.56		170.02	300300.15
2007	54548.22	19.72		201.66	322902.11
2008	85040.15	20.52		362.91	331533.00
2009	49506.01	16.65		237.50	354616.80
2010	56630.00	16.20		285.21	419308.30
2011	51835.60			254.20	426642.35

注：皮革鞋靴2008年及以前名称为皮鞋。

2-9 续表 4

年 份	胶合板 (万立方米)	家具 (万件)	机制纸及纸 板 (万吨)	#新闻纸	自来水笔 (万支)	木杆铅笔 (亿支)
1957	7.00		91.00	12.20	5204.00	4.90
1963	10.40		128.00	17.70	3524.00	10.08
1964	12.00		145.00	19.40	3580.00	11.27
1965	13.90		173.00	20.80	5064.00	13.36
1966	15.00		209.00	23.50	6988.00	16.93
1967	12.20		196.00	20.70	7478.00	14.46
1968	10.60		177.00	19.20	7947.00	11.56
1969	14.70		217.00	23.50	10737.00	16.69
1970	17.10		241.00	23.70	12036.00	15.31
1971	17.20		263.00	24.00	11015.00	13.70
1972	18.20		282.00	25.90	10327.00	15.14
1973	18.80		313.00	28.90	10938.00	17.52
1974	17.60		299.00	28.40	11060.00	16.91
1975	19.20		341.00	29.00	12157.00	21.10
1976	18.40		341.00	30.60	12351.00	19.81
1977	20.90		377.00	32.70	12989.00	21.87
1978	25.20		439.00	33.90	13445.00	23.84
1979	29.20		493.00	35.70	14921.00	27.13
1980	33.00		535.00	37.60	17035.00	29.44
1981	35.10		540.00	35.50	18192.00	32.24
1982	39.50		589.00	37.60	15230.00	34.60
1983	45.50		661.00	39.60	12871.00	36.32
1984	49.00		756.00	41.30	14678.00	36.22
1985	23.90	11641.00	911.00	42.50	15892.00	34.20
1986	28.60	12008.60	998.00	41.40	18270.00	35.87
1987	77.60	14484.50	1141.00	36.60	21657.00	36.76
1988	82.70	16583.50	1270.00	34.20	24578.00	38.18
1989	72.80	16660.20	1333.00	38.70	25713.00	40.08
1990	75.90	16372.40	1372.00	40.00	21439.00	44.57
1991	105.40	21437.90	1479.00	43.80	20884.00	47.22
1992	156.50	21650.70	1725.00	48.90	20220.00	53.43
1993	212.50	30867.40	1914.00	73.60	19272.00	55.59
1994	260.60	50514.50	2138.00	73.30	20236.00	65.13
1995	759.30	61865.00	2812.30	78.30	33567.00	85.53
1996	490.30	50164.20	2638.20	90.10	20432.00	71.26
1997	758.40	43894.30	2733.20	73.00	27945.00	70.83
1998	446.50	10038.10	2125.63	95.60	8901.00	66.72
1999	727.60	9968.70	2159.30	112.90	7404.00	60.30
2000	992.54	9212.34	2486.94	145.53	5701.00	67.45
2001	904.50	10923.10	3777.07	172.95	5575.00	64.71
2002	1135.20	13376.00	4666.99	182.56	6127.86	77.15
2003	2102.35	17199.08	4849.33	207.11	7857.77	85.46
2004	5190.59	83589.21	5413.27	335.19	18462.00	151.13
2005	2418.98	33990.14	6205.42	340.96	9024.96	103.92
2006	2919.17	41628.59	6863.02	392.90	10677.64	103.18
2007	4054.42	48480.56	7792.43	425.81	13833.17	135.97
2008	7112.33	80799.21	8404.30	463.28	116570.00	162.46
2009	6578.95	60819.04	8965.13	428.71		177.25
2010	9804.00	77032.70	9832.63	402.07		180.50
2011	11848.80	69895.60	11010.89	368.60		

2-9 续表 5

年 份	发电量(亿千瓦小时)	#水电	火电	原油加工量(万吨)	汽油(万吨)	煤油(万吨)	柴油(万吨)
1957	193.00	48.00	145.00				
1963	490.00	87.00	403.00				
1964	560.00	106.00	454.00				
1965	576.00	104.00	572.00				
1966	825.00	126.00	699.00				
1967	774.00	131.00	643.00				
1968	716.00	115.00	601.00				
1969	940.00	160.00	780.00				
1970	1159.00	205.00	954.00				
1971	1384.00	251.00	1133.00				
1972	1524.00	288.00	1236.00				
1973	1668.00	389.00	1279.00		574.00	240.50	1040.00
1974	1688.00	414.00	1274.00		663.00	260.70	1179.40
1975	1958.00	476.00	1482.00		737.00	289.70	1323.60
1976	2031.00	456.00	1575.00		816.00	294.20	1489.10
1977	2234.00	476.00	1758.00		867.00	316.50	1616.40
1978	2566.00	446.00	2120.00	7069.00	991.00	356.00	1825.70
1979	2820.00	501.00	2319.00	7146.00	1070.00	409.30	1872.80
1980	3006.00	582.00	2424.00	7869.00	1049.00	398.50	1827.80
1981	3093.00	655.00	2438.00	7376.00	1112.00	367.20	1777.90
1982	3277.00	744.00	2533.00	7434.00	1114.00	384.10	1746.30
1983	3514.00	864.00	2650.00	8041.00	1264.00	410.20	1903.50
1984	3770.00	868.00	2902.00	8251.00	1350.00	408.00	1946.50
1985	4107.00	924.00	3183.00	8452.00	1438.00	402.80	1989.20
1986	4495.00	945.00	3550.00	9158.00	1647.00	414.00	2199.30
1987	4973.00	1000.00	3973.00	9718.00	1712.00	415.50	2338.20
1988	5452.00	1092.00	4361.00	10161.00	1885.00	385.20	2455.30
1989	5848.00	1183.00	4664.00	10528.00	2065.00	394.90	2581.50
1990	6212.00	1267.00	4945.00	10723.00	2157.00	389.60	2609.40
1991	6775.00	1247.00	5525.00	11363.00	2404.00	406.20	2853.30
1992	7539.00	1307.00	6215.00	12114.00	2726.00	394.50	3170.90
1993	8395.00	1518.00	6839.00	13162.00	3160.00	382.50	3542.80
1994	9281.00	1674.00	7464.00	13302.00	2854.00	407.30	3480.40
1995	10070.30	1905.77	8023.62	14055.00	3052.00	445.80	3972.60
1996	10813.10	1879.66	8777.32	16992.00	3281.00	536.00	4419.30
1997	11355.53	1959.83	9240.68	16697.00	3518.00	577.00	4924.50
1998	11670.00	1988.90	9266.62	16570.00	3465.00	574.90	4884.10
1999	12393.00	1965.80	9868.31	18357.00	3741.00	719.00	6303.00
2000	13556.00	2224.14	10884.87	21062.00	4135.00	872.30	7079.60
2001	14808.02	2774.32	11767.53	21061.00	4155.00	789.40	7485.70
2002	16540.00	2879.74	13273.37	21896.51	4321.00	826.10	7706.10
2003	19105.75	2836.81	15803.61	24255.00	4791.00	855.30	8532.80
2004	22033.09	3535.44	17955.88	27307.00	5277.99	980.13	10178.66
2005	25002.60	3970.17	20473.36	28622.00	5409.22	988.60	11079.40
2006	28657.26	4357.86	23696.03	30650.56	5594.76	968.87	11655.54
2007	32815.53	4852.64	27229.33	32888.64	5989.00	1153.00	12359.00
2008	34957.61	6369.60	27072.30	34375.31	6434.75	1169.66	13458.30
2009	37146.51	6156.44	29827.76	37349.43	7195.48	1479.43	14127.00
2010	42071.60	7221.72	33319.28	42823.78	7676.04	1714.70	15888.15
2011	47130.19	6989.45	38337.02	44729.34	8158.06	1879.80	16676.31

2-9 续表 6

年 份	焦炭 (万吨)	#机焦	硫酸 (折100%) (万吨)	浓硝酸 (折100%) (万吨)	盐酸 (氯化氢含量31%) (万吨)	纯碱 (万吨)	烧碱 (折100%) (万吨)	合成氨 (万吨)
1957	830.00	555.00	63.20	3.87	8.20	50.60	19.80	15.30
1963	1106.00	955.00	130.60	5.59	19.30	66.40	33.80	64.40
1964	1113.00	980.00	170.40	7.61	21.80	69.50	41.10	93.10
1965	1333.00	1203.00	234.00	11.56	29.00	88.00	55.60	148.40
1966	1634.00	1419.00	290.90	16.45	32.90	106.60	69.30	212.40
1967	1102.00	1019.00	198.30	11.25	29.80	91.50	57.80	152.10
1968	1098.00	1005.00	141.50	10.57	26.70	70.10	49.60	103.40
1969	1676.00	1450.00	234.30	17.95	37.80	89.40	70.40	160.30
1970	2330.00	1916.00	291.40	22.72	47.10	107.70	89.20	244.50
1971	3023.00	2312.00	357.90	28.49	52.80	115.50	105.50	310.00
1972	3437.00	2536.00	400.50	28.84	59.60	119.70	111.50	395.60
1973	3451.00	2651.00	468.10	29.36	63.10	120.40	121.00	474.40
1974	3104.00	2376.00	442.70	25.38	63.10	110.60	112.60	452.50
1975	3680.00	2739.00	484.70	30.23	78.00	124.30	128.90	607.70
1976	3570.00	2586.00	450.80	28.96	83.70	111.70	121.50	618.50
1977	3929.00	2683.00	537.50	32.88	96.20	107.70	138.60	870.30
1978	4690.00	3269.00	661.00	33.76	111.50	132.90	164.00	1183.50
1979	4583.00	3354.00	699.80	28.19	107.80	148.60	182.60	1348.20
1980	4343.00	3405.00	764.30	22.77	117.70	161.30	192.30	1497.40
1981	3895.00	3172.00	780.70	19.26	129.20	165.20	192.30	1483.40
1982	4019.00	3311.00	817.50	24.61	148.30	173.50	207.30	1546.30
1983	4220.00	3451.00	869.60	25.60	158.30	179.30	212.30	1677.10
1984	4557.00	3615.00	817.20	25.78	170.40	188.00	222.20	1837.40
1985	4802.00	3836.00	676.40	27.40	185.60	201.10	235.30	1718.80
1986	5276.00	4093.00	763.10	27.53	206.00	214.60	251.80	1672.90
1987	5795.00	4375.00	983.30	29.02	227.00	236.30	273.90	1940.60
1988	6108.00	4542.00	1111.30	30.33	246.20	260.90	300.50	1986.30
1989	6624.00	4675.00	1153.30	32.82	257.90	304.20	321.10	2068.10
1990	7328.00	5130.00	1196.90	31.80	262.30	379.50	335.40	2129.00
1991	7352.00	5396.00	1332.90	34.34	285.20	393.60	354.10	2201.60
1992	7984.00	5600.00	1408.70	44.41	302.80	455.00	379.50	2298.10
1993	9320.00	6011.00	1336.50	56.13	323.90	534.90	395.40	2192.50
1994	11477.00	6474.00	1536.50	49.31	336.20	581.40	429.60	2436.80
1995	13510.00	6743.12	1811.00	56.01	370.60	597.71	531.82	2765.90
1996	13643.00	6950.79	1883.57	64.17	403.90	669.29	573.78	3094.20
1997	13731.00	7143.50	2036.87	66.96	409.20	725.76	574.40	3000.30
1998	12805.99	12214.27	2171.00	75.50	371.60	744.00	539.37	3134.20
1999	12073.74	7845.00	2356.00	75.05	408.00	766.00	580.14	3431.70
2000	12184.02	8752.30	2427.00	82.48	442.10	834.00	667.88	3363.70
2001	13130.77	9389.73	2696.32	87.97	470.57	914.37	787.96	3427.28
2002	14279.81	10829.70	3050.40	99.15	492.60	1033.15	877.97	3675.30
2003	17775.71	13146.75	3371.22	116.16	527.60	1133.56	945.27	3822.70
2004	20618.63	18205.41	3928.89	184.79	737.91	1334.70	1041.12	4135.06
2005	25411.70	20822.82	4544.66	156.97	658.18	1421.08	1239.98	4596.30
2006	29768.31	26278.92	5033.17	181.78	730.58	1560.03	1511.78	4936.81
2007	33553.43	30550.91	5412.56	200.89	747.60	1765.00	1759.29	5171.05
2008	32031.48	25528.44	5097.95	197.74	730.44	1854.60	1926.01	4876.24
2009	35510.14	30367.69	5960.91	205.57	803.44	1944.77	1832.37	5136.35
2010	38864.03	33405.08	7090.47	235.60	839.00	2034.82	2228.39	4964.59
2011	43270.78	39385.67	7482.70	255.10	841.00	2294.03	2473.52	5252.70

2-9 续表 7

年 份	农用氮、磷、钾化肥（万吨）				化学农药原药（万吨）	纯苯（万吨）	碳化钙（电石）（万吨）
		氮肥	磷肥	钾肥			
1957	15.10	12.90	2.10		6.50	5.00	4.90
1963	64.80	45.80	18.90	0.10	10.80	6.70	25.40
1964	100.80	67.50	33.20	0.10	12.90	8.30	32.50
1965	172.60	103.70	68.80	0.10	19.30	11.80	44.00
1966	240.90	146.10	94.60	0.20	26.20	15.10	56.10
1967	164.10	101.50	62.20	0.40	22.40	10.20	4.20
1968	110.90	68.40	42.20	0.30	17.10	8.20	36.00
1969	174.90	102.30	72.30	0.30	26.20	12.90	55.90
1970	243.50	152.30	90.70	0.50	32.10	16.70	69.60
1971	299.40	190.40	107.80	1.20	38.70	19.20	78.00
1972	370.10	244.40	124.90	0.80	40.20	20.50	81.30
1973	459.20	299.60	158.90	0.70	45.60	21.00	89.60
1974	422.20	282.70	139.00	0.50	37.10	18.80	91.30
1975	524.70	370.90	153.10	0.70	42.20	21.30	98.30
1976	524.40	381.50	141.80	1.10	39.10	21.10	96.30
1977	723.80	550.90	170.80	2.10	45.70	22.50	98.90
1978	869.30	763.90	103.30	2.10	53.30	32.00	123.80
1979	1065.40	882.10	181.70	1.60	53.70	33.90	140.70
1980	1232.10	999.30	230.80	2.00	53.70	36.00	152.00
1981	1239.00	985.70	250.80	2.50	48.40	35.20	151.30
1982	1278.10	1021.90	253.70	2.50	45.70	39.30	167.50
1983	1378.90	1109.40	266.60	2.90	33.10	42.50	180.80
1984	1460.20	1221.00	236.00	3.20	29.90	41.60	184.60
1985	1322.20	1143.80	176.00	2.40	21.10	39.00	195.30
1986	1395.70	1159.20	234.00	2.50	20.30	42.60	215.00
1987	1672.20	1342.30	325.90	4.00	16.10	49.40	241.20
1988	1740.20	1365.60	369.20	5.40	17.90	57.10	225.60
1989	1802.50	1424.10	372.80	5.70	20.80	59.80	246.10
1990	1879.70	1463.10	411.40	4.60	22.80	65.40	228.00
1991	1979.50	1510.10	459.70	9.90	25.50	77.50	235.80
1992	2047.90	1570.50	462.20	15.30	28.10	81.90	242.50
1993	1956.30	1525.60	419.00	11.70	25.70	81.70	264.20
1994	2272.80	1736.30	504.40	32.70	29.00	89.40	292.00
1995	2548.14	1859.18	662.60	26.30	41.65	102.30	345.70
1996	2809.04	2136.00	651.20	21.80	44.75	113.50	309.20
1997	2820.96	2075.00	714.60	31.50	52.67	135.80	344.70
1998	3010.00	2225.67	666.79	62.52	55.90	143.10	281.30
1999	3251.00	2471.96	636.07	77.86	62.50	165.70	273.10
2000	3186.00	2398.11	663.03	85.98	60.70	184.70	340.40
2001	3383.01	2527.37	752.56	100.49	78.72	198.80	346.30
2002	3791.00	2808.48	801.03	89.42	92.90	213.10	425.60
2003	3881.31	2814.50	978.10	88.60	76.72	240.80	530.00
2004	4804.82	3357.73	1246.78	200.31	82.08	262.77	796.20
2005	5177.86	3809.03	1206.20	159.09	114.73	306.10	894.57
2006	5345.05	3911.54	1225.46	207.51	138.46	344.08	1177.36
2007	5824.98	4233.13	1339.28	252.53	176.48	405.88	1471.30
2008	6028.05	4392.42	1385.50	250.13	209.99	444.67	1295.64
2009	6385.01	4553.36	1513.14	318.51	208.92	463.77	1503.27
2010	6337.86	4458.67	1532.91	346.28	223.52	553.10	1471.43
2011	6213.13	4294.71	1561.22	357.20	230.00	665.90	1725.54

注：农用化肥按100%有效成分计算。

2-9 续表 8

年 份	乙烯 (万吨)	初级形态的塑料 (万吨)	合成橡胶 (万吨)	冰乙酸(冰醋酸) (万吨)	油漆 (万吨)	染料 (万吨)	合成洗涤剂 (万吨)	肥皂 (万吨)
1957		1.30		0.24	6.34	3.42		26.30
1963	0.18	4.80	0.69	0.98	7.16	4.27	2.20	27.90
1964	0.20	6.40	0.94	1.18	11.46	5.45	2.30	29.20
1965	0.30	9.70	1.59	2.08	16.12	6.76	3.00	31.50
1966	0.54	13.90	3.06	3.22	20.23	7.83	4.20	35.40
1967	0.36	11.00	1.90	2.33	17.13	5.39	3.70	32.40
1968	0.37	10.60	1.47	2.36	13.96	4.51	4.20	36.00
1969	0.51	15.10	1.85	3.66	18.28	7.26	6.20	43.90
1970	1.51	17.60	2.54	3.54	18.38	8.79	9.30	47.70
1971	3.19	21.60	3.54	4.41	19.15	9.48	10.90	48.30
1972	4.44	24.80	3.57	4.96	21.02	9.73	15.20	51.80
1973	5.10	29.50	4.09	5.09	23.52	9.33	17.90	58.30
1974	6.10	30.40	4.73	5.22	24.10	6.89	19.30	58.00
1975	6.47	33.00	5.67	6.69	26.97	7.32	22.30	61.10
1976	13.35	34.50	5.99	6.66	26.14	5.89	21.70	55.30
1977	30.27	52.40	7.75	8.79	28.48	6.75	25.70	55.10
1978	38.03	67.90	10.19	10.46	34.36	8.29	32.40	59.60
1979	43.49	79.30	12.06	11.55	42.64	7.17	39.70	75.30
1980	48.99	89.80	12.30	12.46	48.01	6.50	39.30	85.20
1981	50.48	91.60	12.49	13.85	47.76	7.66	47.80	93.30
1982	56.49	100.30	13.60	15.54	52.97	8.56	56.90	85.20
1983	65.37	112.10	16.89	18.94	61.17	7.49	67.70	86.50
1984	64.80	118.00	17.41	17.79	72.57	7.48	81.00	84.30
1985	65.21	123.40	18.11	18.68	78.18	9.15	100.50	99.60
1986	69.52	132.10	18.84	20.82	75.52	10.74	117.50	109.60
1987	93.72	152.60	21.87	23.44	82.85	11.59	119.20	111.80
1988	123.21	190.40	25.76	28.16	87.11	12.96	131.90	119.50
1989	139.57	200.80	29.22	26.15	78.95	12.71	146.60	111.10
1990	157.20	227.00	31.76	35.85	85.90	13.63	151.40	106.70
1991	176.10	283.00	33.64	40.15	95.91	14.18	146.20	90.50
1992	200.30	330.80	37.26	44.37	109.63	16.04	166.60	84.00
1993	202.70	359.90	39.26	43.44	117.78	20.98	188.30	84.50
1994	212.90	401.40	44.35	43.65	124.47	25.56	217.50	79.90
1995	240.10	516.87	58.56	51.83	210.58	35.41	299.80	82.70
1996	304.00	576.86	59.97	51.65	158.85	33.54	262.20	73.30
1997	358.60	685.76	64.23	59.82	170.40	44.45	279.90	64.30
1998	377.30	692.58	58.90	59.87	121.82	40.06	280.30	51.40
1999	435.00	871.10	73.28	73.66	119.67	45.14	286.50	56.10
2000	470.00	1087.51	86.52	86.51	127.62	51.38	297.47	60.77
2001	480.60	1288.71	121.98	86.14	122.76	55.10	330.40	56.25
2002	543.02	1455.67	136.21	84.09	136.26	72.20	348.30	56.14
2003	611.77	1652.08	134.83	94.68	164.21	84.68	386.79	70.30
2004	629.85	2366.50	184.04	106.84	847.08	122.68	465.17	87.69
2005	755.54	2308.86	205.13	136.96	249.05	106.13	516.95	71.58
2006	940.51	2602.60	199.81	142.05	352.37	128.53	527.68	72.00
2007	1027.80	3184.54	228.92	162.79	416.82	122.02	582.97	75.30
2008	987.58	3680.23	296.03	287.01	443.92	124.81	655.31	110.66
2009	1072.62	3629.97	274.91	272.06		143.40	699.66	87.39
2010	1421.34	4432.59	319.52	383.90		131.57	752.59	96.70
2011	1527.50	4992.31	367.13	424.80			888.14	

注：初级形态的塑料2004年及以前名称为塑料树脂及共聚物，简称塑料。

2-9　续表 9

年　份	化学药品原药（万吨）	化学纤维（万吨）			塑料制品（万吨）	橡胶轮胎外胎（万条）	水泥（万吨）	平板玻璃（万重量箱）
			#粘胶纤维	合成纤维				
1957	0.22	0.02	0.02		1.40	88.00	686.00	430.00
1963	0.77	1.89	1.80	0.09	6.10	167.00	806.00	497.00
1964	0.85	3.21	3.20	0.19	9.20	202.00	1209.00	539.00
1965	1.05	5.01	4.49	0.52	13.00	232.00	1634.00	599.00
1966	1.45	7.58	5.81	1.77	17.60	262.00	2015.00	719.00
1967	1.30	5.22	3.68	1.54	17.80	238.00	1462.00	578.00
1968	1.18	3.60	2.63	0.97	17.10	247.00	1262.00	573.00
1969	1.67	6.66	4.55	2.11	24.60	310.00	1829.00	807.00
1970	2.15	10.09	6.47	3.62	32.80	425.00	2575.00	928.00
1971	2.56	11.99	7.60	4.39	32.50	474.00	3258.00	1051.00
1972	2.75	13.73	8.70	5.03	39.30	525.00	3547.00	1048.00
1973	2.90	14.88	9.22	5.66	50.70	578.00	3731.00	1042.00
1974	2.51	14.26	8.53	5.73	52.10	553.00	3709.00	1024.00
1975	(2.73)3.05	15.48	8.91	6.57	60.70	700.00	4626.00	1262.00
1976	3.12	14.61	6.77	7.84	64.20	676.00	4670.00	1261.00
1977	3.52	18.98	8.41	10.57	76.80	770.00	5565.00	1481.00
1978	4.07	28.46	11.52	16.94	92.30	936.00	6524.00	1784.00
1979	4.17	32.63	11.27	21.36	94.90	1169.00	7390.00	2083.00
1980	4.01	45.03	13.62	31.41	114.40	1146.00	7986.00	2466.00
1981	3.73	52.73	14.26	38.47	138.40	729.00	8290.00	2701.00
1982	4.22	51.70	14.16	37.53	166.10	864.00	9520.00	3154.00
1983	4.80	54.07	13.87	40.20	191.80	1271.00	10825.00	3647.00
1984	5.35	73.49	15.91	57.58	215.30	1569.00	12302.00	4190.00
1985	15.77	94.78	17.72	77.06	248.00	1926.00	14595.00	4942.00
1986	15.14	101.73	18.66	83.07	274.50	1924.00	16606.00	5202.00
1987	18.05	117.50	19.30	98.20	297.10	2333.00	18625.00	5803.00
1988	20.72	130.12	17.66	112.47	334.60	2991.00	21014.00	7293.00
1989	20.83	148.09	19.89	128.20	352.50	3226.00	21029.00	8442.00
1990	22.10	165.42	21.99	143.43	366.80	3209.00	20971.00	8067.00
1991	24.25	191.03	24.01	167.03	443.50	3940.00	25261.00	8712.00
1992	28.06	213.04	24.87	188.17	536.80	5183.00	30822.00	9359.00
1993	35.08	237.37	28.39	208.86	669.00	6391.00	36788.00	11086.00
1994	33.09	280.33	33.61	246.72	843.00	9302.00	42118.00	11925.00
1995	48.68	341.17	43.96	308.87		7945.00	47560.59	15731.71
1996	42.90	375.45	38.40	337.05	1574.10	8806.00	49118.90	16069.37
1997	44.28	471.62	43.15	428.46	1534.20	9599.00	51173.80	16630.70
1998	41.55	510.00	48.61	441.64	843.30	9513.00	53600.00	17194.03
1999	43.63	600.00	47.21	548.75	937.60	10970.00	57300.00	17419.79
2000	52.57	694.00	56.42	629.52	1035.76	12157.87	59700.00	18352.20
2001	76.22	841.38	60.59	759.68	1184.33	13573.00	66103.99	20964.12
2002	73.93	991.20	68.21	915.16	1400.50	16306.59	72500.00	23445.56
2003	99.42	1181.15	80.02	1069.17	1650.50	19311.96	86208.11	27702.60
2004	103.05	1699.80	88.89	1581.35	3760.71	39058.33	96681.99	37026.17
2005	126.70	1664.79	111.45	1496.66	2198.54	34390.00	106884.79	40210.24
2006	176.55	2073.18	122.49	1859.63	2801.87	43547.08	123676.48	46574.70
2007	205.07	2413.78	151.00	2173.47	3305.23	55832.97	136117.25	53918.07
2008	209.70	2453.29	129.25	2244.68	5723.68	51956.94	142355.73	59890.39
2009	201.22	2747.28	151.21	2494.05	4479.28	65601.56	164397.78	58574.07
2010	226.14	3090.00	183.70	2850.27	5830.60	77611.83	188191.17	66330.80
2011	296.01	3390.07		3096.68	5474.40	83566.22	209925.86	79107.55

注：化学原料药1975年及以前和括号内数字为七大类药品，1975年括号外数字及以后各年为十二大类药品。

2-9　续表 10

年　份	日用陶瓷制品（亿件）	生铁（万吨）	粗钢（万吨）	成品钢材（万吨）	#重轨	轻轨	#大型型钢
1957	20.20	594.00	535.00	415.00	41.10	8.90	32.70
1963	19.20	741.00	762.00	533.00	28.20	12.90	9.90
1964	20.30	902.00	964.00	688.00	43.60	10.50	18.10
1965	19.70	1077.00	1223.00	881.00	53.50	13.80	21.50
1966	18.30	1334.00	1532.00	1035.00	49.90	16.70	30.40
1967	15.00	663.00	1029.00	718.00	24.00	11.30	35.70
1968	13.50	857.00	904.00	666.00	21.70	14.90	14.60
1969	16.00	1280.00	1333.00	926.00	32.20	13.90	29.60
1970	19.30	1706.00	1779.00	1188.00	61.90	16.60	41.30
1971	22.20	2100.00	2132.00	1389.00	66.70	24.80	50.10
1972	23.90	2355.00	2338.00	1561.00	82.10	22.50	52.20
1973	25.70	2490.00	2522.00	1684.00	77.90	26.40	53.30
1974	25.60	2062.00	2112.00	1466.00	41.50	19.70	38.70
1975	29.20	2449.00	2390.00	1622.00	49.50	14.90	64.70
1976	29.80	2233.00	2046.00	1466.00	49.00	15.50	49.40
1977	33.30	2505.00	2374.00	1633.00	66.10	19.70	54.60
1978	34.70	3479.00	3178.00	2208.00	81.80	26.30	88.60
1979	32.10	3673.00	3448.00	2497.00	81.30	21.60	83.00
1980	34.80	3802.00	3712.00	2716.00	67.30	22.00	69.40
1981	36.00	3417.00	3560.00	2670.00	55.60	26.00	73.00
1982	38.60	3551.00	3716.00	2902.00	63.50	26.70	89.10
1983	37.80	3738.00	4002.00	3072.00	78.40	27.50	64.70
1984	36.20	4001.00	4347.00	3372.00	85.20	28.90	61.50
1985	36.40	4384.00	4679.00	3693.00	86.80	25.30	84.70
1986	43.00	5064.00	5220.00	4058.00	88.10	22.00	79.10
1987	47.30	5503.00	5628.00	4386.00	95.70	24.30	86.90
1988	53.20	5704.00	5943.00	4689.00	98.80	25.10	87.00
1989	50.80	5820.00	6159.00	4859.00	100.50	25.10	90.60
1990	52.70	6238.00	6635.00	5153.00	92.20	34.40	105.10
1991	59.00	6765.00	7100.00	5638.00	93.30	29.90	68.40
1992	62.70	7589.00	8094.00	6697.00	92.50	21.70	87.10
1993	67.90	8739.00	8956.00	7716.00	125.60	14.10	129.30
1994	83.60	9741.00	9261.00	8428.00	137.40	30.50	103.40
1995	95.30	10529.27	9535.99	8979.80	101.70	23.80	118.10
1996	100.00	10722.50	10124.06	9338.02	73.20	34.20	115.30
1997	115.60	11511.41	10894.17	9978.93	96.40	22.40	130.60
1998	75.00	11863.67	11559.00	10737.80	114.69	13.70	102.90
1999	71.40	12539.24	12426.00	12109.78	111.87	11.30	115.40
2000	67.59	13101.48	12850.00	13146.00	116.86	12.96	161.52
2001	131.54	15554.25	15163.44	16067.61	126.35	16.83	226.17
2002	164.70	17084.60	18236.61	19251.59	135.70	25.70	267.80
2003	96.20	21366.68	22233.60	24108.01	122.50	28.20	309.30
2004		26830.99	28291.09	31975.72	172.07	58.49	809.46
2005		34375.19	35323.98	37771.14	192.67	40.21	752.04
2006		41245.19	41914.85	46893.36	201.70	90.62	917.28
2007		47651.63	48928.80	56560.87	179.32	102.66	1008.11
2008	205.95	47824.42	50305.75	60460.29	322.42	95.92	962.45
2009	204.66	55283.46	57218.23	69405.40	442.07	100.83	947.10
2010	271.00	59733.34	63722.99	80276.58	433.50	97.20	946.54
2011		64050.88	68528.31	88619.57	291.50	121.60	1085.25

2-9 续表 11

年份	线材	无缝钢管	焊接钢管	铁合金（万吨）	发动机（万千瓦）	金属切削机床（万台）	锻压设备（万台）	泵（万台）
1957	55.60	7.80	8.20	10.50	50.78	2.80	0.29	5.10
1963	92.40	18.40	13.70	22.50	94.94	2.22	0.42	8.50
1964	103.00	22.80	21.80	26.20	131.01	2.81	0.61	11.10
1965	107.40	29.00	30.30	33.90	205.34	3.96	0.75	15.10
1966	139.20	34.20	35.90	48.70	283.36	5.49	0.85	29.70
1967	98.10	22.70	25.00	42.50	198.72	4.07	0.59	24.70
1968	94.90	22.70	27.20	28.80	204.61	4.64	0.65	22.30
1969	118.50	34.20	37.50	46.60	299.55	8.56	0.89	28.90
1970	150.30	38.80	44.30	59.50	539.49	13.89	2.17	58.20
1971	170.10	45.20	50.30	67.00	796.35	14.57	2.98	76.40
1972	186.60	49.40	55.40	75.70	978.14	16.22	3.34	83.20
1973	218.90	53.80	66.20	85.00	1218.08	18.33	4.35	110.00
1974	189.20	47.80	67.10	69.10	1340.99	16.45	3.92	112.80
1975	216.80	56.20	65.20	76.90	1728.13	17.49	4.47	118.80
1976	195.20	49.40	69.20	65.90	1715.62	15.70	3.74	109.30
1977	215.20	62.60	65.40	73.20	2017.38	19.87	4.91	121.40
1978	290.90	81.50	86.70	93.90	2074.05	18.32	3.75	133.10
1979	360.90	91.00	89.10	117.30	2140.29	13.96	3.60	125.60
1980	443.20	96.10	120.70	99.40	1868.70	13.36	4.84	109.60
1981	462.90	91.90	129.60	79.90	1474.94	10.26	5.16	115.60
1982	414.10	101.20	149.80	88.90	1689.86	9.98	4.62	156.50
1983	445.40	115.10	159.70	108.80	2133.66	12.10	4.38	185.10
1984	509.80	127.70	172.10	127.50	2996.99	13.35	4.81	220.20
1985	598.30	139.20	181.80	149.40	4082.59	16.72	6.69	210.90
1986	632.20	146.20	229.20	159.70	3625.54	16.37	6.50	261.90
1987	691.70	162.90	244.80	184.60	4335.84	17.22	7.56	332.00
1988	798.20	178.30	223.80	208.40	5932.08	19.17	9.10	411.50
1989	882.10	194.10	214.20	238.20	5905.23	17.87	6.75	420.90
1990	999.00	211.10	220.90	244.20	5402.32	13.45	4.63	366.40
1991	1099.90	231.40	261.60	246.00	6690.23	16.39	6.55	399.20
1992	1257.10	265.60	315.40	265.00	9252.53	22.87	9.15	515.00
1993	1389.50	283.10	298.70	299.90	10080.53	26.20	10.53	663.20
1994	1571.40	303.90	413.80	336.10	12181.52	20.65	10.85	645.30
1995	1687.20	327.00	497.10	431.90	15819.00	20.34	17.23	1060.60
1996	1834.00	334.00	430.10	418.00	22152.79	17.74	9.03	887.50
1997	1953.80	360.50	566.50	404.40	20641.85	18.65	7.38	1016.60
1998	2203.10	346.90	463.90	354.06	16034.30	11.91		674.60
1999	2594.90	345.80	425.20	381.40	17801.62	14.22		736.80
2000	2635.37	414.83	518.93	402.92	18857.30	17.66	22.43	1045.60
2001	3109.71	535.68	602.44	450.82	20531.17	25.58	26.05	1539.30
2002	3562.40	608.30	701.40	483.70	28505.75	30.86	36.39	1744.70
2003	4026.70	699.90	1070.20	634.06	31851.30	30.58	49.92	2263.87
2004	5148.51	1005.65	1722.13	1173.00	31893.56	48.72		2898.40
2005	6094.74	1033.32	1567.06	1067.00	36563.46	51.14		2904.30
2006	7207.40	1528.04	1977.14	1442.75	45267.36	57.30		3752.50
2007	7919.02	1881.50	2371.30	1743.60	56641.90	64.69		5946.90
2008	8053.55	2359.86	2683.64	1991.30	54977.10	71.73		10466.70
2009	9604.13	2192.88	3100.57	2210.56	84892.52	58.55		5915.46
2010	10572.67	2549.90	3246.85	2442.83	138592.03	69.73		7815.39
2011	12461.56	2680.75	4077.68	2795.64	137099.43	88.68		9739.20

注：2009年起内燃机指标名称改为发动机.

2-9 续表 12

年 份	风机（万台）	气体压缩机（万台）	矿山设备（万吨）	大中型拖拉机（万台）	小型拖拉机（万台）	缝纫机（万架）
1957	5.40	0.63	5.29			27.80
1963	1.60	0.53	2.20	0.87	0.02	93.10
1964	4.20	0.85	2.82	0.98	0.09	102.30
1965	5.80	1.23	4.00	0.96	0.36	123.80
1966	5.30	1.32	5.19	1.18	1.16	142.40
1967	3.90	0.52	3.77	0.85	0.97	126.30
1968	3.50	0.35	2.93	0.89	1.11	139.20
1969	4.90	0.90	6.16	1.34	1.94	192.20
1970	6.40	0.92	9.63	3.19	5.14	235.20
1971	7.50	1.05	17.23	4.45	8.09	249.90
1972	8.20	1.52	19.53	4.93	8.95	263.20
1973	10.20	1.95	20.15	5.79	11.93	293.60
1974	11.30	2.11	18.99	6.27	13.80	318.90
1975	13.80	2.54	19.61	7.84	20.94	356.70
1976	12.70	2.10	16.15	7.37	24.00	363.80
1977	12.70	2.10	18.45	9.93	32.05	424.20
1978	20.10	2.63	24.29	11.35	32.42	486.50
1979	23.70	2.13	26.37	12.56	31.75	586.80
1980	20.40	1.85	16.25	9.77	21.79	767.80
1981	19.90	1.14	11.49	5.28	19.89	1039.10
1982	20.00	1.65	15.82	4.03	29.83	1286.00
1983	22.10	1.77	20.16	3.70	49.77	1087.20
1984	30.20	2.69	25.81	3.97	68.86	934.90
1985	38.30	7.59	31.43	4.50	82.25	991.20
1986	40.10	5.32	30.06	2.86	77.45	989.40
1987	44.60	4.46	29.72	3.71	110.60	970.00
1988	54.80	6.77	38.36	4.72	133.57	983.20
1989	48.10	7.68	32.56	3.98	111.81	956.30
1990	34.10	5.47	31.38	3.94	110.14	761.00
1991	42.90	6.22	33.39	5.27	134.78	763.80
1992	61.90	8.83	37.27	5.70	139.07	833.20
1993	58.50	9.88	51.15	3.77	96.14	840.60
1994	138.40	10.48	48.19	4.67	135.54	861.20
1995	223.80	86.90	86.94	6.33	206.30	970.60
1996	183.50	62.80	49.62	8.37	209.66	683.70
1997	121.60	40.10	53.22	8.24	201.64	702.60
1998	94.60	47.91	35.55	6.78	187.40	569.60
1999	53.40	53.16	30.14	6.54	205.52	483.00
2000	66.93	25.20	30.50	4.10	193.43	507.23
2001	65.84	18.99	64.19	3.82	192.45	547.90
2002	76.17	31.13	84.04	4.54	184.50	691.10
2003	123.33	41.09	79.08	4.88	186.46	796.66
2004	1215.24	7289.56	196.29	11.38	193.98	1122.51
2005	263.80	1442.72	163.46	16.33	201.01	986.40
2006	263.96	1841.05	198.05	19.93	191.51	1181.80
2007	432.33	3093.30	246.15	20.31	213.80	1386.00
2008	1679.65	11788.17	251.08	28.44	175.80	1386.25
2009	931.72	10164.02		37.13	190.56	1023.04
2010	1376.70	15932.90		33.68	228.10	1228.20
2011	1085.10	19250.30		40.19	237.27	

注：气体压缩机中2004年包括空调压缩机，2008年包括规模以下工业。

2-9 续表 13

年 份	两轮脚踏自行车（万辆）	表（万只）	照相机（万台）	铁路机车（辆）	铁路客车（辆）	铁路货车（万辆）	汽车（万辆）	#载货汽车
1957	80.60	0.40	0.01	167	454	0.73	0.79	0.62
1963	148.90	91.80	1.22	20	341	0.14	2.06	1.67
1964	170.50	101.50	1.08	59	321	0.24	2.81	2.08
1965	183.80	108.30	1.72	146	160	0.29	4.05	2.65
1966	205.30	137.40	2.79	353	114	0.50	5.59	3.41
1967	177.10	145.00	4.40	269	87	0.56	2.04	1.09
1968	201.10	183.80	4.45	280	117	0.64	2.51	1.20
1969	292.10	268.60	4.98	397	284	0.99	5.31	3.04
1970	368.80	358.10	4.04	573	576	1.38	8.72	4.71
1971	412.60	429.20	4.48	598	674	1.44	11.10	5.81
1972	440.40	491.70	5.80	595	672	1.35	10.82	6.05
1973	496.80	573.20	7.69	665	829	1.87	11.62	6.44
1974	519.60	673.50	11.10	573	635	1.65	10.48	5.69
1975	623.20	809.00	18.49	526	804	1.57	13.98	7.76
1976	668.10	949.60	22.50	327	556	0.80	13.52	7.45
1977	742.70	1152.80	24.66	293	538	0.64	12.54	7.59
1978	854.00	1410.80	17.89	521	784	1.70	14.91	9.61
1979	1009.50	1750.40	23.81	573	856	1.60	18.57	11.67
1980	1302.40	2267.50	37.28	512	1002	1.06	22.23	13.55
1981	1745.30	2906.60	62.30	398	1159	0.88	17.56	10.83
1982	2420.00	3313.20	74.23	486	1153	1.06	19.63	12.18
1983	2758.20	3478.10	92.56	589	1230	1.58	23.98	13.71
1984	2861.40	3807.10	126.18	658	1200	1.81	31.64	18.18
1985	3227.70	5447.10	178.96	746	1447	1.93	43.72	26.90
1986	3568.30	7332.00	202.54	818	1522	2.06	36.98	22.91
1987	4116.70	6159.40	256.70	909	1791	1.16	47.18	29.84
1988	4140.10	6788.90	312.26	844	1980	2.33	64.47	40.33
1989	3676.80	7559.60	245.18	680	2000	2.41	58.35	36.34
1990	3141.60	8671.30	213.22	655	1866	1.86	51.40	28.97
1991	3676.80	7824.90	478.18	706	1674	1.85	71.42	38.25
1992	4083.60	8658.80	526.48	798	1652	2.16	106.67	47.67
1993	4149.60	19290.80	1136.49	922	1847	2.90	129.85	59.79
1994	4364.90	47776.80	2830.02	992	1837	3.76	136.69	66.30
1995	4472.20	48191.30	3326.15	974	2395	3.73	145.27	59.60
1996	3361.20	47975.60	4120.77	1050	2616	3.28	147.52	62.51
1997	2999.30	29504.60	4686.89	1069	2535	3.12	158.25	57.36
1998	2312.50	23642.20	5521.87	278	1576	2.35	163.00	73.56
1999	2397.60	24051.50	4832.29	300	1778	1.86	183.20	83.96
2000	2906.79	21430.69	5514.52	243	3244	2.73	207.00	86.29
2001	2902.30	18431.60	5962.09	303	3273	3.07	234.17	89.01
2002	3957.50	18391.90	5309.61	336	2856	3.13	325.10	109.20
2003	5451.70	18136.85	6198.14	323	1525	3.12	444.39	112.44
2004	7906.22	50154.42	7891.40	442	1867	3.17	509.11	111.56
2005	6900.64	15498.86	8199.00	838	2001	3.92	570.49	149.46
2006	7886.63	14178.25	8551.51	984	2143	3.93	727.89	179.76
2007	7475.20	12266.55	8689.60	1002	2425	4.22	888.89	218.31
2008	7185.18	11919.20	8193.03	1235	1835	5.73	930.59	202.70
2009	5757.65	13306.38	8457.81	1753	7107	4.28	1379.53	308.00
2010	6819.48	14631.80	9327.70	2571	7450	4.81	1826.53	391.57
2011	7169.11	13162.50	8241.34	2530	6853	6.69	1841.64	324.74

注：铁路客车2008年、2010年及以后年份不包括动车组产量。铁路客车1998–2004年计量单位为万千瓦。

2-9 续表 14

年 份	发电设备（万千瓦）	#水轮发电机组	交流电动机（万千瓦）	变压器（万千伏安）	家用电冰箱（万台）	家用洗衣机（万台）	家用电风扇（万台）
1957	19.80	7.20	146.00	420.00	0.16		
1963	40.40	27.80	313.00	437.00	0.14		
1964	44.00	32.50	308.00	572.00	0.17		
1965	68.30	28.00	405.00	818.00	0.30		
1966	132.30	38.20	615.00	1303.00	0.54		
1967	61.90	5.20	496.00	999.00	0.59		
1968	137.50	30.20	460.00	650.00	0.67		
1969	203.10	69.80	810.00	1490.00	0.66		
1970	291.80	90.20	1456.00	2741.00	0.52		
1971	353.30	151.40	1831.00	3011.00	0.61		
1972	432.50	177.50	2195.00	3173.00	0.76		
1973	501.80	157.50	2717.00	3490.00	1.00		
1974	461.60	131.60	2626.00	3989.00	1.34		
1975	496.50	113.60	2799.00	4097.00	1.80		
1976	400.20	57.40	2609.00	3656.00	2.12		
1977	318.10	62.60	2696.00	3581.00	2.46		
1978	483.80	144.60	3195.00	4862.00	2.80	0.04	137.80
1979	621.20	171.70	3563.00	5823.00	3.18	1.81	233.10
1980	419.30	123.80	2570.00	4461.00	4.90	24.53	723.70
1981	139.50	63.20	2126.00	2734.00	5.56	128.08	1049.90
1982	164.50	57.50	2420.00	3143.00	9.99	253.26	918.60
1983	274.00	66.90	2868.00	4228.00	18.85	365.86	1045.70
1984	467.40	85.80	3051.00	5030.00	54.74	578.06	1770.70
1985	563.60	140.20	3484.00	8045.00	144.81	887.20	3174.60
1986	722.40	188.40	3967.00	7729.00	225.02	893.40	3528.70
1987	941.10	177.70	4172.00	9297.00	401.34	990.20	3660.70
1988	1109.30	198.40	4511.00	10039.00	757.63	1046.80	4495.50
1989	1174.00	203.50	4096.00	9931.00	670.79	825.40	4991.90
1990	1225.40	210.10	3528.00	7443.00	463.06	662.70	5799.30
1991	1164.20	354.00	3825.00	7748.00	469.94	678.20	6219.10
1992	1297.00	411.00	5243.00	9949.00	485.76	707.90	6837.00
1993	1472.80	247.30	5450.00	14332.00	596.66	895.90	7387.30
1994	1674.10	609.00	5946.00	39398.00	768.12	1094.20	8613.00
1995	1667.90	297.00	6011.00	16449.00	918.54	948.40	12966.70
1996	2353.50	333.80	5313.00	15104.00	979.65	1074.70	10291.70
1997	2405.10	326.90	5127.00	16134.00	1044.43	1254.50	8171.40
1998	1608.00		4310.00	14910.00	1060.00	1207.31	6724.49
1999	1369.00	468.91	4602.00	17719.00	1210.00	1342.17	6158.14
2000	1249.00	391.50	5134.20	21670.39	1279.00	1442.98	7661.61
2001	1340.14	303.16	6263.27	25137.00	1351.26	1341.61	9616.10
2002	2120.84	353.27	7004.80	29605.79	1598.87	1595.76	10761.33
2003	3700.62	608.56	8920.00	37651.00	2242.56	1964.46	12980.92
2004	9233.01	1079.56	19534.76	240476.62	3007.59	2533.41	14169.67
2005	9200.00	1200.86	12934.88	63115.84	2987.06	3035.52	12022.39
2006	11694.27	1834.90	15826.48	73645.50	3530.89	3560.50	14465.85
2007	12990.98	2836.08	18848.22	91020.78	4397.13	4005.10	15440.04
2008	13942.42	2249.05	24053.72	122165.87	4799.95	4447.00	15866.85
2009	11729.25	2303.96	18710.14	126075.27	5930.45	4973.63	15955.05
2010	12880.21	2033.90	23212.90	134630.40	7295.72	6247.73	18067.92
2011	14410.52	2644.05	25188.30	141804.05	8699.20	6715.94	18845.89

注：家用电冰箱1979年以前为主要电冰箱厂的产量，1979年及以后各年为全国家用电冰箱数字。

2-9　续表 15

年　份	房间空气调节器（万台）	家用吸尘器（万台）	半导体分立器件（亿只）	集成电路（万块）	收音机（万台）	彩色电视机（万台）	录音机（万台）
1957					35.20		0.11
1963			0.02		80.90		0.01
1964			0.04		78.30		0.12
1965			0.12		81.50		0.46
1966			0.28		83.70		0.66
1967			0.34	2	91.30		0.86
1968			0.37	8	117.60		0.88
1969			0.66	78	257.00		1.02
1970			1.55	423	323.10		1.37
1971			2.32	406	240.30	0.02	1.54
1972			1.94	264	273.90	0.01	1.58
1973			1.77	186	502.80	0.07	1.74
1974			2.27	388	723.00	0.24	2.37
1975			3.15	579	935.60	0.29	3.17
1976			3.75		969.10	0.28	4.07
1977			4.52		1049.40	0.25	4.99
1978	0.02	0.41	4.42	3041	1167.70	0.38	4.73
1979	0.86	0.57	4.01		1380.70	0.95	16.49
1980	1.32	1.48	6.96	1684	3003.80	3.21	74.34
1981	1.40	1.73	9.96	1279	4057.20	15.21	154.59
1982	2.44	2.23	6.75	1352	1723.90	28.81	347.09
1983	3.45	4.43	8.22	2604	1998.90	53.11	497.66
1984	6.12	9.10	11.76	4148	2220.30	133.95	776.42
1985	12.35	8.82	14.79	6385	1600.30	435.28	1393.10
1986	9.65	8.40	10.99	5720	1589.50	414.60	1756.80
1987	13.22	35.34	15.14	9544	1763.80	672.72	1978.00
1988	25.91	182.93	19.77	13160	1548.90	1037.66	2540.40
1989	37.47	218.98	24.80	13156	1834.10	940.02	2349.01
1990	24.07	71.67	33.38	10838	2103.00	1033.04	3023.51
1991	63.03	68.61	54.69	17049	1969.10	1205.06	2873.70
1992	158.03	112.92	67.19	16099	1648.90	1333.08	3231.78
1993	346.41	149.00	95.06	20101	1754.20	1435.76	3647.91
1994	393.42	321.81	167.02	48462	4132.30	1689.15	8395.60
1995	682.56	805.50		551686		2057.74	8581.36
1996	786.21	879.74	187.67	388987	5650.70	2537.60	8632.82
1997	974.01	976.40	313.37	255455	4624.20	2711.33	8273.86
1998	1156.87	519.18	223.83	262577	2842.70	3497.00	4751.04
1999	1337.64	574.99	278.76	415000	2755.20	4262.00	3962.10
2000	1826.67	1010.30	511.98	588000	2953.70	3936.00	5638.40
2001	2333.64	1141.17	476.91	636288	3113.30	4093.70	4655.46
2002	3135.11	1611.16	593.39	963101	3371.70	5155.00	5914.80
2003	4820.86	2185.35	875.45	1483100	4809.50	6541.40	6112.74
2004	6390.33	5015.42	1956.43	2355100	8040.08	7431.83	6670.37
2005	6764.57	4679.31	2062.90	2699700	5191.54	8283.22	8369.01
2006	6849.42	5319.13	2224.70	3357500	6103.48	8375.40	7582.87
2007	8014.28	6514.22	2504.60	4116200	6091.41	8478.01	7206.63
2008	8147.37	8324.32	2902.10	4387700	6071.87	9187.14	
2009	8078.25	6534.66	2637.38	4144000		9898.79	
2010	10887.47	7669.36	3403.80	6525000		11830.03	
2011	13912.50	8400.46	3639.40	7195200		12231.34	

注：半导体分立器件1995年以前年份为半导体器件。

2-9 续表 16

年 份	改装汽车（万辆）	摩托车整车（万辆）	家用吸排油烟机（万台）	微波炉（万台）	电饭锅*（万个）	电话单机（万部）
1985	11.26	91.70			511.85	274.10
1986	8.61	65.57			711.41	471.68
1987	10.90	73.77			1078.74	451.96
1988	14.91	117.18			849.02	721.64
1989	11.97	104.83			918.42	880.00
1990	11.05	97.85			711.88	880.00
1991	14.99	134.10			1183.35	1482.00
1992	22.67	204.61				1982.27
1993	26.87	355.63				2663.59
1994	22.42	535.39				5722.92
1995	27.26	825.41	522.50	99.79	2149.83	9956.36
1996	24.19	916.75	309.18	302.26	1697.55	7960.82
1997	22.13	1033.42	287.59	432.40	1642.09	8653.71
1998	21.17	829.09	258.15		1057.99	6520.48
1999	25.26	978.20	351.41	824.28	871.65	7139.93
2000	28.52	960.19	366.15	1257.16	1355.46	9597.99
2001	31.42	1041.45	456.28	1817.70	1442.47	10302.74
2002	40.80	1198.80	426.46	2270.89	2109.32	11892.42
2003	39.45	1461.34	477.25	3660.40	3691.02	12935.90
2004	59.41	1674.92	677.44	4353.33	10781.90	19515.71
2005	48.16	1690.93	730.10	4931.89	6154.14	18861.52
2006	61.82	2054.50	1118.07	5570.17	8879.82	18647.83
2007	69.17	2508.32	1216.88	6289.09	11463.29	16516.46
2008	104.94	2837.87	1709.71	6286.02	13356.50	18244.72
2009	100.20	2758.72	1714.48	6107.28	14313.89	14537.70
2010	120.36	2734.17	2028.33	6781.70	17086.20	16769.68
2011	127.15	2735.50	2032.06	6692.10	18329.40	14017.91

注：电饭锅1991年以前包括电热蒸煮器具。

2-9 续表 17

年 份	传真机（万部）	微型计算机设备（万台）	移动通信手持机（万台）	程控交换机（万线）	复印和胶版印刷设备（万台）
1985					2.37
1986		4.21			1.80
1987		5.12			1.81
1988		11.61			
1989		7.54			
1990		8.21			
1991		16.25			
1992		12.62			4.38
1993		14.66			6.06
1994		24.57			4.10
1995	136.12	83.57		2091.60	21.75
1996	137.87	138.83		2274.80	63.87
1997	162.51	206.55		2787.30	107.75
1998	128.69	291.40		4219.90	117.93
1999	159.99	405.00		4726.00	210.29
2000	196.29	672.00	5247.88	7136.00	156.63
2001	318.19	877.65	8031.66	7223.50	144.12
2002	297.29	1463.51	12146.35	5860.70	207.39
2003	746.58	3216.70	18231.37	6549.10	264.17
2004	851.16	5974.90	23751.58	7625.22	324.57
2005	1068.15	8084.89	30354.21	7720.90	403.56
2006	1188.63	9336.44	48013.79	7404.63	467.80
2007	888.53	12073.38	54857.86	5387.05	452.36
2008	749.40	15853.65	55945.10	4583.95	517.70
2009	683.51	18215.07	68193.37	4152.51	421.02
2010	181.09	24584.46	99827.36	3137.97	534.82
2011	187.57	32036.93	113257.71	3034.04	655.05

三 中国工业经济的行业结构

3-1 按注册类型分组的规模以上

分 组	企业单位数（个）	亏损企业	工业总产值（当年价格）	工业销售产值（当年价格）	出口交货值
总 计	**325609**	**30456**	**844268.79**	**827796.99**	**99612.37**
一、按登记注册类型分组:					
内资企业	268393	20712	625851.59	613080.12	31226.80
国有企业	6707	1488	66672.56	65802.25	1200.97
中央企业	1525	321	39639.97	39300.92	597.00
地方企业	5182	1167	27032.59	26501.33	603.97
集体企业	5365	478	11059.08	10945.08	527.63
股份合作企业	2415	199	4001.68	3923.01	193.08
联营企业	506	60	1717.84	1691.75	59.66
国有联营企业	95	17	773.97	767.58	29.46
集体联营企业	140	14	244.91	238.59	8.14
国有与集体联营企业	119	11	338.41	335.54	14.38
其他联营企业	152	18	360.54	350.03	7.68
有限责任公司	58626	6529	196177.40	192184.46	9768.86
国有独资公司	1341	275	30066.71	29825.10	1129.53
其他有限责任公司	57285	6254	166110.69	162359.36	8639.33
股份有限公司	8563	884	83463.66	81786.86	5364.38
私营企业	180612	10645	252325.74	246609.74	13581.55
私营独资企业	36433	1046	44259.15	43365.28	1216.33
私营合伙企业	5928	251	6912.26	6761.69	154.84
私营有限责任公司	131120	8862	184722.21	180426.56	11086.20
私营股份有限公司	7131	486	16432.11	16056.22	1124.18
其他企业	5599	429	10433.64	10136.98	530.67
港、澳、台商投资企业	25952	4126	77529.31	75516.81	24214.07
合资经营企业(港或澳、台资)	8547	1211	27578.16	26752.11	5275.03
合作经营企业(港或澳、台资)	884	109	2001.86	1968.69	488.54
港澳台商独资经营企业	16037	2732	44443.59	43394.51	17954.01
港澳台商投资股份有限公司	448	68	3387.87	3284.19	479.41
外商投资企业	31264	5618	140887.88	139200.06	44171.51
中外合资经营企业	11673	1613	63875.91	63076.57	10768.58
中外合作经营企业	926	145	2967.99	2945.47	559.31
外资企业	18052	3751	68938.33	68046.63	31055.37
外商投资股份有限公司	529	93	4966.18	4996.01	1746.74
二、按经济组织类型分组					
独资企业	82594	9495	235372.71	231553.74	51954.31
国有企业	6707	1488	66672.56	65802.25	1200.97
集体企业	5365	478	11059.08	10945.08	527.63
私营独资企业	36433	1046	44259.15	43365.28	1216.33
港澳台商独资经营企业	16037	2732	44443.59	43394.51	17954.01
外资企业	18052	3751	68938.33	68046.63	31055.37
合作、合伙企业	16378	1215	28292.57	27680.29	2044.69
股份合作企业	2415	199	4001.68	3923.01	193.08
国有联营企业	95	17	773.97	767.58	29.46
集体联营企业	140	14	244.91	238.59	8.14
国有与集体联营企业	119	11	338.41	335.54	14.38
其他联营企业	152	18	360.54	350.03	7.68
私营合伙企业	5928	251	6912.26	6761.69	154.84
合作经营企业(港或澳、台资)	884	109	2001.86	1968.69	488.54
中外合作经营企业	926	145	2967.99	2945.47	559.31
其他企业(内资)	5599	429	10433.64	10136.98	530.67
股份有限公司	16671	1531	108249.82	106123.27	8714.72
股份有限公司(内资)	8563	884	83463.66	81786.86	5364.38
私营股份有限公司	7131	486	16432.11	16056.22	1124.18
港澳台商投资股份有限公司	448	68	3387.87	3284.19	479.41
外商投资股份有限公司	529	93	4966.18	4996.01	1746.74
有限责任公司	209966	18215	472353.69	462439.69	36898.66
国有独资公司	1341	275	30066.71	29825.10	1129.53
私营有限责任公司	131120	8862	184722.21	180426.56	11086.20
合资经营企业(港或澳、台资)	8547	1211	27578.16	26752.11	5275.03
中外合资经营企业	11673	1613	63875.91	63076.57	10768.58
其他有限责任公司	57285	6254	166110.69	162359.36	8639.33
三、在总计中:亏损企业	30456	30456	71482.47	69910.74	9518.20
在总计中:国有控股企业	17052	3514	221036.25	217864.52	8701.46
在总计中:农村工业	4252	271	9464.15	9362.28	537.30
在总计中:轻工业	131403	11497	237699.77	232389.73	34869.91
重工业	194206	18959	606569.02	595407.26	64742.47
在总计中:大型企业	9111	869	351507.33	346308.80	58194.45
中型企业	52236	6133	199366.15	194543.61	23314.45
小型企业	256319	22256	288177.66	281841.47	17857.26
微型企业	7943	1198	5217.64	5103.11	246.21

工业企业主要经济指标

单位：亿元

资产总计	流动资产合计	应收帐款	存货	产成品	固定资产合计
675796.86	**327778.65**	**70502.00**	**80583.15**	**28478.64**	**253198.19**
513809.13	232444.01	43369.96	57507.90	20504.98	201963.96
88753.63	27116.16	3664.75	7030.33	1531.65	43703.80
55100.74	13900.23	2024.39	4185.59	729.90	28385.09
33652.89	13215.93	1640.36	2844.73	801.74	15318.70
5422.61	2968.62	580.79	623.32	282.76	1835.50
2750.20	1344.40	325.06	295.58	139.00	1042.20
1507.82	510.62	88.17	152.16	61.03	747.85
947.80	243.26	31.67	90.39	30.00	561.47
106.49	50.39	15.16	14.41	7.25	36.18
300.49	145.65	24.80	27.93	15.21	89.60
153.05	71.32	16.53	19.42	8.57	60.61
196338.02	89268.97	15764.07	22296.66	7481.68	75961.77
47365.96	18494.86	2271.69	4300.20	1123.25	19186.92
148972.06	70774.11	13492.38	17996.46	6358.43	56774.85
84259.03	38932.55	6079.87	9798.44	3333.58	31187.18
127749.86	69059.45	16244.41	16614.14	7388.26	44644.17
15322.16	6914.59	1562.73	1426.01	748.04	6930.52
2346.83	1048.35	241.60	205.32	111.33	1063.12
99631.94	55341.45	13159.71	13582.95	5933.44	33552.94
10448.93	5755.05	1280.37	1399.87	595.45	3097.59
7027.96	3243.24	622.84	697.29	287.02	2841.51
59954.15	35188.67	9820.85	8512.63	3032.66	18825.05
23422.88	13125.25	2960.81	3161.02	1141.80	7810.52
1522.71	847.00	191.14	186.89	57.83	533.60
31631.28	19376.65	6272.35	4706.40	1704.42	9603.15
3260.97	1770.57	381.94	444.02	123.36	848.80
102033.59	60145.97	17311.19	14562.62	4941.00	32409.18
46949.86	27422.88	6505.41	6244.51	2293.66	14856.02
2340.65	1221.74	269.32	319.54	85.55	870.42
47326.54	28930.93	9941.19	7342.51	2360.14	14666.82
5326.79	2523.96	582.33	637.93	196.37	1983.72
188456.21	85306.96	22021.80	21128.55	6627.01	76739.78
88753.63	27116.16	3664.75	7030.33	1531.65	43703.80
5422.61	2968.62	580.79	623.32	282.76	1835.50
15322.16	6914.59	1562.73	1426.01	748.04	6930.52
31631.28	19376.65	6272.35	4706.40	1704.42	9603.15
47326.54	28930.93	9941.19	7342.51	2360.14	14666.82
17702.23	8331.00	1765.69	1889.21	752.29	7159.87
2750.20	1344.40	325.06	295.58	139.00	1042.20
947.80	243.26	31.67	90.39	30.00	561.47
106.49	50.39	15.16	14.41	7.25	36.18
300.49	145.65	24.80	27.93	15.21	89.60
153.05	71.32	16.53	19.42	8.57	60.61
2346.83	1048.35	241.60	205.32	111.33	1063.12
1522.71	847.00	191.14	186.89	57.83	533.60
2340.65	1221.74	269.32	319.54	85.55	870.42
7027.96	3243.24	622.84	697.29	287.02	2841.51
103295.73	48982.14	8324.50	12280.25	4248.76	37117.29
84259.03	38932.55	6079.87	9798.44	3333.58	31187.18
10448.93	5755.05	1280.37	1399.87	595.45	3097.59
3260.97	1770.57	381.94	444.02	123.36	848.80
5326.79	2523.96	582.33	637.93	196.37	1983.72
366342.70	185158.55	38390.00	45285.13	16850.58	132181.25
47365.96	18494.86	2271.69	4300.20	1123.25	19186.92
99631.94	55341.45	13159.71	13582.95	5933.44	33552.94
23422.88	13125.25	2960.81	3161.02	1141.80	7810.52
46949.86	27422.88	6505.41	6244.51	2293.66	14856.02
148972.06	70774.11	13492.38	17996.46	6358.43	56774.85
83801.08	33728.86	7051.31	9869.21	3292.35	38571.16
281673.87	106550.42	15432.82	27478.61	7460.20	124261.71
4791.69	2500.38	464.74	583.20	219.00	1728.93
155704.16	87359.11	17574.57	23776.11	9365.58	49525.82
520092.70	240419.54	52927.43	56807.04	19113.06	203672.38
342998.91	159412.02	28999.99	39489.30	11724.48	127776.78
162942.05	81093.32	18882.07	20063.32	7810.78	61325.84
165789.51	85579.64	22176.12	20706.13	8823.74	62687.79
4066.39	1693.67	443.83	324.40	119.64	1407.79

3-1 续表 1

分　　组	固定资产原价	累计折旧	负债合计	流动负债合计
总　　计	**386086.72**	**157312.32**	**392644.64**	**298911.20**
一、按登记注册类型分组:				
内资企业	301727.84	120829.07	300513.82	220570.57
国有企业	65141.72	24901.01	55618.36	35276.45
中央企业	43816.17	17059.92	33472.62	20362.79
地方企业	21325.56	7841.09	22145.74	14913.66
集体企业	4665.59	3018.25	2870.53	2388.15
股份合作企业	1406.34	493.21	1523.90	1001.75
联营企业	1102.17	402.24	922.32	616.60
国有联营企业	855.24	300.40	618.08	397.40
集体联营企业	50.80	17.81	56.43	46.00
国有与集体联营企业	110.96	46.81	167.00	99.54
其他联营企业	85.17	37.22	80.81	73.66
有限责任公司	108729.39	41816.03	121969.29	86727.29
国有独资公司	26194.23	10078.64	27569.47	17453.02
其他有限责任公司	82535.16	31737.39	94399.83	69274.27
股份有限公司	50715.77	22975.89	44012.66	32756.74
私营企业	65621.77	25473.61	69744.77	58996.72
私营独资企业	10296.33	3987.14	6328.32	4890.95
私营合伙企业	1478.21	537.45	1013.30	792.82
私营有限责任公司	49492.80	19357.91	57257.31	49139.96
私营股份有限公司	4354.43	1591.10	5145.84	4172.99
其他企业	4345.09	1748.83	3851.98	2806.88
港、澳、台商投资企业	30260.77	12805.24	34722.68	29670.25
合资经营企业(港或澳、台资)	11731.84	4523.91	14355.51	12087.44
合作经营企业(港或澳、台资)	1091.87	599.89	738.97	613.55
港澳台商独资经营企业	16004.69	7037.27	17896.10	15623.76
港澳台商投资股份有限公司	1398.62	634.56	1656.19	1288.27
外商投资企业	54098.11	23678.01	57408.14	48670.37
中外合资经营企业	24162.73	10130.00	27342.68	22784.94
中外合作经营企业	1758.11	1012.17	1339.26	977.35
外资企业	25074.74	11277.10	26109.08	22960.63
外商投资股份有限公司	3049.44	1235.62	2569.17	1905.88
二、按经济组织类型分组				
独资企业	121183.07	50220.77	108822.40	81139.95
国有企业	65141.72	24901.01	55618.36	35276.45
集体企业	4665.59	3018.25	2870.53	2388.15
私营独资企业	10296.33	3987.14	6328.32	4890.95
港澳台商独资经营企业	16004.69	7037.27	17896.10	15623.76
外资企业	25074.74	11277.10	26109.08	22960.63
合作、合伙企业	11268.62	4826.52	9513.59	6907.74
股份合作企业	1406.34	493.21	1523.90	1001.75
国有联营企业	855.24	300.40	618.08	397.40
集体联营企业	50.80	17.81	56.43	46.00
国有与集体联营企业	110.96	46.81	167.00	99.54
其他联营企业	85.17	37.22	80.81	73.66
私营合伙企业	1478.21	537.45	1013.30	792.82
合作经营企业(港或澳、台资)	1091.87	599.89	738.97	613.55
中外合作经营企业	1758.11	1012.17	1339.26	977.35
其他企业(内资)	4345.09	1748.83	3851.98	2806.88
股份有限公司	59518.26	26437.18	53383.86	40123.88
股份有限公司(内资)	50715.77	22975.89	44012.66	32756.74
私营股份有限公司	4354.43	1591.10	5145.84	4172.99
港澳台商投资股份有限公司	1398.62	634.56	1656.19	1288.27
外商投资股份有限公司	3049.44	1235.62	2569.17	1905.88
有限责任公司	194116.76	75827.85	220924.80	170739.63
国有独资公司	26194.23	10078.64	27569.47	17453.02
私营有限责任公司	49492.80	19357.91	57257.31	49139.96
合资经营企业(港或澳、台资)	11731.84	4523.91	14355.51	12087.44
中外合资经营企业	24162.73	10130.00	27342.68	22784.94
其他有限责任公司	82535.16	31737.39	94399.83	69274.27
三、在总计中:亏损企业	57471.93	21979.25	61894.65	44213.34
在总计中:国有控股企业	185896.57	74012.68	172289.91	114629.65
在总计中:农村工业	3228.40	1660.62	2316.59	1897.06
在总计中:轻工业	78040.52	33669.20	81877.13	68700.21
重工业	308046.20	123643.13	310767.52	230210.98
在总计中:大型企业	201358.41	87302.99	203921.32	151588.05
中型企业	92243.79	36226.49	95167.95	73453.55
小型企业	90383.86	33164.43	91009.67	72147.48
微型企业	2100.65	618.41	2545.71	1722.11

单位：亿元

所有者权益合计	实收资本				主营业务收入
		国家资本	港澳台资本	外商资本	
282003.81	**144684.13**	**22601.38**	**10742.32**	**19755.88**	**841830.24**
212301.47	103715.08	21158.81	380.17	649.49	625525.94
33070.24	14972.19	7911.79	23.40	19.67	69029.97
21578.34	9532.77	5257.74	0.89	2.62	40950.61
11491.90	5439.42	2654.05	22.51	17.05	28079.36
2533.56	777.82	9.61	5.93	4.69	11148.26
1206.32	560.90	25.40	1.47	1.83	3936.22
584.58	237.27	44.97	0.21	1.45	1618.47
329.57	160.52	32.53		0.03	681.22
49.87	16.57	0.04	0.17		242.98
133.43	30.48	11.36			336.83
71.71	29.69	1.04	0.04	1.42	357.45
74006.38	44537.90	7086.10	122.82	255.75	198771.63
19755.74	7857.68	3365.10	34.80	77.95	31911.61
54250.64	36680.22	3721.01	88.02	177.79	166860.02
40267.75	16119.74	5935.15	89.60	188.49	83554.20
57479.12	25276.49	87.34	94.38	117.44	247277.89
8859.28	3838.46	23.21	13.67	22.39	43559.29
1318.70	628.19	1.81	0.49	0.64	6754.20
42024.94	19033.13	54.86	72.66	89.18	181021.54
5276.20	1776.70	7.46	7.57	5.23	15942.86
3153.51	1232.77	58.45	42.37	60.17	10189.30
25130.26	14404.76	310.97	9225.47	1266.65	76367.53
9028.67	4917.12	254.29	1897.39	365.79	26851.29
783.34	377.13	41.17	173.07	27.32	1962.55
13675.15	8417.22	7.95	6826.80	830.52	44161.51
1603.03	678.04	7.56	314.82	42.68	3275.74
44572.08	26564.29	1131.60	1136.68	17839.75	139936.77
19472.92	10785.74	1017.53	421.74	4699.39	63535.00
1009.17	611.33	55.10	39.03	341.49	2887.27
21168.81	13971.06	26.36	635.70	12214.07	68339.77
2880.74	1165.20	32.60	34.26	568.71	5046.40
79307.04	41976.75	7978.94	7505.49	13091.35	236238.79
33070.24	14972.19	7911.79	23.40	19.67	69029.97
2533.56	777.82	9.61	5.93	4.69	11148.26
8859.28	3838.46	23.21	13.67	22.39	43559.29
13675.15	8417.22	7.95	6826.80	830.52	44161.51
21168.81	13971.06	26.36	635.70	12214.07	68339.77
8136.13	3693.82	226.89	275.98	449.32	27592.78
1206.32	560.90	25.40	1.47	1.83	3936.22
329.57	160.52	32.53		0.03	681.22
49.87	16.57	0.04	0.17		242.98
133.43	30.48	11.36			336.83
71.71	29.69	1.04	0.04	1.42	357.45
1318.70	628.19	1.81	0.49	0.64	6754.20
783.34	377.13	41.17	173.07	27.32	1962.55
1009.17	611.33	55.10	39.03	341.49	2887.27
3153.51	1232.77	58.45	42.37	60.17	10189.30
50027.73	19739.67	5982.77	446.24	805.12	107819.20
40267.75	16119.74	5935.15	89.60	188.49	83554.20
5276.20	1776.70	7.46	7.57	5.23	15942.86
1603.03	678.04	7.56	314.82	42.68	3275.74
2880.74	1165.20	32.60	34.26	568.71	5046.40
144532.91	79273.90	8412.78	2514.61	5410.10	470179.46
19755.74	7857.68	3365.10	34.80	77.95	31911.61
42024.94	19033.13	54.86	72.66	89.18	181021.54
9028.67	4917.12	254.29	1897.39	365.79	26851.29
19472.92	10785.74	1017.53	421.74	4699.39	63535.00
54250.64	36680.22	3721.01	88.02	177.79	166860.02
21847.58	22766.40	4712.64	1867.71	4351.42	70812.80
109233.21	52603.50	21689.45	389.69	1495.88	228900.13
2458.52	832.72	8.70	43.85	61.44	9322.08
73359.52	33023.24	2184.61	4495.46	6255.35	234307.06
208644.29	111660.89	20416.78	6246.87	13500.54	607523.18
138604.63	56825.89	16086.56	3565.73	7646.22	358893.16
67445.47	35248.67	4305.62	3907.34	6215.36	195162.68
74444.50	51475.25	2102.43	3184.23	5803.99	283400.11
1509.20	1134.32	106.77	85.02	90.31	4374.30

3-1 续表 2

分 组	主营业务成本	主营业务税金及附加	管理费用
总 计	**708091.99**	**12669.53**	**32165.17**
一、按登记注册类型分组:			
内资企业	524160.31	11004.25	23884.18
国有企业	58468.51	2859.62	3067.67
中央企业	35022.02	2298.82	1496.39
地方企业	23446.49	560.80	1571.28
集体企业	9389.27	77.56	400.65
股份合作企业	3201.68	28.63	148.20
联营企业	1383.92	10.17	70.15
国有联营企业	591.70	4.39	38.63
集体联营企业	193.92	2.24	12.41
国有与集体联营企业	304.96	1.16	9.98
其他联营企业	293.34	2.38	9.13
有限责任公司	166057.23	3589.00	8347.78
国有独资公司	25888.70	1637.41	1690.48
其他有限责任公司	140168.53	1951.60	6657.30
股份有限公司	67001.34	2819.78	3757.18
私营企业	210191.52	1553.57	7751.18
私营独资企业	36458.64	363.76	1139.87
私营合伙企业	5440.23	73.59	231.29
私营有限责任公司	155011.05	1027.30	5836.48
私营股份有限公司	13281.60	88.91	543.52
其他企业	8466.85	65.92	341.36
港、澳、台商投资企业	65546.72	422.91	2837.75
合资经营企业(港或澳、台资)	22967.43	147.67	995.83
合作经营企业(港或澳、台资)	1647.22	7.56	89.79
港澳台商独资经营企业	38048.75	196.45	1617.84
港澳台商投资股份有限公司	2779.63	71.04	130.02
外商投资企业	118384.96	1242.37	5443.23
中外合资经营企业	52466.52	945.49	2279.02
中外合作经营企业	2434.72	63.95	113.50
外资企业	59216.62	204.70	2847.52
外商投资股份有限公司	4156.16	27.71	196.64
二、按经济组织类型分组			
独资企业	201581.78	3702.10	9073.56
国有企业	58468.51	2859.62	3067.67
集体企业	9389.27	77.56	400.65
私营独资企业	36458.64	363.76	1139.87
港澳台商独资经营企业	38048.75	196.45	1617.84
外资企业	59216.62	204.70	2847.52
合作、合伙企业	22789.25	250.52	1005.13
股份合作企业	3201.68	28.63	148.20
国有联营企业	591.70	4.39	38.63
集体联营企业	193.92	2.24	12.41
国有与集体联营企业	304.96	1.16	9.98
其他联营企业	293.34	2.38	9.13
私营合伙企业	5440.23	73.59	231.29
合作经营企业(港或澳、台资)	1647.22	7.56	89.79
中外合作经营企业	2434.72	63.95	113.50
其他企业(内资)	8466.85	65.92	341.36
股份有限公司	87218.73	3007.44	4627.36
股份有限公司(内资)	67001.34	2819.78	3757.18
私营股份有限公司	13281.60	88.91	543.52
港澳台商投资股份有限公司	2779.63	71.04	130.02
外商投资股份有限公司	4156.16	27.71	196.64
有限责任公司	396502.24	5709.47	17459.11
国有独资公司	25888.70	1637.41	1690.48
私营有限责任公司	155011.05	1027.30	5836.48
合资经营企业(港或澳、台资)	22967.43	147.67	995.83
中外合资经营企业	52466.52	945.49	2279.02
其他有限责任公司	140168.53	1951.60	6657.30
三、在总计中:亏损企业	66545.74	2111.32	3355.28
在总计中:国有控股企业	187783.79	9053.12	10623.06
在总计中:农村工业	7806.83	64.11	257.54
在总计中:轻工业	192628.29	4882.85	8925.46
重工业	515463.70	7786.68	23239.71
在总计中:大型企业	299600.95	8940.86	14047.46
中型企业	163486.07	1807.68	8273.24
小型企业	241133.32	1885.77	9699.85
微型企业	3871.65	35.22	144.62

单位：亿元

营业费用	财务费用	利息支出	营业利润	利润总额
20259.63	**8913.45**	**9054.30**	**63744.16**	**61396.33**
13400.20	7748.96	7477.92	47648.58	45902.11
1000.06	1204.64	1285.09	3414.91	3567.45
489.14	744.78	792.48	1655.03	1775.68
510.92	459.86	492.60	1759.88	1791.77
271.31	75.38	62.76	930.42	864.44
104.62	51.25	42.87	385.86	375.05
24.22	26.06	32.68	111.20	111.34
10.10	18.70	24.36	23.42	25.19
5.17	2.05	1.69	22.46	21.99
3.57	3.89	5.43	28.46	29.14
5.39	1.41	1.19	36.86	35.02
4349.43	2991.46	2961.66	14788.74	14259.97
497.37	517.36	579.70	2035.90	2099.79
3852.06	2474.10	2381.96	12752.84	12160.18
2365.49	871.39	963.88	7607.22	7647.56
5083.47	2415.92	2026.78	19446.34	18155.52
878.42	310.08	223.18	3906.11	3687.90
158.55	42.61	30.64	664.09	629.55
3662.53	1899.53	1620.54	13410.89	12472.97
383.96	163.69	152.42	1465.25	1365.10
201.60	112.87	102.20	963.89	920.77
2305.01	562.26	656.42	5660.81	5521.08
643.79	339.93	348.16	2094.79	2008.19
44.84	16.29	16.75	164.68	166.29
1519.69	168.51	248.68	3159.28	3100.78
94.79	35.61	41.28	230.82	234.47
4554.41	602.24	919.97	10434.77	9973.14
2109.51	372.63	491.93	5661.15	5462.94
72.87	25.91	32.11	191.37	185.09
2193.68	157.76	337.60	4157.19	3893.64
175.20	45.06	57.55	417.29	424.36
5863.17	1916.37	2157.30	15567.92	15114.22
1000.06	1204.64	1285.09	3414.91	3567.45
271.31	75.38	62.76	930.42	864.44
878.42	310.08	223.18	3906.11	3687.90
1519.69	168.51	248.68	3159.28	3100.78
2193.68	157.76	337.60	4157.19	3893.64
611.77	277.78	259.57	2500.09	2406.55
104.62	51.25	42.87	385.86	375.05
10.10	18.70	24.36	23.42	25.19
5.17	2.05	1.69	22.46	21.99
3.57	3.89	5.43	28.46	29.14
5.39	1.41	1.19	36.86	35.02
158.55	42.61	30.64	664.09	629.55
44.84	16.29	16.75	164.68	166.29
72.87	25.91	32.11	191.37	185.09
201.60	112.87	102.20	963.89	920.77
3019.44	1115.75	1215.14	9720.58	9671.49
2365.49	871.39	963.88	7607.22	7647.56
383.96	163.69	152.42	1465.25	1365.10
94.79	35.61	41.28	230.82	234.47
175.20	45.06	57.55	417.29	424.36
10765.25	5603.55	5422.29	35955.57	34204.07
497.37	517.36	579.70	2035.90	2099.79
3662.53	1899.53	1620.54	13410.89	12472.97
643.79	339.93	348.16	2094.79	2008.19
2109.51	372.63	491.93	5661.15	5462.94
3852.06	2474.10	2381.96	12752.84	12160.18
1349.22	1581.95	1532.71	-3744.28	-3913.21
4255.87	3430.87	3844.01	16282.33	16457.57
166.18	81.76	69.89	904.77	894.41
9132.95	2044.30	2017.41	17764.93	17197.25
11126.68	6869.15	7036.90	45979.23	44199.08
9087.44	3702.83	4271.60	26988.23	26433.71
4812.52	2388.24	2347.07	15933.53	15310.06
6286.35	2762.54	2384.04	20624.48	19438.93
73.32	59.84	51.59	197.92	213.63

3-1 续表 3

分 组	亏损企业 亏损总额	本年应交 增 值 税	全部从业人员平均人数 (万人)
总 计	**3913.21**	**26302.71**	**9167.29**
一、按登记注册类型分组:			
内资企业	2906.18	20627.84	6593.15
国有企业	697.47	2829.92	590.68
中央企业	419.94	1632.27	245.39
地方企业	277.53	1197.64	345.29
集体企业	14.73	309.79	150.46
股份合作企业	12.88	128.72	47.41
联营企业	9.18	44.59	15.88
国有联营企业	7.64	18.39	5.09
集体联营企业	0.43	11.09	4.05
国有与集体联营企业	0.46	6.22	3.46
其他联营企业	0.66	8.89	3.29
有限责任公司	962.86	6995.71	2043.04
国有独资公司	152.13	1426.30	308.22
其他有限责任公司	810.73	5569.40	1734.83
股份有限公司	844.14	2977.01	682.99
私营企业	332.35	7023.82	2956.41
私营独资企业	28.32	1321.48	490.98
私营合伙企业	6.32	244.12	88.60
私营有限责任公司	276.85	5001.90	2208.12
私营股份有限公司	20.85	456.32	168.71
其他企业	32.56	318.29	106.27
港、澳、台商投资企业	324.34	1990.34	1204.89
合资经营企业(港或澳、台资)	119.56	770.44	332.70
合作经营企业(港或澳、台资)	7.08	65.99	33.77
港澳台商独资经营企业	174.70	1038.24	807.52
港澳台商投资股份有限公司	22.92	111.80	29.36
外商投资企业	682.70	3684.54	1369.25
中外合资经营企业	225.72	2011.04	453.92
中外合作经营企业	35.92	75.46	31.22
外资企业	397.57	1446.87	836.27
外商投资股份有限公司	22.26	148.45	44.50
二、按经济组织类型分组			
独资企业	1312.80	6946.29	2875.90
国有企业	697.47	2829.92	590.68
集体企业	14.73	309.79	150.46
私营独资企业	28.32	1321.48	490.98
港澳台商独资经营企业	174.70	1038.24	807.52
外资企业	397.57	1446.87	836.27
合作、合伙企业	105.25	883.75	328.05
股份合作企业	12.88	128.72	47.41
国有联营企业	7.64	18.39	5.09
集体联营企业	0.43	11.09	4.05
国有与集体联营企业	0.46	6.22	3.46
其他联营企业	0.66	8.89	3.29
私营合伙企业	6.32	244.12	88.60
合作经营企业(港或澳、台资)	7.08	65.99	33.77
中外合作经营企业	35.92	75.46	31.22
其他企业(内资)	32.56	318.29	106.27
股份有限公司	910.17	3693.58	925.55
股份有限公司(内资)	844.14	2977.01	682.99
私营股份有限公司	20.85	456.32	168.71
港澳台商投资股份有限公司	22.92	111.80	29.36
外商投资股份有限公司	22.26	148.45	44.50
有限责任公司	1585.00	14779.09	5037.79
国有独资公司	152.13	1426.30	308.22
私营有限责任公司	276.85	5001.90	2208.12
合资经营企业(港或澳、台资)	119.56	770.44	332.70
中外合资经营企业	225.72	2011.04	453.92
其他有限责任公司	810.73	5569.40	1734.83
三、在总计中:亏损企业	3913.21	1617.74	984.37
在总计中:国有控股企业	2285.25	9406.51	1811.98
在总计中:农村工业	8.22	248.14	97.65
在总计中:轻工业	649.94	7168.76	3528.20
重工业	3263.28	19133.95	5639.08
在总计中:大型企业	1731.42	12316.47	3231.56
中型企业	1196.10	6168.83	2946.21
小型企业	957.94	7707.79	2957.30
微型企业	27.75	109.62	32.22

单位：亿元

总资产贡献率 (%)	资产负债率 (%)	流动资产周转率 (次/年)	成本费用利润率 (%)	产品销售率 (%)
16.09	**58.10**	**2.62**	**7.71**	**98.05**
16.45	58.49	2.74	7.75	97.96
11.81	62.67	2.63	5.42	98.69
11.76	60.75	3.01	4.58	99.14
11.89	65.81	2.22	6.60	98.03
24.22	52.94	3.83	8.34	98.97
20.86	55.41	2.96	10.53	98.03
12.97	61.17	3.25	7.25	98.48
7.38	65.21	2.86	3.77	99.17
34.73	52.99	5.06	9.75	97.42
13.73	55.58	2.37	8.82	99.15
31.00	52.80	5.10	11.25	97.08
14.04	62.12	2.30	7.59	97.96
12.04	58.21	1.84	6.81	99.20
14.68	63.37	2.41	7.74	97.74
16.96	52.23	2.19	8.85	97.99
22.45	54.59	3.60	7.99	97.73
36.55	41.30	6.31	9.48	97.98
41.72	43.18	6.45	10.69	97.82
20.13	57.47	3.30	7.43	97.67
19.63	49.25	2.80	9.39	97.71
19.96	54.81	3.15	10.01	97.16
14.16	57.92	2.21	7.61	97.40
13.79	61.29	2.10	7.84	97.00
16.71	48.53	2.35	9.14	98.34
14.34	56.58	2.31	7.41	97.64
13.88	50.79	1.89	7.57	96.94
15.45	56.26	2.37	7.58	98.80
19.06	58.24	2.37	9.29	98.75
15.09	57.22	2.39	6.86	99.24
12.26	55.17	2.40	5.97	98.71
12.27	48.23	2.04	9.09	100.60
14.72	57.74	2.82	6.80	98.38
11.81	62.67	2.63	5.42	98.69
24.22	52.94	3.83	8.34	98.97
36.55	41.30	6.31	9.48	97.98
14.34	56.58	2.31	7.41	97.64
12.26	55.17	2.40	5.97	98.71
21.39	53.74	3.34	9.65	97.84
20.86	55.41	2.96	10.53	98.03
7.38	65.21	2.86	3.77	99.17
34.73	52.99	5.06	9.75	97.42
13.73	55.58	2.37	8.82	99.15
31.00	52.80	5.10	11.25	97.08
41.72	43.18	6.45	10.69	97.82
16.71	48.53	2.35	9.14	98.34
15.09	57.22	2.39	6.86	99.24
19.96	54.81	3.15	10.01	97.16
16.89	51.68	2.24	8.89	98.04
16.96	52.23	2.19	8.85	97.99
19.63	49.25	2.80	9.39	97.71
13.88	50.79	1.89	7.57	96.94
12.27	48.23	2.04	9.09	100.60
16.32	60.31	2.59	7.77	97.90
12.04	58.21	1.84	6.81	99.20
20.13	57.47	3.30	7.43	97.67
13.79	61.29	2.10	7.84	97.00
19.06	58.24	2.37	9.29	98.75
14.68	63.37	2.41	7.74	97.74
1.55	73.86	2.15	-5.25	97.80
13.69	61.17	2.23	7.66	98.57
26.62	48.35	3.82	10.49	98.92
19.97	52.59	2.72	7.95	97.77
14.93	59.75	2.58	7.62	98.16
15.02	59.45	2.32	7.84	98.52
15.63	58.41	2.44	8.43	97.58
18.91	54.89	3.33	7.13	97.80
10.15	62.60	2.94	4.52	97.80

3-2 按行业分组的规模以上

行业	企业单位数(个)	亏损企业	工业总产值(当年价格)	工业销售产值(当年价格)
总 计	**325609**	**30456**	**844268.79**	**827796.99**
煤炭开采和洗选业	7695	892	28919.81	28296.02
石油和天然气开采业	271	42	12888.76	12774.55
黑色金属矿采选业	3482	268	7904.30	7679.56
有色金属矿采选业	2086	137	5034.68	4892.88
非金属矿采选业	3252	128	3847.66	3772.32
其他采矿业	19	2	16.74	16.19
农副食品加工业	20895	1118	44126.10	43272.65
食品制造业	6870	552	14046.96	13795.29
饮料制造业	4874	420	11834.84	11542.05
烟草制品业	148	8	6805.68	6839.57
纺织业	22945	2109	32652.99	32068.29
纺织服装、鞋、帽制造业	11750	1050	13538.12	13193.69
皮革、毛皮、羽毛(绒)及其制品业	6081	428	8927.54	8728.17
木材加工及木、竹、藤、棕、草制品业	8193	368	9002.30	8772.10
家具制造业	4255	392	5089.84	4976.72
造纸及纸制品业	7073	667	12079.53	11815.18
印刷业和记录媒介的复制	3789	353	3860.99	3793.34
文教体育用品制造业	2992	317	3212.38	3142.11
石油加工、炼焦及核燃料加工业	1974	389	36889.17	36525.65
化学原料及化学制品制造业	22600	2083	60825.06	59478.30
医药制造业	5926	547	14941.99	14262.31
化学纤维制造业	1750	234	6673.67	6507.62
橡胶制品业	3266	265	7330.66	7219.50
塑料制品业	13414	1220	15579.54	15270.29
非金属矿物制品业	26530	2160	40180.26	39285.23
黑色金属冶炼及压延加工业	6742	1131	64066.98	63136.66
有色金属冶炼及压延加工业	6765	885	35906.82	35091.06
金属制品业	16573	1433	23350.81	22882.48
通用设备制造业	25877	1606	40992.55	39992.18
专用设备制造业	13889	1057	26149.13	25354.42
交通运输设备制造业	15012	1546	63251.30	62256.41
电气机械及器材制造业	20084	2051	51426.42	50141.59
通信设备、计算机及其他电子设备制造业	11364	1824	63795.65	62567.28
仪器仪表及文化、办公用机械制造业	3896	343	7633.01	7444.16
工艺品及其他制造业	4885	394	7189.51	7031.40
废弃资源和废旧材料回收加工业	1077	157	2624.21	2555.69
电力、热力的生产和供应业	5287	1467	47352.67	47164.67
燃气生产和供应业	875	96	3142.03	3110.92
水的生产和供应业	1153	317	1178.11	1148.45

工业企业主要经济指标

单位：亿元

出口交货值	资产总计	流动资产合计				固定资产合计
			应收账款	存货		
					产成品	
99612.37	**675796.86**	**327778.65**	**70502.00**	**80583.15**	**28478.64**	**253198.19**
57.52	37936.27	16492.86	2313.40	1787.42	740.26	13979.24
72.43	18785.20	4323.33	487.05	639.57	105.57	12724.58
7.36	7155.16	2866.45	500.69	435.05	212.19	2173.54
7.13	3557.85	1421.41	181.47	311.15	169.61	1395.34
32.38	2120.85	876.49	141.47	143.82	85.55	818.11
1.70	12.69	4.48	1.12	0.91	0.50	7.50
2249.78	19725.22	10887.84	1421.42	3265.30	1510.05	6789.91
864.86	8511.61	4382.49	882.75	1040.35	495.74	3046.95
202.79	9441.18	4987.41	552.96	1544.26	532.17	3183.13
31.01	6169.25	4228.14	269.33	2270.72	145.94	1415.65
4959.61	19993.34	10669.80	2067.42	3164.83	1380.54	7138.86
3218.48	7468.30	4676.06	1043.32	1287.33	660.79	1973.21
2390.99	4260.10	2659.39	744.38	715.99	264.24	1150.68
708.43	3797.46	1788.81	337.29	579.21	257.72	1615.58
1246.91	2951.98	1682.78	363.15	484.79	183.11	906.87
613.03	10933.74	4907.30	1077.17	1090.76	433.48	4525.39
300.50	3147.31	1668.75	464.72	351.68	135.30	1103.21
1410.38	1790.52	1060.62	270.57	366.86	121.24	538.20
359.88	18870.47	8877.04	852.96	3281.02	936.83	8019.97
3603.35	44919.06	20924.56	3923.65	4796.36	2058.18	18245.49
1030.48	13220.51	7288.80	1484.48	1627.90	716.04	3770.22
437.74	5236.96	2757.05	304.22	677.82	321.03	1777.65
1306.22	4865.68	2470.84	660.10	681.76	336.87	1937.87
2147.24	9640.09	5493.55	1529.59	1256.65	540.63	3132.28
1637.49	29888.96	13464.71	3324.92	3021.07	1320.91	12888.11
2148.61	52025.12	23820.33	2054.63	7558.95	2270.48	19685.74
1382.02	23710.49	12380.64	1635.53	4385.51	1290.52	8269.91
3016.62	15191.47	9115.56	2366.64	2428.63	852.12	4471.78
3832.80	29853.77	18491.81	5266.27	5305.01	1717.02	8070.54
2321.23	22778.01	14511.14	4207.13	4020.70	1454.80	5638.50
6813.78	54340.84	33049.16	6863.96	7387.60	2251.03	13893.12
9477.85	37583.86	25027.60	7997.44	5355.26	2166.94	8235.70
37469.14	41510.83	27725.97	10332.61	5745.83	1805.03	9817.51
2188.42	6076.74	4080.42	1288.68	1026.89	301.82	1315.02
1884.65	4087.01	2622.24	559.94	970.76	444.23	1026.31
19.69	1311.79	874.17	197.83	250.30	139.70	328.40
69.17	83820.65	12628.75	2224.90	1163.58	87.89	53479.42
59.76	3457.71	1207.74	150.91	115.67	26.60	1582.36
30.91	5648.83	1382.19	155.92	45.85	5.98	3126.33

3-2 续表 1

行　　业	固定资产原价	累计折旧	负债合计	流动负债合计
总　　计	**386086.72**	**157312.32**	**392644.64**	**298911.20**
煤炭开采和洗选业	17607.58	6693.41	22557.63	15181.15
石油和天然气开采业	21787.89	9764.55	9137.54	5626.54
黑色金属矿采选业	2779.94	846.65	3732.23	2392.01
有色金属矿采选业	1665.12	472.66	1685.82	1242.20
非金属矿采选业	1298.16	563.23	958.14	702.82
其他采矿业	10.14	2.68	4.71	2.26
农副食品加工业	11429.40	5357.93	10657.86	8893.50
食品制造业	4561.53	1794.67	4231.64	3482.80
饮料制造业	4651.95	1798.75	4685.26	3965.13
烟草制品业	1939.35	1009.89	1492.43	1441.00
纺织业	10954.06	4447.67	11240.90	9642.74
纺织服装、鞋、帽制造业	3037.79	1225.71	3924.54	3360.14
皮革、毛皮、羽毛(绒)及其制品业	1714.76	657.57	2041.51	1851.09
木材加工及木、竹、藤、棕、草制品业	2512.56	1068.89	1724.32	1337.05
家具制造业	1284.10	472.03	1544.03	1351.97
造纸及纸制品业	6945.46	2835.41	6274.66	4700.19
印刷业和记录媒介的复制	1887.03	859.86	1499.55	1275.21
文教体育用品制造业	821.90	325.44	916.23	812.47
石油加工、炼焦及核燃料加工业	12599.54	5668.46	11894.30	9600.68
化学原料及化学制品制造业	27380.34	11045.95	25166.09	19233.28
医药制造业	5630.12	2320.22	5667.56	4613.49
化学纤维制造业	2834.81	1196.83	3242.19	2710.12
橡胶制品业	2965.26	1229.69	2718.03	2209.45
塑料制品业	5078.44	2210.27	5059.60	4356.77
非金属矿物制品业	17935.83	6102.45	16153.60	12470.37
黑色金属冶炼及压延加工业	32170.97	14290.63	35119.55	28416.17
有色金属冶炼及压延加工业	11768.85	4337.81	14754.79	11438.47
金属制品业	6662.63	2665.73	8577.35	7566.33
通用设备制造业	12219.55	5030.35	16626.43	14533.63
专用设备制造业	8247.44	3318.85	12839.28	10951.81
交通运输设备制造业	20051.76	8315.05	33305.39	28262.44
电气机械及器材制造业	14314.65	6977.70	21901.16	19279.17
通信设备、计算机及其他电子设备制造业	18331.62	9138.12	24401.50	21667.00
仪器仪表及文化、办公用机械制造业	2109.57	928.63	3011.09	2723.53
工艺品及其他制造业	1518.69	577.86	2294.08	1956.13
废弃资源和废旧材料回收加工业	488.28	182.75	836.35	757.63
电力、热力的生产和供应业	80634.98	29446.76	55801.04	26095.40
燃气生产和供应业	1940.55	543.56	1927.64	1326.74
水的生产和供应业	4314.11	1587.66	3038.62	1482.29

单位：亿元

所有者权益合计	实收资本				主营业务收入
		国家资本	港澳台资本	外商资本	
282003.81	**144684.13**	**22601.38**	**10742.32**	**19755.88**	**841830.24**
15293.73	4936.16	1560.88	48.97	34.54	31413.27
9631.23	6128.28	3363.11	5.47	2.99	12882.26
3392.94	1337.42	529.60	4.45	4.51	8114.29
1862.93	736.07	146.66	9.95	7.53	4928.46
1148.55	466.04	77.44	7.75	12.59	3743.41
7.97	2.48		0.01		14.77
8948.24	3685.19	110.40	225.60	508.95	43848.58
4250.49	2022.15	56.49	239.10	474.11	13875.73
4728.34	1968.47	136.77	210.28	454.36	11774.80
4667.58	900.43	166.04	1.12	0.42	6666.90
8698.53	4417.27	89.01	781.99	524.77	32288.52
3529.34	1699.03	15.09	358.77	245.47	13214.41
2188.54	966.09	2.29	235.25	212.28	8747.22
2052.92	955.38	16.55	79.02	74.76	8804.01
1395.43	693.21	2.54	126.60	141.60	4946.76
4630.45	2632.30	232.06	390.62	785.18	11807.01
1636.90	817.26	74.94	145.84	66.43	3784.27
872.47	492.06	8.23	165.01	141.82	3133.81
6924.78	4444.69	1796.59	66.89	157.54	37275.12
19759.18	10192.87	1095.80	789.21	2156.54	60097.89
7523.01	2815.36	240.07	170.40	441.05	14484.38
1991.55	1026.49	97.11	188.64	126.32	6646.95
2133.85	1048.97	40.15	95.95	382.75	7279.95
4551.61	2503.79	43.27	453.79	517.89	15281.75
13660.55	6741.47	414.26	557.10	675.15	39294.75
16848.10	7385.51	1231.65	247.54	426.93	65909.31
8920.36	13993.49	812.21	322.60	303.72	36869.42
6550.78	3249.67	154.41	361.03	537.31	22951.33
13135.76	6250.64	405.03	334.90	1274.01	40157.93
9874.77	4310.50	379.63	331.70	787.90	26059.60
20925.28	8970.09	1135.13	422.00	2104.40	63131.95
15618.96	7188.60	226.15	654.62	1386.37	50148.85
17059.67	9475.55	462.74	1910.30	3681.28	63474.89
3061.03	1249.91	109.06	131.34	323.76	7468.83
1776.39	782.47	24.00	123.83	114.01	7193.49
468.40	182.89	7.85	19.90	23.77	2645.28
28116.77	15569.44	6233.16	368.00	350.64	47097.57
1559.02	831.52	211.23	83.09	118.87	3205.31
2607.42	1614.94	893.74	73.70	173.33	1167.23

3-2　续表 2

行　业	主营业务成本	主营业务 税金及附加	管理费用
总　计	**708091.99**	**12669.53**	**32165.17**
煤炭开采和洗选业	22632.84	509.79	2368.11
石油和天然气开采业	6075.80	1250.76	800.93
黑色金属矿采选业	6209.75	94.85	310.41
有色金属矿采选业	3672.78	46.32	264.10
非金属矿采选业	2916.73	56.53	175.23
其他采矿业	11.80	0.12	1.20
农副食品加工业	38437.31	187.73	1075.40
食品制造业	10921.33	81.12	502.83
饮料制造业	8581.47	404.14	529.73
烟草制品业	1856.70	3453.41	382.53
纺织业	28349.02	156.32	919.71
纺织服装、鞋、帽制造业	11020.47	67.69	542.66
皮革、毛皮、羽毛(绒)及其制品业	7339.20	42.85	344.13
木材加工及木、竹、藤、棕、草制品业	7485.97	60.46	284.38
家具制造业	4132.90	29.99	205.22
造纸及纸制品业	10146.12	50.63	387.22
印刷业和记录媒介的复制	3081.50	21.37	212.32
文教体育用品制造业	2696.24	13.97	153.09
石油加工、炼焦及核燃料加工业	32634.69	2888.49	831.61
化学原料及化学制品制造业	50478.68	462.88	2171.50
医药制造业	10277.30	95.36	928.86
化学纤维制造业	6005.38	17.01	165.39
橡胶制品业	6264.55	36.78	270.05
塑料制品业	13089.18	70.82	580.07
非金属矿物制品业	32422.81	274.32	1410.57
黑色金属冶炼及压延加工业	60285.03	200.09	1645.41
有色金属冶炼及压延加工业	32977.05	119.68	924.92
金属制品业	19706.29	110.82	873.18
通用设备制造业	33512.26	204.91	1861.79
专用设备制造业	21353.47	136.11	1466.43
交通运输设备制造业	52892.54	891.02	2889.71
电气机械及器材制造业	42545.12	183.57	2059.26
通信设备、计算机及其他电子设备制造业	56534.99	155.84	2636.02
仪器仪表及文化、办公用机械制造业	6136.70	33.12	455.96
工艺品及其他制造业	6246.03	33.82	237.18
废弃资源和废旧材料回收加工业	2356.31	12.79	54.54
电力、热力的生产和供应业	43215.46	187.37	972.54
燃气生产和供应业	2718.12	15.07	121.81
水的生产和供应业	872.13	11.59	149.13

单位：亿元

营业费用	财务费用	利息支出	营业利润	利润总额
20259.63	**8913.45**	**9054.30**	**63744.16**	**61396.33**
825.44	478.33	456.69	4666.16	4560.86
51.91	74.23	134.20	4271.05	4299.60
120.80	86.45	79.04	1307.29	1210.07
66.83	43.15	39.69	840.26	815.07
132.61	36.61	26.71	393.64	358.14
0.40	0.17	0.16	1.52	1.41
920.95	314.28	345.95	3055.35	2795.22
973.03	91.41	90.41	1278.20	1232.25
955.13	71.23	84.04	1327.88	1315.37
143.23	-5.31	10.10	857.21	840.52
477.95	411.08	373.92	1999.62	1956.81
450.20	98.52	84.15	971.08	951.98
225.14	73.56	67.57	719.59	714.70
200.15	78.57	68.67	701.52	643.39
160.10	46.48	39.17	352.84	341.04
292.91	171.95	173.94	772.94	760.41
89.37	35.04	31.62	347.95	349.78
72.33	21.10	18.47	178.38	175.93
281.30	284.42	272.32	549.82	423.10
1734.46	670.53	659.32	4624.47	4432.13
1577.67	135.01	132.65	1631.91	1606.02
60.41	94.81	98.85	372.58	368.07
173.82	81.50	77.32	464.71	435.74
585.88	136.65	122.93	1049.10	1016.68
1054.87	490.16	433.70	3633.81	3587.25
531.57	845.41	891.71	2694.82	2239.48
309.68	448.25	448.36	2382.18	2067.38
472.94	207.22	185.35	1649.77	1545.71
1027.45	338.94	315.58	3211.94	3054.92
829.98	234.88	225.50	2194.45	2154.43
1612.25	265.83	446.36	5512.69	5478.38
1676.78	482.59	444.22	3465.06	3310.13
1411.21	147.23	244.19	2917.40	2827.42
235.98	44.51	48.26	612.88	612.83
146.20	59.08	51.74	461.05	445.46
28.26	15.21	15.59	194.44	160.57
199.06	1712.29	1714.27	1741.87	1921.58
80.11	25.89	30.19	300.66	314.48
71.27	66.22	71.38	36.10	72.03

3-2 续表 3

行　业	亏损企业亏损总额	本年应交增值税	全部从业人员平均人数（万人）
总　计	**3913.21**	**26302.71**	**9167.29**
煤炭开采和洗选业	73.40	2356.42	520.98
石油和天然气开采业	167.85	1072.36	110.98
黑色金属矿采选业	23.24	414.64	65.20
有色金属矿采选业	7.09	195.36	53.37
非金属矿采选业	3.75	152.87	53.53
其他采矿业	0.02	0.24	0.19
农副食品加工业	70.70	860.80	360.71
食品制造业	42.72	478.14	176.86
饮料制造业	54.05	511.11	136.76
烟草制品业	0.29	842.72	19.93
纺织业	72.16	814.14	588.83
纺织服装、鞋、帽制造业	23.34	371.14	382.41
皮革、毛皮、羽毛(绒)及其制品业	14.98	255.15	259.75
木材加工及木、竹、藤、棕、草制品业	15.59	244.12	128.68
家具制造业	12.51	132.52	106.42
造纸及纸制品业	43.64	319.17	146.75
印刷业和记录媒介的复制	13.24	128.55	70.98
文教体育用品制造业	12.33	74.28	110.32
石油加工、炼焦及核燃料加工业	752.09	1129.86	96.12
化学原料及化学制品制造业	295.65	1685.44	454.86
医药制造业	34.86	670.28	178.60
化学纤维制造业	29.20	145.02	46.27
橡胶制品业	24.44	158.01	93.53
塑料制品业	48.23	372.97	254.19
非金属矿物制品业	120.90	1433.51	517.03
黑色金属冶炼及压延加工业	238.92	1388.37	339.92
有色金属冶炼及压延加工业	147.35	826.52	192.62
金属制品业	47.31	582.35	311.51
通用设备制造业	79.77	1135.72	494.52
专用设备制造业	88.11	730.25	323.41
交通运输设备制造业	184.38	1804.55	579.48
电气机械及器材制造业	162.76	1268.22	599.61
通信设备、计算机及其他电子设备制造业	243.42	1326.11	819.48
仪器仪表及文化、办公用机械制造业	18.21	208.06	124.49
工艺品及其他制造业	12.31	158.60	124.29
废弃资源和废旧材料回收加工业	5.07	85.06	15.63
电力、热力的生产和供应业	673.32	1838.91	252.60
燃气生产和供应业	9.30	80.45	19.86
水的生产和供应业	46.69	50.73	36.63

单位：亿元

总资产贡献率 (%)	资产负债率 (%)	流动资产周转率 (次/年)	成本费用利润率 (%)	产品销售率 (%)
16.09	**58.10**	**2.62**	**7.71**	**98.05**
20.80	59.46	2.00	16.35	97.84
35.75	48.64	3.04	58.75	99.11
25.07	52.16	2.86	6.86	97.16
30.79	47.38	3.49	20.04	97.18
28.04	45.18	4.30	10.88	98.04
15.28	37.09	3.34	10.32	96.74
21.08	54.03	4.05	6.81	98.07
21.92	49.72	3.20	9.75	98.21
24.43	49.63	2.39	12.77	97.53
83.52	24.19	1.72	26.79	100.50
16.39	56.22	3.07	6.41	98.21
19.64	52.55	2.84	7.81	97.46
25.27	47.92	3.30	8.92	97.77
26.69	45.41	4.93	7.97	97.44
18.23	52.31	2.96	7.44	97.78
11.97	57.39	2.45	6.78	97.81
16.78	47.65	2.29	10.11	98.25
15.77	51.17	2.97	5.94	97.81
24.97	63.03	4.26	1.22	99.01
16.00	56.03	2.91	7.92	97.79
18.78	42.87	2.01	12.19	95.45
11.80	61.91	2.47	5.69	97.51
14.48	55.86	2.99	6.33	98.48
16.44	52.49	2.81	6.98	98.02
19.11	54.05	2.94	10.05	97.77
8.88	67.50	2.88	3.39	98.55
14.48	62.23	3.05	5.84	97.73
15.87	56.46	2.55	7.18	97.99
15.67	55.69	2.22	8.12	97.56
14.15	56.37	1.82	8.89	96.96
15.84	61.29	1.96	9.20	98.43
13.70	58.27	2.04	6.95	97.50
10.73	58.78	2.32	4.61	98.07
14.71	49.55	1.85	8.84	97.53
16.73	56.13	2.76	6.62	97.80
20.72	63.76	3.04	6.51	97.39
6.72	66.57	3.78	4.11	99.60
12.63	55.75	2.73	10.48	99.01
3.58	53.79	0.91	5.87	97.48

3-3 按行业分组的国有及国有控股

行　业	企业单位数（个）	亏损企业	工业总产值（当年价格）	工业销售产值（当年价格）
总　计	**17052**	**3514**	**221036.25**	**217864.52**
煤炭开采和洗选业	882	123	15499.82	15118.91
石油和天然气开采业	109	19	11868.97	11762.82
黑色金属矿采选业	142	16	1318.22	1276.39
有色金属矿采选业	264	23	1445.14	1401.05
非金属矿采选业	178	13	474.59	461.86
其他采矿业				
农副食品加工业	614	106	2397.24	2328.98
食品制造业	284	50	815.56	797.07
饮料制造业	271	68	1949.39	1947.46
烟草制品业	117	6	6761.21	6796.36
纺织业	275	59	769.96	749.36
纺织服装、鞋、帽制造业	124	15	183.59	183.38
皮革、毛皮、羽毛(绒)及其制品业	15		26.60	26.27
木材加工及木、竹、藤、棕、草制品业	116	29	206.83	193.65
家具制造业	21	1	88.85	88.09
造纸及纸制品业	127	36	838.64	819.25
印刷业和记录媒介的复制	305	59	444.21	440.71
文教体育用品制造业	29	4	37.17	36.70
石油加工、炼焦及核燃料加工业	215	85	25302.84	25183.19
化学原料及化学制品制造业	1124	252	11348.64	11200.37
医药制造业	419	53	1767.66	1688.45
化学纤维制造业	47	12	545.33	530.49
橡胶制品业	100	21	889.96	879.48
塑料制品业	198	36	413.24	430.23
非金属矿物制品业	1206	202	4275.25	4174.56
黑色金属冶炼及压延加工业	312	83	23652.24	23490.38
有色金属冶炼及压延加工业	466	91	10353.45	10070.65
金属制品业	381	66	1346.28	1326.05
通用设备制造业	833	119	5137.43	4999.45
专用设备制造业	728	130	5355.91	5123.28
交通运输设备制造业	1141	211	27818.46	27419.73
电气机械及器材制造业	557	121	4588.29	4313.84
通信设备、计算机及其他电子设备制造业	591	87	5317.58	5057.09
仪器仪表及文化、办公用机械制造业	251	19	788.76	758.24
工艺品及其他制造业	96	9	639.44	612.32
废弃资源和废旧材料回收加工业	35	5	98.58	98.04
电力、热力的生产和供应业	3509	990	44058.01	43915.31
燃气生产和供应业	262	38	1395.08	1372.05
水的生产和供应业	708	257	817.83	793.03

工业企业主要经济指标

单位：亿元

出口交货值	资产总计	流动资产合计	应收账款	存货	产成品	固定资产合计
8701.46	**281673.87**	**106550.42**	**15432.82**	**27478.61**	**7460.20**	**124261.71**
51.60	27327.48	10773.00	1032.34	1160.54	422.86	10933.70
43.96	17794.29	4179.63	457.62	606.99	98.03	11944.03
	3575.55	1156.42	173.44	146.76	51.90	889.79
0.13	1674.54	632.08	79.08	161.89	80.68	582.98
8.97	722.65	289.51	34.15	46.30	21.92	221.95
52.43	1664.41	1097.46	81.91	334.43	147.86	409.93
33.89	842.54	420.92	85.31	116.76	66.03	256.27
45.32	2696.24	1593.84	92.25	466.75	121.00	624.91
30.93	6126.24	4201.74	262.72	2264.92	142.70	1404.02
136.94	993.06	469.56	52.35	151.37	74.95	370.62
21.34	170.47	118.01	12.11	39.38	20.15	36.51
1.32	32.92	21.67	0.76	5.62	2.95	5.32
12.49	213.81	94.03	14.91	32.11	13.54	77.42
12.52	71.02	41.55	16.85	5.96	2.99	14.93
20.46	1322.75	525.14	81.78	176.77	67.97	677.14
6.69	573.82	279.27	56.91	73.51	25.47	221.26
10.21	43.36	25.88	6.15	10.55	4.47	10.21
296.67	11100.78	4796.89	343.07	2164.89	499.41	5229.71
506.29	13077.22	4706.80	447.06	1253.58	474.79	6151.77
162.29	2683.45	1466.29	244.15	362.78	147.09	650.68
45.78	631.50	277.22	34.30	79.76	36.68	245.25
216.75	789.05	426.06	74.40	149.31	89.52	263.33
21.01	489.92	250.31	45.23	82.90	35.01	178.65
116.59	5896.53	2360.00	530.75	523.78	190.61	2589.66
1171.04	28354.86	10961.91	612.87	4036.88	1019.12	11315.92
327.03	10347.38	5011.81	397.80	2227.82	542.00	3646.36
140.36	1415.93	857.98	209.88	287.59	104.88	362.72
397.34	6661.66	4555.62	1220.31	1560.47	411.65	1418.03
340.68	7335.14	4851.37	1374.96	1458.28	490.72	1591.27
2507.70	28901.74	17516.64	2689.59	3954.73	1112.03	6942.84
411.29	5636.15	4069.00	1219.39	1023.55	393.40	958.76
1350.87	8144.55	4995.43	1094.65	1019.60	332.67	1622.50
75.20	1143.96	750.72	229.33	188.18	48.64	221.09
16.55	775.80	474.26	67.79	225.18	83.06	194.57
0.41	85.75	59.08	24.54	8.04	4.34	16.73
57.63	75985.32	10584.03	1859.95	969.65	60.43	48496.82
49.34	1876.39	617.99	59.60	66.93	15.25	869.65
1.46	4495.65	1041.30	112.58	34.09	3.42	2614.38

3-3 续表 1

行 业	固定资产原价	累计折旧	负债合计	流动负债合计
总 计	**185896.57**	**74012.68**	**172289.91**	**114629.65**
煤炭开采和洗选业	13606.35	5219.34	16447.67	10578.53
石油和天然气开采业	20697.54	9424.76	8499.45	5164.76
黑色金属矿采选业	1126.27	327.76	1925.27	900.08
有色金属矿采选业	664.25	209.06	858.16	591.88
非金属矿采选业	306.62	101.64	336.61	229.03
其他采矿业				
农副食品加工业	599.59	233.59	1182.41	1087.75
食品制造业	455.39	207.17	525.13	449.93
饮料制造业	923.45	392.85	1158.21	1014.56
烟草制品业	1914.68	996.29	1470.48	1420.61
纺织业	520.01	222.35	616.44	482.24
纺织服装、鞋、帽制造业	64.89	33.75	110.49	89.04
皮革、毛皮、羽毛(绒)及其制品业	7.96	3.32	12.26	8.84
木材加工及木、竹、藤、棕、草制品业	143.45	72.46	132.87	90.90
家具制造业	24.28	9.50	41.00	37.80
造纸及纸制品业	907.72	300.69	835.89	570.31
印刷业和记录媒介的复制	450.38	245.66	222.91	190.58
文教体育用品制造业	18.14	8.32	21.60	16.62
石油加工、炼焦及核燃料加工业	8364.80	4011.53	6614.20	5472.99
化学原料及化学制品制造业	9035.04	3736.65	7879.09	5475.97
医药制造业	997.28	436.40	1224.46	987.10
化学纤维制造业	444.66	210.28	389.87	332.90
橡胶制品业	355.98	148.70	555.82	441.04
塑料制品业	272.67	116.49	272.81	212.98
非金属矿物制品业	3491.78	1067.13	3536.97	2541.63
黑色金属冶炼及压延加工业	18173.01	7853.05	19075.53	14839.24
有色金属冶炼及压延加工业	5041.10	1769.52	6643.85	4814.51
金属制品业	510.99	185.79	859.09	744.08
通用设备制造业	1967.28	745.94	4397.59	3897.26
专用设备制造业	2209.05	873.10	4586.99	3828.03
交通运输设备制造业	9527.30	4103.24	18430.96	15191.68
电气机械及器材制造业	1295.14	557.68	3858.48	3242.01
通信设备、计算机及其他电子设备制造业	2351.04	857.05	4512.30	3472.99
仪器仪表及文化、办公用机械制造业	367.60	187.83	563.99	509.15
工艺品及其他制造业	282.23	98.87	529.88	424.74
废弃资源和废旧材料回收加工业	20.35	4.90	61.44	53.14
电力、热力的生产和供应业	73973.26	27349.21	50445.49	23369.72
燃气生产和供应业	1123.98	339.71	1080.89	693.84
水的生产和供应业	3661.07	1351.10	2373.34	1161.18

单位：亿元

所有者权益合计	实收资本	国家资本	港澳台资本	外商资本	主营业务收入
109233.21	**52603.50**	**21689.45**	**389.69**	**1495.88**	**228900.13**
10828.83	3441.68	1528.75	3.02	15.11	18110.60
9294.05	6053.88	3362.74		0.45	11752.62
1650.27	751.73	523.38			1723.37
812.62	299.16	142.39	1.98	1.95	1430.31
385.81	129.88	76.07	0.57	0.87	461.68
471.37	222.07	75.62	5.67	6.83	2504.35
316.80	180.56	45.99	2.10	8.31	860.41
1535.97	345.40	113.90	2.60	14.52	2201.62
4646.62	890.76	166.04	0.98	0.42	6623.51
374.59	193.27	75.79	2.36	5.01	875.40
59.64	28.97	11.47	0.72	0.40	204.42
20.66	3.60	0.94	0.01		35.73
79.31	50.92	13.84	1.11	0.27	188.19
29.99	7.28	1.63	1.45	0.54	88.92
481.61	355.10	170.24	8.13	8.59	810.94
350.41	197.62	65.92	2.65	3.42	452.37
21.59	14.58	7.75	0.31	0.32	37.20
4454.44	3203.88	1783.71	26.09	12.57	25499.90
5184.59	3019.05	1037.58	17.75	141.58	11669.56
1455.59	554.88	211.49	5.23	24.57	2022.86
241.63	147.77	90.81	0.44	10.17	587.44
233.20	124.94	25.92	4.77	2.02	976.60
216.80	123.16	33.12	1.72	4.17	441.82
2354.32	1293.77	361.63	7.11	26.54	4100.86
9272.60	4089.63	1194.93	31.86	65.31	25576.14
3694.50	1763.46	785.14	11.78	31.71	11736.06
560.48	321.86	142.29	5.82	12.17	1368.83
2244.26	983.78	359.82	12.80	47.09	5101.63
2730.36	1178.74	359.15	6.14	40.18	5387.49
10401.15	4395.86	1074.64	63.93	686.39	28533.70
1776.71	750.72	182.01	5.73	18.25	4406.16
3627.51	1563.25	382.34	17.03	77.08	5427.35
579.92	234.58	102.93	1.16	3.74	780.86
245.39	120.83	21.35	0.05	0.44	659.26
24.30	13.33	4.95		0.51	155.79
25647.79	13799.05	6117.55	86.91	173.12	43867.82
806.96	477.93	170.31	20.93	25.67	1442.86
2120.54	1276.58	865.32	28.77	25.61	795.50

3-3 续表 2

行　　业	主营业务成本	主营业务税金及附加	管理费用
总　计	**187783.79**	**9053.12**	**10623.06**
煤炭开采和洗选业	13015.17	261.46	1704.92
石油和天然气开采业	5473.36	1194.76	756.96
黑色金属矿采选业	1358.34	18.93	124.65
有色金属矿采选业	1004.56	13.75	114.24
非金属矿采选业	319.30	11.76	37.79
其他采矿业			
农副食品加工业	2234.88	9.28	73.53
食品制造业	690.84	4.15	40.08
饮料制造业	1336.61	144.44	129.88
烟草制品业	1823.82	3453.19	377.98
纺织业	783.26	3.32	42.56
纺织服装、鞋、帽制造业	171.60	0.75	16.49
皮革、毛皮、羽毛(绒)及其制品业	30.12	0.14	2.48
木材加工及木、竹、藤、棕、草制品业	166.51	0.97	16.83
家具制造业	73.51	0.34	6.24
造纸及纸制品业	708.86	3.45	50.20
印刷业和记录媒介的复制	341.33	2.90	53.52
文教体育用品制造业	29.41	0.19	3.53
石油加工、炼焦及核燃料加工业	22214.92	2647.34	611.02
化学原料及化学制品制造业	10004.72	225.91	571.51
医药制造业	1397.73	12.57	170.81
化学纤维制造业	531.19	2.00	24.72
橡胶制品业	889.14	4.60	33.35
塑料制品业	384.97	2.17	21.11
非金属矿物制品业	3211.19	25.01	224.18
黑色金属冶炼及压延加工业	23729.41	73.98	957.63
有色金属冶炼及压延加工业	10611.25	34.45	350.61
金属制品业	1179.86	6.05	71.36
通用设备制造业	4226.97	22.28	361.21
专用设备制造业	4451.11	22.39	392.03
交通运输设备制造业	23552.73	608.25	1496.62
电气机械及器材制造业	3746.32	17.93	224.73
通信设备、计算机及其他电子设备制造业	4446.30	33.17	422.76
仪器仪表及文化、办公用机械制造业	599.96	3.98	87.94
工艺品及其他制造业	589.45	1.63	43.96
废弃资源和废旧材料回收加工业	145.72	0.31	3.03
电力、热力的生产和供应业	40425.25	170.52	829.43
燃气生产和供应业	1260.62	6.13	59.97
水的生产和供应业	623.51	8.65	113.20

单位：亿元

营业费用	财务费用		营业利润	利润总额
		利息支出		
4255.87	**3430.87**	**3844.01**	**16282.33**	**16457.57**
416.91	320.69	330.34	2495.47	2462.75
44.76	65.95	129.22	3857.27	3886.60
30.17	28.25	29.49	201.41	191.45
11.42	15.98	15.64	298.03	296.96
23.88	7.66	7.10	57.49	60.32
58.15	18.59	33.45	120.98	113.87
92.81	7.67	9.02	40.72	44.92
191.71	6.38	17.81	416.09	424.59
141.92	-5.88	9.54	852.40	835.86
11.85	13.49	12.38	26.32	33.91
7.89	0.43	0.88	9.53	9.92
0.54	-0.04	-0.06	3.12	2.27
4.50	3.33	3.23	6.56	8.55
2.21	0.10	0.09	12.11	12.45
22.05	29.71	29.87	20.36	21.45
9.08	1.35	2.05	53.91	55.90
1.58	0.27	0.24	2.61	2.81
107.79	125.36	131.11	-112.98	-128.07
219.31	195.44	203.67	541.09	561.63
224.64	21.82	22.06	234.56	246.60
7.79	12.27	12.31	24.67	23.73
26.85	15.34	14.46	14.36	16.91
13.12	6.55	7.82	22.98	24.30
120.13	98.79	97.57	458.29	504.77
239.14	406.77	488.80	416.45	322.21
89.41	176.90	195.26	627.93	530.69
29.20	10.89	12.23	102.03	99.12
138.75	39.13	44.23	332.76	333.04
174.59	51.69	59.11	377.51	358.33
909.63	40.28	187.03	2561.87	2586.00
223.34	47.92	57.08	190.71	205.60
339.39	64.03	62.64	246.05	316.04
29.75	4.02	5.34	79.93	86.18
6.60	3.73	5.32	19.40	27.12
1.20	1.08	1.15	4.64	4.97
178.79	1538.81	1544.02	1581.53	1742.05
44.30	10.49	14.66	100.82	114.86
60.76	45.64	47.84	-16.65	16.89

3-3 续表 3

行　业	亏损企业 亏损总额	本年应交 增值税	全部从业人员平均人数 (万人)
总　计	**2285.25**	**9406.51**	**1811.98**
煤炭开采和洗选业	39.15	1406.33	347.94
石油和天然气开采业	164.93	1011.23	106.92
黑色金属矿采选业	14.51	86.34	15.12
有色金属矿采选业	1.73	67.97	18.11
非金属矿采选业	0.36	26.51	9.66
其他采矿业			
农副食品加工业	6.98	46.40	17.96
食品制造业	9.47	27.33	13.29
饮料制造业	6.68	144.20	25.61
烟草制品业	0.23	840.23	18.93
纺织业	8.32	20.84	25.21
纺织服装、鞋、帽制造业	0.77	4.41	7.34
皮革、毛皮、羽毛(绒)及其制品业		0.70	0.65
木材加工及木、竹、藤、棕、草制品业	1.64	4.27	5.35
家具制造业	0.01	3.30	1.15
造纸及纸制品业	18.39	26.45	10.43
印刷业和记录媒介的复制	4.30	21.63	9.86
文教体育用品制造业	0.14	1.26	1.17
石油加工、炼焦及核燃料加工业	680.65	857.28	47.43
化学原料及化学制品制造业	172.19	284.89	96.55
医药制造业	4.06	100.47	30.50
化学纤维制造业	10.92	12.50	7.39
橡胶制品业	7.03	16.04	10.79
塑料制品业	1.99	10.76	6.62
非金属矿物制品业	22.56	182.22	51.28
黑色金属冶炼及压延加工业	157.81	525.05	136.16
有色金属冶炼及压延加工业	76.68	239.33	65.02
金属制品业	4.27	30.06	18.23
通用设备制造业	21.05	160.09	63.36
专用设备制造业	30.75	148.38	67.08
交通运输设备制造业	98.05	861.31	188.36
电气机械及器材制造业	37.70	124.85	40.07
通信设备、计算机及其他电子设备制造业	46.14	261.70	60.25
仪器仪表及文化、办公用机械制造业	1.18	30.89	13.74
工艺品及其他制造业	1.68	6.73	6.96
废弃资源和废旧材料回收加工业	0.18	11.85	0.55
电力、热力的生产和供应业	582.53	1717.54	226.12
燃气生产和供应业	7.10	44.87	10.23
水的生产和供应业	43.10	40.30	30.62

单位：亿元

总资产贡献率 (%)	资产负债率 (%)	流动资产周转率 (次/年)	成本费用利润率 (%)	产品销售率 (%)
13.69	**61.17**	**2.23**	**7.66**	**98.57**
16.34	60.19	1.82	14.53	97.54
34.73	47.77	2.87	58.81	99.11
9.03	53.85	1.53	11.99	96.83
23.51	51.25	2.29	25.66	96.95
14.63	46.58	1.65	14.95	97.32
11.93	71.04	2.32	4.70	97.15
9.89	62.33	2.10	5.25	97.73
26.71	42.96	1.41	24.64	99.90
83.97	24.00	1.72	26.99	100.52
7.09	62.08	1.92	3.81	97.32
9.01	64.81	1.78	4.91	99.88
9.19	37.24	1.77	6.42	98.77
7.94	62.15	2.04	4.40	93.63
23.87	57.73	2.23	14.93	99.14
6.09	63.19	1.59	2.58	97.69
14.24	38.85	1.67	13.51	99.21
10.38	49.82	1.48	7.95	98.75
31.62	59.58	5.39	-0.55	99.53
9.61	60.25	2.55	4.95	98.69
14.07	45.63	1.40	13.47	95.52
7.89	61.74	2.20	4.00	97.28
6.56	70.44	2.36	1.71	98.82
8.81	55.69	1.84	5.46	104.11
13.68	59.98	1.77	13.49	97.64
4.79	67.27	2.48	1.19	99.32
9.54	64.21	2.43	4.60	97.27
10.19	60.67	1.66	7.40	98.50
8.24	66.01	1.25	6.26	97.31
7.92	62.53	1.14	6.87	95.66
14.76	63.77	1.69	9.50	98.57
6.93	68.46	1.13	4.64	94.02
8.06	55.40	1.11	5.89	95.10
10.91	49.30	1.06	11.75	96.13
5.05	68.30	1.43	4.13	95.76
21.13	71.65	2.64	3.29	99.45
6.78	66.39	4.20	4.00	99.68
9.51	57.60	2.42	8.16	98.35
2.46	52.79	0.85	1.87	96.97

3-4 按行业分组的集体工业

行业	企业单位数（个）	亏损企业	工业总产值（当年价格）	工业销售产值（当年价格）
总计	**5365**	**478**	**11059.08**	**10945.08**
煤炭开采和洗选业	569	36	623.68	620.99
石油和天然气开采业	10	2	14.02	14.69
黑色金属矿采选业	132	8	242.47	237.62
有色金属矿采选业	200	4	773.07	771.82
非金属矿采选业	202	12	237.82	235.44
其他采矿业	1		0.57	0.57
农副食品加工业	178	6	556.98	547.20
食品制造业	38	3	148.62	146.31
饮料制造业	51	3	95.29	94.44
烟草制品业	12	1	17.41	16.97
纺织业	192	14	389.98	382.54
纺织服装、鞋、帽制造业	77	7	161.56	159.74
皮革、毛皮、羽毛(绒)及其制品业	52	7	131.49	129.97
木材加工及木、竹、藤、棕、草制品业	56	2	65.37	64.30
家具制造业	10		12.17	11.95
造纸及纸制品业	186	18	348.31	344.31
印刷业和记录媒介的复制	55	3	57.44	57.58
文教体育用品制造业	32	3	69.22	68.85
石油加工、炼焦及核燃料加工业	28	1	75.10	77.49
化学原料及化学制品制造业	451	43	588.96	586.67
医药制造业	29	3	147.14	145.64
化学纤维制造业	12		18.53	18.21
橡胶制品业	63	5	128.87	124.33
塑料制品业	152	17	139.27	136.72
非金属矿物制品业	571	49	732.56	720.23
黑色金属冶炼及压延加工业	116	29	1053.45	1041.82
有色金属冶炼及压延加工业	134	14	972.40	974.00
金属制品业	284	20	336.68	329.24
通用设备制造业	460	33	643.88	636.63
专用设备制造业	183	16	286.40	277.86
交通运输设备制造业	245	32	341.95	335.65
电气机械及器材制造业	263	27	1115.79	1109.62
通信设备、计算机及其他电子设备制造业	56	12	148.64	142.87
仪器仪表及文化、办公用机械制造业	41	8	58.17	56.89
工艺品及其他制造业	47	4	86.39	87.09
废弃资源和废旧材料回收加工业	25	3	57.75	57.82
电力、热力的生产和供应业	55	13	111.38	111.26
燃气生产和供应业	7		19.53	19.51
水的生产和供应业	90	20	50.75	50.23

企业主要经济指标

单位：亿元

出口交货值	资产总计	流动资产合计				固定资产合计
			应收账款	存货		
					产成品	
527.63	**5422.61**	**2968.62**	**580.79**	**623.32**	**282.76**	**1835.50**
0.29	308.80	143.04	28.79	16.76	9.31	118.23
0.81	31.21	21.51	1.93	0.70	0.45	8.82
	77.16	45.18	9.48	7.80	4.55	22.03
0.19	214.15	72.63	9.90	10.93	5.10	127.50
0.74	66.79	30.60	7.06	5.81	4.09	31.32
	0.10	0.04	0.01			0.05
19.81	148.57	56.47	6.42	10.83	6.31	83.66
0.82	53.66	23.78	3.57	4.38	1.53	28.84
	33.80	11.61	1.68	3.09	1.75	17.14
0.02	15.06	8.36	2.85	1.83	1.19	2.62
46.75	124.25	56.36	15.38	14.20	7.00	39.07
29.87	49.22	24.72	5.90	5.05	3.13	18.80
28.47	35.37	15.06	1.98	5.56	2.34	9.37
1.71	17.38	6.91	1.26	2.16	0.87	8.84
0.18	2.56	0.95	0.38	0.36	0.21	1.48
8.15	127.89	53.34	16.89	10.16	5.17	66.65
	30.24	18.59	5.50	3.25	1.20	10.00
51.43	14.27	8.86	0.82	3.31	0.96	3.65
	49.98	30.54	12.14	6.65	3.96	15.16
17.87	229.81	145.08	39.76	28.42	15.22	64.52
0.16	45.53	16.64	4.55	2.20	1.43	25.21
	7.22	3.82	0.90	1.86	1.01	1.95
1.30	44.42	21.63	4.24	5.67	3.74	19.69
24.29	63.27	36.16	11.31	6.95	3.53	20.82
9.30	303.19	149.92	42.07	30.99	16.31	121.50
21.58	676.55	386.01	42.42	95.49	37.46	199.01
2.77	650.96	291.06	30.65	128.40	39.89	324.19
4.73	130.51	81.85	35.50	16.81	7.14	40.16
14.06	254.49	173.17	55.12	34.06	15.31	64.94
0.75	125.00	84.75	27.52	21.93	11.04	29.88
1.87	161.03	105.32	27.37	28.57	11.72	36.70
125.20	970.97	695.11	99.90	90.58	51.93	113.09
75.81	60.97	27.49	9.08	3.72	1.25	19.96
19.00	26.37	13.03	4.58	3.33	1.49	7.27
19.12	23.12	16.01	1.78	5.49	3.81	4.99
	25.93	12.05	3.18	2.59	0.82	11.77
	106.80	33.97	4.96	1.10	0.11	57.41
	19.46	11.15	0.21	0.68	0.01	5.95
0.57	96.59	35.83	3.78	1.64	0.45	53.26

3-4 续表 1

行业	固定资产原价	累计折旧	负债合计	流动负债合计
总计	**4665.59**	**3018.25**	**2870.53**	**2388.15**
煤炭开采和洗选业	149.87	48.67	165.72	139.83
石油和天然气开采业	16.65	8.93	21.14	20.18
黑色金属矿采选业	40.17	19.68	36.88	28.22
有色金属矿采选业	164.76	46.07	65.20	53.51
非金属矿采选业	42.48	13.06	28.18	21.75
其他采矿业	0.07	0.02	0.07	0.07
农副食品加工业	104.95	34.87	48.64	32.82
食品制造业	49.54	21.42	20.46	17.25
饮料制造业	23.18	6.60	18.11	16.64
烟草制品业	9.58	7.10	7.83	7.79
纺织业	83.89	48.16	51.47	39.43
纺织服装、鞋、帽制造业	46.32	30.54	26.61	20.59
皮革、毛皮、羽毛(绒)及其制品业	12.66	3.66	26.14	23.10
木材加工及木、竹、藤、棕、草制品业	13.00	4.75	5.27	4.42
家具制造业	1.87	0.41	0.75	0.57
造纸及纸制品业	115.73	55.57	49.51	43.28
印刷业和记录媒介的复制	17.75	8.68	11.19	10.23
文教体育用品制造业	6.14	2.65	7.17	6.39
石油加工、炼焦及核燃料加工业	19.21	5.55	36.77	31.67
化学原料及化学制品制造业	114.37	57.03	114.11	103.01
医药制造业	93.70	68.99	11.17	8.04
化学纤维制造业	4.78	2.83	3.73	3.73
橡胶制品业	25.09	8.20	21.53	17.23
塑料制品业	33.43	15.86	38.20	31.06
非金属矿物制品业	174.50	68.89	141.65	116.48
黑色金属冶炼及压延加工业	393.43	233.56	426.06	389.15
有色金属冶炼及压延加工业	503.51	195.36	272.15	186.50
金属制品业	56.99	22.66	81.52	60.15
通用设备制造业	120.67	64.99	148.66	128.71
专用设备制造业	71.40	42.99	80.92	62.16
交通运输设备制造业	61.40	33.18	101.97	78.66
电气机械及器材制造业	1853.90	1742.86	596.29	543.08
通信设备、计算机及其他电子设备制造业	30.20	11.78	28.23	24.26
仪器仪表及文化、办公用机械制造业	10.94	5.21	10.93	10.07
工艺品及其他制造业	8.12	3.43	12.95	12.08
废弃资源和废旧材料回收加工业	15.94	4.45	9.97	8.27
电力、热力的生产和供应业	78.12	22.82	71.04	39.31
燃气生产和供应业	5.86	1.76	13.52	8.57
水的生产和供应业	91.39	45.01	58.84	39.91

单位：亿元

所有者权益合计	实收资本				主营业务收入
		国家资本	港澳台资本	外商资本	
2533.56	**777.82**	**9.61**	**5.93**	**4.69**	**11148.26**
139.90	48.03	0.30			608.58
10.53	13.84			0.01	14.84
40.22	12.71	0.02			236.50
148.88	63.01	0.19	0.17	0.01	775.06
38.31	13.34	0.12			234.97
0.02	0.01				0.62
98.90	28.44	0.01	0.01		534.94
32.99	7.42		0.07		136.56
15.51	7.51				96.05
7.23	2.00				17.55
72.25	19.82	0.01	0.33	0.96	387.44
22.34	7.84		0.50	0.22	160.38
9.24	4.30	0.11	0.04		116.67
12.12	3.56	0.18			65.06
1.77	1.38				12.12
76.50	40.55	0.23	0.26		339.31
19.05	6.58	0.02			57.37
7.10	1.69		0.06		71.76
13.11	4.76				112.53
114.71	34.70	0.23	0.03	0.18	586.90
34.36	26.40	0.23	0.01		143.55
3.49	0.72				18.10
22.62	9.95			0.02	124.47
24.96	11.92	0.32	0.71	0.01	143.86
159.09	70.95	2.60			737.51
246.59	84.65	0.12			1038.44
378.71	24.03	0.01			998.37
48.81	21.95	0.84	0.08	0.49	341.82
105.03	40.93	0.54			625.99
43.77	22.42	0.02			281.25
58.80	18.24			0.13	330.59
373.55	73.04	0.99	3.47	1.01	1285.59
32.73	11.50	0.19	0.10	1.64	142.72
15.42	4.69		0.08		52.98
10.16	3.70	0.53			86.27
15.96	1.29				59.92
35.65	15.04	0.96			104.77
5.74	2.46	0.01			18.34
37.44	12.45	0.85			48.52

3-4 续表 2

行　业	主营业务成本	主营业务税金及附加	管理费用
总　计	**9389.27**	**77.56**	**400.65**
煤炭开采和洗选业	450.28	10.53	39.51
石油和天然气开采业	9.98	0.22	1.95
黑色金属矿采选业	183.97	2.75	6.93
有色金属矿采选业	609.58	3.96	13.62
非金属矿采选业	186.07	4.39	9.67
其他采矿业	0.55	0.01	0.04
农副食品加工业	447.30	2.83	16.93
食品制造业	106.85	1.02	2.63
饮料制造业	80.72	3.51	2.30
烟草制品业	13.98	0.10	2.49
纺织业	345.06	1.47	9.28
纺织服装、鞋、帽制造业	144.68	0.64	4.24
皮革、毛皮、羽毛(绒)及其制品业	102.84	0.64	4.90
木材加工及木、竹、藤、棕、草制品业	56.23	0.47	1.96
家具制造业	10.11	0.10	0.38
造纸及纸制品业	300.75	2.36	5.46
印刷业和记录媒介的复制	46.41	0.45	3.58
文教体育用品制造业	65.86	0.36	1.74
石油加工、炼焦及核燃料加工业	104.17	0.61	2.39
化学原料及化学制品制造业	502.32	4.45	21.73
医药制造业	126.47	1.50	1.79
化学纤维制造业	16.52	0.10	0.26
橡胶制品业	102.37	1.08	2.26
塑料制品业	123.15	0.77	6.42
非金属矿物制品业	617.79	7.03	31.00
黑色金属冶炼及压延加工业	939.96	2.87	22.95
有色金属冶炼及压延加工业	863.45	3.99	18.12
金属制品业	293.25	2.88	12.89
通用设备制造业	536.77	4.51	23.02
专用设备制造业	246.40	1.43	13.76
交通运输设备制造业	295.15	1.34	14.19
电气机械及器材制造业	1030.40	6.54	65.52
通信设备、计算机及其他电子设备制造业	116.24	0.28	7.96
仪器仪表及文化、办公用机械制造业	42.78	0.25	3.40
工艺品及其他制造业	76.46	0.46	3.49
废弃资源和废旧材料回收加工业	47.69	0.42	3.15
电力、热力的生产和供应业	92.26	0.51	13.27
燃气生产和供应业	15.75	0.15	0.52
水的生产和供应业	38.71	0.58	4.94

单位：亿元

营业费用	财务费用	利息支出	营业利润	利润总额
271.31	**75.38**	**62.76**	**930.42**	**864.44**
15.81	4.27	3.61	81.92	78.71
0.07	0.14	0.14	1.73	1.84
2.35	1.10	0.76	38.14	33.79
15.25	5.88	5.44	127.31	125.92
9.06	1.50	0.73	21.61	19.69
			0.01	0.01
12.24	4.86	3.51	41.03	38.10
4.05	1.70	1.56	20.69	20.60
0.90	0.28	0.30	7.71	7.74
0.28	0.07	0.10	0.95	0.86
3.99	1.86	1.62	22.21	22.59
1.99	0.65	0.57	8.02	8.33
1.11	0.53	0.46	7.09	6.86
1.12	0.29	0.19	5.35	3.53
0.48	0.12	0.11	0.94	0.90
4.16	1.21	0.79	22.19	22.06
1.13	0.21	0.24	4.53	4.53
0.59	0.07	0.04	4.18	4.68
0.63	0.30	0.23	6.16	3.40
11.01	3.53	2.06	39.08	38.19
1.94	0.38	0.33	10.87	10.61
0.11	0.14	0.12	1.09	0.98
1.41	0.77	0.73	16.42	6.93
2.87	0.52	0.50	8.83	8.63
21.99	5.74	4.79	62.31	57.16
4.72	13.96	12.94	53.26	54.56
8.84	7.81	8.28	110.27	91.11
7.09	1.26	0.87	24.79	19.71
10.78	3.58	2.91	46.51	37.74
6.12	1.29	1.01	18.09	16.13
4.13	1.66	1.24	16.42	17.71
104.97	4.50	2.43	73.19	72.79
2.06	0.84	0.77	4.87	5.24
1.77	0.38	0.07	2.87	2.88
2.40	0.43	0.36	3.85	3.48
0.83	0.56	0.48	5.71	5.70
1.34	0.99	0.92	5.97	6.04
0.55	0.40	0.01	2.03	2.14
1.20	1.60	1.58	2.22	2.58

3-4 续表 3

行　业	亏损企业亏损总额	本年应交增值税	全部从业人员平均人数（万人）
总　计	**14.73**	**309.79**	**150.46**
煤炭开采和洗选业	1.21	43.67	14.82
石油和天然气开采业	0.23	0.48	0.77
黑色金属矿采选业	0.18	10.41	2.37
有色金属矿采选业	0.01	2.96	4.52
非金属矿采选业	0.04	10.47	4.05
其他采矿业			0.04
农副食品加工业	0.03	11.72	4.34
食品制造业	0.01	3.25	1.82
饮料制造业	0.18	2.83	0.70
烟草制品业	0.02	0.94	0.50
纺织业	0.28	9.45	6.78
纺织服装、鞋、帽制造业	0.16	3.71	3.10
皮革、毛皮、羽毛(绒)及其制品业	1.55	3.14	6.31
木材加工及木、竹、藤、棕、草制品业	0.03	1.61	1.19
家具制造业		0.39	0.18
造纸及纸制品业	0.16	6.42	4.58
印刷业和记录媒介的复制	0.03	2.10	0.99
文教体育用品制造业	0.25	1.70	2.41
石油加工、炼焦及核燃料加工业	0.02	1.68	1.42
化学原料及化学制品制造业	1.05	16.84	7.40
医药制造业	0.02	2.30	1.42
化学纤维制造业		0.38	0.27
橡胶制品业	0.20	4.84	2.01
塑料制品业	0.29	3.11	5.56
非金属矿物制品业	1.14	26.49	10.00
黑色金属冶炼及压延加工业	0.78	20.23	6.50
有色金属冶炼及压延加工业	0.75	20.27	6.96
金属制品业	0.44	13.18	5.96
通用设备制造业	0.89	21.98	8.97
专用设备制造业	1.19	9.12	4.96
交通运输设备制造业	1.06	8.88	6.25
电气机械及器材制造业	0.66	32.60	9.46
通信设备、计算机及其他电子设备制造业	0.40	1.71	6.97
仪器仪表及文化、办公用机械制造业	0.27	1.97	1.40
工艺品及其他制造业	0.10	1.54	2.59
废弃资源和废旧材料回收加工业	0.05	2.33	1.12
电力、热力的生产和供应业	0.47	2.83	0.69
燃气生产和供应业		0.73	0.07
水的生产和供应业	0.61	1.54	1.00

单位：亿元

总资产贡献率 (%)	资产负债率 (%)	流动资产周转率 (次/年)	成本费用利润率 (%)	产品销售率 (%)
24.22	**52.94**	**3.83**	**8.34**	**98.97**
44.18	53.67	4.29	15.17	99.57
9.02	67.71	0.84	13.28	104.77
61.82	47.80	5.36	17.32	98.00
64.54	30.44	10.68	19.54	99.84
52.86	42.20	7.70	9.49	99.00
23.41	75.00	14.27	2.47	100.00
37.84	32.74	9.50	7.89	98.24
49.28	38.12	5.74	17.84	98.45
42.08	53.58	8.35	9.19	99.11
12.94	51.99	2.16	5.02	97.48
28.28	41.43	6.91	6.24	98.09
26.96	54.07	6.49	5.49	98.87
31.90	73.90	7.77	6.27	98.84
34.59	30.32	9.40	5.91	98.36
58.50	29.41	12.70	8.10	98.23
24.75	38.72	6.41	7.01	98.85
24.01	37.00	3.12	8.74	100.24
47.47	50.24	8.18	6.85	99.47
11.83	73.56	3.79	3.08	103.18
26.98	49.65	4.13	6.87	99.61
32.36	24.53	8.66	8.10	98.98
22.04	51.69	4.78	5.71	98.29
30.49	48.47	5.76	6.49	96.48
20.51	60.37	4.00	6.46	98.17
31.41	46.72	4.94	8.40	98.32
13.40	62.98	3.09	4.85	98.90
18.86	41.81	3.43	10.13	100.16
28.13	62.46	4.22	6.19	97.79
26.35	58.41	3.65	6.51	98.87
22.07	64.74	3.35	6.10	97.02
18.03	63.32	3.20	5.52	98.16
11.76	61.41	1.86	6.03	99.45
13.20	46.31	5.53	3.71	96.12
19.61	41.46	4.10	5.94	97.80
25.15	56.04	5.46	4.13	100.82
34.43	38.45	5.01	10.70	100.12
9.57	66.52	3.10	5.58	99.90
15.64	69.49	1.67	12.35	99.87
6.46	60.91	1.38	5.45	98.98

3-5 按行业分组的私营工业企业

行业	企业单位数（个）	亏损企业	工业总产值（当年价格）	工业销售产值（当年价格）
总计	**180612**	**10645**	**252325.74**	**246609.74**
煤炭开采和洗选业	4420	505	6436.76	6338.94
石油和天然气开采业	46	5	71.68	70.94
黑色金属矿采选业	2536	169	4570.32	4450.97
有色金属矿采选业	1058	68	1713.11	1663.71
非金属矿采选业	2094	60	2205.79	2167.85
其他采矿业	10	2	9.51	9.02
农副食品加工业	13130	390	20023.54	19626.72
食品制造业	3658	160	4849.75	4747.34
饮料制造业	2539	87	3336.42	3228.96
烟草制品业	5		4.30	4.42
纺织业	14883	982	16464.33	16123.14
纺织服装、鞋、帽制造业	6060	350	6039.93	5911.57
皮革、毛皮、羽毛(绒)及其制品业	3273	143	3540.62	3477.35
木材加工及木、竹、藤、棕、草制品业	6065	152	6023.59	5888.06
家具制造业	2485	122	2593.18	2531.00
造纸及纸制品业	4182	273	4604.78	4510.64
印刷业和记录媒介的复制	1978	118	1643.03	1609.90
文教体育用品制造业	1354	63	1134.53	1104.17
石油加工、炼焦及核燃料加工业	1015	160	4614.74	4433.02
化学原料及化学制品制造业	12089	737	19401.86	18966.36
医药制造业	2436	141	3924.00	3809.95
化学纤维制造业	1208	130	2330.14	2286.23
橡胶制品业	1847	68	2701.66	2638.62
塑料制品业	7471	352	7438.82	7304.11
非金属矿物制品业	15779	885	19530.13	19154.36
黑色金属冶炼及压延加工业	4246	586	16469.26	16091.24
有色金属冶炼及压延加工业	3926	424	11109.94	10864.52
金属制品业	9982	619	11590.82	11348.56
通用设备制造业	15851	642	18379.86	17905.26
专用设备制造业	7461	310	8866.02	8600.44
交通运输设备制造业	7463	501	11901.36	11604.35
电气机械及器材制造业	10638	735	16732.15	16325.00
通信设备、计算机及其他电子设备制造业	3667	294	4801.83	4690.56
仪器仪表及文化、办公用机械制造业	1703	85	2082.20	2029.07
工艺品及其他制造业	2629	107	3071.54	3024.02
废弃资源和废旧材料回收加工业	603	73	1258.15	1235.00
电力、热力的生产和供应业	547	125	597.72	582.86
燃气生产和供应业	171	14	183.16	178.26
水的生产和供应业	104	8	75.21	73.25

主要经济指标

单位：亿元

出口交货值	资产总计	流动资产合计	应收账款	存货	产成品	固定资产合计
13581.55	**127749.86**	**69059.45**	**16244.41**	**16614.14**	**7388.26**	**44644.17**
2.69	3771.62	1951.43	352.09	255.04	142.85	1244.66
	62.79	21.87	6.68	2.50	1.09	34.92
4.60	2245.25	1050.61	185.03	181.30	107.85	825.95
5.42	805.73	372.71	55.84	70.78	42.19	327.75
10.50	745.41	296.91	58.11	53.43	35.13	344.93
1.70	7.22	2.92	0.45	0.48	0.38	3.90
668.11	6826.48	3265.73	533.42	1049.42	513.95	2902.34
226.59	2318.33	1080.59	190.98	281.17	137.34	973.99
46.51	1624.17	752.22	110.92	250.29	123.49	697.27
	7.16	5.36	0.45	0.91	0.16	1.74
1666.45	8560.79	4609.86	958.27	1268.73	612.79	3095.89
891.00	2816.18	1658.70	364.28	440.32	222.55	830.85
553.54	1384.74	797.10	226.83	195.79	81.73	450.02
318.35	1971.07	886.48	162.71	281.31	127.34	924.65
372.22	1302.70	674.34	127.83	179.42	81.22	444.51
71.71	2235.59	1135.98	318.44	245.44	112.13	892.03
44.53	1028.50	520.96	152.51	100.20	38.47	391.82
268.84	517.36	273.72	64.17	77.35	32.15	171.10
7.69	3029.62	1653.23	186.95	420.57	184.33	1049.12
758.16	9328.82	4846.12	1073.75	1086.28	526.77	3426.81
177.79	2283.96	1181.97	239.70	248.42	115.10	815.63
148.41	1467.10	862.96	118.37	213.58	100.42	434.30
267.83	1297.16	669.28	176.53	144.21	73.32	490.94
462.78	3538.34	1923.72	546.74	403.18	194.40	1242.16
420.31	10091.53	4624.05	1258.53	998.40	470.79	4468.88
156.19	8127.68	4676.02	664.17	1219.08	516.96	2819.30
186.25	4558.36	2736.16	512.66	828.96	333.03	1332.98
894.71	6808.88	4030.04	928.64	990.18	335.08	2075.21
799.04	9034.96	5009.70	1498.91	1176.78	498.66	3044.86
321.58	5013.48	2795.13	821.12	670.43	271.70	1693.77
958.59	7264.91	4148.40	1087.28	1014.68	353.19	2171.53
1360.25	9678.49	6134.64	2055.07	1211.81	540.73	2369.01
652.58	3100.94	1927.43	627.62	412.48	170.19	825.28
170.64	1441.88	902.99	259.46	218.51	75.70	390.39
666.03	1332.20	821.01	173.00	270.25	147.76	353.46
16.99	529.16	297.36	65.07	96.68	45.99	173.47
2.98	1349.97	365.07	66.48	46.04	17.37	801.49
	127.43	55.36	8.58	5.99	2.68	59.40
	113.90	41.34	6.75	3.75	1.29	47.84

3-5 续表 1

行 业	固定资产原价	累计折旧	负债合计	流动负债合计
总 计	**65621.77**	**25473.61**	**69744.77**	**58996.72**
煤炭开采和洗选业	1564.68	507.86	2072.95	1640.09
石油和天然气开采业	76.14	42.41	24.89	14.32
黑色金属矿采选业	1034.80	307.37	1122.84	920.17
有色金属矿采选业	402.27	108.73	381.92	301.52
非金属矿采选业	559.49	244.84	285.41	217.75
其他采矿业	5.56	1.71	3.36	1.17
农副食品加工业	4868.05	2258.72	3025.68	2367.77
食品制造业	1305.98	422.25	1008.84	769.89
饮料制造业	913.62	309.01	726.16	537.09
烟草制品业	2.13	0.60	5.09	3.75
纺织业	4616.56	1749.05	4991.95	4403.11
纺织服装、鞋、帽制造业	1179.11	417.08	1477.03	1232.77
皮革、毛皮、羽毛(绒)及其制品业	651.80	235.28	715.46	647.67
木材加工及木、竹、藤、棕、草制品业	1316.20	488.63	819.88	631.20
家具制造业	569.25	183.99	639.89	555.17
造纸及纸制品业	1290.59	480.45	1262.98	1067.47
印刷业和记录媒介的复制	566.06	204.25	565.36	467.62
文教体育用品制造业	236.13	82.21	277.01	242.11
石油加工、炼焦及核燃料加工业	1450.52	504.88	2143.89	1792.03
化学原料及化学制品制造业	5340.63	2262.45	4969.38	4107.40
医药制造业	1169.63	425.81	987.49	793.89
化学纤维制造业	678.92	288.35	933.15	824.14
橡胶制品业	778.53	325.63	657.56	578.08
塑料制品业	1875.25	749.41	1856.44	1601.56
非金属矿物制品业	6423.50	2331.19	5106.96	4122.40
黑色金属冶炼及压延加工业	4359.40	1872.40	5477.67	4815.39
有色金属冶炼及压延加工业	1969.70	781.96	2863.29	2379.71
金属制品业	3029.71	1152.75	3948.06	3576.54
通用设备制造业	4631.06	1887.21	4677.25	4101.38
专用设备制造业	2377.20	934.44	2643.72	2248.26
交通运输设备制造业	3160.23	1207.93	4349.82	3697.95
电气机械及器材制造业	3656.52	1531.36	5260.28	4732.20
通信设备、计算机及其他电子设备制造业	1185.38	440.94	1649.33	1452.81
仪器仪表及文化、办公用机械制造业	530.00	180.84	776.72	687.48
工艺品及其他制造业	519.85	201.22	710.24	622.56
废弃资源和废旧材料回收加工业	241.99	76.52	315.32	275.34
电力、热力的生产和供应业	950.56	235.22	866.40	479.89
燃气生产和供应业	75.54	20.64	70.05	49.01
水的生产和供应业	59.19	17.99	75.04	38.09

单位：亿元

所有者权益合计	实收资本				主营业务收入
		国家资本	港澳台资本	外商资本	
57479.12	**25276.49**	**87.34**	**94.38**	**117.44**	**247277.89**
1679.11	699.92	3.33	0.47	-0.02	6368.32
37.90	18.88				70.04
1108.86	375.97	1.23	0.22	0.09	4424.29
421.77	176.47	1.65		0.04	1662.32
451.80	201.91	0.69	0.61	0.58	2155.21
3.84	1.76		0.01		8.22
3751.93	1484.31	3.60	3.43	2.13	19650.31
1296.80	522.25	1.06	2.06	4.02	4744.15
892.13	332.95	3.80	0.80	2.08	3196.94
1.97	1.62				4.52
3540.93	1811.04	1.48	10.81	6.79	16166.37
1331.92	629.58	1.29	4.60	3.28	5919.32
657.74	272.14	0.33	4.36	2.25	3477.54
1140.88	496.42	0.58	1.35	1.44	5919.71
655.11	283.06	0.24	2.96	1.02	2522.26
965.12	485.44	1.16	0.44	0.27	4512.39
458.98	188.65	0.32	1.47	0.06	1612.80
237.41	88.24	0.09	0.10	1.16	1107.62
875.86	448.74	0.18	0.23		4649.00
4320.49	1843.45	5.52	3.72	5.54	18927.57
1284.82	504.93	6.54	1.70	1.88	3757.77
532.31	244.84		5.93	2.28	2302.37
631.80	224.66	0.09	1.11	0.62	2618.47
1667.64	772.49	2.52	2.63	1.92	7282.32
4930.53	2222.79	9.84	7.37	5.07	19225.09
2632.54	1377.11	2.08	1.71	6.53	16261.39
1683.70	738.02	3.47	2.30	2.05	10881.91
2819.35	1268.68	1.27	2.92	13.41	11359.33
4318.40	1847.99	4.67	4.43	7.06	17869.79
2351.60	1049.24	3.00	2.17	3.59	9053.24
2896.80	1131.35	3.25	6.02	19.30	11519.45
4389.99	2046.58	6.95	9.07	16.49	16224.09
1444.75	586.82	2.72	5.94	1.89	4692.88
663.52	264.28	0.74	0.92	0.13	2004.08
613.93	244.83	0.20	1.16	3.07	3043.42
208.36	77.29	0.50	0.40	0.87	1237.15
482.04	258.80	11.86	0.15	0.48	584.50
57.33	31.39	0.14	0.09	0.05	185.12
39.16	21.62	0.97	0.72		76.63

3-5 续表 2

行 业	主营业务成本	主营业务税金及附加	管理费用
总 计	**210191.52**	**1553.57**	**7751.18**
煤炭开采和洗选业	4776.64	106.84	296.88
石油和天然气开采业	56.40	1.26	3.02
黑色金属矿采选业	3369.48	54.97	118.68
有色金属矿采选业	1328.47	15.99	63.77
非金属矿采选业	1737.14	26.52	82.47
其他采矿业	6.57	0.07	0.43
农副食品加工业	17027.18	109.20	486.84
食品制造业	3868.24	33.53	161.74
饮料制造业	2566.95	70.32	106.20
烟草制品业	3.81	0.02	0.24
纺织业	14112.80	82.99	408.93
纺织服装、鞋、帽制造业	5032.86	33.03	206.82
皮革、毛皮、羽毛(绒)及其制品业	2934.78	20.16	125.13
木材加工及木、竹、藤、棕、草制品业	5043.02	44.12	173.30
家具制造业	2075.82	17.31	94.60
造纸及纸制品业	3879.82	24.20	132.36
印刷业和记录媒介的复制	1347.35	9.97	62.49
文教体育用品制造业	934.02	5.96	41.86
石油加工、炼焦及核燃料加工业	4112.68	35.97	96.32
化学原料及化学制品制造业	16047.64	111.82	558.31
医药制造业	3022.03	26.05	172.17
化学纤维制造业	2096.27	7.21	41.28
橡胶制品业	2216.43	15.64	78.31
塑料制品业	6242.72	38.27	232.76
非金属矿物制品业	16053.51	147.37	579.78
黑色金属冶炼及压延加工业	14628.52	51.35	256.69
有色金属冶炼及压延加工业	9676.73	38.21	246.87
金属制品业	9742.33	60.22	404.07
通用设备制造业	15043.33	105.77	635.97
专用设备制造业	7424.92	63.10	427.96
交通运输设备制造业	9947.02	58.92	406.68
电气机械及器材制造业	13828.82	70.04	567.37
通信设备、计算机及其他电子设备制造业	3937.22	22.40	229.37
仪器仪表及文化、办公用机械制造业	1650.92	11.72	106.35
工艺品及其他制造业	2639.53	18.78	77.68
废弃资源和废旧材料回收加工业	1081.82	7.59	27.31
电力、热力的生产和供应业	489.15	4.69	25.76
燃气生产和供应业	151.38	1.38	9.49
水的生产和供应业	57.20	0.60	4.91

单位：亿元

营业费用	财务费用	利息支出	营业利润	利润总额
5083.47	**2415.92**	**2026.78**	**19446.34**	**18155.52**
192.95	64.94	50.23	840.27	782.82
1.75	1.05	0.99	6.18	4.74
61.59	40.12	34.52	759.56	682.00
24.30	12.23	10.21	204.97	186.91
60.18	16.51	10.97	213.68	186.09
0.34	0.11	0.11	0.89	0.79
388.04	150.34	118.58	1477.15	1355.64
160.11	43.54	33.32	420.33	393.97
107.52	29.81	23.69	306.52	287.60
0.16	0.11	0.09	0.41	0.37
235.13	205.83	179.60	1024.26	982.62
156.46	45.22	36.57	398.40	390.61
80.38	38.77	35.10	271.36	269.14
121.60	44.15	34.20	488.55	445.29
85.09	27.18	21.87	197.32	191.42
88.79	44.67	38.85	324.41	309.52
36.38	19.48	15.77	126.96	125.53
26.72	9.92	8.26	79.48	77.96
74.23	67.03	56.03	316.49	257.04
388.35	176.43	146.98	1495.11	1425.47
162.99	33.79	31.64	365.73	347.66
19.89	32.78	31.90	109.11	104.91
51.07	23.88	19.81	217.66	197.14
150.78	65.85	54.69	516.16	494.91
465.54	187.94	147.31	1720.88	1643.77
125.89	137.05	117.56	1058.75	861.93
97.02	102.99	95.25	699.33	647.90
225.79	112.63	94.34	826.46	765.78
392.54	167.31	134.41	1430.59	1321.51
254.66	86.78	71.80	755.81	731.06
202.04	129.66	114.42	805.31	767.87
388.89	170.41	147.40	1160.35	1113.17
104.35	40.73	33.73	333.43	330.43
60.12	19.81	19.07	149.67	149.47
62.97	27.68	21.67	200.07	194.11
13.89	6.73	6.20	88.60	71.31
6.98	28.24	25.94	35.20	36.75
5.24	1.74	1.50	13.65	13.18
2.72	2.47	2.21	7.30	7.14

3-5　续表 3

行　　业	亏损企业 亏损总额	本年应交 增 值 税	全部从业人 员平均人数 （万人）
总　　计	**332.35**	**7023.82**	**2956.41**
煤炭开采和洗选业	19.73	387.14	90.14
石油和天然气开采业	0.49	3.02	0.89
黑色金属矿采选业	5.43	236.31	33.22
有色金属矿采选业	2.21	65.58	17.44
非金属矿采选业	2.30	76.08	25.59
其他采矿业	0.02	0.16	0.09
农副食品加工业	9.96	401.90	174.59
食品制造业	5.72	139.22	66.69
饮料制造业	4.10	98.10	39.40
烟草制品业		0.20	0.07
纺织业	20.19	420.66	272.94
纺织服装、鞋、帽制造业	4.06	161.21	151.07
皮革、毛皮、羽毛(绒)及其制品业	2.03	104.98	84.22
木材加工及木、竹、藤、棕、草制品业	3.59	165.75	83.65
家具制造业	1.78	69.26	47.63
造纸及纸制品业	4.99	125.98	61.21
印刷业和记录媒介的复制	1.95	48.23	26.11
文教体育用品制造业	1.01	30.67	24.75
石油加工、炼焦及核燃料加工业	24.17	112.92	22.75
化学原料及化学制品制造业	24.16	513.46	159.19
医药制造业	4.25	134.97	43.90
化学纤维制造业	3.68	54.23	17.27
橡胶制品业	2.44	60.60	31.16
塑料制品业	8.62	182.67	100.17
非金属矿物制品业	25.91	683.40	244.85
黑色金属冶炼及压延加工业	28.67	353.92	93.63
有色金属冶炼及压延加工业	23.77	282.93	58.99
金属制品业	11.81	306.15	142.34
通用设备制造业	12.83	501.69	217.27
专用设备制造业	6.62	259.69	107.00
交通运输设备制造业	16.33	298.53	150.59
电气机械及器材制造业	22.46	415.82	185.93
通信设备、计算机及其他电子设备制造业	8.05	123.60	88.52
仪器仪表及文化、办公用机械制造业	4.76	67.77	31.59
工艺品及其他制造业	1.61	78.48	45.36
废弃资源和废旧材料回收加工业	1.87	34.78	7.32
电力、热力的生产和供应业	9.96	18.09	6.17
燃气生产和供应业	0.42	3.76	1.48
水的生产和供应业	0.43	1.92	1.25

单位：亿元

总资产贡献率 (%)	资产负债率 (%)	流动资产周转率 (次/年)	成本费用利润率 (%)	产品销售率 (%)
22.45	**54.59**	**3.60**	**7.99**	**97.73**
35.20	54.96	3.28	14.54	98.48
15.93	39.64	3.22	7.58	98.97
44.86	50.01	4.23	18.90	97.39
34.56	47.40	4.47	13.07	97.12
40.21	38.29	7.27	9.79	98.28
15.69	46.63	2.81	10.61	94.82
29.10	44.32	6.03	7.48	98.02
25.84	43.52	4.41	9.25	97.89
29.55	44.71	4.28	10.14	96.78
9.42	71.09	0.84	8.56	102.78
19.36	58.31	3.53	6.52	97.93
21.98	52.45	3.58	7.15	97.87
30.98	51.67	4.37	8.44	98.21
35.02	41.60	6.68	8.26	97.75
22.76	49.12	3.76	8.32	97.60
22.28	56.49	3.99	7.42	97.96
19.33	54.97	3.12	8.48	97.98
23.93	53.54	4.05	7.65	97.32
15.21	70.76	2.85	5.83	96.06
23.54	53.27	3.94	8.22	97.76
23.50	43.24	3.20	10.18	97.09
13.27	63.60	2.71	4.72	98.12
22.58	50.69	3.92	8.30	97.67
21.77	52.47	3.80	7.35	98.19
25.93	50.61	4.16	9.47	98.08
16.92	67.40	3.54	5.58	97.70
23.15	62.81	4.01	6.32	97.79
17.96	57.98	2.84	7.23	97.91
22.79	51.77	3.59	8.09	97.42
22.48	52.73	3.26	8.85	97.00
17.01	59.87	2.80	7.12	97.50
17.95	54.35	2.67	7.37	97.57
16.39	53.19	2.45	7.60	97.68
17.01	53.87	2.24	8.08	97.45
23.46	53.31	3.71	6.89	98.45
22.57	59.59	4.18	6.29	98.16
6.28	64.18	1.62	6.59	97.51
15.43	54.97	3.38	7.79	97.32
10.35	65.88	1.87	10.44	97.40

3-6 按行业分组的外商投资和港澳台商投资

行业	企业单位数（个）	亏损企业	工业总产值（当年价格）	工业销售产值（当年价格）
总计	**57216**	**9744**	**218417.20**	**214716.87**
煤炭开采和洗选业	40	3	1151.04	1134.89
石油和天然气开采业	18	3	807.69	801.02
黑色金属矿采选业	37	4	231.36	219.18
有色金属矿采选业	56	2	117.48	116.29
非金属矿采选业	90	11	133.99	134.09
其他采矿业				
农副食品加工业	2014	268	8997.10	8862.16
食品制造业	1223	207	4606.39	4559.62
饮料制造业	744	154	3556.62	3549.99
烟草制品业	3		4.78	4.95
纺织业	4307	678	6857.41	6671.24
纺织服装、鞋、帽制造业	3938	565	4843.71	4688.75
皮革、毛皮、羽毛(绒)及其制品业	1931	226	3918.84	3811.79
木材加工及木、竹、藤、棕、草制品业	639	104	949.80	923.13
家具制造业	1007	226	1496.35	1467.91
造纸及纸制品业	1162	224	3418.27	3341.64
印刷业和记录媒介的复制	589	112	905.11	896.13
文教体育用品制造业	1271	233	1651.80	1625.71
石油加工、炼焦及核燃料加工业	182	36	4586.08	4570.52
化学原料及化学制品制造业	3537	532	15927.35	15554.56
医药制造业	951	133	3702.04	3489.28
化学纤维制造业	295	60	1955.77	1906.03
橡胶制品业	681	126	2123.41	2123.19
塑料制品业	3068	632	4586.57	4494.86
非金属矿物制品业	2392	365	5281.96	5169.31
黑色金属冶炼及压延加工业	521	121	8214.57	8116.61
有色金属冶炼及压延加工业	741	156	4852.38	4760.23
金属制品业	2914	492	5687.70	5594.60
通用设备制造业	3794	479	9207.12	9028.76
专用设备制造业	2642	393	6069.12	5909.42
交通运输设备制造业	3208	483	27856.36	27690.92
电气机械及器材制造业	4263	826	15428.63	15102.20
通信设备、计算机及其他电子设备制造业	5510	1294	48549.93	47830.52
仪器仪表及文化、办公用机械制造业	1132	187	3511.88	3444.19
工艺品及其他制造业	1328	209	2264.32	2203.86
废弃资源和废旧材料回收加工业	157	41	509.24	492.46
电力、热力的生产和供应业	461	119	3107.24	3083.18
燃气生产和供应业	251	28	1132.03	1131.06
水的生产和供应业	119	12	215.78	212.60

工业企业主要经济指标

单位：亿元

出口交货值	资产总计	流动资产合计				固定资产合计
			应收账款	存货		
					产成品	
68385.58	**161987.74**	**95334.64**	**27132.04**	**23075.24**	**7973.66**	**51234.23**
	1566.59	931.46	501.91	127.16	56.14	433.66
27.43	740.17	59.29	6.27	26.37	5.41	639.48
	195.41	110.39	35.00	13.73	6.79	59.88
1.02	135.20	56.23	3.38	9.62	2.29	45.97
5.19	111.25	51.42	9.85	7.02	3.54	50.29
996.32	5502.70	3539.31	400.32	974.01	403.30	1438.38
390.18	3258.17	1869.21	428.89	396.50	177.43	1013.08
97.32	2887.42	1365.83	224.80	402.52	135.29	1119.46
0.01	9.11	5.38	1.03	0.28	0.05	3.26
2323.47	5153.03	3003.60	678.55	912.21	362.56	1626.27
1887.71	2997.11	1997.48	437.53	573.51	281.87	745.90
1603.30	2136.82	1409.69	425.06	398.26	129.56	504.03
228.71	636.02	368.50	76.78	128.39	49.90	204.76
748.29	1104.30	706.35	181.46	228.42	68.41	287.03
448.14	4831.64	2157.39	466.34	434.42	144.79	1859.55
219.70	924.12	571.48	176.63	115.74	46.74	277.50
1017.87	1003.40	636.68	172.23	243.86	71.52	289.45
168.56	2538.71	1209.85	170.17	501.51	115.49	987.02
1765.99	12530.44	6306.63	1552.01	1383.50	581.26	5155.74
425.85	3440.78	2050.30	470.32	519.68	215.91	977.32
166.25	1767.61	923.39	92.21	223.98	97.80	641.09
625.28	1770.35	878.50	286.17	284.22	129.76	746.75
1452.74	3677.55	2247.12	670.92	559.89	210.72	1107.56
815.14	5652.13	2593.18	628.49	592.06	262.66	2508.07
558.38	5613.69	2819.01	314.60	956.84	247.52	2091.03
676.60	3626.46	2016.22	354.90	544.60	152.84	1366.51
1800.46	4110.98	2584.94	760.49	738.28	237.42	1143.49
2276.69	8479.87	5562.92	1619.84	1682.79	476.12	2101.13
1381.08	5663.78	3919.63	1214.02	1196.26	436.03	1251.00
3227.66	20469.81	13212.21	3078.29	2496.22	841.03	5187.60
6085.32	10979.63	7432.12	2710.13	1663.07	617.63	2587.82
34049.16	25741.96	17538.19	7609.29	3639.76	1068.10	6686.20
1847.26	2369.57	1706.03	594.29	466.05	118.56	461.44
970.88	1237.74	883.50	249.77	300.85	135.37	271.64
1.38	385.18	315.83	60.08	93.04	65.32	57.03
48.61	6325.27	1532.44	349.59	186.96	10.02	4193.10
19.46	1440.74	531.00	80.78	47.24	8.16	623.60
28.16	973.00	231.95	39.67	6.42	0.33	491.13

3-6 续表 1

行业	固定资产原价	累计折旧	负债合计	流动负债合计
总计	**84358.88**	**36483.25**	**92130.82**	**78340.63**
煤炭开采和洗选业	613.16	235.76	1066.07	910.38
石油和天然气开采业	884.56	267.69	556.79	383.55
黑色金属矿采选业	76.41	18.56	88.36	84.07
有色金属矿采选业	55.73	13.46	54.48	37.20
非金属矿采选业	76.69	40.51	60.68	53.31
其他采矿业				
农副食品加工业	2660.37	1359.88	3411.93	2973.02
食品制造业	1571.78	652.23	1660.17	1444.58
饮料制造业	1889.74	825.80	1540.65	1409.79
烟草制品业	7.97	4.72	1.44	1.44
纺织业	2692.95	1170.35	2682.48	2420.67
纺织服装、鞋、帽制造业	1192.23	504.66	1534.69	1368.78
皮革、毛皮、羽毛(绒)及其制品业	792.41	326.48	997.58	928.40
木材加工及木、竹、藤、棕、草制品业	424.92	238.98	309.91	268.13
家具制造业	454.34	187.60	604.96	551.26
造纸及纸制品业	2719.82	986.98	2684.57	1937.08
印刷业和记录媒介的复制	537.17	272.77	399.66	364.79
文教体育用品制造业	481.26	206.55	512.38	460.60
石油加工、炼焦及核燃料加工业	1675.75	713.42	1677.63	1218.23
化学原料及化学制品制造业	7676.85	2758.02	6720.08	5285.40
医药制造业	1439.64	584.77	1572.60	1341.64
化学纤维制造业	996.22	404.95	1075.49	892.91
橡胶制品业	1211.07	549.64	981.36	791.99
塑料制品业	1932.42	897.91	1892.78	1664.71
非金属矿物制品业	3549.54	1224.87	2965.62	2302.20
黑色金属冶炼及压延加工业	3568.17	1597.69	3818.19	2942.86
有色金属冶炼及压延加工业	1947.37	744.58	2065.61	1629.75
金属制品业	1929.12	863.26	2157.29	1906.99
通用设备制造业	3223.76	1279.86	4490.56	4013.55
专用设备制造业	2078.12	914.53	3032.00	2752.63
交通运输设备制造业	8127.68	3289.72	12257.00	10983.21
电气机械及器材制造业	4297.88	1845.38	6401.20	5664.01
通信设备、计算机及其他电子设备制造业	13782.27	7438.16	15785.16	14675.04
仪器仪表及文化、办公用机械制造业	874.12	436.80	1163.91	1093.62
工艺品及其他制造业	446.97	195.64	637.78	570.10
废弃资源和废旧材料回收加工业	81.86	29.97	291.77	281.73
电力、热力的生产和供应业	7007.15	2981.63	3708.44	1913.61
燃气生产和供应业	753.48	192.09	772.66	587.92
水的生产和供应业	627.93	227.39	496.89	231.50

单位：亿元

所有者权益合计	实收资本				主营业务收入
		国家资本	港澳台资本	外商资本	
69702.34	**40969.05**	**1442.57**	**10362.15**	**19106.39**	**216304.29**
499.61	136.37	9.33	48.44	28.34	1182.51
183.29	9.15	0.08	4.83	2.46	919.67
107.05	26.03	0.08	4.22	4.42	220.98
80.62	31.20	0.59	9.78	7.48	116.64
47.16	25.73		6.53	10.99	130.16
2071.29	1024.61	20.27	217.19	478.06	9289.23
1588.32	873.08	6.77	235.06	459.18	4618.42
1336.85	911.02	20.83	205.58	437.45	3579.54
7.67	5.06	2.26	1.12		4.99
2459.98	1635.27	9.04	756.13	501.05	6618.93
1458.83	777.86	2.27	351.08	237.74	4683.00
1125.13	567.29	0.42	226.45	203.22	3792.08
325.59	219.55	1.89	77.33	71.65	927.71
496.73	319.12	2.19	121.93	139.00	1462.46
2139.89	1473.15	86.94	387.09	771.11	3345.66
522.33	299.35	6.16	141.38	65.49	880.41
493.35	349.89	0.31	163.47	138.98	1611.17
862.01	473.88	5.27	66.29	157.40	4644.94
5802.23	3792.49	46.70	770.48	2117.08	15605.20
1859.44	820.11	32.98	162.81	423.27	3551.71
690.58	461.66	21.81	175.52	122.56	1955.02
785.85	553.45	14.25	94.32	381.05	2127.57
1780.24	1201.43	11.31	440.95	508.86	4483.44
2677.69	1677.92	35.76	541.40	641.04	5164.88
1781.08	941.86	67.63	221.92	376.81	8204.74
1560.07	836.54	57.96	303.31	286.16	4787.09
1940.70	1176.85	20.45	354.18	518.29	5632.84
3970.27	2425.38	70.08	323.89	1252.52	9151.03
2621.13	1365.92	13.12	315.05	762.23	5983.24
8135.73	3840.50	316.79	369.58	1975.65	27917.81
4571.31	2611.02	30.21	628.58	1329.20	15031.12
9919.82	6509.22	147.65	1877.97	3632.73	48042.70
1204.21	563.72	3.98	128.84	321.42	3481.18
598.05	298.97	0.75	122.40	107.38	2271.77
93.40	54.63	1.32	19.16	21.90	501.31
2741.77	1973.38	266.00	344.39	329.04	3001.04
686.99	344.23	36.47	77.24	115.59	1153.93
476.05	362.16	72.65	66.29	169.58	228.17

3-6 续表 2

行　　业	主营业务成本	主营业务税金及附加	管理费用
总　计	**183931.68**	**1665.28**	**8280.99**
煤炭开采和洗选业	837.68	28.15	42.15
石油和天然气开采业	429.50	53.24	29.87
黑色金属矿采选业	160.89	1.56	6.88
有色金属矿采选业	71.78	1.16	15.25
非金属矿采选业	92.90	1.80	9.85
其他采矿业			
农副食品加工业	8370.93	19.45	213.86
食品制造业	3410.24	22.11	193.68
饮料制造业	2613.29	80.10	159.28
烟草制品业	2.64	0.05	1.25
纺织业	5789.20	24.10	254.87
纺织服装、鞋、帽制造业	3840.12	20.36	221.39
皮革、毛皮、羽毛(绒)及其制品业	3180.89	16.44	167.34
木材加工及木、竹、藤、棕、草制品业	787.96	4.66	35.72
家具制造业	1245.96	6.86	75.66
造纸及纸制品业	2833.78	10.22	120.87
印刷业和记录媒介的复制	691.46	3.63	55.57
文教体育用品制造业	1413.23	5.93	91.61
石油加工、炼焦及核燃料加工业	4038.11	331.37	77.29
化学原料及化学制品制造业	12756.37	60.62	574.64
医药制造业	2276.98	22.10	258.06
化学纤维制造业	1717.25	4.36	58.24
橡胶制品业	1862.57	8.93	90.65
塑料制品业	3837.44	15.09	219.80
非金属矿物制品业	4189.07	28.08	229.98
黑色金属冶炼及压延加工业	7571.22	13.19	144.37
有色金属冶炼及压延加工业	4220.30	15.34	105.13
金属制品业	4845.24	19.15	230.92
通用设备制造业	7465.39	31.67	532.59
专用设备制造业	4884.34	20.18	374.91
交通运输设备制造业	22266.35	656.62	1165.13
电气机械及器材制造业	12898.52	35.82	638.46
通信设备、计算机及其他电子设备制造业	44199.02	63.55	1460.17
仪器仪表及文化、办公用机械制造业	2946.78	9.44	185.37
工艺品及其他制造业	1964.98	7.66	77.70
废弃资源和废旧材料回收加工业	461.58	0.96	7.50
电力、热力的生产和供应业	2654.39	12.06	79.14
燃气生产和供应业	962.78	5.65	49.67
水的生产和供应业	140.56	3.60	26.17

单位：亿元

营业费用	财务费用	利息支出	营业利润	利润总额
6859.43	**1164.49**	**1576.38**	**16095.58**	**15494.22**
29.14	12.51	12.92	260.36	257.31
3.17	5.55	3.35	399.03	400.28
3.38	0.69	1.93	44.06	43.82
1.02	1.04	1.13	29.31	28.67
11.11	2.11	1.58	14.99	15.36
239.47	34.29	91.44	578.16	518.38
557.73	9.48	21.68	447.84	434.89
436.75	10.41	18.95	290.38	290.26
0.08	-0.05	0.01	1.12	1.25
119.11	72.10	71.66	417.54	412.60
203.55	31.75	27.32	355.10	352.15
109.94	24.13	22.32	310.69	307.08
29.69	9.69	8.51	65.74	64.61
50.07	10.66	9.79	88.15	86.72
125.73	51.13	59.61	227.57	220.83
23.86	5.92	6.53	103.84	104.87
34.07	8.11	7.45	68.11	66.57
50.28	38.56	42.50	102.29	86.87
800.16	110.60	143.54	1426.22	1365.07
577.74	26.22	26.06	421.48	412.59
18.97	27.42	32.66	153.72	152.92
66.71	18.58	21.56	96.87	94.62
358.43	35.75	34.17	271.74	268.52
173.13	66.80	70.02	506.73	508.70
51.62	94.42	93.27	363.52	302.12
40.80	71.99	74.28	371.29	267.87
129.64	38.65	40.48	401.69	386.00
287.63	47.69	60.71	828.10	825.35
202.26	35.92	41.71	532.16	532.90
808.54	-3.73	111.64	3114.62	3113.56
449.35	126.25	114.85	1031.17	959.41
676.93	-40.37	112.61	1955.89	1783.74
97.51	8.83	12.36	258.88	254.15
48.28	15.43	12.93	158.63	143.51
3.61	3.74	4.79	34.39	27.94
4.49	129.88	130.47	189.31	223.34
28.06	8.18	11.88	135.86	136.92
7.42	14.18	17.71	39.00	42.46

3-6 续表 3

行　　业	亏损企业亏损总额	本年应交增值税	全部从业人员平均人数（万人）
总　　计	**1007.04**	**5674.87**	**2574.14**
煤炭开采和洗选业	0.17	130.67	5.56
石油和天然气开采业	0.83	52.76	0.75
黑色金属矿采选业	0.25	9.07	1.55
有色金属矿采选业	0.15	8.67	1.12
非金属矿采选业	0.45	7.26	2.86
其他采矿业			
农副食品加工业	28.92	197.67	63.28
食品制造业	21.98	199.71	52.70
饮料制造业	36.62	144.42	37.29
烟草制品业		0.68	0.18
纺织业	26.36	155.41	147.49
纺织服装、鞋、帽制造业	17.04	135.07	166.39
皮革、毛皮、羽毛(绒)及其制品业	10.44	107.54	140.42
木材加工及木、竹、藤、棕、草制品业	6.77	22.73	14.70
家具制造业	9.57	36.22	39.30
造纸及纸制品业	17.99	90.18	36.66
印刷业和记录媒介的复制	5.61	32.40	20.57
文教体育用品制造业	10.68	33.09	73.98
石油加工、炼焦及核燃料加工业	44.23	170.97	8.24
化学原料及化学制品制造业	68.33	526.88	74.93
医药制造业	15.97	217.74	39.35
化学纤维制造业	8.29	36.24	10.47
橡胶制品业	14.05	45.92	32.19
塑料制品业	33.15	99.27	99.53
非金属矿物制品业	35.59	189.49	77.39
黑色金属冶炼及压延加工业	48.06	149.89	27.35
有色金属冶炼及压延加工业	21.13	118.21	22.31
金属制品业	24.40	126.01	85.20
通用设备制造业	33.94	243.81	99.95
专用设备制造业	42.97	143.46	73.56
交通运输设备制造业	69.02	993.80	175.07
电气机械及器材制造业	77.40	346.26	216.22
通信设备、计算机及其他电子设备制造业	189.21	623.43	595.15
仪器仪表及文化、办公用机械制造业	9.65	64.23	59.70
工艺品及其他制造业	5.60	49.58	48.76
废弃资源和废旧材料回收加工业	1.90	8.46	2.26
电力、热力的生产和供应业	66.94	120.84	11.15
燃气生产和供应业	1.26	29.64	7.24
水的生产和供应业	2.13	7.18	3.32

单位：亿元

总资产贡献率 (%)	资产负债率 (%)	流动资产周转率 (次/年)	成本费用利润率 (%)	产品销售率 (%)
14.98	**56.88**	**2.31**	**7.59**	**98.31**
27.21	68.05	1.28	27.59	98.60
68.75	75.22	15.53	78.06	99.17
28.53	45.22	2.01	25.43	94.73
29.18	40.30	2.09	31.88	98.99
23.78	54.54	2.57	13.02	100.08
14.66	62.00	2.66	5.78	98.50
20.50	50.95	2.52	10.26	98.98
18.53	53.36	2.69	8.79	99.81
21.24	15.76	0.97	30.99	103.57
12.71	52.06	2.25	6.51	97.29
17.73	51.21	2.37	8.12	96.80
21.13	46.69	2.70	8.77	97.27
15.73	48.73	2.54	7.43	97.19
12.56	54.78	2.09	6.22	98.10
8.09	55.56	1.62	6.79	97.76
15.80	43.25	1.56	13.34	99.01
11.16	51.06	2.55	4.27	98.42
24.82	66.08	3.87	2.05	99.66
16.57	53.63	2.50	9.49	97.66
19.53	45.70	1.76	12.99	94.25
12.56	60.84	2.17	8.20	97.46
9.61	55.43	2.49	4.52	99.99
11.39	51.47	2.03	5.93	98.00
14.02	52.47	2.01	10.78	97.87
9.85	68.02	3.00	3.72	98.81
12.97	56.96	2.46	5.81	98.10
13.76	52.48	2.22	7.23	98.36
13.54	52.96	1.68	9.71	98.06
12.89	53.53	1.55	9.55	97.37
24.16	59.88	2.19	12.30	99.41
13.07	58.30	2.06	6.65	97.88
9.77	61.32	2.77	3.82	98.52
14.21	49.12	2.06	7.79	98.07
17.12	51.53	2.59	6.77	97.33
10.66	75.75	1.59	5.83	96.71
7.54	58.63	1.99	7.65	99.23
12.63	53.63	2.25	12.80	99.91
7.25	51.07	1.06	21.22	98.53

3-7 按行业分组的大中型

行业	企业单位数（个）	亏损企业	工业总产值（当年价格）	工业销售产值（当年价格）
总　计	**61347**	**7002**	**550873.49**	**540852.41**
煤炭开采和洗选业	2324	215	21065.25	20586.49
石油和天然气开采业	101	16	12612.14	12500.53
黑色金属矿采选业	408	20	3479.70	3392.79
有色金属矿采选业	421	23	2364.82	2288.88
非金属矿采选业	326	9	1186.55	1163.04
其他采矿业	1		0.57	0.57
农副食品加工业	2509	134	19319.32	18970.64
食品制造业	1402	114	8336.41	8254.18
饮料制造业	956	135	7659.87	7503.13
烟草制品业	98	4	6474.28	6510.42
纺织业	4653	504	17896.37	17604.60
纺织服装、鞋、帽制造业	3466	340	8031.11	7792.20
皮革、毛皮、羽毛(绒)及其制品业	1917	160	5584.53	5449.87
木材加工及木、竹、藤、棕、草制品业	731	39	2359.38	2295.49
家具制造业	890	105	2506.30	2452.77
造纸及纸制品业	1032	115	6389.04	6242.16
印刷业和记录媒介的复制	546	58	1514.28	1493.08
文教体育用品制造业	837	112	1775.12	1741.55
石油加工、炼焦及核燃料加工业	595	187	32874.93	32543.61
化学原料及化学制品制造业	3036	350	33463.64	32718.66
医药制造业	1340	103	9211.00	8739.69
化学纤维制造业	316	42	5050.38	4924.42
橡胶制品业	654	88	4961.59	4895.80
塑料制品业	1786	193	5736.79	5643.11
非金属矿物制品业	4005	392	16868.39	16423.46
黑色金属冶炼及压延加工业	1331	202	52499.82	51825.78
有色金属冶炼及压延加工业	1162	153	22109.78	21497.69
金属制品业	2144	184	9609.19	9433.49
通用设备制造业	3429	236	19772.77	19275.77
专用设备制造业	2167	197	14802.93	14322.98
交通运输设备制造业	3676	376	51645.72	50961.67
电气机械及器材制造业	4150	475	33476.60	32690.96
通信设备、计算机及其他电子设备制造业	4452	741	56853.10	55770.74
仪器仪表及文化、办公用机械制造业	930	92	4928.44	4789.11
工艺品及其他制造业	1018	100	3823.88	3735.32
废弃资源和废旧材料回收加工业	104	12	994.31	965.51
电力、热力的生产和供应业	1965	622	41306.28	41163.85
燃气生产和供应业	156	27	1644.79	1623.10
水的生产和供应业	313	127	684.12	665.27

工业企业主要经济指标

单位：亿元

出口交货值	资产总计	流动资产合计				固定资产合计
			应收账款	存货		
					产成品	
81508.91	**505940.96**	**240505.34**	**47882.06**	**59552.62**	**19535.26**	**189102.61**
51.75	33960.51	14370.25	1913.97	1496.04	571.67	12728.74
72.43	18418.85	4171.53	449.24	631.26	102.47	12561.74
2.17	5241.17	1977.19	349.61	250.17	101.66	1475.03
0.68	2270.43	915.66	110.89	194.49	97.95	821.64
10.06	1056.71	437.10	54.53	71.11	37.94	362.18
	0.10	0.04	0.01			0.05
1228.34	10740.49	6263.83	709.24	1693.41	771.74	3321.45
467.00	5519.63	2892.47	575.97	609.95	270.48	1871.22
117.78	6959.40	3851.67	350.97	1139.62	332.01	2124.64
30.78	5926.40	4060.35	257.52	2157.72	130.72	1357.02
3166.93	12591.55	6569.77	1092.25	2049.28	852.77	4487.68
2056.46	5182.38	3330.93	716.35	942.93	508.34	1234.08
1812.47	2892.94	1865.83	547.09	504.14	181.96	721.37
368.08	1369.76	674.14	125.74	222.64	96.73	554.97
844.53	1716.86	1009.85	223.35	305.68	113.16	476.12
458.48	7857.92	3276.48	587.22	730.51	281.82	3358.31
220.14	1552.57	834.60	223.75	190.00	72.08	493.40
1002.78	1132.53	694.08	180.41	258.20	82.22	324.12
347.24	17093.27	7834.11	676.43	2940.90	781.66	7464.29
2203.19	30213.69	13154.86	1899.73	3018.50	1224.61	12965.12
756.04	9248.59	5241.99	1014.71	1127.43	485.12	2458.90
380.69	4150.36	2096.25	197.40	527.54	237.26	1465.77
1123.53	3670.33	1824.98	464.06	534.67	266.03	1512.34
1298.85	4256.39	2440.42	633.47	576.62	226.73	1296.19
1060.51	16915.77	7078.44	1363.82	1668.67	716.30	7578.51
1869.44	46849.16	20741.89	1535.51	6693.28	1864.00	18276.24
1031.66	18746.98	9233.27	977.23	3531.09	942.93	6949.18
1946.65	7225.63	4392.90	1162.84	1203.11	435.76	2022.44
2628.71	18673.10	11969.82	3190.44	3633.15	1086.48	4548.47
1678.03	15338.80	10122.87	2920.17	2876.58	1043.83	3405.58
6124.92	46888.80	28658.28	5473.78	6308.93	1864.42	11661.44
7944.60	27166.88	18245.37	5594.97	3937.93	1574.74	5721.23
36109.24	36576.54	24547.38	9274.89	5053.12	1549.71	8643.69
1854.74	4182.62	2788.60	869.79	729.05	206.99	896.68
1110.07	2430.40	1572.46	333.54	628.65	266.04	594.91
16.43	520.85	347.22	66.37	95.22	62.45	130.70
53.17	65283.10	9455.08	1590.74	918.14	74.25	39934.91
31.14	2109.90	678.96	68.85	76.12	17.08	1046.88
29.21	4009.63	884.40	105.19	26.77	3.15	2255.41

3-7 续表 1

行业	固定资产原价	累计折旧	负债合计	流动负债合计
总计	**293602.20**	**123529.48**	**299089.26**	**225041.61**
煤炭开采和洗选业	16044.94	6193.84	20440.94	13486.25
石油和天然气开采业	21495.84	9624.03	8956.93	5474.51
黑色金属矿采选业	1860.17	548.64	2745.23	1600.06
有色金属矿采选业	976.07	295.13	1104.13	798.79
非金属矿采选业	633.98	309.30	490.17	360.10
其他采矿业	0.07	0.02	0.07	0.07
农副食品加工业	5698.09	2753.48	6285.37	5296.91
食品制造业	2816.33	1107.00	2794.80	2329.82
饮料制造业	3199.36	1291.47	3513.14	3006.09
烟草制品业	1826.69	949.69	1438.23	1388.36
纺织业	6920.64	2886.86	7004.47	5834.81
纺织服装、鞋、帽制造业	1958.29	815.77	2730.89	2319.02
皮革、毛皮、羽毛(绒)及其制品业	1048.43	386.91	1346.34	1240.71
木材加工及木、竹、藤、棕、草制品业	985.60	491.86	666.77	510.55
家具制造业	705.32	270.70	942.93	823.76
造纸及纸制品业	5268.40	2231.56	4590.26	3264.70
印刷业和记录媒介的复制	923.25	460.84	683.80	589.67
文教体育用品制造业	509.15	211.43	574.02	511.97
石油加工、炼焦及核燃料加工业	11768.91	5376.44	10829.65	8691.37
化学原料及化学制品制造业	19154.16	7647.25	17721.78	13049.76
医药制造业	3719.15	1586.69	3928.56	3176.74
化学纤维制造业	2341.68	995.57	2551.85	2080.30
橡胶制品业	2304.83	957.59	2150.19	1724.31
塑料制品业	2152.47	975.07	2220.20	1886.71
非金属矿物制品业	10437.49	3430.53	9408.11	6916.89
黑色金属冶炼及压延加工业	29750.94	13327.18	31727.04	25467.02
有色金属冶炼及压延加工业	9954.47	3696.79	11619.89	8702.37
金属制品业	2959.78	1144.88	4044.67	3501.61
通用设备制造业	6832.99	2847.11	10920.57	9515.39
专用设备制造业	5090.98	2093.96	9052.68	7656.52
交通运输设备制造业	16830.53	7117.13	29110.54	24605.24
电气机械及器材制造业	10280.84	5210.70	16222.28	14179.70
通信设备、计算机及其他电子设备制造业	16517.82	8408.75	21848.89	19419.05
仪器仪表及文化、办公用机械制造业	1447.19	656.73	2061.70	1864.43
工艺品及其他制造业	890.97	342.76	1377.37	1143.74
废弃资源和废旧材料回收加工业	221.07	96.09	306.75	275.81
电力、热力的生产和供应业	63611.71	25223.23	42421.67	20572.44
燃气生产和供应业	1296.44	366.40	1177.78	774.72
水的生产和供应业	3167.15	1200.08	2078.58	1001.33

单位：亿元

所有者权益合计	实收资本				主营业务收入
		国家资本	港澳台资本	外商资本	
206050.11	**92074.56**	**20392.18**	**7473.07**	**13861.58**	**554055.83**
13452.72	4137.18	1523.17	45.15	33.61	23672.29
9445.77	6047.35	3346.61	0.69	0.70	12612.42
2477.44	975.94	515.17	3.44	3.42	3805.60
1162.21	412.53	131.32	8.06	3.90	2319.31
560.62	172.29	65.13	2.86	4.92	1155.94
0.02	0.01				0.62
4397.63	1575.75	68.33	141.20	317.24	19438.54
2710.43	1205.84	27.66	181.92	299.98	8327.68
3429.95	1236.11	108.28	152.46	306.90	7765.31
4479.04	853.42	158.15	0.98	0.42	6345.83
5551.77	2419.68	80.09	501.51	296.82	17797.33
2443.72	1034.81	12.30	257.76	146.32	7822.65
1524.93	639.09	1.66	196.50	164.98	5456.35
694.30	292.27	11.93	34.51	40.45	2292.61
766.62	362.51	1.21	89.74	93.34	2442.41
3252.66	1820.99	218.72	284.24	652.61	6245.33
863.96	413.14	55.64	98.49	33.75	1484.60
553.87	322.80	6.49	125.89	109.48	1730.86
6218.57	4039.43	1764.11	56.95	117.00	33022.37
12450.43	6279.10	961.26	424.06	1150.87	33185.63
5303.35	1767.94	210.34	112.28	296.27	9013.16
1596.14	752.62	90.10	135.20	96.90	5066.52
1513.02	723.93	37.71	70.43	331.98	4978.59
2026.06	992.49	20.50	255.29	245.21	5615.61
7475.50	3539.04	311.25	427.50	406.93	16366.73
15078.76	6032.42	1166.77	190.90	335.47	54831.92
7108.63	2948.06	776.28	243.70	203.51	23279.51
3161.94	1309.21	109.80	185.56	268.50	9439.59
7698.81	3078.73	353.58	175.52	731.96	19431.22
6254.51	2419.10	337.17	198.67	469.45	14529.42
17687.70	7182.94	1057.89	307.37	1713.76	51937.88
10915.37	4483.16	177.55	463.84	1070.64	32745.95
14686.30	8052.48	414.15	1665.15	3270.91	56614.68
2119.43	797.71	102.29	86.35	240.82	4799.30
1042.52	419.97	19.84	78.03	74.99	3836.16
210.94	41.43	2.82	4.37	3.02	992.37
22861.42	11625.36	5234.91	178.48	155.02	41288.75
942.57	475.57	160.22	43.04	79.22	1694.51
1930.48	1192.15	751.78	44.98	90.30	670.30

3-7 续表 2

行　业	主营业务成本	主营业务税金及附加	管理费用
总　计	**463087.02**	**10748.54**	**22320.70**
煤炭开采和洗选业	16566.98	392.00	2104.08
石油和天然气开采业	5882.40	1235.21	784.62
黑色金属矿采选业	2774.78	44.76	196.11
有色金属矿采选业	1616.31	22.29	155.47
非金属矿采选业	852.61	20.55	69.77
其他采矿业	0.55	0.01	0.04
农副食品加工业	17131.61	63.00	504.98
食品制造业	6339.04	47.09	290.54
饮料制造业	5334.16	322.55	383.72
烟草制品业	1738.21	3325.55	360.59
纺织业	15616.51	85.11	532.40
纺织服装、鞋、帽制造业	6371.53	36.82	347.09
皮革、毛皮、羽毛(绒)及其制品业	4503.96	24.44	246.61
木材加工及木、竹、藤、棕、草制品业	1924.21	15.07	84.51
家具制造业	2031.04	13.44	114.26
造纸及纸制品业	5364.21	22.36	212.81
印刷业和记录媒介的复制	1170.46	7.45	103.21
文教体育用品制造业	1488.23	7.10	97.06
石油加工、炼焦及核燃料加工业	28879.04	2822.49	749.07
化学原料及化学制品制造业	27683.02	321.15	1292.90
医药制造业	5997.38	58.95	620.54
化学纤维制造业	4564.62	12.16	128.90
橡胶制品业	4325.67	20.05	183.32
塑料制品业	4778.07	22.45	243.72
非金属矿物制品业	13202.24	106.25	698.30
黑色金属冶炼及压延加工业	50280.96	162.76	1396.00
有色金属冶炼及压延加工业	20760.32	70.48	665.86
金属制品业	8026.18	43.01	374.77
通用设备制造业	16037.45	86.35	1039.61
专用设备制造业	11848.38	61.39	875.94
交通运输设备制造业	43278.87	833.62	2428.60
电气机械及器材制造业	27562.15	109.72	1406.06
通信设备、计算机及其他电子设备制造业	50710.87	126.21	2265.42
仪器仪表及文化、办公用机械制造业	3976.88	17.89	283.65
工艺品及其他制造业	3344.24	15.18	137.99
废弃资源和废旧材料回收加工业	885.88	4.59	19.94
电力、热力的生产和供应业	38322.32	154.05	749.37
燃气生产和供应业	1417.47	7.01	74.33
水的生产和供应业	498.20	8.03	98.56

单位：亿元

营业费用	财务费用	利息支出	营业利润	利润总额
13899.96	**6091.07**	**6618.67**	**42921.76**	**41743.78**
617.33	418.50	412.46	3785.49	3742.27
46.71	73.00	131.16	4227.86	4258.15
60.34	56.20	54.10	727.86	693.01
23.36	24.66	24.70	486.85	485.41
46.37	15.67	12.55	141.06	133.04
			0.01	0.01
451.41	142.50	197.99	1423.78	1303.32
781.28	43.11	52.45	830.17	812.38
809.16	37.21	55.77	995.87	997.34
133.93	-5.03	9.90	812.52	803.40
262.86	260.48	247.43	1157.75	1147.47
333.79	61.46	57.21	661.31	652.75
170.17	46.69	45.55	490.66	489.57
65.52	28.75	25.42	190.04	184.06
87.50	21.76	20.63	178.56	172.90
179.52	123.06	131.63	418.13	419.08
37.23	12.54	13.18	167.42	170.85
41.99	10.07	9.95	95.19	94.64
217.02	253.46	245.30	282.34	208.01
1106.87	461.28	471.34	2570.56	2445.37
1283.96	82.40	87.30	1115.13	1109.94
45.48	73.08	77.94	305.95	300.93
126.88	61.84	61.64	294.98	272.84
129.21	51.95	51.86	416.13	411.38
488.03	284.35	271.55	1770.72	1798.35
415.37	747.88	810.49	2134.26	1757.48
207.19	348.97	357.71	1544.70	1367.92
212.31	95.57	92.66	743.21	711.75
562.09	175.46	182.62	1661.32	1588.71
502.85	140.08	146.66	1288.53	1268.28
1393.09	177.76	367.66	4764.46	4744.95
1299.26	330.13	315.20	2391.85	2297.55
1257.50	99.79	202.74	2522.35	2434.10
145.61	26.00	31.81	393.91	394.38
77.96	32.04	28.62	240.15	232.19
8.35	6.06	6.00	77.66	76.98
165.34	1215.29	1240.97	1437.69	1544.04
51.40	13.96	17.82	175.15	187.19
55.74	43.07	48.73	0.19	31.76

3-7 续表 3

行　业	亏损企业 亏损总额	本年应交 增 值 税	全部从业人 员平均人数 (万人)
总　计	**2927.52**	**18485.30**	**6177.77**
煤炭开采和洗选业	49.24	1950.27	453.96
石油和天然气开采业	164.27	1061.76	108.98
黑色金属矿采选业	15.41	221.14	35.88
有色金属矿采选业	2.89	105.33	31.76
非金属矿采选业	0.22	57.64	26.62
其他采矿业			0.04
农副食品加工业	31.48	429.49	185.65
食品制造业	21.82	324.72	112.97
饮料制造业	35.78	389.02	93.91
烟草制品业	0.07	805.80	18.65
纺织业	40.17	456.94	370.77
纺织服装、鞋、帽制造业	13.15	234.98	257.90
皮革、毛皮、羽毛(绒)及其制品业	10.41	164.66	201.49
木材加工及木、竹、藤、棕、草制品业	3.38	72.17	43.03
家具制造业	7.33	72.16	64.81
造纸及纸制品业	30.49	174.29	77.51
印刷业和记录媒介的复制	4.03	58.00	34.41
文教体育用品制造业	7.90	38.09	80.81
石油加工、炼焦及核燃料加工业	734.89	1027.83	82.65
化学原料及化学制品制造业	208.22	973.55	262.29
医药制造业	13.19	469.30	122.28
化学纤维制造业	22.14	116.09	33.54
橡胶制品业	20.08	95.25	62.99
塑料制品业	18.89	136.06	125.59
非金属矿物制品业	62.75	660.71	266.93
黑色金属冶炼及压延加工业	194.54	1185.13	279.03
有色金属冶炼及压延加工业	109.29	532.03	136.30
金属制品业	15.64	267.75	155.85
通用设备制造业	40.18	558.83	254.12
专用设备制造业	56.08	423.30	192.51
交通运输设备制造业	138.65	1519.25	441.39
电气机械及器材制造业	108.55	855.39	415.57
通信设备、计算机及其他电子设备制造业	190.51	1171.69	722.89
仪器仪表及文化、办公用机械制造业	8.95	121.87	88.31
工艺品及其他制造业	6.28	78.08	78.17
废弃资源和废旧材料回收加工业	0.96	31.59	6.88
电力、热力的生产和供应业	500.16	1565.89	212.26
燃气生产和供应业	5.73	46.40	13.13
水的生产和供应业	33.78	32.86	25.94

单位：亿元

总资产贡献率 (%)	资产负债率 (%)	流动资产周转率 (次/年)	成本费用利润率 (%)	产品销售率 (%)
15.22	**59.12**	**2.36**	**8.05**	**98.18**
19.15	60.19	1.75	17.58	97.73
36.08	48.63	3.09	59.98	99.12
19.25	52.38	1.96	21.93	97.50
28.06	48.63	2.56	26.41	96.79
21.22	46.39	2.69	13.25	98.02
23.41	75.00	14.27	2.47	100.00
18.31	58.52	3.13	7.06	98.20
22.12	50.63	2.93	10.73	99.01
25.24	50.48	2.05	14.89	97.95
83.54	24.27	1.71	26.97	100.56
15.21	55.63	2.76	6.76	98.37
18.79	52.70	2.36	9.11	97.03
24.92	46.54	2.94	9.81	97.59
21.61	48.68	3.41	8.69	97.29
16.15	54.92	2.44	7.59	97.86
9.40	58.42	1.96	6.93	97.70
15.93	44.04	1.82	12.65	98.60
13.10	50.68	2.51	5.74	98.11
25.17	63.36	4.27	0.68	98.99
13.78	58.65	2.57	7.85	97.77
18.46	42.48	1.75	13.57	94.88
12.01	61.49	2.48	6.12	97.51
12.18	58.58	2.77	5.72	98.67
14.44	52.16	2.33	7.78	98.37
16.70	55.62	2.34	12.08	97.36
8.15	67.72	2.75	3.19	98.72
12.31	61.98	2.60	6.06	97.23
15.29	55.98	2.19	8.01	98.17
12.79	58.48	1.69	8.56	97.49
12.22	59.02	1.47	9.29	96.76
15.89	62.08	1.87	9.69	98.68
12.99	59.71	1.84	7.33	97.65
10.50	59.73	2.33	4.44	98.10
13.34	49.29	1.74	8.81	97.17
14.43	56.67	2.46	6.41	97.68
22.62	58.89	2.87	8.32	97.10
6.87	64.98	4.42	3.77	99.66
12.14	55.82	2.58	11.78	98.68
2.97	51.84	0.84	4.24	97.24

四 中国工业经济的地区布局

4-1 按地区分组的规模以上

地 区	企业单位数（个）	亏损企业	工业总产值（当年价格）	工业销售产值（当年价格）	出口交货值
全 国	**325609**	**30456**	**844268.79**	**827796.99**	**99612.37**
北 京	3746	584	14513.63	14357.44	1535.96
天 津	5013	801	20862.74	20708.75	2349.94
河 北	11570	1010	39698.80	38934.99	1339.74
山 西	3675	933	16013.83	15470.89	282.53
内蒙古	4175	533	17774.82	17458.77	243.47
辽 宁	16914	1271	41776.73	41100.74	2855.99
吉 林	5158	424	16917.61	16636.20	288.53
黑龙江	3377	459	11514.56	11191.76	196.02
上 海	9962	1722	32445.15	32084.82	8524.00
江 苏	43368	4089	107680.68	106320.56	21289.91
浙 江	34698	3457	56410.48	55155.05	11027.77
安 徽	12432	962	25875.87	25261.69	1270.36
福 建	14116	974	27443.90	26757.69	5505.25
江 西	6481	356	17949.38	17754.18	1380.19
山 东	35813	1715	99504.98	98005.94	7105.47
河 南	18328	542	46856.14	46177.36	1268.28
湖 北	10633	870	28073.07	27325.70	1191.94
湖 南	12477	437	26386.58	26022.13	748.67
广 东	38305	4543	94860.79	92612.39	27409.88
广 西	5046	670	12836.57	12246.51	564.20
海 南	358	64	1600.13	1576.49	98.77
重 庆	4778	393	11847.06	11534.52	922.48
四 川	12085	875	30485.09	29779.58	1488.52
贵 州	2329	586	5519.96	5248.66	99.47
云 南	2773	599	7780.83	7527.74	114.19
西 藏	56	14	74.85	74.48	0.02
陕 西	3684	628	14283.48	13786.45	302.05
甘 肃	1371	344	6175.24	5896.07	66.82
青 海	386	94	1893.54	1800.55	2.37
宁 夏	764	150	2491.44	2389.24	69.13
新 疆	1738	357	6720.85	6599.69	70.47

工业企业主要经济指标

单位：亿元

资产总计	流动资产合计	应收账款	存货	产成品	固定资产合计
675796.86	**327778.65**	**70502.00**	**80583.15**	**28478.64**	**253198.19**
25321.75	9820.26	2387.12	2025.76	618.70	5137.66
17388.98	9444.93	2409.40	2240.04	826.33	6232.49
29687.55	12692.76	2083.82	3382.55	1136.15	13019.72
22186.50	10027.79	1511.13	1872.83	726.13	8960.31
18406.42	6745.83	1014.36	1202.95	497.38	8384.36
31417.30	14645.77	2776.23	3845.10	1211.87	12456.53
11898.88	5045.50	827.55	1326.55	399.24	5265.72
11918.83	5180.86	868.91	1351.37	423.88	5551.74
29454.30	17265.35	4628.22	4248.67	1377.61	8360.57
76258.16	42801.75	11885.97	9879.03	3655.22	24693.42
50663.58	29879.85	7030.47	6815.21	2682.31	14615.98
19148.71	8463.30	1876.27	2125.39	791.67	8017.19
18582.15	9797.20	2405.60	2542.22	969.35	6403.56
10211.32	4678.86	748.18	1309.00	469.87	4494.68
60818.77	28600.94	4430.74	7117.25	2690.03	24335.75
29049.22	12411.51	2149.16	2674.79	961.53	13693.89
23145.87	10225.49	1821.11	2658.61	957.07	10324.46
15473.38	6274.93	1293.57	1824.10	597.86	7212.51
67371.40	39286.31	10952.48	9891.17	3268.31	20665.39
10185.46	4605.69	762.80	1295.70	555.41	4250.33
1747.91	690.06	106.02	176.53	62.46	643.34
9321.10	4508.92	1008.85	1012.88	383.94	3470.56
26113.61	11248.78	2220.00	3017.54	948.30	10226.17
6990.58	2654.50	380.25	682.23	218.79	2458.04
11053.93	4458.32	578.75	1536.78	417.82	4633.23
346.15	102.88	10.48	13.90	4.98	180.41
17234.61	7587.33	1167.92	1696.26	648.45	7605.83
7665.01	3072.33	392.67	1228.17	367.93	3445.75
3386.32	1111.03	130.38	239.69	76.69	1730.34
4044.20	1434.73	216.89	450.91	199.92	1939.22
9304.95	3014.91	426.70	899.96	333.47	4789.03

4-1 续表 1

地 区	固定资产原价	累计折旧	负债合计	流动负债合计
全 国	**386086.72**	**157312.32**	**392644.64**	**298911.20**
北 京	8620.82	3509.09	12648.61	7696.32
天 津	9213.94	3723.70	10864.26	9166.78
河 北	18359.33	6766.37	17865.03	13494.48
山 西	11994.91	4646.16	14936.46	10735.41
内蒙古	11898.07	4461.25	11188.94	6721.14
辽 宁	19977.69	8983.69	17980.57	13164.38
吉 林	10244.46	5475.57	6484.40	4668.66
黑龙江	8862.27	3798.85	6703.59	5048.86
上 海	15420.13	7424.54	15399.53	13397.12
江 苏	41481.97	17819.09	44372.68	37481.87
浙 江	20721.44	7511.24	30943.43	27182.93
安 徽	10831.88	4073.72	11398.66	8201.43
福 建	8855.37	3029.16	9699.95	7745.87
江 西	6444.34	2422.54	5721.42	4365.99
山 东	40717.84	18926.56	33847.62	26063.88
河 南	18484.82	6416.35	15651.99	11067.44
湖 北	16663.68	7654.91	13675.79	10541.01
湖 南	9600.29	3096.39	8766.13	5809.50
广 东	33238.50	14087.45	39757.31	33042.35
广 西	5738.20	1844.41	6315.95	4459.80
海 南	926.45	312.63	920.77	639.06
重 庆	5023.45	1989.28	5659.74	4197.80
四 川	15442.86	6387.90	15991.15	11119.10
贵 州	3981.19	1287.67	4520.64	2675.56
云 南	5790.80	1898.38	6763.81	4383.67
西 藏	206.44	58.46	99.73	66.57
陕 西	10643.40	3909.22	9755.86	6756.56
甘 肃	5033.09	1917.43	4908.30	3107.50
青 海	2303.06	667.93	2141.48	1163.67
宁 夏	2426.14	648.18	2655.87	1552.14
新 疆	6939.87	2564.19	5004.99	3194.33

单位：亿元

所有者权益合计	实收资本	国家资本	港澳台资本	外商资本	主营业务收入
282003.81	**144684.13**	**22601.38**	**10742.32**	**19755.88**	**841830.24**
12673.14	6401.56	2635.71	150.18	707.53	15753.36
6501.70	4152.06	492.70	264.20	1067.19	21103.32
11714.09	5405.10	898.40	215.17	388.02	40201.02
7192.48	3265.29	773.99	52.18	123.86	16803.91
7200.22	3286.67	815.65	48.34	86.92	17542.37
13298.77	6664.29	1485.22	225.76	881.25	42845.44
5378.56	2187.15	436.45	37.30	192.13	16745.42
5204.50	2135.18	408.16	35.12	153.79	11454.60
14054.76	6882.74	1010.27	717.27	2614.08	34299.95
31885.22	26222.95	956.25	1907.35	5159.57	107030.09
19855.36	9492.98	532.77	1151.46	1417.12	55358.44
7697.50	3506.92	706.04	152.95	213.01	24960.16
8800.24	4357.19	333.86	967.09	769.11	26850.95
4450.31	2131.40	291.02	224.25	173.84	18580.33
26741.14	9822.58	1790.97	344.19	1150.77	99766.24
13272.49	6292.63	612.20	152.22	173.39	47647.21
9321.23	4079.88	1048.25	118.37	378.77	27081.87
6707.25	2951.89	378.17	78.91	74.21	25726.21
27631.44	14411.66	1034.29	3452.06	3130.98	92983.94
3821.02	1825.90	262.28	116.19	159.80	12216.87
825.78	426.06	40.57	22.95	122.72	1602.00
3629.22	1699.99	199.13	94.63	152.93	11382.34
10049.11	4245.84	674.92	97.27	199.09	29887.91
2444.26	1210.70	301.29	18.16	32.11	5022.11
4291.24	1772.95	359.97	36.48	56.40	7621.91
246.17	92.14	32.30		3.23	72.63
7462.86	3733.57	1906.30	33.04	93.98	13790.12
2745.03	1705.57	811.92	9.29	21.75	6568.75
1237.81	520.16	154.61	1.80	17.92	1722.80
1385.19	681.29	167.78	1.62	19.22	2425.70
4285.72	3119.83	1049.95	16.52	21.17	6782.25

4-1 续表 2

地 区	主营业务成本	主营业务税金及附加	管理费用	营业费用
全 国	**708091.99**	**12669.53**	**32165.17**	**20259.63**
北 京	13397.61	231.93	675.50	652.34
天 津	17770.58	278.13	612.96	420.91
河 北	34556.85	361.13	1123.79	588.19
山 西	13546.84	164.98	1007.92	458.74
内蒙古	13564.91	224.04	583.73	420.03
辽 宁	36381.14	734.54	1866.34	835.36
吉 林	14121.24	271.21	710.72	473.22
黑龙江	8498.87	711.90	548.48	246.44
上 海	28911.88	727.66	1656.33	1178.76
江 苏	92370.05	845.98	3474.86	2209.43
浙 江	47493.50	602.52	2181.97	1266.22
安 徽	21226.87	307.12	924.06	607.78
福 建	22852.25	286.12	1045.22	673.21
江 西	16027.56	193.19	426.17	282.30
山 东	84816.09	1219.17	2927.16	1894.34
河 南	40301.82	589.21	1195.62	944.65
湖 北	22845.38	509.63	1253.54	731.02
湖 南	20352.21	656.74	1412.36	667.47
广 东	79569.21	951.50	3685.65	3141.65
广 西	10305.78	226.97	667.75	276.85
海 南	1262.33	101.82	47.73	42.65
重 庆	9738.61	135.73	548.72	285.68
四 川	24721.71	450.44	1334.58	823.18
贵 州	3866.29	203.51	256.98	168.47
云 南	5784.39	619.98	402.02	214.50
西 藏	56.46	1.28	6.50	3.42
陕 西	10051.41	420.08	841.85	343.65
甘 肃	5452.99	239.51	236.96	169.81
青 海	1259.55	42.54	100.68	51.29
宁 夏	2021.59	26.48	110.50	49.84
新 疆	4966.03	334.48	298.55	138.24

单位：亿元

财务费用		营业利润	利润总额	亏损企业亏损总额	本年应交增值税	全部从业人员平均人数（万人）
	利息支出					
8913.45	**9054.30**	**63744.16**	**61396.33**	**3913.21**	**26302.71**	**9167.29**
136.61	172.36	1022.74	1129.50	110.05	427.06	117.32
131.47	158.46	1897.70	1933.72	111.81	758.27	149.32
471.52	444.00	2773.07	2639.01	173.70	1062.04	356.03
367.89	351.71	1402.51	1282.96	179.32	886.71	212.64
277.10	261.49	2586.43	2210.94	66.29	728.71	123.57
366.20	385.24	2660.27	2511.21	340.07	1047.26	368.92
155.74	149.68	1223.20	1175.97	139.68	450.65	139.51
95.48	117.44	1450.56	1446.65	73.68	585.85	134.23
86.57	208.47	2152.80	2253.82	181.25	834.21	269.34
943.87	990.41	7661.10	7074.44	299.33	3118.03	1091.86
926.05	973.43	3207.12	3320.45	170.07	1536.23	719.40
278.59	264.02	1906.87	1663.16	87.37	800.44	264.08
270.18	272.84	2148.50	2114.54	69.79	701.84	403.82
143.04	133.06	1264.34	1215.94	79.53	554.36	202.96
1051.42	949.01	7335.38	7097.71	230.76	2863.60	859.77
543.25	500.03	4178.97	4131.59	189.79	1397.73	547.10
350.11	337.82	1999.76	1866.26	103.59	710.53	279.64
260.40	244.15	2150.52	1832.99	85.56	1077.77	289.67
556.62	614.60	5800.34	5872.23	353.79	2728.46	1451.14
160.63	168.96	1027.41	894.82	109.35	376.00	147.11
16.42	18.52	140.82	154.84	4.68	61.74	11.65
123.05	127.95	699.04	660.35	43.24	365.58	145.76
403.76	387.53	2346.27	2197.84	120.75	1189.55	380.48
120.64	127.18	439.54	456.20	66.95	237.22	84.48
169.53	170.55	664.29	639.70	57.08	404.80	90.62
0.73	0.98	4.92	12.83	4.58	6.08	1.63
159.67	172.39	2005.02	1976.31	166.71	720.69	156.41
106.82	114.97	264.87	268.10	110.45	194.95	59.61
67.73	55.76	225.21	222.85	17.22	83.88	18.11
76.91	76.05	172.30	175.68	16.95	80.50	29.91
95.43	105.22	932.29	963.74	149.81	312.00	61.19

4-2 按地区分组的国有及国有控股

地区	企业单位数（个）	亏损企业	工业总产值（当年价格）	工业销售产值（当年价格）	出口交货值
全 国	**17052**	**3514**	**221036.25**	**217864.52**	**8701.46**
北 京	781	142	8176.38	8118.28	215.43
天 津	557	119	8345.35	8263.74	213.28
河 北	690	154	10702.93	10606.46	259.26
山 西	645	165	8207.82	7988.31	147.63
内蒙古	557	110	6116.42	6043.08	120.11
辽 宁	630	168	12420.83	12289.46	1151.79
吉 林	345	93	7007.86	6958.14	103.08
黑龙江	426	108	6483.92	6340.94	142.23
上 海	806	147	12256.44	12190.69	1021.87
江 苏	769	117	11720.59	11663.04	673.58
浙 江	593	94	8133.34	8140.53	325.12
安 徽	605	116	8378.91	8270.97	355.17
福 建	430	90	3229.13	3188.22	168.60
江 西	439	69	4146.96	4096.61	193.46
山 东	1115	266	19453.71	19351.46	652.76
河 南	764	148	10311.32	10131.05	220.34
湖 北	658	115	10512.22	10256.68	305.33
湖 南	738	108	6705.87	6640.37	216.22
广 东	1021	221	13916.37	13636.32	1327.07
广 西	504	106	4397.05	4299.77	102.39
海 南	78	9	320.63	314.09	2.63
重 庆	458	81	3899.05	3800.63	92.01
四 川	851	151	7759.56	7588.28	274.35
贵 州	431	110	2940.90	2824.56	84.34
云 南	509	117	4416.64	4330.79	46.10
西 藏	25	9	47.50	47.23	
陕 西	632	148	8797.96	8562.55	190.21
甘 肃	350	100	4923.92	4728.81	43.69
青 海	79	16	1104.20	1067.29	0.03
宁 夏	97	24	1276.73	1240.23	15.23
新 疆	469	93	4925.74	4885.94	38.15

工业企业主要经济指标

单位：亿元

资产总计	流动资产合计	应收账款	存货	产成品	固定资产合计
281673.87	**106550.42**	**15432.82**	**27478.61**	**7460.20**	**124261.71**
19370.26	5646.88	1084.68	1050.23	302.09	4110.67
8584.99	3706.63	508.48	937.68	332.58	3996.30
13506.43	4670.22	653.91	1347.45	359.84	6454.99
14008.51	5627.34	779.08	944.68	341.48	6266.21
10263.28	3083.20	461.46	540.94	187.92	5092.25
15462.67	6783.03	903.95	2075.91	478.20	6272.65
6521.70	2835.36	326.90	737.59	151.86	2836.77
8114.97	3188.07	475.29	757.10	187.70	4208.13
13552.38	6434.86	989.75	1439.71	445.22	4674.10
12934.96	4968.52	949.77	1276.31	358.69	5723.16
7191.77	2365.79	339.21	692.43	162.66	3998.40
9798.64	3400.48	448.21	835.36	206.31	4868.10
4046.69	1268.84	183.19	363.04	86.47	2045.46
4239.20	2050.95	227.07	603.32	138.50	1811.31
19667.90	7762.87	985.81	1927.34	623.14	8403.93
11531.65	4511.38	731.43	1104.36	309.62	5590.42
13150.40	5119.37	712.67	1395.88	376.06	6627.97
7272.95	3025.33	529.21	960.51	219.71	3326.98
15821.22	6146.13	932.42	1440.41	338.09	7147.17
4582.87	1685.19	216.21	514.17	177.38	2278.43
597.58	110.37	10.69	23.06	6.31	285.06
4776.56	1984.40	310.82	454.75	143.52	1969.55
13189.13	4918.31	825.40	1505.84	280.36	5269.99
5035.78	1675.97	198.03	474.14	126.45	1772.74
7354.57	2617.18	306.94	1079.97	197.10	3286.30
261.27	71.92	6.01	7.35	2.10	161.24
13181.11	5529.53	763.20	1169.73	407.38	6129.52
6336.30	2442.12	260.33	1010.43	252.83	2962.31
2329.96	575.29	52.78	119.58	26.88	1378.59
2477.17	644.72	84.88	183.19	61.37	1407.76
6511.01	1700.17	175.04	506.18	172.39	3905.24

4-2 续表 1

地区	固定资产原价	累计折旧	负债合计	流动负债合计
全国	**185896.57**	**74012.68**	**172289.91**	**114629.65**
北京	6827.22	2712.90	9443.95	4736.93
天津	5707.61	2293.80	5509.51	4270.88
河北	9058.84	3397.37	8814.49	5963.28
山西	8407.64	3384.01	9346.76	6064.72
内蒙古	7442.81	2801.61	6565.31	3677.16
辽宁	10347.77	4744.84	10244.02	7303.30
吉林	4577.45	1961.29	3945.93	2731.86
黑龙江	7084.96	3220.34	4555.52	3260.13
上海	8905.12	4431.70	6441.35	5248.05
江苏	9299.73	3786.77	7970.35	5800.13
浙江	6224.65	2530.25	4232.24	2686.63
安徽	6433.38	2484.77	6439.14	4080.33
福建	2947.49	1075.41	2307.82	1504.95
江西	2742.92	1094.22	2736.72	2008.20
山东	13462.71	5858.80	12405.28	8832.78
河南	7887.16	3080.24	7796.30	5402.19
湖北	8987.86	3252.76	8250.25	6411.68
湖南	5074.49	2052.03	4774.64	3141.23
广东	10885.46	4350.40	9276.54	6226.34
广西	3142.41	1049.95	3042.43	1856.32
海南	433.10	157.61	300.97	173.49
重庆	2665.90	940.37	3003.96	2040.06
四川	7338.88	2684.05	8752.85	5711.90
贵州	3217.96	1098.35	3378.65	1797.67
云南	4075.39	1384.99	4437.71	2642.77
西藏	183.66	52.60	66.07	39.28
陕西	8611.91	3145.54	7620.49	5097.72
甘肃	4315.43	1603.83	4160.22	2558.88
青海	1900.62	571.40	1511.15	715.55
宁夏	1800.43	490.23	1646.35	764.73
新疆	5905.58	2320.23	3312.95	1880.49

单位：亿元

所有者权益合计	实收资本				主营业务收入
		国家资本	港澳台资本	外商资本	
109233.21	**52603.50**	**21689.45**	**389.69**	**1495.88**	**228900.13**
9926.31	5076.10	2630.78	17.97	130.67	8868.00
3075.12	1620.27	462.31	3.36	60.61	8653.35
4682.88	2513.92	872.86	13.14	29.23	11554.45
4616.06	2031.21	756.06	2.46	26.83	9207.34
3711.73	1887.80	802.98	4.56	28.79	6020.73
5158.98	2987.65	1435.73	10.59	80.91	13267.77
2584.74	1065.61	415.21	2.04	34.73	7200.06
3558.98	1373.87	402.47	4.04	23.36	6609.03
7111.03	2513.46	980.66	43.42	288.15	13761.16
4964.61	2375.16	829.50	18.22	142.55	11970.70
3095.44	1272.03	511.31	30.02	32.32	8255.68
3353.19	1439.51	682.43	18.79	8.07	8729.37
1733.39	715.64	323.81	17.03	23.22	3218.44
1496.62	579.82	267.86	1.63	1.06	4671.01
7227.56	3487.62	1653.84	51.33	168.88	20040.70
3720.10	1864.14	551.91	25.07	12.04	11119.19
4816.34	1899.01	1002.59	1.98	142.80	10434.92
2498.31	1119.70	339.90	0.64	15.39	6524.53
6544.73	3394.32	934.88	82.05	96.40	13858.86
1533.53	833.09	249.39	1.83	13.16	4378.42
296.62	127.10	32.25	0.02	5.84	319.06
1765.62	821.62	188.41	5.86	56.29	3726.33
4414.98	2047.99	640.06	2.38	23.10	7895.50
1645.28	819.49	292.19	7.58		2850.54
2929.79	1159.22	350.09	9.95	17.12	4413.64
195.17	65.56	32.15		1.90	45.34
5558.29	2777.04	1895.56	2.94	17.10	8587.81
2173.23	1405.96	801.32	7.15	9.43	5490.97
818.59	327.52	152.53	0.41	0.77	1020.81
830.98	412.30	163.00		2.05	1221.81
3194.99	2589.75	1035.40	3.23	3.13	4984.65

4-2 续表 2

地 区	主营业务成本	主营业务税金及附加	管理费用	营业费用
全 国	**187783.79**	**9053.12**	**10623.06**	**4255.87**
北 京	7769.23	208.53	313.21	193.57
天 津	7142.81	207.34	221.99	55.20
河 北	10047.34	228.58	500.50	114.88
山 西	7277.86	110.26	699.93	260.04
内蒙古	4588.07	82.54	235.38	119.24
辽 宁	11489.25	543.03	706.43	178.68
吉 林	5980.90	190.48	334.41	144.80
黑龙江	4417.08	680.80	362.88	101.79
上 海	11368.05	693.54	609.37	284.89
江 苏	10126.34	445.67	429.23	169.05
浙 江	7008.40	414.56	237.43	89.53
安 徽	7323.41	218.22	406.09	143.73
福 建	2734.72	133.64	121.58	49.75
江 西	4117.82	113.14	156.61	68.72
山 东	16447.04	768.29	960.23	374.63
河 南	9539.55	322.20	516.17	144.94
湖 北	8771.48	391.80	572.67	234.45
湖 南	5195.56	460.31	367.27	130.89
广 东	11733.76	565.62	446.63	400.68
广 西	3769.63	178.89	203.09	88.60
海 南	234.57	9.95	10.42	4.04
重 庆	3164.84	100.93	212.15	119.18
四 川	6308.18	245.71	436.12	210.08
贵 州	2198.01	169.86	148.86	68.53
云 南	3182.59	596.89	256.27	113.96
西 藏	43.27	0.80	3.26	1.47
陕 西	6064.81	361.84	616.49	146.18
甘 肃	4553.76	231.88	196.68	133.94
青 海	701.92	34.03	52.96	24.62
宁 夏	983.52	20.94	65.11	17.11
新 疆	3500.03	322.84	223.64	68.71

单位：亿元

财务费用	利息支出	营业利润	利润总额	亏损企业亏损总额	本年应交增值税	全部从业人员平均人数（万人）
3430.87	**3844.01**	**16282.33**	**16457.57**	**2285.25**	**9406.51**	**1811.98**
120.78	141.54	578.48	653.49	64.62	252.26	51.33
82.09	90.98	836.83	859.82	58.36	353.31	40.17
223.35	223.09	449.24	480.32	108.12	378.96	92.20
211.61	215.69	724.39	700.12	106.46	547.49	118.13
160.11	153.16	966.61	856.30	39.58	324.53	48.30
160.21	222.78	248.08	253.02	282.50	404.60	103.28
76.21	82.28	569.78	576.86	116.90	240.80	55.12
49.04	78.83	1096.52	1109.05	46.78	435.58	76.06
23.27	92.55	1094.28	1143.80	62.55	449.65	47.17
138.45	160.47	722.02	709.86	60.85	490.02	69.46
106.16	119.92	441.45	468.52	27.78	330.89	29.78
133.42	135.51	510.31	478.77	59.36	366.19	76.28
66.50	67.26	205.80	203.88	20.40	119.68	23.58
56.51	61.32	208.33	207.54	52.32	142.93	43.95
276.04	292.76	1494.85	1488.60	141.35	758.48	147.74
213.41	222.08	417.17	434.92	127.32	396.17	129.43
171.79	193.75	637.75	660.40	66.91	333.32	80.44
110.08	124.59	432.18	361.89	71.85	316.24	62.79
193.03	213.99	645.08	721.49	121.03	656.75	70.25
87.38	92.21	122.83	139.28	83.33	150.67	35.60
7.18	7.37	56.98	66.60	1.71	14.94	2.93
59.61	69.37	159.75	163.13	22.23	153.76	42.70
162.69	179.62	525.92	538.74	78.84	359.19	93.40
90.88	101.57	214.71	233.79	38.84	144.08	47.17
104.55	112.25	353.62	338.25	32.79	281.16	36.65
0.60	0.83	-3.35	4.59	3.74	3.56	1.12
107.80	127.41	1360.02	1350.50	142.78	474.60	87.32
89.73	99.82	204.92	208.65	102.91	164.61	38.12
43.84	45.04	133.88	147.97	5.05	57.76	10.56
44.72	46.03	100.07	101.33	7.47	54.13	13.05
59.84	69.92	773.87	796.11	130.50	250.20	37.91

4-3　按地区分组的集体

地　区	企业单位数(个)	亏损企业	工业总产值(当年价格)	工业销售产值(当年价格)	出口交货值
全　国	**5365**	**478**	**11059.08**	**10945.08**	**527.63**
北　京	74	17	43.83	43.63	1.30
天　津	112	15	109.61	108.45	2.84
河　北	213	18	506.26	491.51	3.92
山　西	114	24	233.79	247.65	0.58
内蒙古	71	14	139.18	138.88	0.15
辽　宁	689	58	931.40	917.03	32.12
吉　林	77	8	89.56	88.82	1.74
黑龙江	89	15	144.37	142.27	
上　海	172	12	205.46	200.07	3.36
江　苏	500	34	1183.63	1169.78	38.03
浙　江	122	13	93.97	92.91	5.50
安　徽	104	7	166.08	162.62	1.66
福　建	202	12	246.11	240.22	3.93
江　西	79	3	84.16	83.47	1.36
山　东	538	22	2983.41	2965.66	112.34
河　南	530	12	1756.43	1743.09	7.58
湖　北	169	15	235.62	230.01	0.99
湖　南	374	16	437.07	434.65	1.13
广　东	474	65	688.60	678.38	301.52
广　西	130	18	119.99	114.94	7.29
海　南	3	1	2.13	1.96	
重　庆	62	13	37.85	37.10	
四　川	189	11	202.92	200.37	0.25
贵　州	30	7	24.06	22.65	
云　南	56	14	82.82	81.39	0.04
西　藏	2		1.02	1.04	
陕　西	104	22	125.80	122.18	
甘　肃	66	11	153.77	153.33	
青　海	4		2.25	2.60	
宁　夏	3		2.74	2.72	
新　疆	13	1	25.19	25.71	

工业企业主要经济指标

单位：亿元

资产总计	流动资产合计	应收账款	存货	产成品	固定资产合计
5422.61	**2968.62**	**580.79**	**623.32**	**282.76**	**1835.50**
51.67	37.26	8.94	10.03	5.42	9.23
58.66	45.88	12.53	8.63	4.12	8.74
154.61	65.35	16.99	15.34	9.71	69.06
195.51	117.21	35.03	23.10	12.98	52.17
48.10	26.07	7.91	8.37	6.16	19.78
337.28	185.40	48.26	35.97	17.66	116.64
40.47	21.70	6.25	4.17	2.24	15.84
98.95	66.83	20.18	13.12	4.70	25.09
126.56	93.18	31.61	22.22	11.16	21.52
740.19	469.91	95.32	100.99	36.57	149.92
71.58	43.50	11.85	9.31	4.44	18.05
55.36	36.10	13.27	7.51	4.45	12.98
113.75	76.28	23.73	12.39	9.58	31.04
30.83	12.73	2.66	2.45	0.70	13.97
1869.74	1038.14	113.26	205.21	74.36	632.93
500.18	192.97	34.90	26.42	13.78	279.00
84.72	41.00	9.38	10.35	5.54	33.26
130.10	28.60	6.42	7.13	4.40	83.24
307.19	133.03	35.13	24.61	10.06	111.25
46.49	30.07	6.73	7.83	4.16	11.22
1.38	1.01	0.14	0.27	0.04	0.31
22.09	10.74	2.37	3.94	1.77	6.64
74.61	42.73	8.90	8.18	3.88	24.09
12.28	5.56	1.36	2.19	0.76	4.89
50.87	24.16	5.51	5.47	2.81	20.70
2.34	1.15	0.27	0.34	0.14	0.54
61.78	34.00	10.12	6.33	3.30	24.39
109.71	72.92	7.25	37.20	25.97	30.38
7.18	5.29	2.57	1.02	0.24	0.96
1.43	0.96	0.25	0.50	0.43	0.47
17.00	8.88	1.70	2.73	1.25	7.20

4-3　续表 1

地　区			负债合计	
	固定资产原价	累计折旧		流动负债合计
全　国	**4665.59**	**3018.25**	**2870.53**	**2388.15**
北　京	16.86	8.15	33.49	30.45
天　津	16.22	8.66	30.52	28.86
河　北	90.16	30.13	62.12	51.86
山　西	73.07	31.34	145.80	136.62
内蒙古	25.77	16.88	31.79	15.57
辽　宁	196.47	91.71	173.09	131.28
吉　林	60.81	46.13	21.83	20.16
黑龙江	37.23	18.99	72.34	63.25
上　海	36.18	17.34	67.36	61.38
江　苏	275.06	127.83	423.23	376.41
浙　江	30.26	15.91	38.79	36.52
安　徽	24.75	12.82	27.75	26.59
福　建	44.60	17.29	75.81	71.46
江　西	19.69	6.57	13.90	10.70
山　东	2712.06	2141.39	966.43	792.64
河　南	424.71	161.74	160.40	124.01
湖　北	104.02	74.33	45.75	32.84
湖　南	104.68	26.15	66.08	45.18
广　东	191.00	98.07	184.56	138.85
广　西	18.06	8.34	23.68	19.62
海　南	0.32	0.13	1.03	1.02
重　庆	8.53	3.66	12.17	11.00
四　川	34.44	13.58	44.38	36.36
贵　州	5.68	1.95	5.86	4.65
云　南	31.90	12.01	33.87	30.04
西　藏	1.13	0.67	0.64	0.62
陕　西	33.15	9.98	28.69	24.45
甘　肃	37.45	13.02	60.57	51.38
青　海	1.83	0.91	5.35	5.35
宁　夏	0.56	0.16	0.99	0.99
新　疆	8.92	2.42	12.28	8.07

单位：亿元

所有者权益合计	实收资本				主营业务收入
		国家资本	港澳台资本	外商资本	
2533.56	**777.82**	**9.61**	**5.93**	**4.69**	**11148.26**
18.18	5.11				44.91
28.07	8.76	0.82			106.75
85.35	25.96	0.03		0.22	493.91
49.67	17.88	0.05			251.49
16.28	6.40	0.02			137.68
160.85	66.66	0.13		0.02	938.63
18.48	6.79	0.28			89.87
25.54	13.06	0.06		0.01	121.09
59.20	13.32				206.04
316.96	136.41	1.84	1.86	1.75	1173.64
32.80	11.19		0.07	0.01	93.73
26.98	7.29				163.59
37.57	13.40	0.21			249.65
16.72	7.59	2.26			83.16
902.56	81.48	0.61	0.05	0.64	3124.31
337.68	192.56	1.12	0.18		1746.38
38.08	16.36	0.47			221.25
64.03	33.23	0.44			435.60
122.24	40.63	0.43	3.75	2.03	670.34
22.46	8.51	0.02	0.02		119.95
0.36	0.11				1.90
9.90	3.59	0.01			38.59
29.80	10.46	0.08			198.13
6.34	2.18	0.25			21.32
16.98	8.57	0.06			81.41
1.70	0.61				0.97
32.91	14.23	0.10			125.57
48.90	22.64	0.32			171.38
1.84	1.06				6.73
0.43	0.22				2.65
4.72	1.57	0.02			27.61

4-3 续表 2

地区	主营业务成本	主营业务税金及附加	管理费用	营业费用
全国	**9389.27**	**77.56**	**400.65**	**271.31**
北京	38.21	0.32	3.64	1.36
天津	93.86	0.33	2.30	0.97
河北	410.15	1.89	10.66	9.33
山西	189.08	3.29	21.43	6.30
内蒙古	121.10	0.73	3.86	1.63
辽宁	806.79	7.34	29.79	12.26
吉林	80.05	0.56	3.57	1.35
黑龙江	105.07	1.23	7.40	1.56
上海	188.56	0.62	9.45	2.34
江苏	1032.45	4.14	37.65	22.10
浙江	79.67	0.81	4.67	2.17
安徽	137.10	0.65	4.56	2.43
福建	214.62	2.59	11.63	5.06
江西	64.94	0.75	2.08	1.36
山东	2600.18	21.10	112.37	127.66
河南	1441.49	12.75	22.75	33.70
湖北	184.04	3.15	10.64	3.83
湖南	339.05	4.42	28.56	8.89
广东	588.45	2.83	32.80	8.06
广西	104.80	1.56	11.57	3.38
海南	1.78	0.01	0.04	0.03
重庆	33.51	0.30	1.55	1.00
四川	162.92	2.84	12.51	5.79
贵州	19.12	0.12	1.18	0.43
云南	68.27	0.48	2.79	1.41
西藏	0.61	0.01	0.09	0.02
陕西	95.26	1.90	5.67	4.28
甘肃	155.21	0.61	3.93	2.11
青海	5.89	0.04	0.38	0.09
宁夏	2.38	0.01	0.08	0.13
新疆	24.66	0.19	1.07	0.28

单位：亿元

财务费用	利息支出	营业利润	利润总额	亏损企业亏损总额	本年应交增值税	全部从业人员平均人数（万人）
75.38	**62.76**	**930.42**	**864.44**	**14.73**	**309.79**	**150.46**
0.06	0.14	1.65	2.02	0.28	2.09	1.20
0.38	0.43	9.94	10.25	0.35	2.23	1.79
1.89	1.72	42.27	41.83	0.72	14.00	4.32
2.56	2.50	30.67	29.59	1.69	19.62	5.86
0.32	0.21	28.26	5.66	0.43	3.38	1.20
3.63	2.32	73.12	51.31	1.31	23.24	13.79
0.59	0.53	3.21	2.99	0.34	1.81	1.45
0.54	0.46	5.87	5.06	0.46	5.13	3.46
0.74	0.84	6.78	8.58	0.48	5.07	3.34
14.14	12.85	63.58	60.69	0.99	34.75	10.51
0.84	0.81	7.29	7.00	0.30	3.35	1.35
0.45	0.47	17.27	16.97	0.17	7.56	1.77
1.22	1.03	18.26	18.12	0.37	11.08	3.25
0.45	0.44	7.28	7.25	0.03	3.39	1.44
24.52	18.79	246.57	239.72	1.28	80.85	20.71
9.07	8.54	226.16	226.18	0.16	28.20	17.62
1.58	1.21	13.35	13.06	0.31	6.29	3.95
2.83	1.57	27.80	22.65	0.37	17.72	7.69
4.22	3.20	34.83	35.06	2.92	12.06	30.07
0.89	0.70	9.81	6.20	0.06	2.55	2.78
0.01	0.01	0.03	0.03		0.02	0.05
0.09	0.08	1.08	1.20	0.24	1.04	1.26
1.43	1.14	17.23	16.15	0.12	8.71	3.88
0.08	0.07	0.59	0.58	0.26	0.44	0.67
1.03	0.97	7.95	7.89	0.36	2.81	1.45
0.01	0.01	0.22	0.22		0.12	0.04
0.67	0.60	18.33	17.85	0.39	7.12	2.65
1.09	1.08	9.19	8.23	0.35	4.13	2.23
0.01	0.03	0.28	0.39		0.18	0.28
0.01	0.01	0.06	0.08		0.04	0.05
0.03	0.02	1.50	1.64	0.02	0.80	0.38

4-4 按地区分组的股份合作

地 区	企业单位数（个）	亏损企业	工业总产值（当年价格）	工业销售产值（当年价格）	出口交货值
全 国	**2415**	**199**	**4001.68**	**3923.01**	**193.08**
北 京	81	13	50.89	49.83	4.43
天 津	53	8	93.65	92.75	5.62
河 北	35	3	57.66	55.66	1.37
山 西	19	5	76.84	72.50	0.01
内蒙古	30	2	261.60	259.31	
辽 宁	160	11	244.76	241.53	2.04
吉 林	17	2	30.30	29.06	0.02
黑龙江	40	3	80.19	79.22	0.63
上 海	115	12	71.03	68.59	2.92
江 苏	205	20	486.41	479.64	11.41
浙 江	313	20	172.86	167.37	23.74
安 徽	54	4	53.54	52.02	0.50
福 建	147	5	303.57	299.71	29.00
江 西	108	5	167.84	167.06	15.81
山 东	184	15	505.02	497.09	59.78
河 南	158	4	385.85	383.18	5.70
湖 北	99	7	97.61	95.10	1.41
湖 南	134	6	207.63	205.38	5.24
广 东	128	11	142.92	134.40	19.73
广 西	41	5	85.46	78.57	
海 南	2		0.83	0.83	
重 庆	27		28.10	26.51	0.15
四 川	133	11	203.00	200.04	3.58
贵 州	29	7	42.92	40.76	
云 南	26	7	18.45	17.08	
西 藏					
陕 西	50	5	95.02	93.60	
甘 肃	17	5	11.33	10.15	
青 海	5	1	17.53	17.36	
宁 夏	2		6.05	6.03	
新 疆	3	2	2.82	2.68	

工业企业主要经济指标

单位：亿元

资产总计	流动资产合计	应收账款	存货	产成品	固定资产合计
2750.20	**1344.40**	**325.06**	**295.58**	**139.00**	**1042.20**
53.06	38.03	11.99	13.36	6.72	11.53
55.55	38.67	9.32	10.27	3.17	11.65
32.48	18.21	4.29	6.30	3.53	11.55
88.38	34.82	3.74	8.00	3.77	39.80
446.13	195.99	13.40	9.69	8.04	132.56
106.59	48.40	17.91	10.20	5.81	41.78
17.48	5.93	1.32	1.27	0.52	10.44
40.67	22.32	5.90	5.24	2.25	15.49
49.05	35.72	14.43	6.93	3.23	10.42
339.77	175.81	54.93	45.62	24.75	133.67
143.78	97.36	32.16	22.52	8.95	32.54
33.88	14.87	4.14	3.87	1.72	11.28
107.40	37.97	12.10	8.97	6.26	60.10
58.53	27.62	14.72	4.86	3.50	23.31
232.96	109.57	16.06	35.96	13.83	97.07
276.34	116.91	28.36	22.35	7.16	136.21
58.17	31.07	9.61	7.02	3.15	20.41
77.49	27.64	8.85	6.56	4.33	39.71
124.71	70.92	17.53	21.77	11.67	37.84
47.41	22.28	4.65	5.88	2.57	18.74
4.93	1.13				3.51
26.70	11.95	2.35	2.84	0.86	12.36
105.62	54.60	15.64	14.28	4.88	42.29
28.86	12.23	3.43	2.20	1.33	14.26
25.83	14.43	3.03	3.73	2.20	7.97
142.21	67.32	12.41	11.85	3.23	56.04
12.16	5.60	1.21	1.85	0.75	4.59
7.27	3.69	1.31	1.20	0.28	1.88
4.87	1.95	0.04	0.48	0.17	2.69
1.93	1.40	0.19	0.49	0.39	0.51

4-4 续表 1

地 区			负债合计	
	固定资产原价	累计折旧		流动负债合计
全 国	**1406.34**	**493.21**	**1523.90**	**1001.75**
北 京	18.28	7.10	39.19	34.32
天 津	15.80	5.08	37.25	34.74
河 北	14.70	4.46	20.20	16.09
山 西	40.33	12.29	55.42	40.33
内蒙古	110.06	21.17	268.14	32.34
辽 宁	71.18	32.87	47.65	35.87
吉 林	22.93	13.28	6.47	5.54
黑龙江	19.22	5.77	16.68	14.96
上 海	19.50	9.56	24.74	22.94
江 苏	197.02	63.34	210.48	140.80
浙 江	45.37	18.68	94.57	88.46
安 徽	16.79	6.21	16.64	12.62
福 建	76.89	18.17	22.01	18.11
江 西	44.27	25.79	24.58	16.69
山 东	157.06	63.81	129.03	99.06
河 南	182.91	61.36	147.98	109.07
湖 北	34.21	18.84	21.82	16.16
湖 南	46.79	9.85	32.18	19.91
广 东	73.15	36.24	74.66	68.18
广 西	23.07	4.86	27.27	24.20
海 南	3.90	0.39	4.15	0.72
重 庆	15.29	3.37	16.63	11.35
四 川	58.66	28.55	64.89	49.93
贵 州	14.86	4.48	18.36	12.08
云 南	11.45	4.34	13.58	11.30
西 藏				
陕 西	59.28	7.95	72.26	52.21
甘 肃	7.35	4.20	8.37	5.16
青 海	2.46	0.67	3.15	3.13
宁 夏	2.62	0.11	3.73	3.67
新 疆	0.94	0.44	1.81	1.81

单位：亿元

所有者权益合计	实收资本				主营业务收入
		国家资本	港澳台资本	外商资本	
1206.32	**560.90**	**25.40**	**1.47**	**1.83**	**3936.22**
13.87	7.66	0.01			53.67
15.83	9.12	0.59			92.32
11.66	7.37				52.31
32.89	23.64				70.89
177.98	93.51				260.18
55.32	28.28		0.26		239.05
10.99	2.30				28.96
23.90	13.19	0.08			78.94
24.30	6.56	0.01		0.01	69.55
129.29	59.90	2.10	0.03	0.77	475.46
49.21	20.91	0.22			167.19
16.82	9.14	0.22			51.48
78.23	14.36	0.01	0.05	0.06	299.53
33.20	30.91	4.43			169.61
103.69	37.60	0.56			516.40
127.74	66.04	12.16			393.36
35.98	14.44	0.01		0.97	88.24
45.30	20.55	1.08	0.05	0.01	203.06
47.65	17.65	0.01	1.06	0.02	137.64
19.82	5.98	0.18			81.00
0.78	0.18	0.17			0.83
10.07	4.19	0.02			26.18
40.64	22.06	2.03			194.83
10.37	6.72	0.37			32.26
12.25	4.20	0.39	0.02		17.59
69.48	28.60	0.23			97.74
3.76	2.84	0.19			9.45
4.03	1.70				19.93
1.14	0.82				6.02
0.12	0.47	0.32			2.55

4-4 续表 2

地 区	主营业务成本	主营业务税金及附加	管理费用	营业费用
全 国	**3201.68**	**28.63**	**148.20**	**104.62**
北 京	45.85	0.25	3.50	3.04
天 津	79.78	0.18	1.63	0.68
河 北	45.87	0.18	0.90	0.71
山 西	60.74	0.31	3.24	1.94
内蒙古	186.06	3.46	4.93	19.40
辽 宁	185.48	1.26	10.40	5.05
吉 林	23.47	0.14	1.18	0.89
黑龙江	67.27	0.35	1.95	1.68
上 海	61.87	0.17	3.96	1.69
江 苏	411.32	1.89	15.87	9.91
浙 江	145.92	0.61	8.09	3.30
安 徽	45.56	0.33	1.81	0.88
福 建	229.24	1.37	5.87	5.87
江 西	131.06	1.30	2.65	2.05
山 东	417.44	3.34	13.62	12.14
河 南	333.07	3.28	11.42	9.66
湖 北	71.43	0.91	4.49	2.66
湖 南	154.11	3.25	12.82	4.41
广 东	114.86	1.14	9.31	6.96
广 西	71.56	0.26	6.87	1.29
海 南	0.44	0.03	0.01	
重 庆	21.73	0.11	1.22	0.57
四 川	167.67	1.88	8.03	4.74
贵 州	21.80	0.91	2.69	0.82
云 南	13.90	0.31	1.42	0.35
西 藏				
陕 西	61.69	1.25	7.37	2.60
甘 肃	7.47	0.05	0.44	0.21
青 海	17.73	0.10	2.34	0.31
宁 夏	4.97		0.13	0.68
新 疆	2.31	0.03	0.04	0.10

单位：亿元

财务费用		营业利润	利润总额	亏损企业	本年应交	全部从业人员平均人数（万人）
	利息支出			亏损总额	增 值 税	
51.25	**42.87**	**385.86**	**375.05**	**12.88**	**128.72**	**47.41**
0.35	0.30	0.83	1.21	0.77	1.70	1.28
0.93	0.92	9.56	9.63	0.09	4.29	0.81
0.74	0.69	3.96	3.93	0.41	1.46	0.69
1.69	1.19	4.40	3.72	2.60	2.62	0.88
9.08	9.37	66.96	66.92	0.02	11.44	1.27
1.45	0.77	26.94	24.69	0.11	3.56	2.02
0.42	0.29	1.56	1.44	0.01	0.72	0.21
0.33	0.22	5.97	5.54	0.03	2.71	1.01
0.29	0.24	3.22	3.95	0.17	2.00	1.42
8.18	7.41	30.87	30.47	0.40	21.06	5.08
3.39	3.47	6.06	6.53	0.31	4.85	4.00
0.37	0.33	2.39	2.59	0.27	1.18	1.00
1.07	0.92	55.10	55.18	0.11	7.38	3.17
0.84	0.70	17.36	17.56	1.25	6.22	1.77
5.80	3.07	33.93	31.86	0.89	13.69	5.14
7.17	5.60	31.68	31.81	1.52	10.37	4.68
0.94	0.57	7.07	6.84	0.10	2.19	1.30
1.34	0.87	14.87	10.86	0.42	7.15	1.90
0.92	0.70	9.73	9.78	0.26	2.60	2.29
0.58	0.51	4.49	3.98	0.23	1.79	0.87
0.02	0.02	0.32	0.32		0.11	0.03
0.32	0.23	1.69	1.64		0.72	0.60
2.19	1.74	15.34	14.58	0.35	7.38	2.84
0.63	0.57	2.71	2.68	1.49	1.77	1.06
0.25	0.14	1.48	1.56	0.10	0.98	0.59
1.60	1.78	24.71	24.65	0.69	7.65	0.97
0.15	0.07	0.55	0.46	0.06	0.35	0.33
0.13	0.13	1.78	0.34	0.17	0.75	0.08
-0.01		0.34	0.35			0.04
0.08	0.05	-0.01	-0.05	0.07		0.08

4-5 按地区分组的联营

地区	企业单位数（个）	亏损企业	工业总产值（当年价格）	工业销售产值（当年价格）	出口交货值
全国	**506**	**60**	**1717.84**	**1691.75**	**59.66**
北京	2		0.73	0.69	
天津	13	2	10.64	11.41	0.63
河北	19	2	163.65	154.27	2.48
山西	12	2	42.55	38.06	
内蒙古	6	1	16.81	16.74	0.03
辽宁	24	1	40.72	40.29	
吉林	5	2	23.02	22.90	
黑龙江	4	1	11.87	11.85	
上海	55	8	83.72	83.60	1.84
江苏	31	6	56.69	55.55	2.32
浙江	14	1	48.26	47.74	0.92
安徽	14	2	20.76	20.47	9.59
福建	30	3	69.52	71.43	2.75
江西	10		14.76	14.53	
山东	31	2	652.82	649.49	29.48
河南	29	1	27.97	27.71	
湖北	23	3	45.21	44.51	3.68
湖南	30	1	55.55	55.12	0.20
广东	57	5	131.18	131.76	5.72
广西	9	3	25.20	22.12	
海南	3		6.66	6.58	
重庆	6		19.31	16.78	
四川	22	2	45.42	44.73	
贵州	20	3	18.45	19.70	
云南	7	3	6.10	6.15	
西藏	1		0.32	0.29	
陕西	18	2	73.69	71.07	
甘肃	4	2	3.14	3.09	
青海					
宁夏	1		0.23	0.21	
新疆	6	2	2.89	2.88	

工业企业主要经济指标

单位：亿元

资产总计	流动资产合计	应收账款	存货	产成品	固定资产合计
1507.82	**510.62**	**88.17**	**152.16**	**61.03**	**747.85**
1.46	1.11	0.46	0.25	0.13	0.36
8.85	5.66	2.51	1.84	0.94	2.06
54.36	19.05	3.09	8.22	2.81	30.48
50.79	12.89	4.18	2.25	1.58	15.64
37.35	3.73	0.03	0.20	0.16	27.46
18.75	8.11	2.78	2.30	1.15	4.15
52.82	3.07	1.32	0.98	0.03	47.30
7.40	1.93	1.71	0.22	0.22	5.31
55.43	38.53	12.85	12.84	5.30	12.98
44.10	20.44	6.42	6.79	3.88	16.37
42.75	9.75	2.89	1.94	0.49	30.34
11.86	8.79	1.66	2.00	1.47	2.48
94.94	13.27	2.14	3.11	2.06	70.15
18.28	2.28	0.61	0.23	0.11	5.41
609.31	224.88	11.48	82.87	27.61	306.26
13.38	4.93	0.93	0.91	0.54	5.89
59.42	17.17	4.35	3.85	1.22	35.39
23.04	10.57	7.40	2.05	0.79	8.61
109.38	42.10	9.56	9.68	5.82	7.94
16.71	8.82	1.69	2.07	1.56	7.47
2.71	1.52	0.13	0.84	0.36	1.07
8.27	3.22	0.16	1.94	0.07	3.40
15.88	8.83	1.26	1.13	0.59	4.94
32.17	7.68	1.15	0.85	0.57	14.71
6.60	2.07	0.64	0.74	0.34	3.83
0.28	0.11	0.03	0.06	0.02	0.17
100.18	25.27	6.25	1.17	0.75	71.77
6.10	2.55	0.57	0.40	0.29	3.47
0.10	0.04		0.02	0.02	0.06
5.15	2.25	-0.08	0.42	0.17	2.41

4-5 续表 1

地　区			负债合计	
	固定资产原价	累计折旧		流动负债合计
全　国	**1102.17**	**402.24**	**922.32**	**616.60**
北　京	0.72	0.36	0.46	0.38
天　津	2.79	1.12	7.66	7.57
河　北	35.98	14.55	33.52	28.49
山　西	30.64	16.46	41.92	39.22
内蒙古	34.19	6.78	40.68	38.31
辽　宁	8.88	5.26	10.69	9.48
吉　林	54.05	6.75	14.47	4.90
黑龙江	6.65	2.45	1.35	1.33
上　海	29.53	17.04	33.76	29.93
江　苏	23.62	7.29	22.11	21.02
浙　江	50.74	20.56	26.13	14.38
安　徽	2.39	0.80	4.48	4.13
福　建	146.65	77.55	44.59	25.87
江　西	6.93	1.65	6.33	3.39
山　东	445.78	161.58	385.86	263.20
河　南	6.95	1.52	3.81	2.81
湖　北	38.67	3.42	41.45	15.18
湖　南	9.10	1.52	15.25	9.04
广　东	14.90	7.74	39.77	27.86
广　西	10.57	3.09	8.68	5.65
海　南	2.18	1.26	1.09	0.88
重　庆	3.79	0.66	6.16	5.89
四　川	8.70	4.02	9.48	8.69
贵　州	16.99	2.43	20.52	12.67
云　南	3.77	1.16	3.92	3.82
西　藏	0.34	0.17	0.04	0.04
陕　西	101.76	33.08	89.07	27.02
甘　肃	1.81	1.31	4.82	1.60
青　海				
宁　夏	0.06	0.01	0.03	0.03
新　疆	3.05	0.64	4.22	3.82

单位：亿元

所有者权益合计	实收资本	国家资本	港澳台资本	外商资本	主营业务收入
584.58	**237.27**	**44.97**	**0.21**	**1.45**	**1618.47**
1.00	0.18				0.69
1.11	1.54	0.01			11.46
20.82	5.05	1.11			161.91
8.87	3.27	0.17			42.20
-3.33	2.18	0.30			15.48
7.62	2.61				43.98
38.35	40.77				23.36
6.05	1.63	0.02			11.81
21.67	12.07	5.31			84.74
21.99	7.64	1.71			56.25
16.61	14.82	4.37			47.35
7.38	3.04				20.57
50.35	33.40	24.54			67.81
11.93	2.34	0.40			14.56
223.46	39.21	1.20		1.00	583.11
9.56	4.85	0.20			27.95
17.96	18.80		0.16		35.95
7.79	2.72	0.43			52.33
69.51	6.16	2.35	0.05	0.45	132.91
7.98	1.98	1.04			21.28
1.61	0.65	0.40			6.65
2.11	2.43				16.82
6.30	2.95	0.45			42.67
11.58	7.77	0.42			17.42
2.68	2.38	0.14			6.43
0.24	0.18				0.25
11.10	14.48	0.23			64.80
1.24	0.94				4.79
0.07	0.04				0.21
0.93	1.21	0.17			2.75

4-5 续表 2

地 区	主营业务成本	主营业务税金及附加	管理费用	营业费用
全 国	**1383.92**	**10.17**	**70.15**	**24.22**
北 京	0.39	0.01	0.11	0.03
天 津	10.44	0.13	0.44	0.20
河 北	133.94	0.34	3.43	0.98
山 西	29.57	0.91	3.12	0.82
内蒙古	10.10	0.13	0.08	0.13
辽 宁	33.24	0.28	4.16	1.09
吉 林	22.22	0.02	0.22	0.27
黑龙江	6.44	0.10	0.09	0.50
上 海	75.81	0.14	4.38	1.23
江 苏	49.79	0.27	2.98	1.12
浙 江	39.92	0.18	1.39	0.51
安 徽	17.12	0.07	0.62	0.39
福 建	62.22	0.58	1.67	0.65
江 西	9.98	0.07	1.02	0.09
山 东	526.77	2.71	28.21	7.61
河 南	21.20	0.49	0.80	0.91
湖 北	31.74	0.14	1.95	0.70
湖 南	42.16	0.48	2.60	1.54
广 东	119.90	0.34	3.43	1.82
广 西	14.98	0.26	2.04	0.35
海 南	5.79	0.45	0.19	0.06
重 庆	16.03	0.01	0.47	0.18
四 川	34.99	0.32	1.40	1.12
贵 州	13.38	0.23	1.42	0.11
云 南	4.95	0.17	0.27	0.20
西 藏	0.21		0.02	
陕 西	44.59	1.22	2.91	1.29
甘 肃	3.50	0.09	0.58	0.17
青 海				
宁 夏	0.17		0.01	
新 疆	2.38	0.04	0.17	0.17

单位：亿元

财务费用	利息支出	营业利润	利润总额	亏损企业亏损总额	本年应交增值税	全部从业人员平均人数（万人）
26.06	**32.68**	**111.20**	**111.34**	**9.18**	**44.59**	**15.88**
		0.16	0.16		0.07	0.02
0.07	0.03	0.31	0.32	0.08	0.25	0.18
0.53	0.48	14.08	11.49	0.18	2.49	0.75
0.80	0.77	5.52	4.88	0.82	3.44	0.63
1.07	1.07	0.97	3.87	0.02	1.04	0.16
0.23	0.21	3.32	3.19	0.17	1.18	0.73
2.78	2.77	-2.04	-2.01	2.34	0.02	0.12
		1.56	1.56	0.01	0.51	0.11
0.38	0.34	3.54	4.26	0.14	2.36	1.13
0.41	0.31	1.82	1.63	0.75	1.58	0.67
0.90	1.20	4.92	4.89		0.77	0.39
0.17	0.08	1.97	2.10	0.10	0.54	0.83
2.05	2.12	2.32	2.86	2.74	2.86	0.89
0.08	0.10	2.39	2.39		0.44	0.29
10.12	16.39	7.24	7.43	0.16	9.51	3.12
0.35	0.28	4.57	4.57	0.01	0.93	0.44
0.99	0.96	-0.19	-0.18	1.23	0.62	0.63
0.22	0.14	6.08	6.11	0.05	1.82	0.54
0.55	0.51	24.26	24.41	0.02	1.71	1.74
0.39	0.36	4.23	4.31	0.05	0.94	0.22
-0.01		0.19	0.26		0.66	0.03
0.04	0.05	3.47	3.44		0.12	0.13
0.33	0.26	3.93	3.92	0.09	3.44	0.89
0.27	0.26	1.84	1.82	0.01	0.98	0.26
0.10	0.10	0.85	0.86	0.11	0.40	0.12
		0.02	0.02		0.03	0.01
3.06	3.83	13.45	12.34	0.01	5.40	0.37
0.12		0.31	0.32	0.03	0.30	0.33
		0.01	0.01			0.01
0.04	0.04	0.09	0.11	0.05	0.20	0.10

4-6 按地区分组的有限责任公司

地 区	企业单位数（个）	亏损企业	工业总产值（当年价格）	工业销售产值（当年价格）	出口交货值
全 国	**58626**	**6529**	**196177.40**	**192184.46**	**9768.86**
北 京	1276	202	4280.90	4212.29	94.47
天 津	767	122	4195.81	4123.64	173.58
河 北	2345	293	11513.84	11358.58	284.16
山 西	1161	295	7734.16	7429.23	147.90
内蒙古	1532	186	6925.38	6779.01	96.60
辽 宁	2022	248	7647.18	7500.43	610.64
吉 林	1323	158	3131.12	3052.80	27.52
黑龙江	1025	143	5016.07	4914.35	118.30
上 海	837	158	4291.63	4257.62	578.68
江 苏	3105	284	13565.80	13421.01	895.57
浙 江	4223	471	9142.57	8988.16	1229.59
安 徽	2840	301	7449.73	7258.48	223.33
福 建	2126	142	3816.07	3738.36	284.51
江 西	1773	101	5040.36	4986.25	176.16
山 东	5753	407	26196.12	25958.10	1225.34
河 南	4582	260	13280.06	13115.52	271.97
湖 北	3189	294	6974.12	6728.02	183.16
湖 南	1874	94	5719.79	5655.06	271.84
广 东	6833	615	16497.98	16236.28	2052.63
广 西	1096	191	3378.83	3162.78	55.81
海 南	154	32	494.47	481.55	33.48
重 庆	960	114	3236.25	3119.96	124.69
四 川	3106	319	9540.12	9240.67	263.30
贵 州	664	182	1918.52	1826.56	39.84
云 南	790	202	3217.65	3127.10	50.08
西 藏	15	2	16.68	16.93	
陕 西	1558	311	5890.00	5736.81	157.29
甘 肃	531	142	2598.28	2432.70	43.10
青 海	185	50	618.15	571.14	0.91
宁 夏	186	35	823.26	797.33	29.66
新 疆	795	175	2026.52	1957.71	24.73

工业企业主要经济指标

单位：亿元

资产总计	流动资产合计				固定资产合计
		应收账款	存货		
				产成品	
196338.02	**89268.97**	**15764.07**	**22296.66**	**7481.68**	**75961.77**
7474.96	3059.14	791.18	635.92	193.63	2026.80
4467.79	2534.41	484.93	602.13	240.04	1436.90
10510.69	4330.91	668.92	1253.47	379.83	4651.11
11863.40	5359.65	748.91	1011.42	408.20	4715.87
8373.41	3060.26	496.06	450.40	162.00	3662.87
8633.71	4486.36	771.39	1198.10	292.31	2815.11
2466.07	796.16	171.90	219.13	81.64	1200.87
6068.88	2378.41	355.32	519.35	151.60	3078.80
5037.24	3019.39	507.26	686.90	174.70	1390.59
11836.09	6282.90	1273.65	1440.72	544.06	3911.23
9666.00	5116.00	1147.88	1145.89	429.47	3200.69
6954.40	2786.67	508.38	689.22	245.61	3072.14
2803.46	1244.18	257.81	340.85	121.13	1205.78
3041.11	1273.54	198.13	327.33	128.40	1478.56
20721.20	9784.50	1238.23	2485.12	900.29	7804.54
10308.10	4662.06	760.43	1038.57	398.92	4350.12
5390.06	2535.73	573.20	667.29	269.01	2217.46
4465.31	2157.85	490.58	600.45	174.53	1729.85
14358.24	6253.57	1531.82	1475.50	512.59	5717.17
2990.27	1236.88	212.08	361.62	147.99	1331.63
491.37	241.55	29.80	53.98	27.09	146.58
3399.36	1527.74	283.96	353.67	127.41	1366.87
10344.79	4676.96	789.13	1359.84	346.19	3689.00
2236.77	924.38	157.00	303.46	100.19	748.63
5526.35	2059.58	276.15	852.29	156.68	2387.84
38.06	18.01	2.52	4.05	2.08	14.51
6993.51	3714.37	533.19	931.87	338.06	2314.21
3920.67	1772.65	225.09	704.48	190.22	1364.17
1226.93	395.39	60.83	77.54	33.23	652.97
1569.01	494.38	67.15	150.26	60.22	789.84
3160.80	1085.40	151.17	355.86	144.37	1489.06

4-6 续表 1

地区	固定资产原价	累计折旧	负债合计	流动负债合计
全国	**108729.39**	**41816.03**	**121969.29**	**86727.29**
北京	3165.74	1145.36	3945.89	2600.98
天津	1826.01	718.35	3049.34	2555.89
河北	5984.10	2069.18	6866.19	5379.43
山西	6142.55	2451.69	7943.09	5547.67
内蒙古	5357.70	2150.49	4938.20	2894.79
辽宁	3908.04	1400.49	6019.96	4222.05
吉林	2449.16	1331.08	1411.52	1007.13
黑龙江	5169.47	2247.33	3114.82	2210.77
上海	2114.34	856.11	2675.57	2103.34
江苏	6041.06	2396.28	7518.28	5923.59
浙江	4597.72	1687.10	6273.78	4960.41
安徽	3648.90	1281.83	4463.08	2985.44
福建	1538.50	425.60	1582.55	1155.75
江西	2050.88	737.61	1887.88	1390.22
山东	11980.74	5056.80	12684.78	9549.65
河南	5718.18	1999.00	6360.20	4398.75
湖北	3983.66	2020.76	3424.49	2555.87
湖南	2373.89	827.07	2792.60	1998.14
广东	8295.14	3200.50	8473.17	5755.04
广西	1870.88	636.42	1987.39	1348.72
海南	215.04	77.85	256.61	201.71
重庆	1920.59	694.11	2149.60	1526.97
四川	5369.38	2062.63	6850.61	4663.78
贵州	1193.62	355.58	1512.28	917.56
云南	2806.66	844.17	3304.94	1988.45
西藏	16.61	3.33	17.23	12.34
陕西	2957.00	1137.27	3973.81	2955.44
甘肃	2323.52	1030.72	2577.43	1652.88
青海	839.12	221.43	880.94	356.61
宁夏	1017.92	261.79	1017.93	549.09
新疆	1853.27	488.12	2015.16	1358.82

单位：亿元

所有者权益合计	实收资本				主营业务收入
		国家资本	港澳台资本	外商资本	
74006.38	**44537.90**	**7086.10**	**122.82**	**255.75**	**198771.63**
3529.07	2319.09	525.01		0.35	4812.74
1411.52	883.07	108.84	0.68	1.50	4251.28
3613.99	1727.09	396.09	1.47	1.62	12047.86
3901.67	1687.80	514.47	2.35	0.55	8488.59
3399.01	1635.30	524.39	0.03	2.32	6828.75
2600.42	1223.56	305.09	1.61	15.00	7556.92
1048.93	538.85	40.63	1.41	0.67	3013.50
2952.37	1028.08	79.86	4.39	0.33	4950.12
2361.67	1009.25	386.16	0.41	3.08	4506.91
4317.72	11708.29	222.94	4.82	61.46	13829.06
3392.46	1639.37	221.50	3.76	7.32	9186.76
2475.97	1258.82	403.25	0.73	3.10	7467.35
1211.60	641.98	103.51	4.89	1.19	3747.14
1143.60	595.83	106.70	0.39	1.02	5102.32
7972.43	2622.46	508.12	50.51	93.38	26995.48
3916.03	2054.25	282.18	3.52	16.88	13838.81
1943.99	1080.63	241.00	2.37	3.79	6764.24
1672.72	711.42	75.15	6.23	0.56	5593.44
5872.79	3111.95	394.50	19.74	24.89	16282.10
987.32	512.94	126.40	0.33	1.25	3175.56
234.50	113.60	14.70	0.02	0.16	484.04
1240.39	575.35	136.89	0.92	4.14	3101.58
3470.69	1473.42	164.93	2.37	4.57	9460.82
713.83	423.31	45.32	4.34		1732.03
2220.23	855.54	169.12	1.79	0.69	3116.82
20.83	12.96	0.05		1.18	17.32
3011.80	1182.10	354.71	3.38	2.80	5874.24
1338.82	726.84	374.79		1.47	3286.94
344.71	211.28	49.10			573.40
550.47	242.09	68.50			762.69
1134.84	731.38	142.19	0.37	0.50	1922.84

4-6 续表 2

地 区	主营业务成本	主营业务税金及附加	管理费用	营业费用
全 国	**166057.23**	**3589.00**	**8347.78**	**4349.43**
北 京	4368.23	16.11	194.69	96.29
天 津	3848.83	23.55	132.23	60.24
河 北	10540.65	61.49	383.81	136.54
山 西	6725.75	99.20	589.03	250.15
内蒙古	5276.97	95.55	251.98	159.61
辽 宁	6393.80	75.87	419.90	170.66
吉 林	2576.50	66.01	136.35	62.89
黑龙江	2997.89	498.67	250.40	72.03
上 海	3480.89	422.24	213.02	75.26
江 苏	11779.82	79.52	512.36	382.13
浙 江	7929.31	42.29	375.70	199.21
安 徽	6472.01	35.98	365.19	129.49
福 建	3210.99	15.76	144.33	75.51
江 西	4484.60	32.05	116.55	72.53
山 东	23204.38	270.06	830.22	482.15
河 南	11940.53	79.23	385.56	233.55
湖 北	5837.00	36.77	326.19	155.27
湖 南	4627.40	56.56	315.20	160.79
广 东	13745.78	217.66	711.87	489.99
广 西	2704.15	83.81	206.07	58.01
海 南	396.31	14.25	16.93	17.51
重 庆	2664.55	68.95	138.65	67.11
四 川	7800.33	106.31	472.37	328.88
贵 州	1317.25	136.53	78.43	51.87
云 南	1977.80	591.02	175.41	85.69
西 藏	9.77	0.28	1.74	0.89
陕 西	4441.18	241.31	302.16	135.43
甘 肃	2715.83	67.68	123.46	56.38
青 海	438.89	6.49	43.40	19.70
宁 夏	585.12	8.66	55.49	14.76
新 疆	1564.73	39.13	79.09	48.93

单位：亿元

财务费用	利息支出	营业利润	利润总额	亏损企业亏损总额	本年应交增值税	全部从业人员平均人数（万人）
2991.46	**2961.66**	**14788.74**	**14259.97**	**962.86**	**6995.71**	**2043.04**
43.57	49.26	126.95	189.25	51.44	105.86	38.35
44.56	49.58	194.87	206.77	24.92	163.49	31.89
185.85	169.53	614.02	593.06	42.47	308.21	99.38
180.51	178.87	680.95	650.09	79.64	476.70	111.91
121.29	111.79	1064.48	897.06	31.76	301.56	49.89
98.62	124.91	427.84	408.60	60.34	217.62	77.57
40.72	32.79	177.69	169.49	13.12	91.68	36.31
28.83	46.32	1083.33	1081.19	21.95	357.20	49.91
19.71	44.33	307.95	338.89	32.96	177.69	28.27
193.66	196.17	952.22	888.34	28.35	406.70	112.20
186.11	199.97	534.23	565.81	34.94	257.48	104.11
111.86	107.34	576.48	493.34	32.47	274.31	90.23
59.64	55.07	309.56	306.89	10.97	100.27	51.19
48.22	45.41	294.81	284.99	21.40	147.43	52.66
389.09	374.57	1831.56	1777.14	80.79	730.50	238.86
190.01	176.83	1067.27	1047.29	67.49	377.81	161.36
98.15	89.06	458.84	391.90	25.29	149.60	78.51
72.43	74.42	472.75	392.00	18.42	216.27	62.36
234.94	194.12	984.27	999.48	37.27	685.87	170.11
54.53	50.77	213.13	219.63	23.23	118.00	37.75
3.28	4.13	38.92	40.72	2.68	17.95	4.08
45.98	47.70	163.00	161.87	17.04	101.19	43.63
158.74	160.88	703.55	663.99	48.31	387.09	123.26
46.39	45.27	92.68	99.28	27.55	70.73	23.64
90.44	89.23	289.27	288.10	27.97	230.81	30.89
0.14	0.13	5.07	5.31	0.18	1.43	0.26
74.88	74.10	675.40	650.60	33.38	263.37	65.48
54.27	63.51	146.37	145.98	16.62	105.11	26.41
41.33	31.88	66.71	55.21	5.81	30.86	5.71
23.25	23.04	84.89	85.02	6.80	40.46	12.34
50.46	50.70	149.66	162.67	37.29	82.43	24.52

4-7 按地区分组的股份有限公司

地 区	企业单位数（个）	亏损企业	工业总产值（当年价格）	工业销售产值（当年价格）	出口交货值
全 国	**8563**	**884**	**83463.66**	**81786.86**	**5364.38**
北 京	187	24	2222.67	2216.56	118.22
天 津	120	19	2332.82	2315.37	60.02
河 北	360	34	2911.30	2889.93	149.41
山 西	142	45	1002.71	974.17	11.27
内蒙古	168	18	2184.25	2167.11	54.65
辽 宁	332	35	5451.33	5393.72	297.61
吉 林	267	30	3108.91	3059.40	60.14
黑龙江	201	33	1855.22	1771.60	7.04
上 海	144	12	3103.86	3091.61	273.36
江 苏	701	53	5703.81	5621.57	414.62
浙 江	525	46	5042.03	4950.47	562.07
安 徽	299	27	3331.08	3278.43	323.80
福 建	177	19	966.71	933.04	158.31
江 西	215	15	1510.49	1488.82	83.81
山 东	922	75	10108.18	9975.47	638.56
河 南	681	38	4350.69	4252.65	149.76
湖 北	496	54	3027.08	2832.63	126.05
湖 南	435	31	2880.49	2840.03	69.44
广 东	583	48	7638.77	7358.02	1532.75
广 西	167	21	828.07	787.96	71.98
海 南	27	4	138.14	133.59	4.79
重 庆	143	16	1024.72	961.98	19.83
四 川	577	49	2643.25	2616.17	72.01
贵 州	111	23	603.50	548.83	21.90
云 南	124	26	1194.39	1155.62	24.30
西 藏	7	2	11.19	10.58	
陕 西	229	35	2721.97	2670.96	17.82
甘 肃	85	25	1410.37	1389.95	9.18
青 海	27	3	521.73	501.48	
宁 夏	24	5	333.39	306.08	10.86
新 疆	87	19	3300.52	3293.08	20.81

工业企业主要经济指标

单位：亿元

资产总计	流动资产合计	应收账款	存货	产成品	固定资产合计
84259.03	**38932.55**	**6079.87**	**9798.44**	**3333.58**	**31187.18**
3041.62	1475.37	256.40	349.81	126.58	431.76
2126.75	522.90	74.97	116.78	43.49	1371.75
3350.38	1423.67	208.73	336.24	119.19	1468.13
1519.63	671.74	94.62	125.96	45.99	608.62
2278.87	940.36	122.95	270.58	122.68	912.37
4343.43	2013.01	254.26	713.92	200.97	1954.50
2457.30	1076.84	183.87	375.85	72.99	1045.05
1509.16	759.03	169.22	275.20	74.67	575.38
4275.16	1824.28	282.66	449.20	117.55	1239.76
4895.31	2883.94	593.27	680.67	276.64	1195.64
4661.36	2627.26	503.73	621.30	240.81	1169.59
3606.42	1725.86	251.48	420.58	147.15	1284.21
1421.03	741.57	133.10	172.96	60.80	275.22
1020.54	457.33	76.57	149.01	56.76	392.63
7888.18	3479.69	475.79	841.07	347.84	3390.59
3471.70	1611.51	283.18	426.89	160.85	1464.27
3115.45	1497.75	247.07	342.88	131.56	1257.63
2199.12	1127.57	248.87	288.82	115.25	667.94
7638.86	5274.41	822.77	1139.66	316.88	1306.73
1033.67	492.78	96.67	115.58	60.21	317.04
255.65	108.22	10.41	15.24	7.29	58.61
1138.97	423.41	90.20	67.78	34.67	476.12
3203.05	1288.05	255.89	284.74	90.92	1129.27
1024.74	314.94	53.15	83.93	33.43	398.50
1615.40	761.97	70.50	265.29	68.53	485.91
68.61	22.15	3.18	3.10	1.10	12.56
4296.55	1276.22	78.86	155.55	53.64	2629.74
1151.65	513.58	45.43	256.65	71.56	518.27
936.94	286.23	17.83	64.51	10.87	418.15
604.68	233.61	20.88	78.35	28.36	283.75
4108.86	1077.26	53.34	310.34	94.35	2447.49

4-7 续表 1

地 区	固定资产原价	累计折旧	负债合计	流动负债合计
全 国	**50715.77**	**22975.89**	**44012.66**	**32756.74**
北 京	885.55	450.68	1304.14	1086.95
天 津	2321.46	1007.57	1005.48	645.94
河 北	2276.85	950.78	1886.01	1166.61
山 西	891.41	395.59	916.10	662.34
内蒙古	1462.45	620.90	1374.95	950.80
辽 宁	3685.28	1922.93	2412.04	1798.39
吉 林	1543.62	654.76	1270.85	977.85
黑龙江	896.81	449.21	774.59	593.99
上 海	2865.38	1653.63	1710.77	1395.58
江 苏	1993.62	850.97	2537.18	2139.77
浙 江	1562.90	574.58	2138.33	1877.07
安 徽	1791.93	749.16	2079.79	1466.65
福 建	424.72	169.27	637.12	530.08
江 西	599.96	231.99	680.79	578.11
山 东	6319.32	3329.13	4273.65	3461.66
河 南	2464.90	1152.79	1955.08	1416.23
湖 北	1631.74	856.06	1484.82	1145.39
湖 南	919.94	335.32	1154.70	860.77
广 东	2236.29	1011.35	4180.15	3627.88
广 西	441.43	166.68	560.99	401.30
海 南	104.41	48.18	55.36	40.69
重 庆	538.60	148.30	691.01	449.46
四 川	1750.50	774.32	1717.25	1107.11
贵 州	624.66	250.38	630.51	367.23
云 南	586.98	237.12	971.11	740.69
西 藏	19.18	6.96	23.85	21.10
陕 西	4097.94	1595.32	2278.63	1281.46
甘 肃	765.09	280.48	642.66	444.90
青 海	657.49	231.39	511.23	279.39
宁 夏	338.30	117.19	361.26	246.16
新 疆	4017.06	1752.90	1792.26	995.20

单位：亿元

所有者权益合计	实收资本				主营业务收入
		国家资本	港澳台资本	外商资本	
40267.75	**16119.74**	**5935.15**	**89.60**	**188.49**	**83554.20**
1737.47	559.23	19.93	0.33	17.22	2377.87
1120.61	368.91	221.12		2.27	2317.00
1461.36	526.68	241.52	10.50	2.00	2838.30
603.04	188.32	24.03	0.11		1000.39
903.67	394.72	86.50		11.60	2151.94
1901.84	1184.54	720.25	0.04	0.06	5663.16
1180.98	344.92	38.51	0.06	1.27	2996.64
733.35	350.48	210.51	2.39	0.84	1834.70
2564.39	610.58	283.44	3.85	12.77	3624.37
2358.11	848.89	155.86	4.95	32.24	5659.86
2523.03	817.78	20.19	3.42	6.94	5019.63
1525.01	460.48	112.65	17.69	6.83	3411.21
790.58	218.53	42.74	13.21	1.16	970.28
337.27	134.71	26.45	1.00		1576.01
3620.79	1483.98	807.12	6.16	25.45	10111.17
1501.56	534.91	70.50	3.13	17.89	4364.22
1619.56	554.86	173.67	0.98	0.29	2821.10
1044.42	393.38	70.73	1.64	7.02	2765.30
3555.49	988.99	193.84	16.15	10.99	7632.79
468.03	139.76	14.23	0.15	0.55	833.46
200.29	85.74	5.47	0.59		137.23
445.32	190.80	6.58	0.11	12.01	888.62
1481.99	434.64	53.84	1.04	15.94	2561.95
394.09	160.16	78.77			549.10
640.39	245.53	39.06		0.25	1236.99
44.77	20.21	0.74			11.49
2018.59	1372.87	1194.22	0.35	0.13	2616.74
507.70	391.02	142.84	0.02		1381.66
424.17	63.84	18.18		0.77	421.78
243.42	103.36	54.89	0.43		321.84
2316.48	1946.89	806.78	1.30	2.02	3457.39

4-7 续表 2

地 区	主营业务成本	主营业务税金及附加	管理费用	营业费用
全 国	**67001.34**	**2819.78**	**3757.18**	**2365.49**
北 京	1959.47	97.87	125.78	90.35
天 津	1342.93	64.42	63.92	27.74
河 北	2202.90	56.64	159.12	57.57
山 西	764.13	8.81	69.65	32.14
内蒙古	1681.64	32.18	64.31	49.43
辽 宁	4849.19	391.21	224.32	57.43
吉 林	2571.99	75.52	127.60	115.93
黑龙江	1566.46	146.43	83.00	30.22
上 海	3214.96	82.98	164.16	84.84
江 苏	4675.46	109.99	220.07	183.97
浙 江	4186.61	144.69	195.31	116.49
安 徽	2935.71	38.75	125.24	127.42
福 建	778.52	6.99	47.83	32.17
江 西	1381.66	45.71	43.70	22.05
山 东	8050.10	440.41	380.03	187.75
河 南	3704.79	109.03	164.42	99.07
湖 北	2322.52	77.76	152.48	132.04
湖 南	2231.68	72.22	133.94	90.19
广 东	6136.06	213.92	387.43	492.03
广 西	647.82	8.84	46.99	34.99
海 南	77.17	1.85	8.12	6.95
重 庆	747.98	7.90	54.46	42.60
四 川	2058.48	37.06	141.23	70.14
贵 州	417.59	7.01	29.94	28.74
云 南	1054.36	4.24	57.21	39.08
西 藏	6.96	0.20	1.52	0.84
陕 西	1491.69	110.00	219.00	31.72
甘 肃	1218.07	112.66	54.87	15.80
青 海	217.57	31.25	28.35	13.76
宁 夏	266.97	8.56	15.23	8.22
新 疆	2239.91	274.69	167.94	43.82

单位：亿元

财务费用	利息支出	营业利润	利润总额	亏损企业亏损总额	本年应交增值税	全部从业人员平均人数（万人）
871.39	**963.88**	**7607.22**	**7647.56**	**844.14**	**2977.01**	**682.99**
14.61	25.25	136.28	152.08	16.21	75.45	16.36
17.92	13.40	752.10	750.85	24.59	109.53	9.45
49.20	55.43	322.80	330.15	6.47	107.07	31.82
23.73	22.67	110.34	105.38	15.72	55.03	15.11
32.48	36.46	272.27	261.17	7.21	81.05	13.19
44.21	50.82	72.47	63.82	174.14	144.35	25.53
35.53	31.09	82.68	71.33	69.73	55.03	24.43
13.77	13.53	97.56	100.86	14.03	40.19	14.12
13.42	36.97	280.91	292.66	24.30	73.02	9.96
56.62	57.68	482.61	475.71	18.26	229.24	45.33
48.30	57.28	371.02	388.22	2.98	147.60	37.06
37.26	43.22	192.71	210.21	2.99	118.39	31.81
13.10	15.44	124.12	120.27	4.74	21.06	12.72
19.07	16.28	62.17	61.12	20.08	35.14	12.35
116.47	115.47	1004.72	994.47	27.94	378.90	71.43
65.76	66.13	240.77	238.36	47.04	126.11	50.71
30.39	29.58	298.74	299.44	18.59	67.31	29.97
18.64	20.98	214.96	199.48	36.24	117.54	20.44
54.15	52.26	424.79	468.84	28.78	340.71	75.44
12.80	14.87	99.69	89.55	3.47	31.63	11.48
0.90	0.76	45.99	55.75	0.26	9.05	1.51
15.53	16.18	62.86	58.80	5.05	30.93	10.07
37.52	37.10	239.01	233.62	7.71	90.74	31.12
12.34	18.44	50.09	53.13	5.74	27.91	10.87
25.98	31.05	97.21	92.27	4.75	30.35	9.98
0.07	0.11	1.79	1.67	0.64	1.23	0.27
14.77	25.27	711.76	709.69	95.02	178.94	22.58
11.07	13.17	-39.03	-36.10	64.05	28.12	9.24
7.20	7.47	108.55	108.04	1.02	33.31	5.43
10.89	11.45	12.65	13.50	2.23	7.46	4.09
17.70	28.07	672.61	683.23	94.16	184.63	19.14

4-8 按地区分组的私营

地 区	企业单位数（个）	亏损企业	工业总产值（当年价格）	工业销售产值（当年价格）	出口交货值
全 国	**180612**	**10645**	**252325.74**	**246609.74**	**13581.55**
北 京	1046	114	791.12	770.48	42.61
天 津	2006	182	2896.70	2880.20	154.57
河 北	7302	433	15264.93	14853.26	282.74
山 西	1750	440	3595.52	3448.97	29.87
内蒙古	1839	206	4199.19	4126.18	29.52
辽 宁	11172	481	16897.11	16558.53	350.09
吉 林	2676	108	4128.96	4046.47	33.89
黑龙江	1503	136	2038.45	1970.66	17.02
上 海	3875	479	3478.83	3412.63	315.71
江 苏	27415	1682	37834.70	37193.12	2490.77
浙 江	22520	1770	23125.12	22523.41	4533.46
安 徽	7905	443	8558.44	8312.38	273.48
福 建	6870	294	7758.52	7567.48	818.30
江 西	3305	129	6335.89	6272.35	257.92
山 东	22239	419	34307.85	33555.89	1125.56
河 南	10992	89	18419.96	18180.12	133.08
湖 北	5205	295	6826.11	6604.22	171.03
湖 南	8224	162	11992.24	11809.04	204.91
广 东	14632	1003	17191.06	16765.08	1821.78
广 西	2648	282	3839.10	3623.61	123.82
海 南	46	10	48.88	47.85	4.04
重 庆	3115	175	4314.40	4207.17	210.26
四 川	7123	344	11950.24	11701.02	74.24
贵 州	1129	268	1214.36	1157.88	5.72
云 南	1285	247	1635.36	1548.67	22.83
西 藏	8	1	8.14	7.38	0.02
陕 西	1177	136	1590.56	1501.79	7.11
甘 肃	405	88	415.64	377.02	13.29
青 海	109	27	254.70	242.34	1.43
宁 夏	455	86	711.11	676.11	18.63
新 疆	636	116	702.54	668.42	13.87

工业企业主要经济指标

单位：亿元

资产总计	流动资产合计	应收账款	存货	产成品	固定资产合计
127749.86	**69059.45**	**16244.41**	**16614.14**	**7388.26**	**44644.17**
800.23	560.27	171.23	161.32	61.15	128.74
1567.74	1003.85	211.85	209.45	84.43	380.30
6733.58	3218.22	594.91	778.51	344.73	3045.66
3101.05	1716.36	294.65	405.79	161.49	1071.51
2308.39	1057.62	174.74	221.63	109.72	934.09
7013.03	2866.56	636.80	660.23	320.15	3210.12
1839.25	699.65	135.92	216.39	98.23	992.78
1107.18	585.89	123.31	187.12	81.05	422.91
2894.96	1998.23	703.24	506.66	208.73	592.76
20709.71	12700.52	3706.25	2860.48	1230.35	5775.00
19462.19	12453.86	3082.86	2724.89	1167.08	4621.51
3904.44	2115.02	624.92	552.60	254.56	1349.62
3739.15	2177.65	584.95	603.86	290.17	1164.59
2155.82	944.69	174.47	274.01	134.93	939.91
12766.00	6074.06	1030.76	1461.49	668.41	5350.76
6921.34	2846.08	433.67	482.67	231.85	3579.43
2870.07	1377.05	284.36	385.38	188.48	1157.72
3820.98	1286.39	272.48	370.01	195.95	2091.51
8867.09	5549.60	1396.21	1551.53	591.31	2454.01
1863.84	941.30	195.86	286.13	144.77	712.17
53.61	32.75	8.36	10.20	3.75	10.94
2042.89	1164.22	293.98	252.09	112.07	677.51
5224.16	2444.24	527.71	600.80	292.64	2127.30
831.47	429.29	74.30	71.02	35.82	275.97
1528.84	850.96	109.94	205.10	103.71	456.74
20.26	12.27	1.86	1.41	0.55	2.36
1032.22	560.82	104.88	141.61	76.51	362.21
369.09	188.95	42.61	67.46	32.32	122.17
392.92	213.65	26.59	45.82	17.56	129.98
882.61	471.32	75.24	164.91	83.82	261.86
925.75	518.09	145.50	153.58	61.96	242.04

4-8 续表 1

地 区			负债合计	
	固定资产原价	累计折旧		流动负债合计
全 国	**65621.77**	**25473.61**	**69744.77**	**58996.72**
北 京	183.75	64.50	464.03	429.62
天 津	510.07	171.43	958.55	878.34
河 北	3972.58	1192.35	3535.81	3060.87
山 西	1417.73	483.03	2179.29	1895.87
内蒙古	1312.34	498.71	1337.18	1026.99
辽 宁	5096.63	2340.25	2972.40	2174.67
吉 林	2575.78	1716.98	799.34	637.93
黑龙江	520.66	137.52	600.64	494.04
上 海	818.06	279.42	1669.29	1566.32
江 苏	9273.91	3816.90	12415.89	11128.26
浙 江	6167.44	2027.92	12841.21	11910.85
安 徽	1878.52	689.88	1964.51	1613.64
福 建	1443.05	410.72	1900.77	1674.34
江 西	1286.87	471.21	934.48	732.46
山 东	7547.86	2724.46	5960.71	4711.68
河 南	4528.34	1244.71	2253.96	1582.64
湖 北	2653.36	1640.19	1370.37	1036.16
湖 南	2355.58	512.05	1697.61	1032.18
广 东	4012.85	1735.21	5451.71	4903.04
广 西	935.28	277.31	1044.05	790.72
海 南	17.15	7.11	34.34	32.78
重 庆	1216.80	621.46	1132.90	934.38
四 川	3617.57	1733.67	2748.71	1996.12
贵 州	294.62	71.50	457.74	346.84
云 南	584.71	201.53	938.74	763.57
西 藏	2.37	0.62	2.47	1.64
陕 西	485.83	154.22	494.28	396.22
甘 肃	193.77	84.53	217.91	171.54
青 海	148.65	36.88	253.60	189.33
宁 夏	294.78	59.14	585.61	443.64
新 疆	274.85	68.20	526.68	440.02

单位：亿元

所有者权益合计	实收资本				主营业务收入
		国家资本	港澳台资本	外商资本	
57479.12	**25276.49**	**87.34**	**94.38**	**117.44**	**247277.89**
336.20	161.37		0.02	0.18	782.74
601.19	451.96	0.19	0.15	1.28	2889.40
3154.02	1349.74	2.18	0.20	1.15	15029.16
916.86	463.16	1.18		0.03	3477.40
964.34	408.68	1.78	0.01	0.28	4115.67
3997.67	1502.29	3.66	2.59	2.97	17231.78
1026.09	365.43	1.16	1.75	0.16	4050.04
501.55	231.94	0.63	0.17		1969.13
1225.68	698.61	3.84	0.52	0.45	3491.17
8293.69	3818.07	15.14	31.18	70.15	37176.49
6618.42	3155.38	1.78	17.02	8.28	22383.96
1916.86	903.22	1.34	0.13	0.04	8093.31
1811.37	913.87	1.53	5.58	0.52	7595.33
1203.18	563.12	2.15	1.48	1.84	6343.28
6692.80	2289.03	7.97	4.40	9.78	34023.89
4598.92	2168.07	8.53	3.27	4.95	18348.15
1467.54	685.80	5.64	2.56	0.30	6450.30
2123.36	1007.69	7.03	1.60	1.93	11738.97
3373.48	1324.01	2.81	14.20	7.61	16710.68
805.76	341.39	1.40	0.60	0.83	3556.19
18.20	8.45				48.16
895.18	367.37	1.52	2.21	0.74	4168.08
2457.58	943.88	10.72	4.02	3.67	11484.94
365.55	183.44	2.77	0.10		1045.64
583.95	201.94	0.14	0.09	0.01	1556.23
17.78	5.36				7.33
535.30	278.07	0.59			1502.41
148.99	84.94	0.76			335.87
136.64	78.26				219.30
294.26	154.97	0.67	0.04	0.24	731.96
396.72	166.98	0.21	0.50	0.06	720.95

4-8 续表 2

地 区	主营业务成本	主营业务税金及附加	管理费用	营业费用
全 国	**210191.52**	**1553.57**	**7751.18**	**5083.47**
北 京	636.35	2.58	58.42	44.32
天 津	2509.11	7.82	62.92	34.65
河 北	12866.25	76.82	284.65	225.15
山 西	2988.33	21.27	96.92	86.84
内蒙古	3287.13	42.06	123.27	71.25
辽 宁	14568.78	107.99	592.46	324.75
吉 林	3485.28	34.49	146.80	106.03
黑龙江	1686.32	13.16	54.97	33.10
上 海	2987.66	8.07	194.61	111.27
江 苏	32488.19	170.32	1092.33	643.47
浙 江	19427.31	94.35	848.43	455.81
安 徽	6990.08	39.77	208.11	202.19
福 建	6537.19	42.58	255.37	181.50
江 西	5368.04	39.58	108.79	104.33
山 东	28966.96	235.36	709.85	568.54
河 南	15199.23	155.66	309.70	404.36
湖 北	5476.01	56.66	240.85	162.15
湖 南	9204.03	123.94	626.29	303.44
广 东	14427.03	65.96	616.93	376.47
广 西	2988.49	17.21	206.39	71.02
海 南	41.21	0.17	2.56	1.61
重 庆	3546.37	20.21	164.93	80.11
四 川	9662.91	110.80	485.22	294.50
贵 州	776.58	23.23	60.02	41.37
云 南	1298.13	11.00	66.86	36.42
西 藏	2.72	0.14	0.71	0.27
陕 西	1100.13	20.84	63.98	54.54
甘 肃	284.91	2.59	10.41	10.79
青 海	178.21	2.09	8.17	6.26
宁 夏	636.91	3.14	22.72	17.27
新 疆	575.66	3.71	27.55	29.68

单位：亿元

财务费用	利息支出	营业利润	利润总额	亏损企业亏损总额	本年应交增值税	全部从业人员平均人数（万人）
2415.92	**2026.78**	**19446.34**	**18155.52**	**332.35**	**7023.82**	**2956.41**
4.84	4.72	41.35	46.72	4.39	21.89	13.79
18.70	17.12	290.97	294.26	7.85	67.33	28.74
112.70	97.11	1328.46	1231.33	17.23	380.43	138.47
62.81	50.99	239.61	174.99	30.39	137.47	35.70
39.65	34.58	495.85	347.76	11.70	127.70	32.50
106.16	75.29	1440.68	1319.70	12.37	344.79	142.31
35.26	29.17	270.56	224.82	7.18	88.58	34.82
15.94	13.13	161.16	149.07	4.73	64.67	20.77
32.35	26.80	173.47	186.99	11.53	83.38	55.12
402.71	352.43	2448.91	2298.17	43.71	1208.84	433.91
456.31	447.88	1186.14	1212.39	41.57	573.46	359.46
67.77	57.89	639.78	559.29	8.10	175.69	92.43
77.73	66.12	554.84	527.81	5.07	187.50	127.03
32.73	27.38	512.87	497.30	8.77	204.34	69.44
282.54	196.44	2550.14	2483.28	13.25	958.23	304.59
134.00	102.71	2133.33	2101.87	5.33	547.06	204.57
74.13	49.59	519.01	457.76	7.35	145.35	75.59
84.29	60.95	997.81	847.01	4.65	462.33	138.12
102.98	86.31	1099.12	1073.73	23.96	358.96	286.44
31.64	25.69	420.53	331.23	8.40	91.55	51.05
0.73	0.67	2.64	2.68	0.48	1.30	1.02
32.90	28.72	305.72	275.57	4.93	115.77	62.38
110.76	92.10	974.57	869.19	14.24	426.49	152.13
11.13	9.02	121.65	117.02	10.67	55.47	20.28
23.41	20.61	134.69	127.04	8.28	56.99	28.39
-0.07		3.53	3.54	0.02	0.78	0.09
16.50	13.52	233.73	226.28	2.55	89.94	20.42
6.47	5.37	17.63	16.73	2.95	7.53	6.77
5.73	3.73	25.57	25.50	2.44	4.75	2.53
20.69	18.99	45.91	46.88	3.05	14.94	8.80
12.45	11.73	76.11	79.62	5.21	20.30	8.78

4-9 按地区分组的港澳台商投资

地 区	企业单位数（个）	亏损企业	工业总产值（当年价格）	工业销售产值（当年价格）	出口交货值
全 国	**25952**	**4126**	**77529.31**	**75516.81**	**24214.07**
北 京	244	39	1104.70	1076.25	161.39
天 津	323	74	2106.73	2065.28	262.91
河 北	268	31	2307.39	2241.23	142.97
山 西	46	12	290.72	286.59	39.84
内蒙古	67	18	366.54	341.42	9.39
辽 宁	482	91	1766.57	1759.69	175.45
吉 林	73	9	669.90	664.64	52.20
黑龙江	65	15	205.92	192.44	4.88
上 海	1276	282	5473.20	5413.49	2699.49
江 苏	3888	641	12394.99	12113.97	3976.40
浙 江	3321	547	7453.68	7213.18	1915.78
安 徽	312	42	1359.88	1324.34	155.55
福 建	2683	247	6746.29	6534.12	2021.95
江 西	489	26	1466.66	1462.00	412.67
山 东	1025	115	3136.25	3071.03	625.60
河 南	233	26	1450.68	1399.14	417.10
湖 北	331	49	1727.11	1704.09	374.41
湖 南	337	32	998.52	977.76	44.22
广 东	9676	1710	22844.50	22116.63	9463.26
广 西	262	32	780.13	742.35	174.68
海 南	25	4	39.66	38.01	5.05
重 庆	109	13	1045.64	1026.37	433.11
四 川	186	24	1220.01	1198.62	615.42
贵 州	37	7	73.27	67.20	7.46
云 南	84	12	174.87	175.54	6.94
西 藏					
陕 西	51	14	206.89	200.10	10.55
甘 肃	19	4	28.72	29.49	0.50
青 海	6	1	8.44	8.41	
宁 夏	7	1	36.64	32.89	0.23
新 疆	27	8	44.80	40.55	4.68

工业企业主要经济指标

单位：亿元

资产总计	流动资产合计	应收账款	存货	产成品	固定资产合计
59954.15	**35188.67**	**9820.85**	**8512.63**	**3032.66**	**18825.05**
1370.74	1005.70	283.50	211.30	58.39	190.39
2182.01	1578.27	660.22	317.36	144.06	382.93
2057.60	962.80	127.05	270.82	80.06	881.11
447.92	163.49	30.70	40.49	12.54	267.64
445.54	177.44	34.23	39.19	19.09	238.52
1509.66	906.86	153.05	201.43	47.57	498.58
332.70	129.27	28.33	33.34	15.41	183.29
316.75	123.68	15.25	24.96	7.82	123.14
3512.73	2212.62	698.80	517.39	178.52	858.35
9989.49	5586.28	1653.18	1279.24	435.49	3388.92
7137.34	4585.01	952.49	1040.51	421.13	1813.58
880.75	416.67	94.86	87.14	31.29	360.93
4454.49	2726.67	756.19	648.24	264.89	1186.22
776.89	323.40	88.54	74.15	39.50	370.82
2188.13	1157.64	230.38	263.94	110.97	848.82
1021.31	542.63	158.09	126.82	26.58	393.00
1106.73	534.65	133.99	118.72	47.76	461.84
571.52	244.80	54.91	50.60	21.39	272.21
16588.40	10350.98	3268.82	2790.37	926.14	4945.48
623.82	293.12	65.74	88.63	33.99	243.24
43.64	23.46	5.35	3.88	1.15	16.11
768.49	392.05	107.07	116.82	25.34	258.26
853.67	450.06	157.80	91.91	53.13	295.57
123.82	35.35	6.92	8.56	3.15	78.20
202.13	113.77	21.46	27.37	10.45	73.55
131.18	64.19	10.96	16.81	5.80	43.05
72.14	20.48	6.22	3.69	1.74	45.48
24.91	2.73	0.26	0.75	0.36	17.44
161.78	32.62	7.68	2.90	0.82	65.81
57.86	31.96	8.82	15.30	8.14	22.56

4-9 续表 1

地区			负债合计	
	固定资产原价	累计折旧		流动负债合计
全国	**30260.77**	**12805.24**	**34722.68**	**29670.25**
北京	351.11	167.80	807.94	719.06
天津	712.65	351.67	1535.96	1451.89
河北	1300.94	490.12	1294.24	955.99
山西	353.40	93.31	334.94	208.42
内蒙古	368.16	137.18	287.92	207.91
辽宁	756.75	327.50	822.40	633.73
吉林	279.09	103.44	221.67	117.05
黑龙江	176.59	71.65	163.42	125.16
上海	1653.51	852.31	2019.98	1836.72
江苏	6023.58	2761.14	5737.15	4901.29
浙江	2452.62	825.04	4221.48	3883.99
安徽	481.59	150.53	480.02	397.24
福建	1719.69	645.87	2224.26	1938.49
江西	494.36	154.38	352.80	276.72
山东	1330.13	565.51	1134.66	886.78
河南	529.26	179.32	654.49	557.57
湖北	709.81	279.72	651.16	464.00
湖南	345.95	96.26	285.52	228.44
广东	8658.92	3980.77	9599.79	8482.34
广西	308.88	90.06	341.60	257.50
海南	26.00	10.42	15.07	13.04
重庆	301.65	83.76	512.75	358.28
四川	407.77	197.76	551.28	481.94
贵州	86.36	14.72	100.31	85.38
云南	110.25	42.17	110.59	83.32
西藏				
陕西	122.07	80.34	58.12	47.85
甘肃	61.99	19.42	31.70	11.88
青海	20.15	2.92	25.77	13.93
宁夏	83.24	17.48	117.24	17.77
新疆	34.29	12.63	28.45	26.57

单位：亿元

所有者权益合计	实收资本				主营业务收入
		国家资本	港澳台资本	外商资本	
25130.26	**14404.76**	**310.97**	**9225.47**	**1266.65**	**76367.53**
562.80	244.49	2.29	144.16	0.69	1443.21
645.27	363.93	8.34	210.64	79.12	2083.74
752.35	343.39	19.16	191.66	17.94	2379.34
112.87	106.89	1.37	46.59	3.04	300.81
153.81	88.36	5.17	45.01	5.41	357.69
677.45	383.42	8.62	194.77	59.32	1770.47
110.97	66.93	3.53	29.81	11.05	657.24
153.28	67.50	1.06	24.13	13.39	206.17
1492.75	866.37	24.11	660.11	7.92	5477.00
4252.34	2540.00	27.61	1690.00	223.68	12213.61
2917.42	1663.99	12.64	1086.61	43.74	7255.32
398.10	201.82	2.94	127.50	3.18	1285.71
2203.82	1122.56	6.52	793.73	80.34	6540.13
420.88	273.25	12.06	183.29	12.06	1477.92
1045.01	459.18	17.48	208.32	73.61	3073.26
365.51	196.36	2.56	99.01	8.73	1668.45
454.23	254.72	7.31	104.61	71.12	1632.38
286.01	127.74	5.02	53.18	11.97	967.47
6960.70	4347.03	107.72	2993.68	478.24	22169.63
280.88	163.20	4.95	97.34	18.71	710.30
28.55	12.99		4.85	2.00	40.69
253.63	151.47	2.13	87.43	9.41	999.79
300.23	139.97	4.93	64.38	15.58	1181.59
23.46	32.53	8.23	13.54	4.62	66.71
91.41	52.55	2.27	22.67	5.47	175.88
73.05	48.43	1.44	23.75	2.49	121.16
40.38	26.59	9.86	8.97	2.36	28.72
-0.85	2.82		1.80	0.05	8.47
44.54	37.69	0.15	1.14		32.98
29.41	18.59	1.51	12.78	1.41	41.68

4-9 续表 2

地 区	主营业务成本	主营业务税金及附加	管理费用	营业费用
全 国	**65546.72**	**422.91**	**2837.75**	**2305.01**
北 京	1194.88	4.72	58.46	116.64
天 津	1761.86	21.14	65.14	60.37
河 北	2049.67	5.48	54.65	57.88
山 西	257.46	3.24	10.01	4.68
内蒙古	279.56	3.41	9.18	14.22
辽 宁	1539.29	7.15	72.78	38.27
吉 林	585.03	2.25	12.08	43.88
黑龙江	159.72	0.68	26.08	8.44
上 海	4900.14	64.86	183.51	138.38
江 苏	10599.55	36.53	402.69	218.03
浙 江	6155.05	62.90	301.46	175.92
安 徽	1103.75	4.50	41.68	23.74
福 建	5506.90	25.92	245.72	198.64
江 西	1274.54	4.88	30.39	22.19
山 东	2587.90	15.88	102.00	78.48
河 南	1509.04	6.51	31.93	34.12
湖 北	1433.28	6.69	65.38	50.25
湖 南	795.60	8.85	44.42	20.00
广 东	18938.44	118.54	924.32	914.40
广 西	591.36	8.44	36.21	15.57
海 南	27.72	0.37	1.83	2.51
重 庆	918.44	2.07	62.76	22.94
四 川	1016.20	4.31	28.85	23.67
贵 州	56.68	0.28	3.37	2.56
云 南	125.73	1.26	9.15	5.47
西 藏				
陕 西	99.76	1.27	8.12	6.07
甘 肃	22.54	0.35	1.67	0.36
青 海	5.33	0.08	0.77	3.20
宁 夏	20.09	0.11	1.25	0.57
新 疆	31.24	0.23	1.90	3.54

单位：亿元

财务费用	利息支出	营业利润	利润总额	亏损企业亏损总额	本年应交增值税	全部从业人员平均人数（万人）
562.26	**656.42**	**5660.81**	**5521.08**	**324.34**	**1990.34**	**1204.89**
2.05	8.45	74.30	77.82	4.83	29.40	9.75
4.65	12.00	182.36	184.53	7.36	105.24	17.78
31.79	32.56	138.51	132.44	13.12	52.18	18.13
12.52	12.67	16.95	15.82	10.86	9.10	3.57
8.15	8.38	48.23	43.30	3.67	10.60	2.33
16.04	16.05	148.56	141.30	9.14	42.08	13.90
5.20	5.84	45.95	44.55	0.60	16.88	3.28
3.99	2.00	10.26	11.34	1.83	6.01	3.13
4.07	27.80	221.10	230.58	16.69	83.62	44.56
90.80	110.47	923.22	897.44	43.42	317.38	162.44
107.62	121.88	491.12	513.33	34.09	203.83	98.94
12.65	9.67	125.49	87.62	3.64	36.84	13.17
54.39	54.05	614.63	610.42	10.98	186.51	120.26
8.29	6.37	124.51	118.06	1.08	46.20	27.44
34.16	32.55	273.98	260.20	8.12	88.87	31.01
13.94	17.01	79.04	78.51	13.92	45.72	28.88
9.58	10.76	164.52	134.76	4.20	30.10	19.05
6.81	7.03	119.19	104.15	1.30	43.02	13.03
94.79	120.75	1599.63	1596.17	110.98	515.79	526.13
6.23	7.84	93.43	72.86	4.07	20.81	13.31
0.40	0.41	8.18	8.74	0.22	3.26	0.59
11.88	12.86	33.25	27.47	6.31	26.80	8.88
9.25	5.85	78.94	81.44	2.13	50.95	18.56
3.69	3.55	-1.89	-1.44	5.50	1.77	0.87
2.12	2.27	31.87	32.74	1.41	9.26	2.16
0.49	0.91	7.81	7.90	1.26	4.53	2.06
1.12	1.03	1.91	2.37	0.05	0.87	0.53
0.87	0.17	-1.77	-1.76	3.22	0.33	0.20
4.21	4.74	3.40	3.92	0.06	0.81	0.19
0.50	0.51	4.15	4.53	0.28	1.58	0.78

4-10 按地区分组的外商投资

地区	企业单位数（个）	亏损企业	工业总产值（当年价格）	工业销售产值（当年价格）	出口交货值
全国	**31264**	**5618**	**140887.88**	**139200.06**	**44171.51**
北京	715	151	4627.83	4600.13	1108.66
天津	1322	331	6485.45	6505.22	1661.31
河北	651	109	3224.35	3192.13	424.22
山西	89	26	620.49	605.76	46.65
内蒙古	116	21	1017.20	993.17	52.09
辽宁	1551	261	5859.86	5779.23	1265.56
吉林	261	46	3327.10	3301.04	69.62
黑龙江	164	43	751.28	739.30	30.44
上海	3267	712	14376.13	14203.55	4609.88
江苏	7049	1307	30635.25	30447.80	13301.46
浙江	3431	559	7759.34	7606.04	2734.82
安徽	438	75	2085.80	2034.82	255.58
福建	1562	209	5921.43	5781.07	2128.21
江西	293	44	1409.68	1388.02	337.18
山东	3456	475	12660.19	12521.89	2981.54
河南	280	28	2031.76	2011.09	234.16
湖北	417	79	3564.43	3554.57	157.23
湖南	240	18	790.46	784.07	69.49
广东	4777	911	26432.94	25966.98	11946.94
广西	198	34	1574.29	1558.39	91.49
海南	51	7	721.96	720.40	50.22
重庆	177	34	1652.45	1649.10	115.40
四川	349	52	1697.36	1655.28	406.08
贵州	39	15	125.67	117.98	5.82
云南	90	21	235.69	230.89	6.37
西藏	3	1	5.75	5.82	
陕西	152	23	973.67	940.29	69.21
甘肃	29	5	82.18	76.78	0.40
青海	17	4	49.90	50.90	
宁夏	32	9	91.32	85.59	9.45
新疆	48	8	96.66	92.76	2.05

工业企业主要经济指标

单位：亿元

资产总计	流动资产合计	应收账款	存货	产成品	固定资产合计
102033.59	**60145.97**	**17311.19**	**14562.62**	**4941.00**	**32409.18**
3654.80	2401.90	718.04	535.50	149.59	763.91
4002.57	2446.01	823.98	604.45	208.31	1309.56
3060.38	1518.17	297.49	384.66	115.18	1001.65
993.00	466.22	88.48	71.37	24.88	382.07
1086.87	396.03	71.13	93.11	43.49	572.13
4669.94	2608.52	668.23	656.65	239.84	1542.63
1824.07	1019.94	168.40	240.69	55.55	556.46
898.04	462.30	87.59	141.70	56.62	361.83
11254.03	7477.93	2236.08	1932.06	640.72	2829.82
21677.24	12714.77	4201.88	2933.50	994.31	7105.07
6812.39	4231.29	1238.11	1043.17	388.49	2105.21
1229.45	690.53	249.27	170.94	71.11	430.80
4117.60	2369.74	592.51	612.44	191.60	1364.30
1106.27	504.56	89.17	104.75	38.21	535.02
7548.84	4095.83	961.48	1120.68	344.51	2800.50
1531.88	749.37	150.73	157.71	45.91	666.42
3355.81	1978.16	305.21	298.84	147.08	1136.18
543.88	224.44	56.53	53.92	21.95	274.45
16214.21	10478.93	3647.76	2585.33	819.96	4355.48
1493.86	896.77	103.21	190.69	102.39	390.14
609.61	250.39	47.79	82.16	19.55	233.93
1087.56	646.76	148.85	143.80	57.07	354.81
1520.36	802.08	216.80	188.63	82.59	562.07
154.56	62.16	10.86	18.18	5.73	46.15
359.25	140.37	19.47	38.34	11.48	162.63
9.88	5.16	0.09	0.71	0.05	4.51
740.86	331.22	72.46	102.34	41.63	327.58
161.11	36.26	7.92	13.04	3.61	98.07
98.79	38.52	7.07	7.69	2.26	55.30
106.55	54.33	14.49	17.77	8.08	35.79
109.95	47.34	10.09	17.81	9.28	44.71

4-10 续表 1

地 区	固定资产原价	累计折旧	负债合计	流动负债合计
全 国	**54098.11**	**23678.01**	**57408.14**	**48670.37**
北 京	1469.90	704.96	1924.53	1743.14
天 津	2094.65	873.93	2166.80	1916.38
河 北	1857.00	914.97	1724.51	1297.21
山 西	586.23	231.93	618.87	501.23
内蒙古	698.89	212.22	548.16	325.20
辽 宁	2507.69	1065.27	2621.46	2158.06
吉 林	1059.12	532.26	928.47	768.91
黑龙江	574.48	234.70	534.85	453.90
上 海	5424.42	2675.05	6374.63	5701.57
江 苏	12411.39	5535.59	11831.21	10190.00
浙 江	3061.34	1123.44	3845.31	3490.18
安 徽	731.70	330.71	685.79	584.48
福 建	2007.53	758.29	2172.91	1674.08
江 西	800.63	318.34	641.56	475.06
山 东	5368.63	2861.02	4036.62	3217.97
河 南	823.64	259.57	891.83	653.70
湖 北	1662.04	593.56	2232.79	1835.63
湖 南	351.63	108.24	270.94	206.82
广 东	7273.39	3163.10	9572.40	8457.64
广 西	568.10	204.30	953.48	824.72
海 南	316.54	88.00	355.73	242.93
重 庆	551.35	240.52	676.08	585.96
四 川	837.49	312.56	825.54	646.81
贵 州	58.18	13.42	90.49	80.23
云 南	249.82	95.23	201.65	151.51
西 藏	6.32	1.84	2.18	2.18
陕 西	435.97	134.06	410.47	320.56
甘 肃	132.55	42.25	90.24	37.10
青 海	65.48	12.62	52.84	23.25
宁 夏	52.35	18.67	56.70	48.00
新 疆	59.64	17.36	69.10	55.95

单位：亿元

所有者权益合计	实收资本				主营业务收入
		国家资本	港澳台资本	外商资本	
44572.08	**26564.29**	**1131.60**	**1136.68**	**17839.75**	**139936.77**
1730.27	998.45	66.75	5.67	689.10	4816.57
1832.38	1580.58	24.02	52.06	977.97	6470.59
1325.48	537.82	17.52	11.34	363.85	3277.25
373.72	221.79	20.65	2.95	117.69	625.06
536.27	208.94	27.89	1.83	67.30	1059.49
2044.17	1291.63	92.97	24.63	801.85	5853.16
888.64	291.76	58.25	3.67	173.17	2722.18
362.32	217.17	18.96	4.04	135.04	835.89
4879.40	3265.99	107.08	52.38	2588.14	15424.60
9846.02	6184.44	182.83	171.81	4766.28	30510.79
3103.00	1870.53	41.71	40.56	1349.83	7629.84
537.44	318.63	11.49	6.51	198.02	1755.32
1929.51	1125.62	27.63	146.98	682.54	5799.90
463.09	297.71	20.32	38.02	158.93	1420.44
3476.32	1676.07	106.45	70.25	926.63	12225.25
637.80	264.31	16.32	27.64	123.15	2037.63
1048.33	604.82	103.27	7.67	301.36	3408.67
272.94	152.54	15.80	10.36	52.70	780.72
6649.55	4019.96	97.45	385.77	2587.20	26006.35
532.65	225.42	4.95	17.65	137.91	1566.88
254.14	179.17	1.80	15.98	117.47	737.24
408.18	234.15	18.55	3.43	126.62	1655.39
677.19	311.36	5.81	17.61	158.70	1726.96
63.25	35.62	0.74	0.16	27.49	106.02
157.15	126.77	11.02	10.29	49.87	238.02
7.47	4.58			2.05	6.07
329.94	181.93	9.78	5.57	88.27	936.07
69.79	44.62	15.10	0.30	17.42	72.39
44.97	25.77	0.61		17.10	43.17
49.85	33.50	5.14		18.99	86.08
40.84	32.62	0.75	1.58	17.13	102.79

4-10 续表 2

地　区	主营业务成本	主营业务税金及附加	管理费用	营业费用
全　国	**118384.96**	**1242.37**	**5443.23**	**4554.41**
北　京	3909.68	76.47	192.97	286.07
天　津	5545.24	76.12	224.27	223.84
河　北	2802.34	10.57	94.95	71.83
山　西	476.56	4.45	32.48	26.60
内蒙古	797.20	9.76	42.20	48.65
辽　宁	4837.97	114.06	275.04	185.34
吉　林	2047.30	10.91	98.76	40.83
黑龙江	654.43	6.99	49.27	73.81
上　海	12667.49	143.66	819.21	745.61
江　苏	26296.31	128.51	1035.59	692.01
浙　江	6462.38	30.73	357.92	285.12
安　徽	1478.82	8.32	86.18	92.49
福　建	4983.73	72.54	275.44	163.42
江　西	1252.92	5.38	40.18	20.29
山　东	10504.11	57.35	369.40	264.30
河　南	1733.89	12.24	54.39	67.00
湖　北	2735.55	20.97	158.07	142.12
湖　南	633.62	11.27	51.23	27.44
广　东	22723.33	227.17	889.97	810.92
广　西	1276.13	17.09	62.40	67.75
海　南	592.73	84.17	13.43	12.88
重　庆	1373.56	34.17	88.52	59.00
四　川	1348.72	58.30	60.94	53.60
贵　州	68.04	1.09	7.90	8.77
云　南	185.56	4.14	11.24	18.63
西　藏	4.31	0.05	0.28	0.47
陕　西	749.09	12.43	34.18	48.60
甘　肃	57.78	1.16	2.88	5.62
青　海	31.35	0.25	4.18	0.79
宁　夏	71.83	0.87	5.38	4.55
新　疆	82.97	1.16	4.38	6.09

单位：亿元

财务费用		营业利润	利润总额	亏损企业亏损总额	本年应交增值税	全部从业人员平均人数（万人）
	利息支出					
602.24	**919.97**	**10434.77**	**9973.14**	**682.70**	**3684.54**	**1369.25**
5.97	20.61	416.33	427.06	28.13	142.94	29.54
15.17	28.39	436.83	438.88	37.59	192.82	47.37
33.23	34.53	254.49	243.82	11.78	73.39	30.13
10.19	10.67	87.17	80.33	7.84	31.03	11.87
10.01	12.96	165.30	158.87	1.91	45.93	5.10
35.15	43.42	391.47	416.03	32.54	164.10	51.36
8.09	15.06	439.21	434.99	7.49	114.75	10.89
8.19	10.07	54.83	54.38	11.86	28.40	10.59
8.47	62.10	1129.32	1155.84	83.58	361.62	116.48
122.18	184.25	2437.20	2092.45	145.28	645.59	292.61
83.74	95.80	460.54	477.18	43.10	194.38	103.47
16.60	16.69	192.97	135.52	8.58	75.86	16.24
33.57	49.52	385.16	390.81	30.06	118.13	74.65
12.96	12.60	93.94	78.05	12.11	33.80	17.25
85.66	93.72	907.77	824.91	44.63	322.06	120.24
28.12	25.89	152.26	152.50	9.22	50.18	17.14
15.43	24.34	284.09	283.89	14.55	114.39	23.13
5.62	5.31	98.31	63.75	2.17	28.54	9.70
15.28	103.27	1476.09	1500.70	116.22	659.62	325.06
2.00	14.51	145.83	142.09	4.99	51.69	10.49
5.21	6.74	30.44	31.77	0.44	24.03	2.47
8.86	13.64	101.47	102.21	7.49	73.19	10.83
12.81	14.81	145.60	139.83	6.88	77.30	15.14
1.44	1.50	17.63	18.23	0.81	3.05	1.90
4.81	5.26	15.98	17.15	2.75	10.49	2.68
-0.01	0.01	0.99	1.22	0.11	0.48	0.06
7.15	7.61	91.27	89.04	3.90	37.21	9.14
1.47	1.69	3.14	3.54	1.17	3.48	0.88
1.85	1.76	7.81	6.35	2.42	0.73	0.49
1.00	1.09	2.97	3.10	2.22	2.20	1.35
2.03	2.16	8.37	8.64	0.89	3.16	1.03

4-11 按地区分组的轻

地区	企业单位数（个）	亏损企业	工业总产值（当年价格）	工业销售产值（当年价格）	出口交货值
全国	**131403**	**11497**	**237699.77**	**232389.73**	**34869.91**
北京	1272	238	2227.16	2155.64	197.43
天津	1539	247	3620.66	3604.24	682.75
河北	3780	277	7917.48	7712.79	534.37
山西	549	98	883.73	816.30	26.90
内蒙古	1255	119	3388.43	3298.31	78.15
辽宁	4599	371	8142.34	7966.86	876.97
吉林	2009	143	4658.07	4564.09	117.33
黑龙江	1367	145	3125.84	3037.15	50.39
上海	3589	763	6788.15	6684.41	1416.40
江苏	16255	1569	27536.07	27165.27	5443.86
浙江	17039	1802	21971.25	21397.79	5990.16
安徽	5075	356	8132.45	7938.11	624.12
福建	7726	460	12319.11	11924.51	2864.07
江西	2564	113	5210.53	5141.85	671.77
山东	14871	705	30863.13	30561.84	3217.28
河南	7087	175	14346.73	14130.64	358.79
湖北	4316	321	8336.77	8122.18	443.93
湖南	3882	125	7286.67	7168.99	195.61
广东	20786	2352	36079.47	35055.48	10120.02
广西	1902	182	3608.01	3378.15	224.14
海南	174	36	364.84	356.30	52.43
重庆	1775	99	3369.69	3273.72	243.68
四川	4287	218	10115.95	9860.31	232.09
贵州	460	55	1182.81	1099.82	13.39
云南	726	95	2113.32	2041.10	48.55
西藏	25	4	25.95	24.89	0.02
陕西	1094	140	2103.19	2041.02	60.70
甘肃	440	97	669.10	626.84	13.97
青海	102	12	145.22	132.89	2.15
宁夏	225	22	366.15	344.07	33.73
新疆	633	158	801.51	764.18	34.77

工业企业主要经济指标

单位：亿元

资产总计	流动资产合计	应收账款	存货	产成品	固定资产合计
155704.16	**87359.11**	**17574.57**	**23776.11**	**9365.58**	**49525.82**
2786.71	1699.25	314.75	459.62	201.34	606.80
3044.13	1797.16	376.86	448.03	195.39	876.62
4388.90	2204.40	415.02	606.55	271.19	1714.62
899.31	458.69	73.90	150.91	74.76	333.81
1973.40	945.75	145.66	244.37	116.80	722.05
4154.99	1975.72	359.91	490.72	208.50	1668.30
2503.86	1043.10	200.30	344.16	134.37	1118.41
2304.46	1358.56	177.89	446.86	163.15	742.62
6457.74	4243.61	1113.02	1079.92	432.47	1438.80
18949.16	10750.73	2570.07	2602.71	1056.24	5818.89
20634.49	12772.98	2714.92	2971.01	1268.32	5315.34
4072.94	2160.52	500.34	694.71	270.57	1380.89
7473.65	4441.48	1083.26	1171.21	473.57	2098.39
2383.41	1061.00	218.33	297.94	123.11	1005.40
16408.65	8069.27	1123.25	2190.36	929.40	6350.52
6875.74	3127.02	408.99	743.42	290.74	3169.10
4463.25	2416.44	370.62	804.42	301.19	1493.35
3466.68	1482.69	231.66	564.55	158.70	1593.60
23086.50	14929.92	3576.40	3957.15	1481.62	5663.17
2768.09	1415.09	205.43	390.46	183.28	917.67
708.45	341.74	53.23	68.47	24.58	206.59
2262.35	1246.32	288.45	289.37	119.75	758.11
6000.61	3174.43	480.29	932.06	352.57	2048.08
1198.87	764.55	63.44	253.69	45.33	288.69
2433.89	1447.34	170.32	730.83	126.75	753.42
52.24	24.66	3.72	5.57	2.03	17.60
1332.20	703.50	112.42	266.02	104.65	481.99
802.93	420.25	78.87	171.04	55.58	246.99
175.73	78.31	12.13	25.11	10.73	54.67
547.66	256.96	43.69	119.75	62.78	231.32
1093.19	547.66	87.44	255.14	126.13	410.01

4-11 续表 1

地 区	固定资产原价	累计折旧	负债合计	流动负债合计
全 国	**78040.52**	**33669.20**	**81877.13**	**68700.21**
北 京	1051.14	458.32	1406.53	1225.85
天 津	1241.74	473.36	1747.27	1569.06
河 北	2260.80	705.16	2236.80	1807.07
山 西	438.02	148.21	484.77	399.57
内蒙古	1127.49	507.06	1073.61	837.27
辽 宁	2909.06	1415.30	1763.45	1330.81
吉 林	2491.50	1496.08	1204.46	909.66
黑龙江	1072.52	400.32	1314.32	1146.52
上 海	2394.41	1066.78	3009.54	2711.48
江 苏	9496.37	3984.50	10631.72	8971.01
浙 江	7363.52	2650.41	12477.02	11409.41
安 徽	1979.41	729.11	2076.06	1754.48
福 建	2841.47	948.26	3511.21	3128.25
江 西	1470.00	599.57	1095.75	800.75
山 东	11382.00	5705.71	8172.13	6453.79
河 南	4329.54	1467.31	2738.80	2008.32
湖 北	3742.81	2426.85	2340.05	1890.94
湖 南	1937.49	519.76	1531.71	1005.34
广 东	9567.52	4398.27	13143.19	11470.92
广 西	1295.42	459.50	1571.66	1246.98
海 南	277.98	77.20	391.99	266.80
重 庆	1112.59	474.38	1261.82	1037.09
四 川	3019.16	1239.11	3123.45	2351.26
贵 州	364.13	117.72	432.67	362.98
云 南	864.77	446.05	923.04	810.34
西 藏	21.58	5.23	14.40	9.19
陕 西	720.15	297.12	660.31	558.06
甘 肃	428.00	209.99	427.15	341.47
青 海	63.82	13.56	75.72	57.44
宁 夏	246.96	58.76	331.69	256.12
新 疆	529.14	170.25	704.85	571.97

单位：亿元

所有者权益合计	实收资本				主营业务收入
		国家资本	港澳台资本	外商资本	
73359.52	**33023.24**	**2184.61**	**4495.46**	**6255.35**	**234307.06**
1380.18	742.76	85.52	72.80	183.29	2383.87
1293.48	785.08	58.16	109.70	300.89	3652.67
2127.21	961.12	81.84	49.15	133.24	7963.48
410.99	195.43	36.55	3.56	11.84	849.65
892.29	343.49	22.22	20.06	35.09	3264.77
2372.48	1078.11	163.04	50.21	161.27	8061.64
1283.20	534.20	32.35	21.18	71.29	4466.13
985.09	492.97	65.91	21.04	119.08	3221.93
3448.20	1690.77	159.68	242.71	668.68	7041.40
8317.38	4212.15	155.45	496.93	1426.95	27327.40
8159.23	3865.86	163.82	556.33	564.01	21620.58
1977.89	806.87	53.16	37.51	98.75	7466.15
3920.48	1873.67	100.28	565.93	264.16	11919.32
1275.80	645.33	42.55	91.92	55.66	5247.54
8146.05	2622.12	165.00	129.85	435.85	31342.12
4072.62	1869.69	94.69	43.88	66.61	14492.86
2085.80	941.99	68.90	44.84	75.79	7920.69
1934.97	748.32	114.73	22.17	31.54	7090.95
9881.88	5093.47	129.08	1721.66	1210.87	35221.41
1176.75	509.85	47.40	37.09	82.08	3347.99
316.63	188.41	11.79	7.00	102.22	359.38
993.00	412.42	25.59	54.95	23.63	3249.70
2863.06	911.77	71.42	25.01	55.01	9942.94
757.33	203.37	31.22	8.17	6.61	1072.07
1509.30	361.23	39.80	20.16	15.30	2004.86
37.61	18.06	1.99		3.23	22.65
668.36	319.03	35.45	21.61	26.69	1909.18
372.29	207.80	48.78	6.04	6.23	577.60
98.12	37.46	1.97	1.40	1.25	112.20
215.59	101.69	25.23	0.18	5.35	347.39
386.26	248.74	51.05	12.42	12.89	806.55

4-11 续表 2

地 区	主营业务成本	主营业务税金及附加	管理费用	营业费用
全 国	**192628.29**	**4882.85**	**8925.46**	**9132.95**
北 京	1691.81	40.71	177.25	310.32
天 津	2974.22	33.41	141.26	231.91
河 北	6654.45	107.38	228.44	242.85
山 西	654.11	26.87	43.62	43.74
内蒙古	2625.47	42.30	101.82	107.35
辽 宁	6856.36	73.33	320.45	224.76
吉 林	3707.97	76.62	174.38	233.41
黑龙江	2689.69	52.32	113.56	140.09
上 海	5087.74	430.68	425.83	576.47
江 苏	23037.51	350.38	950.52	911.81
浙 江	18251.35	296.57	900.38	667.26
安 徽	6238.36	182.39	246.53	272.33
福 建	9907.95	166.37	468.76	376.15
江 西	4391.26	79.58	130.22	144.42
山 东	26473.08	319.23	840.36	843.54
河 南	12016.85	250.15	275.77	349.90
湖 北	6367.30	298.46	357.36	319.20
湖 南	5271.16	418.26	411.00	230.73
广 东	29606.83	318.66	1480.60	1918.09
广 西	2662.97	89.23	171.23	103.38
海 南	266.98	9.72	20.54	28.21
重 庆	2693.20	72.35	155.42	102.32
四 川	8050.74	238.63	425.76	397.55
贵 州	559.00	158.35	65.72	72.27
云 南	954.26	584.81	119.70	101.51
西 藏	14.19	0.17	2.01	2.46
陕 西	1460.95	83.65	92.01	99.02
甘 肃	428.12	55.45	25.74	22.98
青 海	90.52	2.29	12.34	7.59
宁 夏	278.26	4.69	16.69	11.85
新 疆	665.61	19.85	30.19	39.49

单位：亿元

财务费用	利息支出	营业利润	利润总额	亏损企业亏损总额	本年应交增值税	全部从业人员平均人数（万人）
2044.30	**2017.41**	**17764.93**	**17197.25**	**649.94**	**7168.76**	**3528.20**
15.78	21.56	184.51	211.82	21.41	109.79	37.47
11.28	20.61	263.64	269.01	21.52	111.56	47.58
67.72	68.10	610.32	591.17	21.84	203.01	111.28
12.36	12.10	78.88	77.73	6.33	26.96	17.59
18.35	21.68	365.64	270.33	5.26	71.94	27.44
44.28	33.62	590.81	544.89	23.27	140.83	86.84
41.89	36.67	300.95	280.89	14.87	101.84	40.74
22.24	30.72	210.53	200.31	14.50	98.83	33.45
31.11	42.02	565.78	589.36	58.77	286.47	90.75
243.19	251.17	1961.13	1873.73	71.26	864.60	383.24
391.81	405.14	1240.74	1267.69	63.24	642.10	377.00
58.33	51.79	612.55	545.28	8.96	225.45	99.16
105.21	99.84	1047.86	1037.40	20.86	331.30	247.60
33.78	28.77	405.82	379.23	8.63	164.30	82.87
310.38	261.01	2185.76	2153.38	40.10	878.25	353.17
123.71	104.64	1482.44	1463.58	16.92	376.31	193.53
80.82	66.44	639.45	565.12	23.73	214.41	104.76
57.65	46.58	597.41	528.46	7.59	323.71	90.62
158.33	185.08	2162.90	2185.83	116.08	933.44	765.88
32.18	41.15	399.04	366.29	11.73	136.25	56.75
6.49	8.23	31.07	33.89	2.49	19.39	6.04
26.57	26.05	215.47	210.53	5.39	94.80	48.63
78.43	79.65	853.35	796.53	14.29	410.56	130.94
4.31	7.59	217.87	219.09	3.04	83.29	12.23
10.83	13.13	272.69	260.41	6.23	185.69	20.29
0.08	0.13	4.51	5.32	0.18	1.42	0.39
16.34	15.60	161.04	156.32	8.34	78.56	30.86
7.44	7.27	29.46	34.10	5.16	22.01	10.07
1.59	1.00	8.43	6.59	3.59	2.47	2.35
13.08	12.20	29.23	32.00	2.04	6.39	5.40
18.76	17.86	35.65	40.97	22.33	22.83	13.29

4-12 按地区分组的重

地　区	企业单位数（个）	亏损企业	工业总产值（当年价格）	工业销售产值（当年价格）	出口交货值
全　国	**194206**	**18959**	**606569.02**	**595407.26**	**64742.47**
北　京	2474	346	12286.46	12201.80	1338.53
天　津	3474	554	17242.09	17104.52	1667.19
河　北	7790	733	31781.31	31222.20	805.37
山　西	3126	835	15130.09	14654.59	255.63
内蒙古	2920	414	14386.39	14160.46	165.32
辽　宁	12315	900	33634.40	33133.88	1979.02
吉　林	3149	281	12259.54	12072.11	171.20
黑龙江	2010	314	8388.73	8154.61	145.62
上　海	6373	959	25656.99	25400.41	7107.60
江　苏	27113	2520	80144.61	79155.29	15846.05
浙　江	17659	1655	34439.23	33757.26	5037.60
安　徽	7357	606	17743.42	17323.58	646.24
福　建	6390	514	15124.79	14833.18	2641.18
江　西	3917	243	12738.86	12612.33	708.42
山　东	20942	1010	68641.84	67444.11	3888.18
河　南	11241	367	32509.42	32046.72	909.49
湖　北	6317	549	19736.31	19203.52	748.01
湖　南	8595	312	19099.91	18853.14	553.06
广　东	17519	2191	58781.33	57556.91	17289.87
广　西	3144	488	9228.56	8868.36	340.06
海　南	184	28	1235.28	1220.19	46.34
重　庆	3003	294	8477.37	8260.79	678.80
四　川	7798	657	20369.14	19919.26	1256.43
贵　州	1869	531	4337.14	4148.84	86.08
云　南	2047	504	5667.51	5486.64	65.64
西　藏	31	10	48.91	49.59	
陕　西	2590	488	12180.29	11745.43	241.35
甘　肃	931	247	5506.14	5269.23	52.85
青　海	284	82	1748.32	1667.66	0.22
宁　夏	539	128	2125.30	2045.16	35.40
新　疆	1105	199	5919.33	5835.51	35.69

工业企业主要经济指标

单位：亿元

资产总计	流动资产合计	应收账款	存货	产成品	固定资产合计
520092.70	**240419.54**	**52927.43**	**56807.04**	**19113.06**	**203672.38**
22535.04	8121.01	2072.37	1566.15	417.36	4530.86
14344.85	7647.77	2032.54	1792.01	630.95	5355.87
25298.65	10488.36	1668.80	2776.00	864.96	11305.11
21287.19	9569.10	1437.23	1721.92	651.37	8626.50
16433.02	5800.08	868.69	958.59	380.58	7662.32
27262.31	12670.05	2416.33	3354.39	1003.37	10788.23
9395.02	4002.40	627.25	982.39	264.86	4147.31
9614.37	3822.30	691.02	904.50	260.72	4809.12
22996.55	13021.74	3515.20	3168.75	945.14	6921.77
57309.00	32051.02	9315.90	7276.32	2598.98	18874.54
30029.09	17106.87	4315.54	3844.20	1413.99	9300.63
15075.77	6302.78	1375.93	1430.68	521.10	6636.31
11108.50	5355.72	1322.35	1371.02	495.78	4305.17
7827.91	3617.85	529.85	1011.06	346.76	3489.28
44410.11	20531.67	3307.49	4926.89	1760.63	17985.23
22173.48	9284.49	1740.17	1931.38	670.79	10524.79
18682.62	7809.04	1450.49	1854.19	655.88	8831.11
12006.70	4792.24	1061.91	1259.55	439.16	5618.90
44284.90	24356.39	7376.08	5934.02	1786.69	15002.22
7417.37	3190.59	557.37	905.24	372.14	3332.66
1039.46	348.32	52.79	108.07	37.88	436.75
7058.74	3262.60	720.40	723.51	264.19	2712.46
20113.00	8074.36	1739.71	2085.49	595.74	8178.10
5791.71	1889.95	316.81	428.54	173.45	2169.35
8620.04	3010.99	408.43	805.95	291.07	3879.81
293.91	78.21	6.76	8.33	2.95	162.81
15902.41	6883.83	1055.50	1430.24	543.79	7123.84
6862.08	2652.07	313.80	1057.13	312.35	3198.76
3210.60	1032.72	118.25	214.59	65.97	1675.67
3496.54	1177.77	173.20	331.16	137.14	1707.90
8211.76	2467.25	339.26	644.82	207.34	4379.02

4-12 续表 1

地 区	固定资产原价	累计折旧	负债合计	流动负债合计
全 国	**308046.20**	**123643.13**	**310767.52**	**230210.98**
北 京	7569.68	3050.77	11242.08	6470.47
天 津	7972.20	3250.34	9116.99	7597.72
河 北	16098.53	6061.22	15628.23	11687.42
山 西	11556.89	4497.95	14451.69	10335.84
内蒙古	10770.58	3954.18	10115.33	5883.87
辽 宁	17068.63	7568.39	16217.12	11833.57
吉 林	7752.96	3979.49	5279.94	3759.00
黑龙江	7789.75	3398.54	5389.27	3902.34
上 海	13025.71	6357.76	12389.99	10685.63
江 苏	31985.59	13834.59	33740.97	28510.86
浙 江	13357.92	4860.84	18466.41	15773.53
安 徽	8852.48	3344.61	9322.60	6446.95
福 建	6013.90	2080.90	6188.74	4617.62
江 西	4974.34	1822.97	4625.67	3565.24
山 东	29335.84	13220.85	25675.49	19610.08
河 南	14155.28	4949.04	12913.19	9059.12
湖 北	12920.88	5228.06	11335.74	8650.07
湖 南	7662.80	2576.63	7234.41	4804.16
广 东	23670.99	9689.19	26614.12	21571.43
广 西	4442.78	1384.91	4744.29	3212.82
海 南	648.48	235.43	528.78	372.26
重 庆	3910.86	1514.90	4397.92	3160.72
四 川	12423.70	5148.80	12867.70	8767.83
贵 州	3617.06	1169.95	4087.97	2312.58
云 南	4926.03	1452.33	5840.77	3573.33
西 藏	184.86	53.23	85.32	57.39
陕 西	9923.25	3612.09	9095.55	6198.50
甘 肃	4605.09	1707.44	4481.15	2766.03
青 海	2239.24	654.37	2065.76	1106.23
宁 夏	2179.18	589.41	2324.18	1296.02
新 疆	6410.73	2393.94	4300.14	2622.36

单位：亿元

所有者权益合计	实收资本				主营业务收入
		国家资本	港澳台资本	外商资本	
208644.29	**111660.89**	**20416.78**	**6246.87**	**13500.54**	**607523.18**
11292.96	5658.80	2550.19	77.39	524.24	13369.48
5208.22	3366.98	434.54	154.50	766.30	17450.65
9586.88	4443.98	816.56	166.02	254.78	32237.54
6781.49	3069.86	737.44	48.62	112.02	15954.26
6307.94	2943.18	793.43	28.28	51.83	14277.61
10926.29	5586.19	1322.18	175.55	719.99	34783.80
4095.35	1652.95	404.10	16.12	120.84	12279.30
4219.40	1642.21	342.25	14.08	34.71	8232.67
10606.56	5191.98	850.59	474.56	1945.40	27258.55
23567.84	22010.80	800.80	1410.42	3732.62	79702.69
11696.12	5627.12	368.95	595.13	853.11	33737.86
5719.61	2700.05	652.89	115.44	114.26	17494.01
4879.76	2483.51	233.57	401.15	504.96	14931.63
3174.51	1486.07	248.46	132.34	118.18	13332.79
18595.09	7200.46	1625.97	214.34	714.92	68424.12
9199.88	4422.93	517.51	108.34	106.78	33154.35
7235.43	3137.89	979.36	73.53	302.98	19161.18
4772.29	2203.57	263.44	56.74	42.67	18635.26
17749.56	9318.19	905.21	1730.39	1920.11	57762.53
2644.27	1316.05	214.88	79.10	77.72	8868.88
509.15	237.65	28.77	15.94	20.50	1242.63
2636.22	1287.58	173.53	39.69	129.30	8132.65
7186.04	3334.07	603.50	72.26	144.08	19944.97
1686.94	1007.33	270.07	10.00	25.50	3950.04
2781.94	1411.72	320.18	16.31	41.11	5617.05
208.56	74.09	30.32			49.98
6794.50	3414.54	1870.85	11.44	67.29	11880.94
2372.74	1497.76	763.13	3.25	15.52	5991.15
1139.69	482.70	152.65	0.41	16.67	1610.60
1169.60	579.60	142.55	1.44	13.88	2078.31
3899.46	2871.09	998.90	4.10	8.28	5975.70

4-12 续表 2

地 区	主营业务成本	主营业务税金及附加	管理费用	营业费用
全 国	**515463.70**	**7786.68**	**23239.71**	**11126.68**
北 京	11705.80	191.22	498.25	342.02
天 津	14796.36	244.72	471.69	189.00
河 北	27902.40	253.76	895.35	345.34
山 西	12892.73	138.11	964.30	414.99
内蒙古	10939.44	181.75	481.90	312.68
辽 宁	29524.78	661.21	1545.90	610.60
吉 林	10413.27	194.59	536.34	239.81
黑龙江	5809.18	659.58	434.92	106.36
上 海	23824.14	296.98	1230.50	602.29
江 苏	69332.54	495.61	2524.35	1297.62
浙 江	29242.15	305.96	1281.59	598.97
安 徽	14988.51	124.73	677.53	335.45
福 建	12944.30	119.74	576.46	297.05
江 西	11636.30	113.61	295.95	137.88
山 东	58343.01	899.94	2086.80	1050.80
河 南	28284.97	339.07	919.85	594.74
湖 北	16478.07	211.16	896.18	411.83
湖 南	15081.04	238.49	1001.36	436.74
广 东	49962.38	632.84	2205.04	1223.56
广 西	7642.81	137.74	496.52	173.47
海 南	995.34	92.10	27.19	14.44
重 庆	7045.41	63.38	393.29	183.35
四 川	16670.97	211.81	908.82	425.63
贵 州	3307.29	45.16	191.26	96.20
云 南	4830.14	35.17	282.31	113.00
西 藏	42.27	1.11	4.49	0.96
陕 西	8590.45	336.43	749.83	244.63
甘 肃	5024.87	184.06	211.21	146.83
青 海	1169.03	40.25	88.34	43.70
宁 夏	1743.33	21.79	93.82	37.99
新 疆	4300.42	314.62	268.36	98.75

单位：亿元

财务费用	利息支出	营业利润	利润总额	亏损企业亏损总额	本年应交增值税	全部从业人员平均人数（万人）
6869.15	**7036.90**	**45979.23**	**44199.08**	**3263.28**	**19133.95**	**5639.08**
120.84	150.80	838.22	917.68	88.64	317.27	79.85
120.19	137.85	1634.07	1664.71	90.29	646.71	101.74
403.80	375.90	2162.75	2047.83	151.86	859.03	244.75
355.53	339.61	1323.63	1205.23	172.99	859.75	195.05
258.75	239.81	2220.79	1940.62	61.04	656.77	96.13
321.92	351.63	2069.47	1966.33	316.80	906.42	282.07
113.85	113.01	922.25	895.08	124.81	348.81	98.77
73.24	86.72	1240.03	1246.34	59.18	487.03	100.78
55.46	166.45	1587.02	1664.47	122.48	547.73	178.59
700.68	739.24	5699.97	5200.71	228.06	2253.43	708.61
534.24	568.29	1966.37	2052.76	106.83	894.13	342.41
220.26	212.23	1294.32	1117.88	78.41	574.99	164.92
164.97	173.00	1100.64	1077.14	48.93	370.54	156.22
109.26	104.29	858.52	836.71	70.90	390.06	120.09
741.04	688.00	5149.62	4944.33	190.67	1985.35	506.60
419.54	395.40	2696.52	2668.01	172.86	1021.42	353.57
269.29	271.38	1360.31	1301.14	79.86	496.12	174.87
202.75	197.57	1553.12	1304.52	77.97	754.06	199.05
398.29	429.52	3637.45	3686.40	237.72	1795.03	685.27
128.45	127.81	628.37	528.53	97.63	239.75	90.36
9.93	10.29	109.75	120.95	2.19	42.36	5.62
96.48	101.90	483.57	449.82	37.84	270.78	97.13
325.33	307.88	1492.92	1401.31	106.46	778.99	249.54
116.33	119.59	221.67	237.11	63.91	153.93	72.25
158.71	157.42	391.59	379.29	50.86	219.11	70.33
0.65	0.85	0.41	7.51	4.40	4.66	1.24
143.33	156.80	1843.99	1819.99	158.38	642.13	125.55
99.38	107.71	235.41	234.00	105.29	172.93	49.55
66.14	54.76	216.78	216.25	13.62	81.40	15.77
63.82	63.86	143.07	143.67	14.91	74.10	24.51
76.68	87.36	896.64	922.77	127.49	289.17	47.90

4-13 按地区分组的大型工业

地区	企业单位数（个）	亏损企业	工业总产值（当年价格）	工业销售产值（当年价格）	出口交货值
全　国	**9111**	**869**	**351507.33**	**346308.80**	**58194.45**
北　京	158	23	8847.14	8799.56	1117.83
天　津	191	27	12057.53	12023.94	1567.89
河　北	395	50	18368.78	18168.35	679.85
山　西	300	50	9403.46	9153.93	223.70
内蒙古	153	20	6300.12	6221.08	140.79
辽　宁	260	47	14440.75	14279.24	1585.63
吉　林	111	15	7770.96	7735.44	141.69
黑龙江	124	20	6577.28	6405.11	141.39
上　海	327	45	17667.60	17494.66	6018.36
江　苏	1173	92	44866.71	44479.40	14188.64
浙　江	610	23	15595.02	15367.87	3206.37
安　徽	240	15	9337.19	9177.63	715.04
福　建	418	16	8705.26	8496.38	2617.12
江　西	143	10	5284.09	5222.79	613.44
山　东	877	69	40036.18	39729.33	3539.90
河　南	541	46	17595.55	17327.22	1001.93
湖　北	299	21	12868.72	12572.81	678.00
湖　南	197	22	7874.72	7812.22	375.73
广　东	1335	121	41937.48	40967.98	16964.24
广　西	138	16	4063.25	3906.67	252.94
海　南	13		314.70	309.61	24.51
重　庆	174	18	5281.77	5175.33	680.06
四　川	377	25	11077.63	10834.12	1261.13
贵　州	71	10	2276.05	2188.78	73.49
云　南	107	10	3932.99	3850.43	41.74
西　藏	2	1	15.42	16.06	
陕　西	169	20	7998.36	7758.65	215.46
甘　肃	64	12	4355.32	4290.97	49.21
青　海	23	1	1006.87	971.35	0.03
宁　夏	48	9	1466.80	1421.62	48.98
新　疆	73	15	4183.64	4150.28	29.35

企业主要经济指标

单位：亿元

资产总计	流动资产合计	应收账款	存货	产成品	固定资产合计
342998.91	**159412.02**	**28999.99**	**39489.30**	**11724.48**	**127776.78**
17883.52	5242.82	1064.96	918.87	224.83	3805.25
9964.30	4931.88	1317.20	1217.46	436.90	4076.39
17788.71	7206.42	884.54	1905.92	470.64	7626.10
14373.19	6437.29	820.71	1114.65	391.50	5817.95
8756.06	3305.75	388.70	613.08	231.61	3798.95
16415.07	7878.42	1179.89	2343.36	561.61	5981.01
6296.54	2800.28	329.74	718.80	152.48	2534.56
7733.90	3282.61	465.47	788.57	201.72	3711.11
15809.10	8507.75	1819.24	1919.00	544.20	4863.99
35395.69	19083.59	4647.64	4348.94	1419.97	11618.83
14000.53	7872.10	1588.39	1952.24	716.72	3895.87
9322.19	3810.61	612.55	890.11	287.23	4008.87
5921.58	3290.24	762.83	924.96	288.03	1784.41
4554.56	2359.67	274.28	649.47	170.23	1820.05
32831.13	15264.27	1918.32	3828.93	1297.56	13028.19
14913.15	6483.22	1062.72	1558.19	442.22	6765.82
13951.57	5714.91	747.06	1479.13	407.77	6752.12
7568.05	3519.84	623.64	1103.21	266.94	2950.53
31593.45	18727.79	5364.80	4244.25	1327.91	9292.75
3912.82	1804.36	255.92	501.91	203.51	1548.02
561.45	220.79	23.71	41.34	15.20	186.63
4645.83	2304.09	451.67	502.49	169.65	1621.57
13257.58	5826.83	1058.44	1747.52	387.93	4438.10
3506.92	1406.40	133.72	401.52	105.54	891.51
5792.75	2336.24	213.55	982.45	152.60	2209.22
146.26	29.11	1.80	2.28	0.05	111.10
11226.93	4874.93	576.19	1072.07	372.53	5091.77
5071.45	2129.76	161.27	930.21	236.90	2136.45
1630.48	481.49	57.40	111.21	24.84	922.75
2500.98	777.04	88.58	250.98	101.27	1243.14
5673.18	1501.53	105.06	426.18	114.41	3243.74

4-13 续表 1

地 区	固定资产原价	累计折旧	负债合计	流动负债合计
全 国	**201358.41**	**87302.99**	**203921.32**	**151588.05**
北 京	6507.34	2698.86	8937.51	4426.49
天 津	6177.51	2623.29	6419.32	5317.21
河 北	11199.25	4570.49	11315.76	8360.61
山 西	8123.99	3526.67	9459.50	6599.56
内蒙古	5478.63	2236.29	5085.79	2941.38
辽 宁	9881.56	4609.31	10401.21	7672.40
吉 林	4292.41	1923.35	3649.90	2612.34
黑龙江	6461.44	3075.64	4358.08	3339.59
上 海	9581.77	4923.06	8103.46	6955.79
江 苏	20487.85	9354.55	21012.06	17326.78
浙 江	5614.61	2144.00	7798.72	6425.02
安 徽	4968.10	1880.41	5901.82	3942.15
福 建	2501.34	821.66	3056.85	2474.03
江 西	2867.81	1190.21	2861.55	2224.00
山 东	23911.63	12488.44	19370.39	14819.78
河 南	9693.39	3902.81	9271.11	6795.13
湖 北	9701.41	3893.30	8518.61	6672.17
湖 南	4549.17	1834.85	4850.34	3419.26
广 东	14450.50	5988.80	18667.75	15492.15
广 西	2186.50	755.36	2679.88	1952.23
海 南	281.17	97.16	342.15	214.70
重 庆	2288.96	884.48	2835.80	2217.69
四 川	6994.95	3208.86	8574.88	6257.96
贵 州	2072.37	755.84	2168.68	1217.68
云 南	2627.14	957.03	3347.72	2214.58
西 藏	119.95	38.12	27.12	19.37
陕 西	7322.63	2840.55	6363.27	4404.59
甘 肃	3078.93	1170.77	3197.67	2159.08
青 海	1251.43	364.26	919.45	542.23
宁 夏	1604.46	479.74	1605.45	933.11
新 疆	5080.19	2064.83	2819.51	1638.98

单位：亿元

所有者权益合计	实收资本				主营业务收入
		国家资本	港澳台资本	外商资本	
138604.63	**56825.89**	**16086.56**	**3565.73**	**7646.22**	**358893.16**
8946.01	4325.57	2579.14	29.44	367.89	9725.46
3538.38	1657.91	331.83	134.11	365.79	12035.30
6436.32	2522.24	677.83	103.58	142.62	19190.34
4876.35	1874.57	550.99	23.69	84.53	10485.26
3645.10	1473.37	481.85	18.33	39.16	6290.00
5989.99	3065.82	1133.04	88.71	384.35	15200.87
2642.32	928.74	306.93	14.28	75.61	7984.49
3373.16	1230.05	291.23	6.55	51.08	6648.37
7705.64	2902.67	547.99	258.81	1092.16	19092.13
14383.63	5981.33	508.42	644.69	2081.38	45145.83
6202.87	2064.97	123.71	236.26	284.02	15494.93
3413.17	1388.91	500.94	62.38	75.65	9276.50
2839.62	1144.73	136.95	254.06	253.24	8529.96
1687.71	645.62	164.93	97.69	93.37	5875.36
13384.73	4150.53	1408.53	134.88	404.20	41356.96
5611.01	2351.66	385.03	83.08	71.30	18578.09
5350.27	1915.91	879.90	37.83	199.70	12653.84
2717.72	885.99	201.39	15.28	23.32	7659.02
12901.23	5686.27	508.85	1163.03	1229.50	41441.33
1226.38	469.94	123.07	41.94	57.69	3952.10
219.30	133.51	6.97		82.73	310.52
1800.19	713.37	67.73	67.48	85.42	5052.06
4637.19	1733.33	401.92	33.01	38.72	11309.11
1328.87	505.98	153.95	0.52	4.68	2257.76
2443.70	718.48	223.76	10.03	0.98	3899.45
119.14	33.81	14.70			15.19
4860.50	2291.06	1672.72	3.91	29.82	7813.76
1873.74	1099.35	622.92	0.02	6.22	5050.51
709.62	243.46	114.84		13.73	911.59
893.43	402.45	129.20		4.85	1429.86
2847.34	2284.30	835.32	2.15	2.55	4227.20

4-13 续表 2

地 区	主营业务成本	主营业务税金及附加	管理费用	营业费用
全 国	**299600.95**	**8940.86**	**14047.46**	**9087.44**
北 京	8488.09	186.45	273.68	360.29
天 津	9821.74	225.66	280.79	243.08
河 北	16720.55	250.11	603.99	214.00
山 西	8417.85	110.60	702.20	303.64
内蒙古	4753.48	92.83	246.93	205.28
辽 宁	12986.64	543.97	799.67	249.65
吉 林	6682.06	199.65	332.80	242.51
黑龙江	4443.61	681.00	352.04	126.55
上 海	16106.13	692.33	746.06	579.07
江 苏	38921.84	548.26	1289.16	929.56
浙 江	12950.30	393.49	552.70	423.90
安 徽	7921.20	101.52	443.60	246.91
福 建	7101.44	195.65	376.26	262.06
江 西	5116.81	117.33	177.55	111.08
山 东	35103.78	761.21	1338.81	845.51
河 南	15934.72	367.14	594.66	321.43
湖 北	10668.64	395.22	562.17	347.03
湖 南	6106.74	467.85	395.81	201.98
广 东	35274.68	559.28	1662.31	1762.41
广 西	3378.09	34.02	182.83	103.50
海 南	240.26	6.28	10.89	11.21
重 庆	4350.84	107.02	280.08	140.16
四 川	9234.89	268.84	523.51	320.97
贵 州	1652.84	165.22	104.70	64.44
云 南	2746.75	591.48	197.25	97.30
西 藏	23.27	0.10	0.29	0.06
陕 西	5527.97	316.58	543.89	155.49
甘 肃	4191.53	229.90	168.92	126.51
青 海	642.25	33.13	43.95	18.60
宁 夏	1161.78	18.42	70.17	21.70
新 疆	2930.17	280.34	189.78	51.54

单位：亿元

财务费用		营业利润	利润总额	亏损企业亏损总额	本年应交增值税	全部从业人员平均人数（万人）
	利息支出					
3702.83	**4271.60**	**26988.23**	**26433.71**	**1731.42**	**12316.47**	**3231.56**
103.78	125.65	603.85	653.51	55.60	259.81	50.43
64.82	80.09	1302.83	1315.25	39.75	507.29	65.65
277.78	264.82	966.74	950.12	102.87	516.78	148.63
219.84	221.37	815.97	801.19	59.71	586.57	133.65
121.77	120.62	1085.40	991.55	18.94	328.01	49.27
155.61	216.54	502.67	521.35	256.16	446.91	127.04
58.65	66.60	626.41	637.97	99.20	246.60	59.21
40.67	67.69	1116.03	1118.77	35.67	433.14	73.27
-17.15	96.70	1277.52	1326.42	59.18	468.44	92.46
338.99	425.99	3434.17	3060.74	82.54	1271.39	373.36
183.79	219.46	1106.83	1150.36	9.35	435.10	138.71
125.59	128.11	714.67	586.72	39.99	390.61	96.39
64.17	76.54	773.77	776.12	24.21	215.29	109.64
54.66	54.63	323.42	311.81	26.28	164.62	61.73
508.76	525.92	3190.86	3102.93	86.82	1216.46	303.97
273.48	280.48	1095.74	1099.66	103.68	586.62	210.56
176.60	202.76	886.80	871.08	45.09	379.00	106.83
113.24	127.99	606.14	516.63	59.60	370.06	69.04
198.07	249.54	2339.35	2389.85	102.96	1455.69	503.36
59.99	67.87	265.16	277.12	13.58	130.58	38.79
6.72	8.26	35.31	36.47		15.76	3.04
49.60	57.79	255.83	244.50	15.99	189.95	49.69
153.48	164.11	738.52	737.75	61.74	479.76	138.12
53.63	58.73	248.64	256.11	14.70	117.38	35.23
74.88	82.14	332.66	330.51	10.19	244.69	28.35
-0.09	0.05	-8.07	-1.47	2.83	0.64	0.47
78.54	97.00	1204.59	1203.47	109.84	403.50	78.81
57.79	70.06	190.17	189.76	77.82	143.08	30.10
21.56	21.15	128.15	131.61	0.40	41.96	9.14
41.17	40.67	124.21	124.39	4.75	55.28	16.58
42.46	52.24	703.90	721.47	111.99	215.51	30.06

4-14 按地区分组的中型工业

地区	企业单位数（个）	亏损企业	工业总产值（当年价格）	工业销售产值（当年价格）	出口交货值
全国	**52236**	**6133**	**199366.15**	**194543.61**	**23314.45**
北京	621	96	2449.98	2390.97	209.54
天津	791	145	4233.07	4138.34	454.48
河北	1649	209	7726.75	7510.19	359.65
山西	938	249	3575.58	3413.32	34.68
内蒙古	653	105	5040.06	4933.20	35.54
辽宁	1610	241	7079.02	6891.58	597.88
吉林	550	103	2273.96	2187.44	72.90
黑龙江	506	112	1767.49	1715.01	25.88
上海	1562	257	7167.47	7033.46	1412.49
江苏	5706	710	23621.75	23250.72	4044.67
浙江	4924	476	18021.10	17597.70	3713.73
安徽	1245	128	5604.06	5447.21	288.59
福建	2850	191	9081.63	8824.05	1771.42
江西	1333	107	4751.68	4698.23	398.36
山东	4340	432	20012.17	19644.12	1770.41
河南	3301	177	12743.84	12575.79	153.13
湖北	1582	182	5787.31	5625.09	315.31
湖南	1734	106	5374.97	5279.11	184.28
广东	9061	1193	25887.75	25204.94	6768.84
广西	1073	133	4256.31	4025.63	167.32
海南	96	10	897.02	887.38	61.36
重庆	956	91	3290.64	3177.12	184.15
四川	2413	150	8876.47	8675.30	144.55
贵州	493	89	1495.30	1406.11	7.17
云南	659	115	1937.24	1863.33	42.39
西藏	9	1	24.07	26.30	
陕西	773	128	3330.42	3210.34	63.99
甘肃	290	74	770.85	722.58	4.72
青海	96	25	443.39	413.59	0.50
宁夏	129	32	508.35	473.98	9.60
新疆	293	66	1336.45	1301.46	16.94

企业主要经济指标

单位：亿元

资产总计	流动资产合计	应收账款	存货	产成品	固定资产合计
162942.05	**81093.32**	**18882.07**	**20063.32**	**7810.78**	**61325.84**
3986.25	2227.98	612.31	519.57	165.44	750.90
3888.64	2260.97	484.48	496.29	193.73	1200.59
5717.59	2717.71	536.99	759.09	329.78	2487.42
5199.68	2346.44	396.16	452.23	189.55	2036.44
4897.50	1794.20	293.73	282.28	117.67	2244.73
6027.46	2921.23	677.05	698.58	273.13	2460.98
2324.87	1000.25	226.35	243.13	86.37	1029.12
1998.38	898.58	168.46	262.36	101.86	880.54
6415.95	4083.86	1305.46	1104.48	392.46	1658.14
18302.30	10208.31	3000.00	2439.25	960.13	6153.77
16278.20	9252.79	2053.01	2138.48	830.92	4975.15
4447.44	1778.36	462.24	416.16	170.91	2072.78
7029.53	3455.13	830.78	858.11	338.15	2640.84
2776.09	1107.69	207.83	330.79	139.43	1343.46
13145.43	6618.32	1157.91	1642.27	672.92	5086.19
7027.39	2965.92	553.75	579.54	254.96	3446.09
4344.37	2209.48	484.10	570.65	247.04	1650.41
3008.38	1129.33	277.75	302.75	135.91	1549.57
19778.57	10970.24	3012.49	3104.94	1063.36	6453.72
3443.13	1639.01	247.50	481.64	192.48	1401.10
714.02	272.42	44.00	90.73	28.33	286.90
2626.43	1276.18	310.00	299.63	123.59	1005.73
6437.53	2794.50	554.00	671.65	273.78	2767.68
2095.63	659.60	128.64	142.13	46.30	996.06
2543.56	1049.57	192.04	278.53	122.68	1111.53
88.79	37.73	2.93	3.90	1.94	28.69
3629.24	1504.87	302.79	345.91	143.12	1569.87
1014.97	402.22	91.19	135.97	51.22	475.97
817.95	334.57	28.71	77.75	26.06	288.70
927.35	363.68	63.59	98.89	43.15	447.77
2009.47	812.21	175.84	235.64	94.38	825.01

4-14 续表 1

地 区	固定资产原价	累计折旧	负债合计	流动负债合计
全 国	**92243.79**	**36226.49**	**95167.95**	**73453.55**
北 京	1198.99	454.90	1843.27	1565.99
天 津	1712.35	628.74	2375.00	1995.60
河 北	3575.53	1295.68	3397.48	2699.34
山 西	2531.68	762.57	3682.17	2772.12
内蒙古	3445.11	1393.45	3126.95	1834.83
辽 宁	3806.42	1594.39	3560.75	2616.26
吉 林	1961.53	1021.13	1345.31	956.64
黑龙江	1243.17	458.49	1162.77	848.06
上 海	2893.95	1306.04	3425.83	3035.61
江 苏	10123.81	4240.27	10453.82	8687.68
浙 江	7243.60	2715.89	10074.13	8763.52
安 徽	3152.64	1228.24	2681.99	2007.48
福 建	3730.62	1383.86	3716.69	2913.77
江 西	1852.33	656.77	1487.33	1081.00
山 东	7751.60	3223.20	7801.66	6183.42
河 南	4674.72	1541.91	3550.34	2393.10
湖 北	2915.50	1403.54	2559.20	1920.55
湖 南	1934.00	572.40	1652.51	1025.76
广 东	10614.22	4531.54	11342.78	9293.83
广 西	1829.32	571.81	1972.93	1506.12
海 南	394.39	127.43	376.99	269.42
重 庆	1484.62	628.27	1649.44	1193.21
四 川	4477.01	1949.79	3612.17	2494.18
贵 州	1262.04	372.15	1481.29	874.93
云 南	1578.60	570.25	1609.24	1100.99
西 藏	35.58	7.26	32.67	14.48
陕 西	2222.35	787.87	2111.44	1403.86
甘 肃	737.61	308.26	652.95	443.00
青 海	349.29	100.68	567.83	369.68
宁 夏	524.73	101.88	643.46	346.24
新 疆	986.48	287.81	1217.56	842.89

单位：亿元

所有者权益合计	实收资本	国家资本	港澳台资本	外商资本	主营业务收入
67445.47	**35248.67**	**4305.62**	**3907.34**	**6215.36**	**195162.68**
2142.98	1182.53	25.81	59.69	191.68	2590.48
1503.34	956.78	75.93	60.37	273.43	4346.55
2297.18	1202.18	140.37	69.60	149.91	7602.49
1503.88	859.22	164.85	20.86	27.40	3407.41
1793.59	812.66	195.40	14.82	19.32	4966.13
2416.46	1347.34	263.37	64.72	295.91	7016.56
965.38	521.17	74.14	15.50	69.49	2134.20
834.27	421.96	75.94	19.51	59.87	1721.14
2990.12	1735.82	301.32	189.23	704.64	7335.17
7848.42	4326.45	332.89	649.42	1526.87	23259.13
6201.62	2918.27	258.18	374.96	463.67	17666.57
1753.27	810.29	154.03	47.25	72.38	5214.04
3284.78	1618.59	156.15	455.69	309.07	8826.93
1274.83	665.84	93.56	67.19	57.06	4774.53
5311.01	2233.71	277.74	109.73	359.65	19976.54
3430.78	1710.85	169.99	41.46	78.15	12594.08
1756.51	920.18	110.19	49.00	105.03	5482.43
1355.86	707.66	103.88	26.80	23.68	5142.79
8411.91	4942.26	367.97	1389.74	1108.62	25237.57
1457.51	783.05	96.15	54.47	65.06	3982.79
337.34	162.89	14.23	16.52	32.29	907.16
967.88	525.38	80.00	15.95	37.38	3147.61
2809.52	1217.35	161.25	32.53	101.96	8553.00
607.85	381.01	76.72	13.84	8.30	1285.13
940.84	490.26	81.61	8.37	20.40	1878.05
56.12	22.88	14.56		1.90	26.51
1512.31	838.63	196.35	22.29	31.95	3156.58
358.54	224.35	73.79	6.49	4.40	670.77
248.95	120.95	29.45	1.80	3.02	416.96
284.20	159.54	19.30	0.83	8.42	485.28
788.19	428.64	120.50	8.71	4.43	1358.09

4-14 续表 2

地 区	主营业务成本	主营业务税金及附加	管理费用	营业费用
全 国	**163486.07**	**1807.68**	**8273.24**	**4812.52**
北 京	2009.32	30.07	199.48	158.89
天 津	3722.21	33.82	168.95	80.45
河 北	6379.12	39.71	238.67	143.19
山 西	2631.66	34.03	224.62	76.55
内蒙古	3853.52	57.85	146.55	104.83
辽 宁	5890.97	61.19	326.23	179.17
吉 林	1767.06	22.45	120.90	67.91
黑龙江	1402.27	16.65	106.82	62.96
上 海	6140.51	16.78	415.71	327.81
江 苏	19757.52	105.94	924.81	555.20
浙 江	15251.18	114.62	706.78	391.44
安 徽	4301.54	28.70	198.64	129.06
福 建	7583.79	38.79	330.12	199.26
江 西	4054.73	29.88	116.34	77.42
山 东	17137.29	187.47	611.12	360.44
河 南	10692.05	80.93	298.46	265.12
湖 北	4562.19	45.23	327.11	160.06
湖 南	4063.40	46.40	378.94	157.67
广 东	21289.90	288.06	1079.41	576.68
广 西	3347.51	169.36	228.98	85.05
海 南	731.73	92.29	21.12	14.47
重 庆	2699.37	12.87	153.55	71.92
四 川	7036.48	89.72	426.56	252.47
贵 州	976.60	17.24	81.21	47.05
云 南	1522.58	15.44	119.87	68.22
西 藏	14.50	0.79	2.72	0.84
陕 西	2326.41	70.54	170.77	97.46
甘 肃	554.55	4.50	40.87	22.14
青 海	306.78	5.41	31.47	23.14
宁 夏	414.92	5.61	20.05	13.43
新 疆	1064.38	45.33	56.42	42.20

单位：亿元

财务费用		营业利润	利润总额	亏损企业	本年应交	全部从业人员平均人数（万人）
	利息支出			亏损总额	增值税	
2388.24	**2347.07**	**15933.53**	**15310.06**	**1196.10**	**6168.83**	**2946.21**
14.99	24.21	221.49	255.81	23.89	85.81	33.75
36.07	46.01	360.09	372.41	39.76	127.13	43.27
85.18	84.85	654.11	587.80	39.22	226.58	98.67
93.30	83.47	402.73	344.40	78.71	191.29	53.41
81.05	78.85	770.37	656.39	22.57	208.37	35.08
85.13	81.83	599.91	576.36	49.48	215.09	89.86
36.33	33.47	164.90	154.49	24.54	67.18	31.54
24.62	23.75	120.31	123.85	22.79	60.64	31.76
46.69	53.34	440.58	461.27	53.88	188.84	85.39
244.17	244.94	1777.90	1705.08	91.06	688.72	311.57
316.75	330.64	981.75	1019.39	65.39	521.86	254.66
65.30	61.52	470.94	441.38	23.63	169.38	67.97
103.71	108.14	742.85	730.34	20.49	254.36	165.02
42.92	40.86	379.71	365.34	28.98	156.01	70.41
241.45	213.55	1333.21	1237.28	90.60	520.02	235.26
129.32	111.79	1224.84	1182.86	51.64	340.14	164.27
73.77	63.55	489.64	426.63	34.99	139.79	85.80
54.80	44.77	484.76	434.21	14.05	229.42	91.32
192.11	205.14	1934.14	1955.07	144.18	709.67	591.38
44.24	52.34	273.46	242.98	75.02	128.38	60.48
5.48	5.95	48.97	52.56	1.76	28.47	5.15
39.28	38.32	221.65	204.29	16.46	93.63	51.75
112.78	103.95	841.80	772.72	27.38	366.68	133.41
43.86	48.35	104.46	115.54	29.67	64.11	26.11
40.85	40.56	177.27	176.13	24.69	88.19	36.80
0.67	0.76	6.98	7.86	0.14	3.07	0.45
47.66	46.35	473.11	463.15	38.66	180.47	45.08
18.54	17.69	33.35	36.16	18.71	24.02	17.39
17.85	8.45	52.88	53.33	13.49	22.72	5.62
23.10	23.10	19.10	21.93	7.67	14.85	7.08
26.26	26.56	126.29	133.05	22.60	53.90	16.50

4-15 按地区分组的小型

地区	企业单位数（个）	亏损企业	工业总产值（当年价格）	工业销售产值（当年价格）	出口交货值
全 国	**256319**	**22256**	**288177.66**	**281841.47**	**17857.26**
北 京	2819	445	3146.10	3095.37	206.22
天 津	3783	586	4420.61	4395.70	324.21
河 北	9252	716	13452.36	13109.17	297.77
山 西	2326	600	2986.19	2856.40	24.03
内蒙古	3233	386	6321.11	6192.68	67.07
辽 宁	14522	903	19924.79	19603.24	663.18
吉 林	4331	292	6674.04	6521.25	72.70
黑龙江	2633	309	3098.13	3001.69	28.19
上 海	7652	1316	7449.77	7396.37	1077.36
江 苏	35546	3196	38736.30	38139.85	3038.50
浙 江	28240	2817	22396.04	21797.21	4069.67
安 徽	10568	779	10646.46	10354.24	254.92
福 建	10576	741	9527.18	9309.27	1110.81
江 西	4955	230	7865.48	7786.70	368.10
山 东	29584	1174	38158.49	37374.30	1739.98
河 南	14348	314	16455.58	16215.13	113.22
湖 北	8530	637	9278.28	8992.43	198.49
湖 南	10408	299	13060.07	12855.04	188.18
广 东	26943	3030	26359.94	25776.09	3599.82
广 西	3743	491	4461.54	4261.06	143.04
海 南	237	47	385.82	377.52	12.90
重 庆	3574	268	3240.92	3148.11	58.27
四 川	9157	666	10476.65	10216.38	82.47
贵 州	1660	436	1684.53	1591.82	18.81
云 南	1940	449	1881.55	1785.35	29.51
西 藏	42	9	34.83	31.59	0.02
陕 西	2669	463	2919.45	2787.51	21.50
甘 肃	974	242	1037.51	872.56	12.76
青 海	255	64	440.17	412.51	1.69
宁 夏	557	104	505.01	482.63	10.54
新 疆	1262	247	1152.78	1102.31	23.34

工业企业主要经济指标

单位：亿元

资产总计	流动资产合计	应收账款	存货	产成品	固定资产合计
165789.51	**85579.64**	**22176.12**	**20706.13**	**8823.74**	**62687.79**
3401.10	2309.15	695.13	580.79	226.71	574.12
3359.40	2149.07	565.96	517.20	193.27	898.82
6031.27	2716.18	651.73	710.24	331.80	2821.64
2532.53	1213.30	288.71	299.34	141.98	1065.90
4216.04	1544.84	319.70	302.74	145.95	2193.02
8784.50	3761.89	894.07	789.04	370.90	3925.24
3158.76	1209.57	258.90	359.19	157.62	1638.41
2106.72	977.95	227.83	295.58	117.92	908.80
7039.96	4553.93	1465.52	1200.10	430.91	1796.75
22313.85	13350.50	4183.65	3069.30	1266.89	6870.38
20055.52	12560.18	3334.30	2687.40	1119.64	5648.49
5261.72	2811.23	787.92	809.93	329.32	1892.28
5542.36	3016.43	799.35	752.73	339.84	1935.65
2854.28	1197.63	262.26	324.46	157.23	1324.92
14182.97	6501.72	1327.94	1573.91	705.23	6091.74
7060.14	2939.85	526.94	534.53	263.29	3466.60
4804.25	2279.67	583.77	603.44	299.63	1902.91
4864.16	1617.30	390.56	416.37	194.22	2693.08
15573.90	9392.82	2517.14	2501.68	862.89	4751.49
2776.70	1139.00	256.58	306.50	156.29	1280.94
464.38	193.45	37.26	43.43	18.43	167.35
2016.85	915.43	245.32	209.21	90.03	829.59
6369.55	2607.10	601.28	594.68	284.77	2996.34
1290.18	563.97	115.36	133.07	66.30	512.60
2644.54	1056.72	168.96	272.37	141.28	1270.59
109.17	35.36	5.67	7.61	2.97	39.75
2346.46	1189.74	283.33	275.53	131.45	932.42
1529.72	530.58	138.27	160.39	78.77	799.20
935.66	294.12	44.16	50.35	25.53	517.63
605.80	286.87	62.93	99.31	54.30	245.71
1557.11	664.10	135.62	225.70	118.38	695.43

4-15 续表 1

地 区			负债合计	
	固定资产原价	累计折旧		流动负债合计
全 国	**90383.86**	**33164.43**	**91009.67**	**72147.48**
北 京	902.39	350.58	1837.68	1674.37
天 津	1261.00	462.61	1943.03	1755.10
河 北	3502.70	885.97	3050.09	2388.81
山 西	1311.33	352.47	1736.99	1318.10
内蒙古	2781.48	783.23	2580.33	1696.06
辽 宁	6186.72	2763.44	3912.81	2815.14
吉 林	3874.79	2476.71	1435.31	1074.87
黑龙江	1102.37	258.57	1128.33	834.04
上 海	2888.26	1179.56	3757.17	3326.32
江 苏	10789.63	4192.91	12765.16	11342.41
浙 江	7734.40	2613.38	12860.23	11816.86
安 徽	2656.10	951.32	2766.13	2212.79
福 建	2569.24	809.99	2879.72	2329.55
江 西	1717.04	573.96	1357.21	1049.59
山 东	8559.95	3038.29	6250.39	4798.28
河 南	4106.24	969.83	2810.78	1862.95
湖 北	4024.74	2350.53	2574.39	1930.25
湖 南	3094.65	684.10	2246.19	1354.49
广 东	7929.28	3477.93	9501.17	8092.97
广 西	1697.53	510.44	1633.28	982.72
海 南	247.09	86.43	192.89	148.79
重 庆	1234.71	474.63	1150.31	770.69
四 川	3948.47	1226.00	3772.39	2348.82
贵 州	564.75	131.23	792.34	515.95
云 南	1534.71	361.85	1758.44	1044.46
西 藏	49.34	12.36	39.24	32.03
陕 西	1084.83	276.92	1270.30	939.24
甘 肃	1191.48	434.82	1029.96	493.61
青 海	699.91	201.82	652.85	250.50
宁 夏	294.31	66.16	400.41	267.08
新 疆	844.42	206.38	924.17	680.65

单位：亿元

所有者权益合计	实收资本				主营业务收入
		国家资本	港澳台资本	外商资本	
74444.50	**51475.25**	**2102.43**	**3184.23**	**5803.99**	**283400.11**
1563.43	880.98	30.70	60.43	145.87	3361.91
1410.76	1492.81	82.70	61.02	422.20	4517.65
2933.40	1530.06	70.64	41.92	94.19	13259.19
788.98	517.07	56.44	7.51	11.94	2866.19
1620.77	863.58	127.97	13.39	25.80	6189.24
4810.97	2201.17	84.50	66.97	198.01	20294.46
1706.84	703.87	43.90	7.43	40.45	6483.07
971.75	462.85	39.28	7.26	41.18	3024.50
3282.79	2197.30	155.19	260.32	803.45	7710.33
9548.51	15854.99	112.83	607.20	1538.92	38174.85
7331.79	4424.42	150.35	531.55	659.80	21810.43
2462.79	1272.91	49.71	32.62	63.17	10190.79
2634.22	1566.14	39.34	255.70	203.41	9366.10
1477.11	812.70	31.17	59.38	22.61	7883.62
7813.09	3311.36	102.42	96.47	378.43	37751.07
4200.99	2204.73	57.18	27.68	23.94	16413.52
2192.65	1230.49	56.46	31.52	73.92	8842.62
2617.97	1347.26	72.34	36.81	27.21	12854.03
6139.50	3660.00	122.87	872.88	781.55	25702.95
1114.86	562.63	42.89	18.95	37.04	4231.10
269.81	126.71	19.21	6.43	7.69	382.41
853.36	448.79	51.40	11.20	28.64	3149.32
2585.26	1283.37	111.32	31.70	57.24	9972.48
488.77	312.46	69.69	3.80	18.53	1451.88
882.03	546.56	54.55	18.06	34.52	1815.70
69.67	34.35	2.26		1.33	30.91
1069.42	595.37	37.10	6.85	32.19	2791.76
491.76	370.33	115.18	2.78	9.48	839.10
278.36	154.90	10.32		1.17	391.17
204.05	117.32	19.26	0.78	5.95	496.45
628.82	387.76	83.27	5.65	14.16	1151.31

4-1 续表 2

地 区	主营业务成本	主营业务税金及附加	管理费用	营业费用
全 国	**241133.32**	**1885.77**	**9699.85**	**6286.35**
北 京	2834.16	15.17	199.65	130.46
天 津	4031.85	18.42	160.07	95.54
河 北	11327.98	69.20	278.53	229.21
山 西	2456.28	19.57	79.15	77.48
内蒙古	4879.91	72.01	187.40	109.18
辽 宁	17209.09	127.56	732.13	402.03
吉 林	5550.08	48.25	250.62	159.67
黑龙江	2599.46	14.12	88.30	56.31
上 海	6518.33	18.30	486.49	268.55
江 苏	33277.00	190.63	1251.74	718.51
浙 江	18937.00	93.21	912.48	445.39
安 徽	8748.54	176.15	277.50	226.48
福 建	8057.86	51.03	334.05	208.71
江 西	6811.67	45.88	131.83	93.55
山 东	32015.84	254.14	933.10	673.78
河 南	13620.66	140.54	301.72	357.37
湖 北	7522.07	68.75	362.28	222.34
湖 南	10126.94	142.02	634.96	306.75
广 东	22479.13	100.61	928.52	794.05
广 西	3535.14	23.31	251.73	87.61
海 南	288.56	3.22	15.08	16.91
重 庆	2658.35	15.71	114.44	73.07
四 川	8403.69	91.44	382.97	248.43
贵 州	1185.87	20.72	69.17	56.43
云 南	1491.28	12.96	84.04	48.56
西 藏	18.68	0.40	3.33	2.50
陕 西	2174.95	32.39	125.87	89.74
甘 肃	700.90	5.08	26.85	21.06
青 海	307.56	3.99	24.89	9.51
宁 夏	431.82	2.42	20.08	14.46
新 疆	932.68	8.55	50.90	42.72

单位：亿元

财务费用		营业利润	利润总额	亏损企业	本年应交	全部从业人员平均人数（万人）
	利息支出			亏损总额	增值税	
2762.54	**2384.04**	**20624.48**	**19438.93**	**957.94**	**7707.79**	**2957.30**
17.70	22.26	193.17	216.01	30.11	79.36	32.43
29.29	31.27	233.05	243.97	30.89	112.39	39.82
105.61	91.54	1141.47	1091.45	31.03	316.18	107.41
54.11	46.61	183.11	136.87	40.07	107.59	24.92
67.73	56.01	724.33	541.63	24.36	188.80	38.51
122.14	83.88	1546.03	1402.27	32.72	380.46	151.01
58.97	48.18	420.37	374.53	15.25	134.50	48.19
28.62	24.41	211.80	201.47	14.72	91.23	28.89
54.84	56.38	431.31	460.45	65.10	174.38	90.37
357.81	317.05	2430.04	2289.72	124.68	1151.31	405.66
419.77	417.84	1104.62	1136.26	92.71	570.79	323.54
86.60	73.46	710.80	624.24	23.26	236.40	98.90
100.43	86.86	621.99	598.39	24.54	229.13	127.02
44.81	37.18	559.60	537.16	24.06	232.87	70.71
287.10	198.00	2761.14	2706.25	51.31	1095.63	312.29
140.04	107.55	1854.10	1844.86	34.42	470.03	171.22
98.88	71.08	619.79	565.60	23.15	190.97	86.44
91.85	70.96	1055.41	878.44	11.70	476.04	128.86
162.24	156.20	1511.22	1510.95	102.63	552.03	352.12
55.95	48.33	485.01	371.41	20.15	115.69	47.48
4.14	4.23	57.22	66.48	2.20	17.46	3.31
33.77	31.46	221.05	211.08	10.38	81.31	44.02
136.63	118.90	764.16	685.57	31.23	341.99	108.70
22.17	19.19	87.73	84.69	20.81	53.44	21.46
51.67	45.73	152.49	131.20	21.10	70.84	25.33
0.15	0.18	6.12	6.57	1.48	2.36	0.67
33.30	28.91	324.74	307.12	17.73	136.04	32.29
29.93	26.90	40.60	41.30	13.72	27.63	12.00
28.29	26.14	44.16	37.84	3.29	19.16	3.29
12.48	12.17	28.58	28.96	4.51	10.21	6.19
25.50	25.21	99.28	106.18	14.62	41.56	14.25

4-16 按地区分组的微型

地区	企业单位数（个）	亏损企业	工业总产值（当年价格）	工业销售产值（当年价格）	出口交货值
全　国	**7943**	**1198**	**5217.64**	**5103.11**	**246.21**
北　京	148	20	70.40	71.54	2.37
天　津	248	43	151.54	150.77	3.36
河　北	274	35	150.91	147.28	2.47
山　西	111	34	48.60	47.24	0.11
内蒙古	136	22	113.52	111.81	0.08
辽　宁	522	80	332.17	326.68	9.31
吉　林	166	14	198.64	192.07	1.25
黑龙江	114	18	71.66	69.94	0.55
上　海	421	104	160.31	160.32	15.80
江　苏	943	91	455.93	450.58	18.10
浙　江	924	141	398.31	392.27	38.00
安　徽	379	40	288.16	282.61	11.80
福　建	272	26	129.83	128.00	5.90
江　西	50	9	48.14	46.45	0.30
山　东	1012	40	1298.14	1258.20	55.18
河　南	138	5	61.18	59.22	
湖　北	222	30	138.77	135.38	0.14
湖　南	138	10	76.82	75.77	0.47
广　东	966	199	675.62	663.38	76.99
广　西	92	30	55.47	53.15	0.89
海　南	12	7	2.59	1.97	
重　庆	74	16	33.73	33.95	
四　川	138	34	54.35	53.77	0.36
贵　州	105	51	64.08	61.96	
云　南	67	25	29.05	28.62	0.55
西　藏	3	3	0.53	0.53	
陕　西	73	17	35.26	29.95	1.10
甘　肃	43	16	11.56	9.96	0.12
青　海	12	4	3.12	3.10	0.15
宁　夏	30	5	11.28	11.00	0.01
新　疆	110	29	47.97	45.64	0.84

工业企业主要经济指标

单位：亿元

资产总计	流动资产合计				固定资产合计
		应收账款	存货		
				产成品	
4066.39	**1693.67**	**443.83**	**324.40**	**119.64**	**1407.79**
50.88	40.31	14.72	6.53	1.72	7.39
176.64	103.01	41.77	9.10	2.43	56.69
149.98	52.45	10.56	7.30	3.93	84.57
81.11	30.76	5.54	6.61	3.10	40.03
536.82	101.03	12.22	4.86	2.15	147.66
190.27	84.23	25.22	14.13	6.22	89.30
118.71	35.40	12.56	5.44	2.76	63.63
79.84	21.73	7.15	4.85	2.38	51.29
189.29	119.82	37.99	25.09	10.03	41.69
246.33	159.35	54.67	21.54	8.24	50.44
329.34	194.78	54.77	37.09	15.02	96.46
117.37	63.10	13.57	9.18	4.22	43.27
88.69	35.40	12.64	6.41	3.33	42.66
26.39	13.87	3.80	4.28	2.98	6.25
659.24	216.63	26.57	72.13	14.32	129.62
48.54	22.52	5.75	2.53	1.06	15.38
45.68	21.42	6.17	5.40	2.62	19.02
32.79	8.46	1.63	1.77	0.79	19.33
425.48	195.46	58.07	40.30	14.15	167.42
52.82	23.32	2.80	5.66	3.14	20.27
8.07	3.40	1.04	1.03	0.50	2.45
31.99	13.22	1.85	1.55	0.67	13.68
48.95	20.36	6.29	3.69	1.84	24.05
97.85	24.54	2.53	5.52	0.64	57.87
73.08	15.80	4.21	3.43	1.25	41.90
1.93	0.66	0.08	0.10	0.02	0.88
31.98	17.80	5.61	2.74	1.34	11.77
48.86	9.78	1.95	1.60	1.05	34.12
2.23	0.85	0.12	0.38	0.26	1.26
10.07	7.15	1.78	1.72	1.20	2.59
65.19	37.07	10.17	12.43	6.29	24.85

4-16 续表 1

地 区			负债合计	
	固定资产原价	累计折旧		流动负债合计
全 国	**2100.65**	**618.41**	**2545.71**	**1722.11**
北 京	12.10	4.76	30.16	29.48
天 津	63.08	9.06	126.91	98.87
河 北	81.86	14.23	101.70	45.72
山 西	27.91	4.45	57.79	45.63
内蒙古	192.84	48.28	395.87	248.87
辽 宁	103.00	16.55	105.80	60.58
吉 林	115.72	54.38	53.88	24.81
黑龙江	55.28	6.15	54.41	27.17
上 海	56.15	15.88	113.08	79.40
江 苏	80.68	31.37	141.65	125.00
浙 江	128.84	37.98	210.35	177.54
安 徽	55.05	13.74	48.72	39.02
福 建	54.17	13.65	46.69	28.52
江 西	7.15	1.59	15.34	11.40
山 东	494.66	176.63	425.19	262.40
河 南	10.47	1.80	19.76	16.26
湖 北	22.02	7.54	23.59	18.03
湖 南	22.47	5.04	17.09	9.98
广 东	244.50	89.18	245.60	163.40
广 西	24.84	6.80	29.86	18.73
海 南	3.82	1.61	8.74	6.14
重 庆	15.16	1.90	24.20	16.22
四 川	22.43	3.25	31.71	18.14
贵 州	82.03	28.45	78.33	67.01
云 南	50.35	9.24	48.41	23.64
西 藏	1.56	0.71	0.69	0.69
陕 西	13.59	3.87	10.85	8.86
甘 肃	25.08	3.57	27.71	11.82
青 海	2.43	1.17	1.35	1.26
宁 夏	2.64	0.40	6.54	5.71
新 疆	28.78	5.17	43.73	31.81

单位：亿元

所有者权益合计	实收资本				主营业务收入
		国家资本	港澳台资本	外商资本	
1509.20	**1134.32**	**106.77**	**85.02**	**90.31**	**4374.30**
20.72	12.48	0.06	0.62	2.10	75.50
49.23	44.55	2.24	8.71	5.78	203.81
47.20	150.62	9.56	0.08	1.30	149.01
23.26	14.42	1.71	0.13		45.05
140.77	137.06	10.43	1.80	2.65	97.00
81.35	49.96	4.31	5.37	2.98	333.56
64.01	33.37	11.48	0.08	6.58	143.66
25.31	20.33	1.71	1.81	1.66	60.58
76.20	46.95	5.76	8.91	13.84	162.32
104.66	60.19	2.11	6.04	12.40	450.29
119.07	85.32	0.53	8.69	9.64	386.50
68.27	34.81	1.36	10.70	1.82	278.83
41.62	27.72	1.42	1.63	3.39	127.96
10.66	7.24	1.35		0.79	46.83
232.31	126.99	2.29	3.11	8.50	681.67
29.72	25.39	0.01			61.52
21.80	13.30	1.71	0.02	0.12	102.99
15.70	10.98	0.56	0.02		70.37
178.79	123.13	34.60	26.41	11.31	602.09
22.27	10.29	0.17	0.83		50.88
-0.67	2.96	0.16			1.91
7.78	12.45			1.48	33.35
17.13	11.78	0.42	0.03	1.16	53.32
18.77	11.26	0.94		0.60	27.34
24.66	17.65	0.06	0.02	0.50	28.71
1.24	1.11	0.78			0.02
20.62	8.51	0.14		0.02	28.02
20.99	11.54	0.03		1.65	8.37
0.88	0.85				3.08
3.51	1.98	0.03			14.11
21.37	19.12	10.86	0.01	0.03	45.65

4-16 续表 2

地 区	主营业务成本	主营业务税金及附加	管理费用	营业费用
全 国	**3871.65**	**35.22**	**144.62**	**73.32**
北 京	66.04	0.23	2.69	2.70
天 津	194.77	0.23	3.16	1.84
河 北	129.20	2.10	2.61	1.78
山 西	41.05	0.78	1.94	1.06
内蒙古	78.00	1.35	2.85	0.74
辽 宁	294.44	1.82	8.31	4.51
吉 林	122.04	0.86	6.40	3.13
黑龙江	53.53	0.13	1.33	0.64
上 海	146.90	0.24	8.06	3.33
江 苏	413.69	1.15	9.16	6.16
浙 江	355.02	1.21	10.01	5.50
安 徽	255.59	0.75	4.32	5.34
福 建	109.16	0.64	4.78	3.18
江 西	44.35	0.10	0.45	0.24
山 东	559.18	16.35	44.13	14.60
河 南	54.39	0.60	0.78	0.73
湖 北	92.48	0.43	1.97	1.59
湖 南	55.13	0.47	2.65	1.06
广 东	525.50	3.55	15.40	8.51
广 西	45.03	0.28	4.21	0.70
海 南	1.77	0.03	0.64	0.05
重 庆	30.05	0.13	0.65	0.53
四 川	46.64	0.43	1.53	1.30
贵 州	50.98	0.33	1.90	0.55
云 南	23.78	0.11	0.86	0.43
西 藏	0.01		0.16	0.01
陕 西	22.08	0.57	1.31	0.97
甘 肃	6.00	0.03	0.32	0.09
青 海	2.96	0.02	0.36	0.04
宁 夏	13.06	0.03	0.21	0.24
新 疆	38.80	0.26	1.46	1.77

单位：亿元

财务费用		营业利润	利润总额	亏损企业 亏损总额	本年应交 增 值 税	全部从业人 员平均人数 （万人）
	利息支出					
59.84	**51.59**	**197.92**	**213.63**	**27.75**	**109.62**	**32.22**
0.15	0.24	4.23	4.17	0.45	2.08	0.71
1.30	1.09	1.73	2.09	1.42	11.46	0.58
2.96	2.79	10.75	9.63	0.57	2.50	1.32
0.64	0.25	0.70	0.51	0.84	1.25	0.66
6.56	6.01	6.33	21.37	0.43	3.53	0.72
3.33	3.00	11.67	11.23	1.71	4.79	1.01
1.79	1.42	11.51	8.98	0.69	2.36	0.57
1.56	1.59	2.42	2.56	0.50	0.85	0.31
2.19	2.06	3.40	5.69	3.08	2.54	1.11
2.90	2.43	18.99	18.90	1.04	6.60	1.27
5.74	5.49	13.92	14.44	2.63	8.47	2.50
1.10	0.94	10.46	10.82	0.49	4.05	0.83
1.87	1.29	9.90	9.70	0.55	3.05	2.14
0.64	0.39	1.62	1.62	0.21	0.86	0.10
14.12	11.54	50.17	51.25	2.03	31.49	8.25
0.40	0.22	4.29	4.21	0.05	0.94	1.05
0.86	0.43	3.53	2.95	0.36	0.77	0.57
0.50	0.43	4.20	3.71	0.21	2.24	0.45
4.19	3.72	15.64	16.36	4.04	11.07	4.28
0.46	0.42	3.79	3.31	0.60	1.35	0.35
0.09	0.08	-0.68	-0.68	0.71	0.05	0.16
0.41	0.38	0.52	0.47	0.41	0.69	0.30
0.86	0.56	1.80	1.80	0.40	1.13	0.26
0.97	0.92	-1.28	-0.14	1.78	2.29	1.68
2.13	2.12	1.86	1.87	1.10	1.07	0.14
		-0.11	-0.13	0.13		0.04
0.17	0.13	2.58	2.56	0.48	0.67	0.23
0.56	0.32	0.76	0.88	0.20	0.22	0.13
0.03	0.01	0.02	0.06	0.03	0.05	0.06
0.16	0.10	0.41	0.40	0.02	0.16	0.06
1.21	1.21	2.82	3.03	0.60	1.03	0.39

4-17 按地区分组的煤炭开采和

地区	企业单位数（个）	亏损企业	工业总产值（当年价格）	工业销售产值（当年价格）	出口交货值
全　国	**7695**	**892**	**28919.81**	**28296.02**	**57.52**
北　京	6	1	687.04	684.29	24.33
天　津	3		927.78	927.78	
河　北	153	13	1386.31	1350.86	2.45
山　西	1152	280	6457.25	6195.65	22.79
内蒙古	398	48	3718.54	3683.64	0.05
辽　宁	184	6	533.20	530.60	
吉　林	137	16	400.86	383.26	
黑龙江	244	22	712.42	672.36	
上　海					
江　苏	15	1	309.57	306.40	
浙　江	1		9.34	9.17	
安　徽	78	7	1056.89	1045.41	
福　建	175	2	207.32	208.81	
江　西	164	1	200.67	196.73	0.01
山　东	290	10	2922.68	2899.07	2.22
河　南	633	6	2511.25	2477.48	
湖　北	100	5	64.25	64.01	
湖　南	774	31	905.53	901.92	1.49
广　东					
广　西	13	4	29.02	27.87	
海　南					
重　庆	392	17	373.67	366.87	1.10
四　川	928	56	1345.54	1338.08	0.47
贵　州	743	198	1015.80	971.14	0.20
云　南	402	71	353.58	349.68	2.27
西　藏					
陕　西	441	50	1869.15	1808.25	
甘　肃	70	10	240.73	225.66	0.01
青　海	25	4	131.86	127.71	
宁　夏	65	10	373.96	367.93	0.12
新　疆	109	23	175.61	175.39	

洗选业主要经济指标

单位：亿元

资产总计	流动资产合计	应收账款	存货	产成品	固定资产合计
37936.27	**16492.86**	**2313.40**	**1787.42**	**740.26**	**13979.24**
185.83	97.78	23.00	13.54	13.36	7.02
920.63	809.18	553.01	134.24	40.37	61.34
1689.11	896.95	158.26	108.73	45.57	581.32
10621.42	5032.35	621.33	435.77	199.12	3702.92
4568.74	2050.76	191.69	177.11	80.38	1583.22
869.76	371.58	21.56	75.19	17.17	271.53
263.83	88.39	13.44	10.96	5.88	151.00
758.28	261.08	56.47	56.61	30.01	365.25
549.86	188.51	28.40	37.60	11.04	249.40
13.82	7.08	0.58	0.90	0.69	6.74
2440.30	597.79	35.14	76.01	37.67	1382.91
100.73	44.30	6.75	3.52	1.70	29.51
160.92	52.72	8.47	6.67	3.88	80.23
4277.53	1748.38	103.86	223.53	79.74	1551.93
2983.86	1068.54	101.28	120.51	43.22	1328.79
32.44	11.08	1.20	1.36	0.31	18.67
296.31	78.40	10.72	11.46	5.88	190.38
46.10	16.45	1.65	1.27	0.42	18.99
343.83	108.95	19.89	13.88	6.41	122.11
716.91	308.84	40.23	30.77	13.70	305.96
1161.58	477.56	72.77	43.23	18.73	417.36
463.71	223.27	33.25	20.45	8.90	151.07
2495.99	1306.76	131.74	69.85	21.62	645.81
380.37	147.12	27.53	19.96	6.37	170.44
269.92	161.83	10.43	11.01	10.00	29.38
849.84	228.32	29.90	65.28	29.97	405.52
474.63	108.89	10.86	18.01	8.14	150.43

4-17 续表 1

地 区	固定资产原价	累计折旧	负债合计	流动负债合计
全 国	**17607.58**	**6693.41**	**22557.63**	**15181.15**
北 京	19.15	11.87	64.95	63.22
天 津	240.31	180.86	862.42	862.42
河 北	770.91	319.86	1097.86	777.21
山 西	4467.95	1699.61	6645.86	4677.82
内蒙古	1867.11	717.79	2164.14	1230.10
辽 宁	503.11	268.85	496.68	350.24
吉 林	243.51	100.51	176.77	132.36
黑龙江	545.10	255.72	575.95	509.26
上 海				
江 苏	343.32	130.13	339.56	206.20
浙 江	8.53	4.63	9.16	5.81
安 徽	1325.89	509.92	1690.62	902.39
福 建	39.62	15.69	48.18	44.36
江 西	78.79	21.53	98.01	56.15
山 东	2028.58	730.20	2677.74	1556.30
河 南	1551.60	475.60	1705.48	1193.09
湖 北	21.74	5.76	14.97	12.41
湖 南	237.22	66.91	124.65	85.31
广 东				
广 西	20.03	6.43	28.33	19.17
海 南				
重 庆	160.95	55.83	157.74	115.78
四 川	543.94	294.74	442.67	306.04
贵 州	491.93	145.75	684.83	462.93
云 南	168.45	48.37	262.16	193.84
西 藏				
陕 西	912.58	311.92	1012.72	700.57
甘 肃	279.34	128.47	240.17	177.42
青 海	32.07	7.69	132.27	111.88
宁 夏	529.38	124.91	522.70	271.19
新 疆	176.47	53.85	281.06	157.67

4-17 续表 2

地区	主营业务成本	主营业务税金及附加	管理费用	营业费用
全国	**22632.84**	**509.79**	**2368.11**	**825.44**
北京	624.40	4.13	6.80	7.32
天津	803.01	26.04	8.80	3.77
河北	1932.44	14.05	98.21	26.09
山西	4898.36	101.56	629.83	258.71
内蒙古	2473.65	103.21	160.81	174.07
辽宁	379.49	8.13	71.87	8.76
吉林	320.27	3.35	38.12	5.76
黑龙江	532.76	8.52	62.45	8.16
上海				
江苏	228.35	6.34	38.64	4.71
浙江	12.01	0.11	2.08	0.09
安徽	903.03	9.44	147.39	10.08
福建	158.75	3.02	24.61	3.88
江西	150.52	2.82	10.68	3.51
山东	2347.96	44.06	329.56	65.06
河南	2498.63	40.53	185.04	40.17
湖北	46.59	1.16	4.46	1.21
湖南	686.80	11.51	56.94	19.12
广东				
广西	12.96	0.65	4.70	0.51
海南				
重庆	293.26	4.30	23.58	8.32
四川	1063.40	17.53	97.60	32.39
贵州	533.43	27.77	73.98	38.97
云南	244.15	7.95	34.93	15.17
西藏				
陕西	900.40	44.38	172.13	61.15
甘肃	149.80	4.59	23.34	5.96
青海	91.91	2.99	9.11	10.46
宁夏	229.53	6.94	34.21	5.91
新疆	116.98	4.73	18.23	6.11

4-17 续表 2

地 区	主营业务成本	主营业务税金及附加	管理费用	营业费用
全 国	**22632.84**	**509.79**	**2368.11**	**825.44**
北 京	624.40	4.13	6.80	7.32
天 津	803.01	26.04	8.80	3.77
河 北	1932.44	14.05	98.21	26.09
山 西	4898.36	101.56	629.83	258.71
内蒙古	2473.65	103.21	160.81	174.07
辽 宁	379.49	8.13	71.87	8.76
吉 林	320.27	3.35	38.12	5.76
黑龙江	532.76	8.52	62.45	8.16
上 海				
江 苏	228.35	6.34	38.64	4.71
浙 江	12.01	0.11	2.08	0.09
安 徽	903.03	9.44	147.39	10.08
福 建	158.75	3.02	24.61	3.88
江 西	150.52	2.82	10.68	3.51
山 东	2347.96	44.06	329.56	65.06
河 南	2498.63	40.53	185.04	40.17
湖 北	46.59	1.16	4.46	1.21
湖 南	686.80	11.51	56.94	19.12
广 东				
广 西	12.96	0.65	4.70	0.51
海 南				
重 庆	293.26	4.30	23.58	8.32
四 川	1063.40	17.53	97.60	32.39
贵 州	533.43	27.77	73.98	38.97
云 南	244.15	7.95	34.93	15.17
西 藏				
陕 西	900.40	44.38	172.13	61.15
甘 肃	149.80	4.59	23.34	5.96
青 海	91.91	2.99	9.11	10.46
宁 夏	229.53	6.94	34.21	5.91
新 疆	116.98	4.73	18.23	6.11

单位：亿元

财务费用		营业利润	利润总额	亏损企业 亏损总额	本年应交 增 值 税	全部从业人员平均人数（万人）
	利息支出					
478.33	**456.69**	**4666.16**	**4560.86**	**73.40**	**2356.42**	**520.98**
1.73	2.04	43.71	43.92	0.03	13.44	1.66
3.83	5.21	98.38	98.30		96.25	1.60
30.43	31.60	83.38	82.71	0.51	80.11	20.40
143.89	136.56	1088.11	1021.85	30.25	603.30	97.39
46.14	42.16	899.65	877.93	6.71	303.89	25.51
8.57	9.18	67.34	71.84	0.68	44.91	19.82
5.33	2.94	20.61	18.94	0.75	22.33	10.03
9.39	8.25	42.76	45.26	1.66	62.01	30.35
2.76	3.74	35.20	35.13	0.06	26.10	9.06
0.29	0.19	0.83	0.32		0.75	0.26
38.64	39.03	109.53	115.70	0.79	103.69	28.42
0.63	0.66	20.51	20.08	0.11	12.76	5.78
1.41	1.00	23.43	23.73	0.03	14.54	8.47
58.79	59.19	454.46	453.75	0.68	206.21	52.17
44.49	46.53	386.75	378.68	2.17	183.54	56.69
0.49	0.31	5.66	4.48	0.22	3.26	2.25
3.71	2.42	109.35	100.09	0.76	50.81	20.11
0.52	0.53	3.31	3.07	0.26	2.41	1.57
4.14	3.10	35.82	36.79	1.06	24.26	15.83
14.51	12.29	130.79	126.37	1.58	79.73	35.10
14.88	14.37	124.05	119.75	11.45	69.43	26.30
5.06	4.64	49.95	49.84	3.85	34.03	13.73
17.07	15.72	657.59	657.04	3.10	226.80	19.75
2.57	3.29	33.94	30.36	0.88	24.29	6.04
8.77	1.43	40.13	47.69	1.78	18.37	1.15
6.77	6.65	71.80	68.66	0.22	30.36	5.96
3.53	3.67	29.10	28.57	3.79	18.83	5.58

4-18 按地区分组的石油和天然气

地区	企业单位数（个）	亏损企业	工业总产值（当年价格）	工业销售产值（当年价格）	出口交货值
全　国	**271**	**42**	**12888.76**	**12774.55**	**72.43**
北　京	6	1	192.67	192.66	19.00
天　津	11	3	1814.17	1777.71	12.21
河　北	2		300.17	296.87	
山　西	9	3	26.93	26.86	
内蒙古	14	3	111.51	106.81	
辽　宁	14	3	470.30	466.96	
吉　林	67	14	451.18	451.16	0.81
黑龙江	19	1	2174.51	2159.38	
上　海	1		11.62	11.72	
江　苏	2	1	90.87	90.87	
浙　江					
安　徽					
福　建					
江　西					
山　东	19	2	1318.17	1318.43	
河　南	8	3	492.03	493.32	
湖　北	6	1	224.92	224.80	12.59
湖　南					
广　东	8		719.47	712.89	27.43
广　西					
海　南	1		11.82	11.79	
重　庆	1		10.06	9.51	
四　川	18	1	618.78	615.14	0.16
贵　州					
云　南					
西　藏					
陕　西	30	4	1605.31	1592.69	
甘　肃	7	1	450.31	426.12	
青　海	1		249.86	248.39	
宁　夏	2		1.96	1.84	
新　疆	25	1	1542.12	1538.64	0.24

开采业主要经济指标

单位：亿元

资产总计	流动资产合计	应收账款	存货	产成品	固定资产合计
18785.20	**4323.33**	**487.05**	**639.57**	**105.57**	**12724.58**
540.98	255.04	47.17	87.93		126.96
1579.77	328.32	70.51	28.09	5.28	1158.74
606.25	91.76	0.65	7.52	3.19	454.37
116.95	36.29	7.60	3.81	0.03	69.19
197.76	83.80	58.97	2.70	2.05	71.61
841.20	242.54	39.40	54.30	2.42	562.66
959.96	242.99	21.38	48.94	4.69	674.86
2785.05	679.27	11.25	27.91	20.41	1873.76
36.78	27.35	0.90	1.02	0.46	0.09
212.78	52.01	7.07	5.61	0.40	144.48
1590.14	363.56	7.64	21.17	9.76	1210.93
545.15	161.62	45.16	48.25	10.69	370.27
303.60	108.63	27.71	38.26	8.77	190.50
614.51	61.32	6.20	25.09	5.05	542.16
24.88	0.91	0.03	0.33	0.06	15.19
4.87	2.31	0.26	0.26	0.01	1.69
1722.24	390.54	59.28	110.64	1.23	615.94
3115.00	609.95	16.98	49.42	11.24	2343.61
398.79	75.33	0.44	1.25	1.03	323.00
304.53	85.78	0.83	8.30	3.91	213.05
3.30	1.63	0.25	0.01		0.40
2280.69	422.37	57.37	68.78	14.90	1761.12

4-18 续表 1

地 区			负债合计	
	固定资产原价	累计折旧		流动负债合计
全 国	**21787.89**	**9764.55**	**9137.54**	**5626.54**
北 京	207.43	80.39	254.68	211.01
天 津	2088.87	929.09	712.15	408.06
河 北	887.09	424.85	247.23	49.57
山 西	54.49	9.00	66.88	60.30
内蒙古	132.55	71.94	74.76	37.29
辽 宁	1256.22	694.37	446.67	221.10
吉 林	1092.64	444.96	485.86	269.81
黑龙江	3443.48	1572.52	823.96	440.37
上 海	0.23	0.15	5.63	1.70
江 苏	276.19	135.39	112.17	103.60
浙 江				
安 徽				
福 建				
江 西				
山 东	2496.17	1364.48	760.53	612.94
河 南	760.52	451.22	347.55	320.77
湖 北	319.08	150.15	171.74	160.21
湖 南				
广 东	729.94	207.97	522.59	375.06
广 西				
海 南	23.36	8.18	17.87	17.22
重 庆	3.53	2.27	1.65	1.63
四 川	747.26	234.92	960.92	625.81
贵 州				
云 南				
西 藏				
陕 西	3742.15	1437.90	1808.93	959.57
甘 肃	221.39	31.79	196.62	196.29
青 海	356.73	124.30	158.17	84.84
宁 夏	0.45	0.05	0.83	0.83
新 疆	2948.10	1388.69	960.15	468.55

单位：亿元

所有者权益合计	实收资本				主营业务收入
		国家资本	港澳台资本	外商资本	
9631.23	**6128.28**	**3363.11**	**5.47**	**2.99**	**12882.26**
286.30	241.45			0.52	206.94
867.62	421.99	200.00		0.19	1736.44
359.01	191.63	191.63			304.84
50.07	45.20	2.02	3.25	0.50	28.95
123.00	90.74	85.32			105.96
394.50	462.74	331.24		0.01	460.54
458.50	123.64	14.52		0.68	495.16
1961.40	480.45	0.92	0.15	0.01	2151.03
31.16	9.00				11.72
100.61	98.43	21.89			90.16
829.50	609.39	601.35	1.57		1349.79
197.60	113.54		0.51		484.10
131.86	108.92	83.89			273.99
91.93	2.95	1.58		0.15	830.90
7.02	0.50	0.50			11.79
3.22	0.11	0.02			8.55
760.66	343.84	154.75			756.78
1306.07	1272.17	1214.66			1528.68
202.17	110.11	97.67			280.58
146.35					161.88
2.47	1.41			0.91	1.84
1320.20	1400.08	361.16			1601.63

4-18 续表 2

地 区	主营业务成本	主营业务税金及附加	管理费用	营业费用
全 国	**6075.80**	**1250.76**	**800.93**	**51.91**
北 京	192.82	2.59	8.21	0.04
天 津	897.16	20.06	27.53	4.15
河 北	115.51	7.55	51.80	0.44
山 西	19.85	0.15	3.23	1.08
内蒙古	69.47	4.70	2.68	1.06
辽 宁	300.63	12.88	38.83	2.11
吉 林	315.83	22.54	34.36	5.96
黑龙江	549.74	481.56	142.86	9.74
上 海	6.95	1.12	0.50	0.02
江 苏	32.23	20.65	20.78	0.63
浙 江				
安 徽				
福 建				
江 西				
山 东	523.34	292.41	82.50	2.32
河 南	348.05	70.64	43.51	2.81
湖 北	211.37	20.11	22.79	3.88
湖 南				
广 东	383.20	47.47	10.56	1.14
广 西				
海 南	4.18	1.25	0.30	0.03
重 庆	7.50	0.07	0.42	0.16
四 川	589.93	17.52	34.36	6.84
贵 州				
云 南				
西 藏				
陕 西	745.27	57.13	161.91	1.42
甘 肃	102.19	14.44	6.28	0.46
青 海	43.04	23.73	8.51	0.70
宁 夏	0.86	0.05	0.23	
新 疆	616.68	132.17	98.78	6.92

单位：亿元

财务费用	利息支出	营业利润	利润总额	亏损企业亏损总额	本年应交增值税	全部从业人员平均人数（万人）
74.23	**134.20**	**4271.05**	**4299.60**	**167.85**	**1072.36**	**110.98**
4.04	3.68	-1.00	3.56	3.69	4.72	2.96
9.03	5.91	710.50	715.85	7.83	99.98	6.95
5.19	8.90	125.46	125.43		27.66	5.09
1.41	1.45	3.06	4.32	1.20	1.65	0.37
0.37	0.34	30.91	26.68	0.49	6.13	0.65
4.82	8.62	92.21	92.44	4.90	42.76	9.45
6.87	10.85	99.33	103.13	19.71	37.34	6.54
-10.81	9.62	953.65	949.99	0.29	269.04	12.56
-1.02	0.11	4.18	4.18		0.62	0.02
0.93	1.77	13.56	14.70	7.11	8.24	2.02
4.67	10.06	419.39	418.57	0.41	151.95	10.94
12.55	14.22	8.82	14.05	7.41	35.88	10.84
2.83	3.08	0.05	1.47	2.09	11.12	5.71
5.38	3.04	384.60	385.83		48.06	0.30
0.43	0.59	5.92	5.91		0.67	0.01
0.01	0.02	0.45	0.45		0.15	0.12
13.93	17.49	25.62	29.83	28.93	22.64	7.56
5.99	19.66	532.52	535.55	76.97	124.64	13.10
2.01	0.50	123.23	123.21	0.05	12.41	2.21
0.42	2.28	59.28	52.72		18.20	1.64
-0.01		0.60	0.60		0.08	0.02
5.18	12.01	678.73	691.14	6.76	148.43	11.94

4-19 按地区分组的黑色金属矿采选业

地区	企业单位数（个）	亏损企业	工业总产值（当年价格）	工业销售产值（当年价格）	出口交货值
全　国	**3482**	**268**	**7904.30**	**7679.56**	**7.36**
北　京	7	1	212.72	213.62	
天　津	4		75.49	70.88	
河　北	751	71	2198.05	2119.08	2.17
山　西	204	22	240.63	218.60	
内蒙古	200	12	484.28	473.43	
辽　宁	790	21	1368.46	1349.50	1.50
吉　林	91	1	185.15	181.89	
黑龙江	18		31.82	31.58	
上　海					
江　苏	22	2	78.44	78.03	
浙　江	6		18.16	18.13	
安　徽	101	14	283.92	272.15	
福　建	86	9	336.96	333.42	
江　西	96	2	169.39	168.98	
山　东	163	4	385.30	380.72	
河　南	136	1	187.62	188.12	
湖　北	126	10	323.50	317.69	
湖　南	153	1	160.90	160.56	
广　东	74	9	223.83	211.62	3.44
广　西	74	9	123.64	115.19	0.26
海　南	6	1	34.94	33.33	
重　庆	28	15	9.52	9.20	
四　川	120	16	403.79	389.36	
贵　州	24	4	13.31	12.59	
云　南	62	15	150.20	142.92	
西　藏	2		3.06	2.69	
陕　西	34	7	56.62	51.51	
甘　肃	18	8	26.69	23.74	
青　海	10		11.61	10.77	
宁　夏	2	2	1.72	1.95	
新　疆	74	11	104.60	98.30	

主要经济指标

单位：亿元

资产总计	流动资产合计	应收账款	存货	产成品	固定资产合计
7155.16	**2866.45**	**500.69**	**435.05**	**212.19**	**2173.54**
1809.51	489.15	89.10	32.58	3.88	360.53
112.35	45.20	11.62	8.06	5.32	27.71
1400.96	709.70	148.05	112.23	65.09	440.77
178.44	91.88	12.65	27.08	15.31	60.55
327.22	119.49	20.40	24.67	10.71	150.82
583.37	258.97	49.50	37.93	23.09	206.49
163.03	45.10	12.95	9.36	3.03	62.63
29.33	8.00	1.68	1.23	0.69	20.58
37.14	20.91	4.38	2.55	1.05	8.81
38.81	31.47	1.63	2.03	1.48	3.75
373.33	103.77	23.21	12.70	6.38	99.09
152.65	33.32	5.39	6.16	3.56	94.30
64.54	22.83	6.14	2.76	1.36	31.39
358.17	150.62	13.09	16.78	7.67	111.07
74.08	28.00	3.91	4.36	2.89	39.33
99.75	48.81	8.20	20.71	8.23	41.14
57.89	16.65	2.17	2.72	1.40	34.87
157.42	76.35	9.16	12.15	4.43	46.59
74.09	39.48	8.18	8.41	4.47	23.43
50.89	32.58	1.99	3.84	2.43	9.52
18.12	9.98	3.12	1.83	0.55	1.80
318.29	153.70	16.47	21.60	8.74	105.32
10.09	6.65	2.43	1.39	0.88	2.44
328.18	153.68	17.88	20.76	11.63	88.66
27.59	13.93	0.86	0.49	0.15	2.19
63.25	27.18	6.24	3.63	2.12	23.34
29.01	17.59	4.32	2.80	1.60	10.74
34.73	13.19	3.74	2.91	0.78	14.33
0.90	0.64	0.06	0.18	0.12	0.24
182.03	97.63	12.16	31.13	13.14	51.10

4-19 续表 1

地 区	固定资产原价	累计折旧	负债合计	流动负债合计
全 国	**2779.94**	**846.65**	**3732.23**	**2392.01**
北 京	423.79	63.25	1012.69	248.75
天 津	23.61	4.66	71.52	47.71
河 北	556.71	156.64	726.78	608.98
山 西	85.64	32.22	93.73	83.57
内蒙古	182.78	39.76	170.84	125.18
辽 宁	317.83	139.06	248.29	201.06
吉 林	121.29	60.32	88.57	62.16
黑龙江	30.82	13.63	13.63	12.67
上 海				
江 苏	13.16	4.45	21.66	16.59
浙 江	6.37	2.75	22.79	22.47
安 徽	121.18	35.65	171.65	130.61
福 建	105.09	19.96	41.08	27.95
江 西	40.27	11.41	32.87	26.61
山 东	156.11	59.67	161.34	120.90
河 南	43.49	12.69	35.28	27.19
湖 北	57.63	21.97	50.83	45.39
湖 南	36.10	6.52	17.16	9.08
广 东	56.00	16.14	83.63	60.86
广 西	32.69	9.69	33.67	27.07
海 南	12.58	4.96	15.64	8.74
重 庆	2.75	1.11	11.61	10.79
四 川	96.20	25.31	198.29	158.35
贵 州	3.36	1.03	6.69	5.31
云 南	124.12	63.73	188.56	124.65
西 藏	4.24	2.05	4.52	4.13
陕 西	31.19	15.83	38.71	29.96
甘 肃	14.12	4.16	23.52	20.28
青 海	16.15	1.89	29.82	24.82
宁 夏	0.35	0.12	0.44	0.44
新 疆	64.33	16.00	116.40	99.73

单位：亿元

所有者权益合计	实收资本				主营业务收入
		国家资本	港澳台资本	外商资本	
3392.94	**1337.42**	**529.60**	**4.45**	**4.51**	**8114.29**
796.82	282.48	279.16			585.18
40.82	1.94		0.30		72.50
667.11	268.12	3.54	2.70		2144.83
84.53	29.34	0.54			212.16
152.40	98.89	4.58			465.38
331.92	86.05	22.35	0.85	0.35	1422.72
73.49	42.89	4.84			177.43
15.70	4.60	1.27			32.99
15.48	3.39	1.44		0.27	77.99
16.02	2.57	0.58		0.63	19.79
200.23	99.73	75.54		0.51	267.12
101.65	12.99	1.96	0.12	0.01	334.18
30.87	13.46	0.33			169.13
196.14	84.81	36.38			408.28
38.57	19.67	0.21	0.16		185.65
48.56	29.36	12.50	0.07	0.06	302.96
40.73	19.95		0.01		160.17
73.46	28.06	11.76			199.25
39.69	10.60	0.24		2.48	122.39
35.11	17.09				33.98
6.50	2.81	1.88			9.84
120.00	41.72	6.53	0.20		366.69
3.39	1.03		0.04		12.38
139.57	85.64	59.68		0.20	144.97
23.07	3.62	1.10			4.07
24.55	5.19	0.24			49.31
5.46	5.07				16.60
4.91	2.81				9.66
0.47	0.07				2.00
65.74	33.49	2.95	0.01		104.69

4-1 续表 2

地 区	主营业务成本	主营业务税金及附加	管理费用	营业费用
全 国	**6209.75**	**94.85**	**310.41**	**120.80**
北 京	563.67	1.55	10.42	0.50
天 津	46.27	0.48	1.97	1.03
河 北	1532.71	28.83	68.35	19.23
山 西	157.41	3.22	10.83	1.67
内蒙古	346.17	5.72	15.77	6.74
辽 宁	1110.16	17.82	34.32	9.15
吉 林	144.71	1.19	9.52	2.79
黑龙江	25.25	0.21	1.20	0.43
上 海				
江 苏	64.20	0.30	3.35	0.67
浙 江	16.67	0.15	1.37	0.24
安 徽	217.57	2.60	17.41	6.09
福 建	242.23	1.95	7.72	6.70
江 西	131.64	3.25	3.92	2.22
山 东	309.18	5.19	16.79	3.94
河 南	152.22	2.20	3.37	3.59
湖 北	265.62	2.47	32.73	6.16
湖 南	121.55	1.85	8.02	3.56
广 东	138.80	2.58	8.70	7.19
广 西	94.80	0.91	5.61	2.36
海 南	10.04	1.20	3.49	0.55
重 庆	5.45	0.16	2.31	2.26
四 川	283.38	3.07	16.61	13.63
贵 州	9.27	0.10	1.16	0.34
云 南	99.75	4.41	14.19	10.36
西 藏	2.44	0.10	0.57	0.03
陕 西	38.61	0.61	2.42	1.53
甘 肃	10.89	0.25	0.90	1.34
青 海	5.49	0.13	1.07	0.86
宁 夏	1.89	0.01	0.04	0.03
新 疆	61.70	2.32	6.30	5.60

单位：亿元

财务费用	利息支出	营业利润	利润总额	亏损企业亏损总额	本年应交增值税	全部从业人员平均人数（万人）
86.45	**79.04**	**1307.29**	**1210.07**	**23.24**	**414.64**	**65.20**
8.22	10.05	5.85	5.34	5.49	13.51	2.07
1.58	1.46	31.21	31.99		2.99	0.31
29.86	26.60	461.27	447.88	2.05	151.46	14.39
2.27	1.83	32.84	27.29	1.00	13.94	3.03
4.62	4.58	81.50	55.47	0.29	21.50	3.67
6.40	5.82	207.29	201.02	0.68	51.27	10.32
2.86	2.56	19.22	17.90		8.22	1.86
0.30	0.23	3.17	3.17		1.38	0.38
0.50	0.45	8.05	5.08	0.01	3.85	0.84
-0.39	0.66	2.00	2.28		0.62	0.18
2.30	1.94	61.85	28.66	0.79	13.16	2.77
0.68	0.56	82.50	82.42	0.10	10.72	1.98
0.49	0.31	18.45	18.29	0.02	7.01	1.50
4.53	3.37	64.93	65.47	0.30	26.03	3.97
1.65	1.19	22.52	22.36		6.81	2.27
1.91	1.45	14.41	14.16	3.22	6.57	2.38
0.79	0.62	12.49	11.00		7.75	1.86
3.52	2.59	38.08	36.10	5.23	13.09	1.14
0.62	0.45	21.68	17.42	0.05	4.59	1.13
0.36	0.20	18.75	18.80	0.02	4.93	0.63
0.21	0.22	0.06	-0.04	0.44	1.19	0.47
5.26	4.47	39.90	40.09	0.41	17.90	3.32
0.03	0.05	1.65	1.66	0.04	0.96	0.32
3.37	3.68	21.17	20.52	1.91	9.96	1.95
-0.04	0.01	0.94	1.00		0.56	0.10
0.93	0.22	4.88	4.09	0.11	3.40	0.87
0.64	0.61	2.38	2.37	0.38	1.23	0.36
0.71	0.67	1.22	1.22		0.51	0.22
0.04	0.01	-0.01			0.08	0.02
2.24	2.18	27.06	27.07	0.67	9.45	0.91

4-20 按地区分组的有色金属矿采选业

地区	企业单位数（个）	亏损企业	工业总产值（当年价格）	工业销售产值（当年价格）	出口交货值
全国	**2086**	**137**	**5034.68**	**4892.88**	**7.13**
北京					
天津					
河北	30	7	52.16	49.21	
山西	9	2	19.73	18.27	
内蒙古	126	5	446.50	431.89	
辽宁	183	5	251.07	246.52	6.79
吉林	51	1	101.40	99.79	
黑龙江	11	2	11.30	10.93	
上海					
江苏	4		9.25	9.07	
浙江	20	2	25.78	25.21	
安徽	60	2	71.50	70.35	
福建	82	2	97.97	88.93	
江西	139	10	300.18	288.50	
山东	93		701.74	699.20	0.32
河南	339	8	1197.99	1182.53	
湖北	50	5	70.30	68.32	
湖南	306	6	475.98	473.29	
广东	49	2	180.54	171.98	0.01
广西	110	16	227.30	212.87	
海南	5	1	8.70	9.31	
重庆	3		4.61	3.67	
四川	113	11	288.53	273.12	
贵州	15	2	14.38	13.26	
云南	85	14	163.83	153.50	
西藏	10	3	18.33	18.35	
陕西	104	19	133.75	122.04	
甘肃	48	8	59.45	56.78	
青海	11	1	41.06	38.70	
宁夏					
新疆	30	3	61.34	57.28	

主要经济指标

单位：亿元

资产总计	流动资产合计	应收账款	存货	产成品	固定资产合计
3557.85	**1421.41**	**181.47**	**311.15**	**169.61**	**1395.34**
43.81	13.05	1.63	3.98	2.25	27.35
25.49	13.03	0.39	8.35	0.29	11.70
444.81	138.25	11.11	17.09	11.59	181.69
114.48	51.18	10.89	12.45	7.31	49.45
88.63	27.23	3.01	2.95	1.38	51.84
21.60	15.02	0.14	0.89	0.50	5.15
9.22	5.57	0.38	0.52	0.30	2.60
26.43	13.98	0.96	4.08	2.87	4.08
49.36	26.39	1.66	2.96	1.11	16.54
48.72	20.13	2.89	4.10	2.63	16.83
188.68	90.58	15.24	25.91	19.10	48.61
488.93	180.59	14.14	54.95	28.33	165.16
448.85	167.06	20.75	35.81	25.03	229.81
36.22	16.71	4.09	2.90	1.71	14.37
216.45	52.85	5.65	11.00	3.75	127.68
102.01	61.43	11.66	11.53	6.72	23.21
117.56	62.36	11.26	11.30	6.01	32.03
8.80	7.17	1.89	1.50	0.36	0.32
3.88	2.80	0.17	1.38	1.25	1.08
265.40	141.98	15.99	30.17	9.49	80.75
7.95	3.62	0.69	1.32	0.89	3.06
313.25	133.17	19.37	21.48	8.14	113.42
85.50	25.13	1.63	3.42	1.96	27.18
116.29	50.35	7.14	13.23	10.56	44.97
102.26	38.57	9.62	12.34	7.79	39.77
52.79	24.28	4.08	3.85	1.60	20.70
130.48	38.92	5.07	11.68	6.67	55.98

4-21 续表 1

地区	固定资产原价	累计折旧	负债合计	流动负债合计
全国	**1665.12**	**472.66**	**1685.82**	**1242.20**
北京				
天津				
河北	24.39	5.80	24.97	16.14
山西	14.40	3.55	18.90	18.57
内蒙古	222.68	50.92	230.01	108.03
辽宁	66.96	21.56	47.50	35.43
吉林	58.32	13.07	30.95	21.11
黑龙江	6.06	1.86	6.09	5.58
上海				
江苏	4.46	1.89	5.50	5.06
浙江	6.43	3.00	15.64	14.88
安徽	20.64	6.79	20.39	16.56
福建	21.89	6.53	25.85	14.73
江西	65.40	24.16	84.46	63.62
山东	198.38	73.76	222.45	180.99
河南	262.78	51.53	172.19	129.52
湖北	21.58	11.01	18.16	13.77
湖南	137.33	26.98	79.11	38.75
广东	38.48	16.05	54.93	49.52
广西	44.24	16.07	53.61	43.87
海南	0.49	0.19	6.45	6.38
重庆	1.21	0.15	3.08	2.98
四川	94.23	30.88	153.95	134.20
贵州	3.56	1.36	4.47	3.55
云南	117.80	34.43	169.10	143.47
西藏	30.29	4.07	42.57	26.46
陕西	54.11	20.64	60.72	50.58
甘肃	61.67	23.96	51.19	39.33
青海	30.92	10.71	27.81	19.86
宁夏				
新疆	56.43	11.77	55.79	39.28

单位：亿元

所有者权益合计	实收资本				主营业务收入
		国家资本	港澳台资本	外商资本	
1862.93	**736.07**	**146.66**	**9.95**	**7.53**	**4928.46**
18.69	11.07	3.34	0.97		48.19
6.59	3.89	0.41			16.49
213.59	81.32	9.78		0.31	441.77
66.30	25.27	1.56	2.52	1.36	248.82
57.05	24.25	2.38			101.70
15.51	3.55	0.35			10.85
3.72	1.19	0.15			9.67
10.79	4.02			0.01	24.55
28.91	9.21	1.28			68.97
22.69	13.01	0.81	0.39	0.02	87.85
101.68	28.92	2.58	1.19	0.10	293.27
266.48	56.71	33.20		0.06	741.56
275.05	126.16	12.27	0.47	0.62	1179.92
17.64	5.33	1.81			65.54
137.35	67.30	12.96	2.43		475.63
46.92	4.71	1.43			169.44
64.81	18.14	4.45			217.52
2.34	0.64				9.33
0.80	0.14				3.55
110.44	61.58	19.14			267.87
3.45	1.00	0.19			13.59
143.92	72.44	1.70		5.05	156.17
42.93	30.76	11.70			18.55
55.27	22.79	0.85			119.49
50.43	36.32	21.39			45.22
24.94	6.12	0.49	0.41		38.56
74.64	20.22	2.43	1.58		54.37

4-20 续表 2

地 区	主营业务成本	主营业务税金及附加	管理费用	营业费用
全 国	**3672.78**	**46.32**	**264.10**	**66.83**
北 京				
天 津				
河 北	34.09	0.31	2.94	0.20
山 西	13.05	0.51	1.28	0.12
内蒙古	320.61	4.26	23.92	4.29
辽 宁	199.90	2.24	11.36	5.16
吉 林	70.25	1.12	6.59	2.69
黑龙江	8.59	0.06	0.87	0.11
上 海				
江 苏	5.52	0.18	0.92	0.16
浙 江	17.77	0.39	1.75	0.37
安 徽	53.04	1.26	3.48	1.03
福 建	71.38	1.05	4.90	1.18
江 西	229.52	2.68	11.03	2.08
山 东	587.62	2.62	35.73	5.61
河 南	916.72	8.66	24.23	17.48
湖 北	47.68	0.63	3.68	0.71
湖 南	344.06	6.31	34.00	8.36
广 东	112.59	1.86	4.45	1.16
广 西	163.45	2.57	27.56	2.33
海 南	8.05	0.02	0.24	0.40
重 庆	2.97	0.01	0.06	0.04
四 川	187.46	2.89	22.04	5.93
贵 州	11.64	0.18	1.06	1.27
云 南	105.43	2.48	15.51	2.18
西 藏	7.81	0.68	2.70	0.31
陕 西	89.40	1.45	10.38	0.83
甘 肃	28.63	0.60	3.94	0.55
青 海	14.61	0.50	3.12	1.24
宁 夏				
新 疆	20.94	0.82	6.33	1.02

单位：亿元

财务费用		营业利润	利润总额	亏损企业亏损总额	本年应交增值税	全部从业人员平均人数（万人）
	利息支出					
43.15	**39.69**	**840.26**	**815.07**	**7.09**	**195.36**	**53.37**
0.31	0.31	10.34	10.27	0.14	2.32	0.52
0.02	0.03	2.34	2.25	0.07	1.13	0.37
3.69	3.73	78.42	73.42	0.05	18.80	4.12
1.22	1.13	29.67	26.02	0.08	12.99	4.23
0.95	0.78	24.88	19.84	0.02	4.95	1.54
0.07	0.07	1.08	1.09	0.08	0.31	0.26
0.02	0.05	2.96	3.03		0.92	0.20
0.51	0.47	5.20	5.20	0.07	1.61	0.34
0.35	0.42	9.73	7.59	0.06	2.75	1.12
0.51	0.66	9.82	9.90		4.22	0.94
1.92	1.73	44.08	43.22	0.41	17.73	3.52
5.95	5.50	105.23	104.93		3.02	5.18
7.91	7.59	206.58	205.21	1.17	15.32	8.09
0.32	0.32	12.28	12.28	0.19	3.10	0.78
3.16	2.48	47.14	44.29	0.14	27.69	5.85
0.80	0.76	45.67	45.80	0.04	10.42	1.01
1.36	1.33	39.13	35.40	0.31	9.55	2.65
0.03	0.03	0.59	0.69	0.02	0.13	0.05
		0.38	0.47		0.31	0.16
3.75	3.35	48.46	47.26	1.35	19.52	3.53
0.85	0.06	1.38	1.31	0.05	0.87	0.20
4.96	4.89	30.70	31.68	0.48	14.93	3.45
0.63	0.63	6.26	6.11	0.81	2.27	0.26
0.83	0.84	25.74	26.16	0.55	8.38	2.21
1.91	1.30	8.69	8.37	0.37	3.19	1.45
0.35	0.37	18.06	17.77	0.16	3.39	0.38
0.79	0.87	25.44	25.51	0.48	5.56	0.96

4-21 按地区分组的非金属矿采选业

地 区	企业单位数（个）	亏损企业	工业总产值（当年价格）	工业销售产值（当年价格）	出口交货值
全 国	**3252**	**128**	**3847.66**	**3772.32**	**32.38**
北 京	2		0.65	0.67	
天 津	6	1	11.69	11.66	0.35
河 北	77	3	109.32	107.10	0.04
山 西	9	2	3.19	3.00	
内蒙古	123	3	206.07	199.59	3.53
辽 宁	349	9	355.87	349.85	11.80
吉 林	67	7	84.62	83.05	0.11
黑龙江	38	1	30.85	30.81	0.02
上 海					
江 苏	111	2	176.27	173.00	1.35
浙 江	146	19	109.56	108.40	1.12
安 徽	197	8	144.30	140.95	0.48
福 建	156	8	137.05	136.71	4.51
江 西	88	4	103.56	103.09	0.15
山 东	347	4	390.21	384.17	1.49
河 南	231		330.64	326.62	0.01
湖 北	319	8	294.59	290.62	0.97
湖 南	247	3	323.49	319.62	
广 东	238	7	304.89	297.57	0.77
广 西	101	6	115.28	113.38	3.82
海 南	4	1	2.50	2.55	
重 庆	71		63.30	61.88	
四 川	169	8	342.85	336.95	0.97
贵 州	32	2	58.43	58.28	
云 南	31	3	72.39	67.49	
西 藏	1		0.37	0.37	
陕 西	42	10	28.29	27.17	0.54
甘 肃	17	5	15.41	13.00	
青 海	7	1	12.52	7.13	
宁 夏	3		0.95	0.90	
新 疆	23	3	18.51	16.73	0.35

主要经济指标

单位：亿元

资产总计	流动资产合计	应收账款	存货	产成品	固定资产合计
2120.85	**876.49**	**141.47**	**143.82**	**85.55**	**818.11**
3.31	1.48	0.74	0.23	0.18	0.34
81.45	46.39	4.18	3.59	2.35	11.97
73.31	25.75	6.12	4.98	3.41	37.17
5.74	3.66	0.99	0.85	0.57	1.72
98.54	43.86	5.15	8.73	5.55	35.46
123.20	54.15	9.05	8.53	5.21	58.57
23.36	5.36	1.63	0.95	0.68	14.25
18.86	12.08	2.44	1.68	0.83	5.23
198.87	83.24	10.67	12.02	4.67	74.49
86.32	41.32	8.72	4.65	1.97	24.53
60.61	25.15	6.56	4.79	3.21	26.42
67.87	23.61	5.14	3.63	2.00	26.80
46.95	18.39	1.82	2.64	1.67	25.74
199.46	95.34	12.36	12.59	8.85	79.67
107.49	37.24	6.11	4.73	3.36	62.24
180.54	83.09	11.21	9.42	7.50	59.27
95.12	20.22	4.24	5.11	3.14	61.03
101.61	48.30	12.47	13.18	8.98	37.84
59.24	22.94	4.04	4.02	2.39	25.65
52.04	2.35	0.49	0.12	0.07	0.98
46.49	14.04	3.17	2.85	1.52	17.93
166.10	69.15	12.69	8.40	5.48	73.51
26.97	15.95	3.66	0.75	0.39	4.64
133.05	52.30	2.65	16.60	5.46	30.60
0.62	0.16				0.04
16.93	5.35	1.14	1.70	1.11	6.41
7.38	3.76	1.29	1.60	1.22	3.52
20.49	11.11	0.19	3.37	2.48	6.02
1.27	1.12	0.93	0.13	0.05	0.15
17.66	9.61	1.61	1.99	1.26	5.93

4-21 续表 1

地 区			负债合计	
	固定资产原价	累计折旧		流动负债合计
全 国	**1298.16**	**563.23**	**958.14**	**702.82**
北 京	1.00	0.66	2.74	2.63
天 津	19.01	7.92	22.45	13.95
河 北	49.56	14.61	31.61	23.32
山 西	2.69	1.33	3.75	3.59
内蒙古	48.07	16.51	57.74	43.90
辽 宁	73.51	22.03	42.49	28.43
吉 林	46.12	32.42	7.49	4.14
黑龙江	7.12	2.26	11.12	5.53
上 海				
江 苏	109.86	36.29	97.21	73.46
浙 江	36.72	13.96	60.37	47.55
安 徽	32.40	8.59	27.14	21.17
福 建	35.73	9.64	20.44	17.93
江 西	40.20	18.84	16.52	13.02
山 东	127.85	53.69	95.24	74.63
河 南	72.05	15.00	31.81	23.73
湖 北	118.56	64.61	92.48	67.40
湖 南	68.60	12.14	32.79	19.80
广 东	57.04	21.31	41.03	31.09
广 西	31.21	8.47	29.91	22.41
海 南	2.02	1.04	0.90	0.90
重 庆	23.25	7.37	18.78	14.53
四 川	199.51	151.47	91.09	65.52
贵 州	5.59	1.46	13.06	9.55
云 南	53.66	24.32	73.59	49.00
西 藏	0.08	0.04	0.23	0.21
陕 西	8.03	2.06	8.42	4.94
甘 肃	6.15	3.92	4.80	3.30
青 海	15.23	9.23	11.53	6.36
宁 夏	0.22	0.10	0.73	0.73
新 疆	7.13	1.95	10.67	10.13

单位：亿元

所有者权益合计	实收资本				主营业务收入
		国家资本	港澳台资本	外商资本	
1148.55	**466.04**	**77.44**	**7.75**	**12.59**	**3743.41**
0.56	0.13				2.34
59.00	5.56	3.95			11.43
41.35	12.33	1.65		1.24	112.06
1.99	1.82				3.29
40.59	19.69	2.07	0.02	0.28	196.22
79.63	27.00	2.50	0.10	0.66	355.40
15.74	6.14		0.03	0.01	86.63
7.14	3.50	0.07	0.90		31.70
101.66	41.70	21.23	0.93	0.52	174.86
25.39	22.06	2.31	1.20	2.51	110.10
33.17	19.45	3.95	0.04	1.46	135.20
47.38	9.07	1.87	0.20	0.13	137.02
30.22	21.93	0.53	0.05		103.08
101.28	39.01	4.88	0.51	0.18	393.57
74.65	37.38	0.54		0.01	323.33
86.43	39.10	0.06	0.01	0.01	275.71
62.33	34.39	3.48		0.04	318.42
59.68	24.15	0.52	1.38	0.31	293.07
28.95	12.24	0.30	0.50	0.11	110.99
51.14	2.57	0.77	1.05		2.65
27.59	7.73	0.16			61.98
71.84	30.70	2.43	0.05	3.06	317.80
13.79	2.82	0.61		0.60	48.91
59.44	28.09	21.21			72.92
0.37	0.13	0.02			0.37
8.51	5.36	0.20	0.78		26.85
2.47	1.41				12.38
8.96	5.40	1.65		0.77	8.33
0.53	0.19				0.92
6.77	5.00	0.49		0.71	15.91

4-21 续表 2

地　区	主营业务成本	主营业务税金及附加	管理费用	营业费用
全　国	**2916.73**	**56.53**	**175.23**	**132.61**
北　京	2.10	0.01	0.17	
天　津	8.85	0.32	3.30	0.18
河　北	89.10	0.76	4.85	3.16
山　西	2.72	0.04	0.12	0.20
内蒙古	153.76	2.11	5.91	5.98
辽　宁	303.28	3.09	10.73	8.25
吉　林	75.38	0.52	4.10	2.21
黑龙江	24.66	0.43	1.48	0.80
上　海				
江　苏	138.34	2.92	9.20	6.44
浙　江	87.34	2.16	5.80	2.85
安　徽	108.47	1.95	4.41	8.20
福　建	108.34	3.53	5.29	7.63
江　西	86.59	1.42	2.83	2.87
山　东	318.17	3.82	15.30	14.76
河　南	258.80	3.65	5.56	8.34
湖　北	191.02	6.72	14.36	9.75
湖　南	237.87	4.53	23.36	11.48
广　东	227.81	3.07	10.76	10.99
广　西	82.87	1.06	13.84	4.12
海　南	1.03	0.06	0.29	0.66
重　庆	51.68	1.19	1.83	1.55
四　川	241.18	7.96	13.18	11.43
贵　州	26.79	0.73	3.25	1.29
云　南	45.55	3.06	9.71	3.11
西　藏	0.20	0.01	0.05	
陕　西	20.60	0.50	1.53	2.07
甘　肃	9.64	0.18	0.46	0.36
青　海	4.55	0.31	1.14	1.24
宁　夏	0.64	0.01	0.07	0.36
新　疆	9.41	0.38	2.39	2.34

单位：亿元

财务费用		营业利润	利润总额	亏损企业	本年应交	全部从业人员平均人数（万人）
	利息支出			亏损总额	增值税	
36.61	**26.71**	**393.64**	**358.14**	**3.75**	**152.87**	**53.53**
		0.20	0.21		0.07	0.03
0.03	0.13	0.85	0.95	0.04	0.59	0.84
0.72	0.32	13.81	14.17	0.16	4.98	1.73
0.13	0.13	0.13	0.11	0.02	0.11	0.12
1.41	1.64	28.48	11.64	0.02	6.24	2.04
1.98	1.02	35.68	30.90	0.06	10.99	3.68
0.68	0.33	4.55	3.66	0.90	1.08	0.68
0.13	0.13	4.93	4.19	0.05	1.91	0.65
2.89	2.53	15.31	15.11	0.01	8.24	3.46
1.28	1.32	11.06	11.26	0.24	4.66	1.25
0.77	0.64	9.87	6.72	0.14	3.34	1.53
0.81	0.49	11.96	11.43	0.17	6.07	3.98
0.74	0.60	8.77	7.97	0.38	4.44	1.17
4.19	2.78	32.09	32.81	0.04	13.98	6.11
2.77	1.40	41.18	40.74		12.40	4.22
5.71	3.35	36.54	35.45	0.48	13.04	3.75
2.21	1.46	20.41	17.54	0.01	14.50	3.80
1.54	0.92	32.75	31.18	0.09	10.14	3.04
1.11	0.87	14.09	11.66	0.07	4.48	1.98
		0.62	0.60	0.05	0.32	0.18
0.72	0.64	4.35	4.48		2.01	0.85
3.73	3.04	37.89	37.02	0.20	16.22	4.64
0.38	0.34	11.91	11.90	0.04	3.00	0.54
2.02	2.02	10.36	10.52	0.08	5.91	1.31
		0.15	0.15		0.03	0.01
0.19	0.19	2.05	1.97	0.10	1.33	0.67
0.12	0.11	0.92	0.86	0.03	0.40	0.41
0.19	0.16	1.35	1.53	0.04	0.52	0.49
		0.03	0.03		0.02	0.03
0.14	0.14	1.34	1.38	0.35	1.89	0.35

4-22 按地区分组的农副食品加工业

地 区	企业单位数（个）	亏损企业	工业总产值（当年价格）	工业销售产值（当年价格）	出口交货值
全 国	**20895**	**1118**	**44126.10**	**43272.65**	**2249.78**
北 京	134	23	321.40	317.48	11.67
天 津	131	15	515.93	497.73	10.10
河 北	616	48	1747.26	1722.78	53.49
山 西	128	15	271.22	256.18	2.28
内蒙古	527	35	1269.81	1243.00	3.96
辽 宁	1485	84	3447.23	3388.91	275.87
吉 林	825	36	2207.10	2177.08	69.17
黑龙江	699	50	1669.79	1629.98	16.05
上 海	142	28	297.11	297.18	13.19
江 苏	1355	62	2564.45	2545.65	66.94
浙 江	692	45	848.50	833.62	143.15
安 徽	1303	48	1872.72	1856.69	27.45
福 建	828	42	1519.75	1470.95	323.14
江 西	305	9	838.34	824.50	19.80
山 东	3777	115	8465.52	8386.89	848.72
河 南	1883	23	3718.77	3673.95	23.47
湖 北	1219	46	2355.34	2284.51	59.03
湖 南	984	20	2019.33	1991.92	16.85
广 东	797	92	2246.97	2156.79	169.25
广 西	488	31	1483.58	1378.37	28.38
海 南	61	24	98.21	95.40	26.38
重 庆	296	13	466.78	456.32	9.35
四 川	1009	38	2342.85	2312.22	8.13
贵 州	117	10	126.13	119.63	0.34
云 南	250	24	300.16	293.37	13.46
西 藏	5	1	2.06	1.75	
陕 西	307	31	537.50	515.33	1.91
甘 肃	179	35	220.40	205.89	4.32
青 海	29	5	27.49	25.93	0.15
宁 夏	68	3	56.42	55.92	1.22
新 疆	256	67	267.97	256.73	2.54

主要经济指标

单位：亿元

资产总计	流动资产合计	应收账款	存货	产成品	固定资产合计
19725.22	**10887.84**	**1421.42**	**3265.30**	**1510.05**	**6789.91**
251.82	184.26	19.05	41.30	13.52	37.13
342.68	267.97	26.97	68.77	26.88	52.58
675.52	370.32	44.65	112.97	58.78	255.03
179.33	87.68	13.21	35.89	18.28	76.11
394.61	168.51	22.95	57.41	31.87	177.54
1383.53	718.35	90.08	167.40	76.60	547.75
808.88	290.56	56.74	107.95	55.92	458.91
1000.11	635.12	45.74	219.07	75.85	295.69
204.26	140.49	27.42	43.09	16.21	34.76
1250.11	756.66	94.46	201.52	77.38	348.04
636.73	431.49	73.91	124.17	67.50	143.66
716.04	390.42	58.92	150.07	55.98	228.32
811.63	568.03	104.21	163.31	71.13	184.62
264.87	134.60	14.61	44.67	13.79	98.48
3559.67	1872.05	227.07	584.31	279.69	1291.08
1460.92	651.90	63.16	122.20	57.54	652.23
782.93	403.46	48.38	174.21	89.83	304.48
615.60	190.56	34.33	70.58	32.04	361.80
1255.11	862.04	127.81	213.94	88.90	239.25
1114.15	702.71	85.95	162.81	98.27	303.43
71.43	40.64	10.61	15.89	10.36	21.85
164.36	89.71	9.20	25.63	12.33	58.93
710.51	337.16	48.78	108.25	55.05	296.75
50.31	23.01	4.08	9.48	4.46	12.83
270.32	145.55	17.10	32.69	15.55	77.97
3.59	1.66	0.21	0.95	0.50	0.84
224.10	124.91	11.21	62.45	26.25	76.99
202.64	108.89	18.97	49.67	25.21	60.24
22.40	12.34	2.68	5.35	2.50	8.16
46.76	22.12	2.18	10.69	4.29	17.22
250.31	154.66	16.79	78.62	47.58	67.24

4-22 续表 1

地 区	固定资产原价	累计折旧	负债合计	流动负债合计
全 国	**11429.40**	**5357.93**	**10657.86**	**8893.50**
北 京	55.40	21.39	147.49	142.42
天 津	72.79	21.90	267.06	254.74
河 北	316.11	87.57	358.48	307.03
山 西	88.63	25.91	92.62	81.18
内蒙古	319.58	158.24	186.93	146.48
辽 宁	1086.58	585.46	560.92	427.85
吉 林	1038.89	616.11	439.38	290.86
黑龙江	386.17	114.52	658.79	587.56
上 海	51.97	19.67	110.99	103.53
江 苏	674.02	339.08	823.86	711.93
浙 江	191.47	64.93	417.61	389.34
安 徽	350.87	143.33	346.64	301.07
福 建	226.63	68.46	493.47	459.89
江 西	144.70	56.36	119.94	91.50
山 东	2378.43	1238.15	1784.65	1471.44
河 南	821.31	250.05	533.05	389.53
湖 北	850.64	584.47	383.49	305.26
湖 南	389.30	86.42	280.18	143.54
广 东	366.86	159.35	809.47	733.60
广 西	463.22	174.91	711.37	628.80
海 南	32.32	12.11	46.89	40.97
重 庆	79.86	29.82	84.70	73.61
四 川	544.89	284.85	367.13	271.81
贵 州	13.45	2.63	23.66	18.50
云 南	120.20	52.90	165.49	135.61
西 藏	0.98	0.21	0.91	0.87
陕 西	105.27	36.90	124.42	107.76
甘 肃	137.65	85.40	117.90	98.48
青 海	9.30	2.31	11.51	9.65
宁 夏	19.61	3.56	25.15	19.89
新 疆	92.28	30.96	163.72	148.79

单位：亿元

所有者权益合计	实收资本				主营业务收入
		国家资本	港澳台资本	外商资本	
8948.24	**3685.19**	**110.40**	**225.60**	**508.95**	**43848.58**
104.33	40.57	1.14	1.51	5.56	349.86
75.52	59.77	0.89	7.15	28.88	521.91
308.10	115.44	2.85	2.57	16.21	1746.98
86.29	30.44	1.52	0.14		267.66
203.49	77.07	5.97	1.50	2.70	1236.91
814.30	343.87	5.49	17.12	23.44	3422.32
365.93	174.24	1.75	12.95	41.22	2141.78
338.12	194.02	16.79	2.33	31.59	1726.29
93.26	57.40	0.98	15.48	22.99	336.59
426.23	198.88	4.52	30.29	53.78	2555.55
219.32	111.46	0.40	7.69	19.15	846.93
363.43	132.58	5.47	7.61	3.99	1839.44
315.01	148.11	0.60	19.96	23.37	1477.29
144.39	60.30	0.98	1.80	6.27	855.02
1746.10	555.59	9.70	17.39	90.24	8449.71
904.46	376.05	5.21	19.29	32.81	3949.84
392.29	175.15	6.76	4.54	5.07	2253.77
335.41	146.72	2.56	0.92	2.62	1988.80
443.57	186.95	9.09	28.12	48.30	2201.32
394.66	137.64	8.42	19.27	26.72	1377.40
24.76	14.77		1.89	2.30	96.90
78.04	28.43	1.66	1.14	2.78	455.14
337.88	123.95	3.18	1.51	8.90	2294.17
26.02	6.61	0.41	0.22	0.03	111.84
103.94	38.75	0.45	1.29	1.16	298.57
2.66	1.03				1.95
98.53	47.09	2.12	0.14	3.83	505.25
83.49	38.30	1.04	1.02	1.08	189.38
10.70	3.26	0.30			21.36
21.57	9.91	1.51	0.06	0.58	56.71
86.45	50.84	8.62	0.72	3.39	271.96

4-22 续表 2

地 区	主营业务成本	主营业务税金及附加	管理费用	营业费用
全 国	**38437.31**	**187.73**	**1075.40**	**920.95**
北 京	306.45	3.09	12.20	19.38
天 津	492.86	0.92	7.95	9.09
河 北	1541.62	5.34	30.13	35.36
山 西	231.68	0.21	4.69	4.10
内蒙古	1032.06	11.07	26.73	18.68
辽 宁	3012.84	16.58	98.90	61.44
吉 林	1897.21	7.98	51.39	75.92
黑龙江	1558.08	4.10	28.70	29.75
上 海	301.82	0.29	8.56	18.84
江 苏	2274.30	9.44	45.74	46.41
浙 江	765.63	2.06	21.83	19.31
安 徽	1654.51	5.05	28.95	36.71
福 建	1317.48	3.36	31.99	30.83
江 西	764.39	2.92	16.47	14.30
山 东	7417.75	35.82	182.71	137.86
河 南	3381.46	22.38	55.78	80.10
湖 北	1985.03	11.12	67.51	49.79
湖 南	1619.00	17.89	108.96	56.36
广 东	2009.70	3.41	46.86	36.36
广 西	1145.63	6.62	57.81	29.61
海 南	87.78	0.16	3.72	1.42
重 庆	381.83	1.33	17.34	13.15
四 川	2016.03	12.69	75.50	56.89
贵 州	98.92	0.43	2.93	2.67
云 南	229.19	1.38	14.34	8.92
西 藏	1.44	0.01	0.17	0.11
陕 西	443.66	1.25	10.78	9.86
甘 肃	165.28	0.20	4.51	4.11
青 海	18.95	0.10	2.15	0.31
宁 夏	49.74	0.14	2.07	1.75
新 疆	235.00	0.42	8.04	11.56

单位：亿元

财务费用	利息支出	营业利润	利润总额	亏损企业亏损总额	本年应交增值税	全部从业人员平均人数（万人）
314.28	**345.95**	**3055.35**	**2795.22**	**70.70**	**860.80**	**360.71**
2.22	4.93	10.99	13.64	1.06	4.45	3.49
0.63	4.43	10.61	11.50	4.32	5.50	2.10
7.18	13.96	92.65	89.72	6.37	24.51	11.86
3.35	2.97	28.50	28.66	0.52	1.67	2.85
6.79	5.93	131.93	78.23	1.05	15.09	7.40
16.01	12.11	247.70	227.00	3.97	38.89	26.39
19.59	17.49	116.08	101.71	4.39	32.43	12.09
12.11	20.08	89.20	81.00	4.98	39.46	11.18
1.88	2.42	8.40	9.78	1.63	4.49	3.04
9.45	20.03	177.38	160.38	2.65	66.50	16.78
11.77	13.60	30.41	33.14	5.78	11.65	8.32
12.35	12.26	106.75	104.71	1.55	20.83	12.91
9.17	14.90	103.77	100.71	2.64	39.32	15.54
5.19	4.45	51.48	47.82	1.08	17.13	6.03
75.94	67.47	564.98	525.81	4.14	177.85	75.44
27.33	22.83	358.30	353.45	1.94	76.37	36.46
20.27	17.41	191.76	154.50	1.25	32.32	16.52
14.64	9.96	143.75	119.10	0.87	66.94	15.34
5.64	18.07	112.81	113.52	5.32	34.34	15.62
12.14	23.59	173.50	168.85	2.38	48.35	13.80
1.66	1.47	3.02	3.37	1.65	3.21	1.90
2.09	2.31	26.89	24.99	0.36	9.53	4.68
16.33	13.60	166.63	139.51	2.03	60.22	23.69
0.85	0.77	5.33	5.52	0.08	1.75	1.07
5.12	4.69	43.47	43.72	0.91	11.28	5.04
		0.19	0.22	0.02	0.03	0.03
4.76	4.51	32.58	27.91	1.62	8.99	4.80
2.97	2.81	8.60	8.19	1.16	2.04	2.69
0.22	0.16	0.92	0.64	0.13	0.15	0.23
0.99	0.94	3.57	4.08	0.26	0.53	0.69
5.66	5.80	13.20	13.86	4.59	4.98	2.71

4-23 按地区分组的食品制造业

地 区	企业单位数（个）	亏损企业	工业总产值（当年价格）	工业销售产值（当年价格）	出口交货值
全 国	**6870**	**552**	**14046.96**	**13795.29**	**864.86**
北 京	122	32	221.27	219.21	12.48
天 津	100	21	678.38	738.30	28.20
河 北	226	14	602.84	585.58	19.26
山 西	73	10	101.81	96.78	1.07
内蒙古	148	19	655.30	633.61	26.41
辽 宁	308	21	537.36	531.31	28.04
吉 林	154	10	275.01	269.97	10.35
黑龙江	143	24	487.73	477.80	4.41
上 海	206	44	492.15	488.39	17.18
江 苏	314	41	484.99	478.20	50.78
浙 江	302	36	443.91	432.88	63.27
安 徽	255	13	349.05	343.95	15.29
福 建	429	23	704.68	681.28	119.05
江 西	139	11	269.77	269.20	26.72
山 东	1052	42	2046.38	2021.49	209.26
河 南	628	10	1556.20	1528.11	28.10
湖 北	280	8	534.40	517.24	35.63
湖 南	326	8	629.23	616.81	23.86
广 东	572	52	1292.93	1239.55	69.53
广 西	126	12	176.72	169.56	18.68
海 南	12		34.41	35.03	0.36
重 庆	99	5	130.38	126.85	2.66
四 川	387	16	650.02	636.32	10.36
贵 州	37	1	75.72	73.15	0.08
云 南	74	10	93.94	91.48	10.62
西 藏	3	1	1.17	1.11	
陕 西	139	12	270.55	257.96	4.46
甘 肃	51	16	54.11	49.80	1.48
青 海	13	1	18.08	15.74	0.71
宁 夏	34	3	62.95	60.33	6.17
新 疆	118	36	115.53	108.29	20.40

主要经济指标

单位：亿元

资产总计	流动资产合计	应收账款	存货	产成品	固定资产合计
8511.61	**4382.49**	**882.75**	**1040.35**	**495.74**	**3046.95**
262.72	156.77	35.01	31.48	15.39	67.12
350.11	185.88	57.85	32.26	13.94	116.75
292.84	143.64	36.41	33.69	13.08	122.21
72.54	37.25	8.15	13.38	5.52	29.65
547.71	284.88	28.75	44.14	32.85	132.56
231.73	104.66	14.37	24.59	11.45	101.92
170.52	68.70	9.80	26.87	12.23	85.58
285.63	151.15	41.89	45.85	24.75	109.80
433.39	245.42	62.63	55.08	28.48	128.35
395.42	218.00	48.41	55.83	22.51	136.28
406.83	255.90	80.34	57.92	28.69	107.02
157.44	72.95	14.80	24.36	10.35	63.90
372.26	203.84	42.57	60.11	30.38	105.95
125.14	47.20	6.56	14.89	5.88	60.58
1201.85	577.44	94.16	124.11	55.32	475.40
725.16	334.54	64.01	59.37	23.51	338.16
266.10	117.29	30.83	36.62	18.78	114.96
240.53	102.46	12.98	25.52	11.60	106.88
858.15	550.77	93.42	111.29	43.15	194.53
127.31	56.13	12.41	14.81	6.83	50.90
32.82	22.30	1.78	3.74	1.56	6.62
82.66	40.80	6.65	8.84	3.12	30.86
315.36	128.27	21.28	36.73	16.96	140.98
38.05	19.43	2.71	5.37	2.03	12.41
67.39	33.63	4.98	10.38	6.03	29.32
2.08	1.07	0.09	0.20	0.03	0.45
116.23	56.22	14.99	14.68	6.20	45.06
46.62	24.14	4.01	8.42	5.59	16.33
13.49	8.07	0.91	3.47	1.30	4.71
78.33	31.71	2.98	9.57	3.57	36.86
195.20	102.00	27.01	46.78	34.66	74.84

4-23 续表 1

地 区	固定资产原价	累计折旧	负债合计	流动负债合计
全 国	**4561.53**	**1794.67**	**4231.64**	**3482.80**
北 京	106.52	41.86	170.27	150.49
天 津	176.16	65.79	185.65	181.63
河 北	160.94	45.81	127.72	115.70
山 西	36.07	10.83	35.69	29.16
内蒙古	238.76	123.81	336.27	273.76
辽 宁	191.62	97.68	90.89	62.42
吉 林	154.88	81.55	70.16	47.00
黑龙江	174.98	74.71	147.95	119.96
上 海	195.83	80.93	255.27	231.94
江 苏	198.29	72.32	221.42	184.20
浙 江	140.50	51.58	207.82	192.63
安 徽	87.08	28.28	74.03	62.34
福 建	130.83	38.37	168.60	145.18
江 西	76.07	26.49	55.97	41.86
山 东	645.87	218.27	546.98	382.02
河 南	417.24	101.90	288.12	227.85
湖 北	380.51	273.15	126.43	96.05
湖 南	126.80	31.52	107.12	74.08
广 东	332.86	147.98	424.80	383.95
广 西	64.85	18.91	68.64	51.82
海 南	9.51	4.62	15.26	14.65
重 庆	48.88	20.40	44.22	35.21
四 川	167.89	41.96	145.80	112.52
贵 州	13.61	4.01	15.52	11.59
云 南	33.13	8.03	30.06	26.41
西 藏	0.47	0.19	0.99	0.62
陕 西	65.72	20.96	54.70	42.23
甘 肃	33.64	19.60	27.83	23.24
青 海	5.55	0.92	4.83	4.52
宁 夏	44.01	9.19	47.51	35.28
新 疆	102.46	33.06	135.09	122.49

单位：亿元

所有者权益合计	实收资本				主营业务收入
		国家资本	港澳台资本	外商资本	
4250.49	**2022.15**	**56.49**	**239.10**	**474.11**	**13875.73**
92.44	94.33	3.86	6.08	58.71	294.27
164.06	82.73	0.97	31.59	31.51	691.84
163.82	74.50	0.33	9.28	5.01	625.12
36.14	17.16	0.14	0.36	1.56	93.58
211.11	85.76	0.27	1.34	20.37	618.04
140.16	62.73	0.57	5.95	5.82	544.02
95.16	37.67	0.34	0.46	9.83	277.07
137.37	78.20	0.76	2.74	32.72	467.01
178.12	139.58	10.04	24.96	68.93	547.98
174.01	100.57	0.81	21.50	36.79	481.88
199.04	79.18	3.25	10.60	24.10	440.52
82.63	40.68	0.61	2.05	12.37	338.31
200.75	99.58	5.79	16.90	10.15	680.89
67.98	35.76	0.52	3.22	5.99	273.91
650.23	239.26	3.45	9.37	61.65	2036.57
432.49	166.33	0.39	7.32	1.96	1501.21
138.07	57.04	2.41	4.79	3.17	518.92
133.41	53.61	0.33	4.19	0.51	605.88
432.44	240.11	0.90	59.27	62.12	1249.61
58.29	26.28	0.38	0.65	5.51	168.49
17.55	4.98		0.35	0.79	33.85
38.12	13.48	0.60			133.83
168.28	74.01	0.90	7.50	4.76	625.55
21.55	5.61	0.23		1.39	72.13
37.15	14.21		0.17	0.94	89.61
1.09	0.66	0.19			1.05
61.19	26.60	0.23	4.65	3.49	245.05
18.63	11.66	1.20			38.24
8.57	4.02	0.52		0.47	10.91
30.79	8.89	0.22		0.87	58.52
59.87	46.94	16.28	3.80	2.67	111.89

4-23 续表 2

地 区	主营业务成本	主营业务税金及附加	管理费用	营业费用
全 国	**10921.33**	**81.12**	**502.83**	**973.03**
北 京	199.54	1.61	20.09	63.06
天 津	502.85	4.27	18.84	56.93
河 北	512.47	2.17	13.43	44.79
山 西	75.24	0.30	4.52	5.63
内蒙古	482.11	2.46	23.82	53.75
辽 宁	457.12	2.85	17.92	17.03
吉 林	223.60	1.31	11.91	11.29
黑龙江	368.18	1.73	17.12	49.91
上 海	377.87	1.77	30.34	103.96
江 苏	390.66	2.02	18.30	34.47
浙 江	348.95	2.00	19.25	37.05
安 徽	289.30	1.64	9.12	17.24
福 建	564.29	2.89	23.93	33.05
江 西	222.86	1.68	8.01	10.31
山 东	1656.69	15.55	52.85	62.23
河 南	1246.52	9.40	24.76	40.87
湖 北	416.95	3.99	24.30	31.23
湖 南	465.31	5.94	32.50	24.41
广 东	827.59	8.19	66.89	181.29
广 西	133.56	0.89	7.52	10.24
海 南	25.02	0.22	1.13	5.78
重 庆	106.99	0.58	4.53	8.63
四 川	523.16	4.82	22.50	28.61
贵 州	50.55	0.62	2.24	2.59
云 南	70.72	0.24	4.31	7.81
西 藏	0.80	0.01	0.06	0.42
陕 西	207.16	1.32	12.17	14.28
甘 肃	32.97	0.11	1.43	1.76
青 海	9.12	0.06	1.47	0.70
宁 夏	44.78	0.08	2.94	3.84
新 疆	88.44	0.38	4.59	9.86

单位：亿元

财务费用		营业利润	利润总额	亏损企业	本年应交	全部从业人员平均人数（万人）
	利息支出			亏损总额	增值税	
91.41	**90.41**	**1278.20**	**1232.25**	**42.72**	**478.14**	**176.86**
1.22	1.74	10.88	14.58	5.56	15.91	4.83
-0.65	1.12	91.34	91.71	3.77	29.01	6.15
3.00	2.95	49.45	44.96	1.78	16.26	7.24
0.91	0.92	8.90	7.83	0.21	2.53	1.78
-0.51	3.43	66.53	62.48	1.28	17.60	5.04
2.68	1.78	49.43	40.82	1.20	9.92	5.25
3.76	2.94	27.85	25.44	0.33	5.20	2.36
2.30	2.07	35.50	33.16	2.44	16.32	4.85
1.55	2.80	36.33	37.89	4.43	28.08	6.57
3.58	4.23	35.24	36.16	1.37	16.65	7.20
4.34	5.56	30.23	31.93	1.85	17.74	6.66
2.06	1.91	25.83	21.79	0.26	8.42	4.77
6.31	5.70	64.84	62.65	0.86	20.21	11.75
2.00	1.74	22.01	20.83	0.96	8.81	3.93
21.26	16.60	165.51	161.98	2.63	65.99	21.13
11.39	9.66	173.82	170.67	0.64	39.05	18.98
4.93	3.76	50.82	43.77	0.15	13.56	7.21
4.56	3.12	50.52	44.60	0.74	24.50	8.87
0.54	3.76	156.04	155.29	3.17	69.20	17.02
2.19	1.99	17.53	17.06	1.06	5.94	3.15
-0.08	0.07	2.28	2.29		2.23	0.43
1.23	1.30	9.61	9.61	0.15	4.59	2.07
4.29	3.59	44.17	41.89	0.40	24.09	9.37
0.53	0.22	15.72	15.46		3.28	0.86
1.04	0.77	6.89	7.34	0.37	2.68	1.89
	0.01	-0.24	0.08	0.05	0.04	0.03
0.79	1.20	18.98	16.54	0.66	5.79	3.28
0.71	0.64	1.02	1.27	0.66	0.88	1.17
0.13	0.01	1.71	1.25	0.01	0.26	0.21
1.22	1.23	5.98	6.78	0.13	0.83	0.77
4.14	3.59	3.45	4.17	5.59	2.56	2.03

4-24 按地区分组的饮料制造业

地区	企业单位数（个）	亏损企业	工业总产值（当年价格）	工业销售产值（当年价格）	出口交货值
全国	**4874**	**420**	**11834.84**	**11542.05**	**202.79**
北京	41	15	196.61	197.14	1.76
天津	37	14	152.04	148.50	1.01
河北	142	25	354.26	345.77	1.65
山西	60	14	134.08	123.02	0.53
内蒙古	116	13	225.76	219.12	
辽宁	214	10	435.61	426.32	4.70
吉林	199	12	372.79	364.84	0.10
黑龙江	116	17	230.63	220.68	
上海	47	12	201.41	185.53	6.66
江苏	176	24	759.44	754.84	2.89
浙江	221	31	452.97	446.09	36.69
安徽	226	21	409.58	386.02	5.65
福建	415	15	523.74	512.83	6.46
江西	91	4	165.00	158.80	1.28
山东	448	29	1009.01	1067.02	43.02
河南	420	10	902.62	886.06	14.83
湖北	246	11	827.08	803.80	2.46
湖南	263	5	398.23	384.85	2.10
广东	197	37	846.10	820.71	12.66
广西	134	11	285.47	263.57	1.87
海南	17	3	16.28	16.79	0.01
重庆	60	6	120.73	118.47	1.42
四川	501	21	1884.60	1806.38	15.41
贵州	118	6	323.89	295.68	11.04
云南	96	16	117.85	110.64	1.99
西藏	6	1	12.75	11.46	
陕西	121	15	256.46	266.05	21.62
甘肃	65	14	101.16	93.95	4.28
青海	9	1	18.71	15.85	
宁夏	15	2	24.64	18.29	0.68
新疆	57	5	75.32	72.98	

主要经济指标

单位：亿元

资产总计	流动资产合计	应收账款	存货	产成品	固定资产合计
9441.18	**4987.41**	**552.96**	**1544.26**	**532.17**	**3183.13**
349.62	160.61	16.98	32.99	9.50	63.71
131.76	53.07	19.95	19.14	6.01	53.01
273.95	129.90	17.29	59.90	23.93	104.21
154.09	89.51	4.87	39.08	20.59	54.76
158.99	72.97	7.27	26.78	7.16	61.28
250.13	101.50	7.41	26.58	9.60	118.48
224.61	88.56	8.90	42.52	12.25	113.88
190.65	84.08	7.15	36.44	12.78	96.14
170.37	100.80	29.64	32.64	11.72	55.50
569.01	325.63	29.78	108.53	35.39	176.84
483.13	246.90	36.69	96.66	32.62	149.02
294.86	166.38	16.06	59.73	25.02	91.32
288.77	149.01	22.44	46.85	18.14	93.05
131.87	65.26	5.09	19.38	10.58	49.25
750.78	333.59	35.44	108.83	46.45	269.15
497.65	214.93	24.42	59.52	18.61	235.87
680.54	453.93	41.10	73.33	23.18	158.17
195.45	74.96	6.92	25.16	11.69	97.71
585.62	307.61	68.36	63.07	21.20	213.60
203.19	84.48	11.77	34.10	13.35	94.05
37.23	22.72	1.44	3.24	0.79	7.27
97.86	45.54	6.10	16.24	3.37	37.06
1493.21	874.36	75.73	243.58	78.05	459.21
558.88	395.98	5.53	117.84	17.01	94.34
158.68	84.81	10.96	36.55	12.43	43.93
21.29	9.55	0.52	2.04	0.89	11.29
206.78	102.57	13.25	42.36	24.57	81.61
119.05	55.49	10.29	25.82	12.24	47.11
27.43	17.50	1.63	3.83	1.16	8.69
37.95	22.67	2.58	9.73	6.18	12.58
97.76	52.53	7.41	31.81	5.73	31.02

4-24 续表 1

地 区	固定资产原价	累计折旧	负债合计	流动负债合计
全 国	**4651.95**	**1798.75**	**4685.26**	**3965.13**
北 京	119.51	53.65	177.63	153.28
天 津	91.36	39.57	88.35	82.43
河 北	146.06	53.03	153.32	137.03
山 西	59.31	13.02	81.51	72.70
内蒙古	84.40	32.32	86.37	70.36
辽 宁	225.68	115.27	112.10	93.30
吉 林	198.04	107.40	122.88	108.46
黑龙江	132.18	47.23	109.94	99.31
上 海	107.26	52.20	89.94	85.30
江 苏	262.67	92.79	304.70	201.69
浙 江	229.29	91.41	245.49	221.63
安 徽	119.65	37.52	145.72	132.09
福 建	139.28	55.71	132.92	121.19
江 西	69.87	24.45	70.51	63.55
山 东	365.20	118.19	329.06	269.61
河 南	296.43	91.28	233.67	179.71
湖 北	278.49	141.54	400.83	370.74
湖 南	119.02	27.06	87.26	55.36
广 东	372.39	167.18	312.09	281.75
广 西	129.36	43.72	95.40	79.82
海 南	12.83	5.73	14.78	12.51
重 庆	57.26	22.26	55.62	52.64
四 川	601.72	236.22	681.52	553.11
贵 州	113.07	26.42	174.17	163.07
云 南	59.89	20.76	89.67	72.26
西 藏	13.87	2.67	7.08	4.72
陕 西	110.92	35.59	110.60	95.18
甘 肃	69.16	25.45	69.00	56.65
青 海	8.93	1.22	14.25	13.67
宁 夏	15.03	3.49	22.01	15.81
新 疆	43.79	14.39	66.86	46.22

单位：亿元

所有者权益合计	实收资本				主营业务收入
		国家资本	港澳台资本	外商资本	
4728.34	**1968.47**	**136.77**	**210.28**	**454.36**	**11774.80**
171.99	81.00	1.21	28.33	25.68	222.10
43.41	39.17	2.74	7.69	19.55	153.82
119.21	72.04	4.76	2.80	17.70	333.29
72.55	30.88	4.83	2.82	6.73	147.23
72.50	40.75	7.17	0.21	0.98	221.27
137.28	72.21	3.40	7.15	22.72	406.39
99.69	54.36	2.28	4.09	4.37	373.15
80.67	48.18	2.76	1.28	23.91	232.33
80.42	71.34	3.04	12.63	42.51	192.95
264.31	130.85	9.05	8.84	41.93	747.25
237.64	106.12	2.73	16.28	28.48	503.89
147.20	60.71	8.56	4.66	7.91	367.20
156.06	65.51	1.42	12.77	10.42	512.23
60.37	30.60	0.39	3.20	4.31	161.31
418.80	174.72	19.16	9.27	33.94	1130.23
258.64	98.03	3.05	0.20	6.07	911.64
278.15	95.41	3.17	7.66	26.76	763.36
108.19	50.51	2.69	3.13	3.38	384.11
269.95	175.63	6.03	67.83	55.02	808.86
102.97	49.37	4.22	0.37	7.30	247.90
22.45	16.89	1.19	0.04	10.43	18.57
42.22	21.88	0.22	0.70	7.22	119.20
811.38	190.83	20.49	0.41	13.72	1945.82
384.38	35.91	9.53	0.30	2.12	298.75
68.68	29.05	0.57	2.20	6.47	116.94
13.99	8.14	0.07		3.23	11.17
96.33	45.37	2.58	3.41	9.55	256.26
48.88	35.03	3.85		5.07	83.42
13.18	8.56		1.37	0.75	12.66
15.94	4.76	0.06		3.00	17.24
30.90	24.67	5.56	0.62	3.13	74.30

4-24 续表 2

地 区	主营业务成本	主营业务税金及附加	管理费用	营业费用
全 国	**8581.47**	**404.14**	**529.73**	**955.13**
北 京	155.92	8.61	11.68	35.10
天 津	119.99	5.32	5.71	22.53
河 北	244.29	16.80	11.24	25.22
山 西	94.05	11.50	8.80	15.00
内蒙古	165.32	8.86	8.56	8.68
辽 宁	325.12	7.32	16.93	20.11
吉 林	301.30	10.28	14.91	16.65
黑龙江	179.96	7.51	13.64	15.63
上 海	112.46	3.28	18.20	47.98
江 苏	551.70	25.30	29.34	63.72
浙 江	387.24	10.27	18.31	50.05
安 徽	247.02	27.12	17.66	40.31
福 建	385.61	9.05	31.35	38.75
江 西	115.91	6.49	5.95	13.46
山 东	861.23	41.32	30.62	82.65
河 南	739.89	13.93	19.58	32.15
湖 北	543.21	16.94	35.68	84.97
湖 南	289.42	6.52	26.05	18.94
广 东	598.31	17.31	33.76	105.66
广 西	189.66	7.29	15.00	11.49
海 南	13.36	0.82	1.68	1.71
重 庆	88.10	4.28	6.11	12.16
四 川	1385.09	81.71	90.98	121.51
贵 州	82.90	34.62	25.35	20.63
云 南	84.02	2.72	5.44	10.58
西 藏	7.78	0.07	0.64	0.95
陕 西	185.79	7.72	16.17	17.64
甘 肃	61.05	3.73	3.92	8.78
青 海	5.74	1.80	1.94	4.37
宁 夏	10.21	0.92	1.04	1.38
新 疆	49.83	4.70	3.48	6.38

单位：亿元

财务费用	利息支出	营业利润	利润总额	亏损企业亏损总额	本年应交增值税	全部从业人员平均人数（万人）
71.23	**84.04**	**1327.88**	**1315.37**	**54.05**	**511.11**	**136.76**
2.75	4.61	14.80	16.66	3.06	11.27	3.13
0.30	0.81	3.22	3.61	2.21	4.54	1.75
2.67	2.76	34.24	33.85	1.58	12.98	3.60
1.15	1.28	16.58	16.24	0.71	8.16	2.19
1.74	1.43	27.61	21.35	1.18	7.49	3.13
2.03	1.52	37.72	36.10	1.14	10.32	4.20
3.82	3.25	24.53	22.54	1.13	11.46	3.54
1.53	1.83	14.33	14.83	3.60	7.14	2.85
-0.62	0.55	11.74	11.43	3.12	12.84	1.66
3.92	4.29	121.79	124.89	3.05	39.61	6.79
4.32	5.11	37.52	40.08	5.05	19.66	5.10
1.27	1.77	41.98	42.07	0.89	19.99	5.55
2.96	2.89	55.53	55.70	1.65	15.74	8.27
1.06	1.06	18.26	18.12	0.94	6.86	2.86
6.42	6.65	108.01	107.57	2.85	45.65	11.78
9.14	8.12	98.31	98.74	0.90	25.03	10.41
5.79	6.04	74.11	71.64	0.69	24.90	7.52
2.40	1.88	29.12	26.84	0.98	16.05	4.48
3.68	4.31	44.63	45.32	7.94	30.48	7.69
2.20	1.93	39.99	34.94	1.19	14.34	3.70
0.01	0.16	3.03	5.31	0.05	0.90	0.42
1.20	1.20	9.38	9.56	0.82	5.43	1.80
6.92	12.58	259.39	253.90	1.85	101.33	20.86
-2.26	1.22	141.79	141.84	0.26	33.28	3.46
2.04	1.93	13.19	13.26	1.37	4.19	3.42
0.08	0.08	2.39	2.77	0.11	0.63	0.11
1.92	1.97	26.56	26.63	1.22	12.43	2.93
1.53	1.60	4.60	4.94	0.56	3.37	1.73
0.10	0.06	-0.21	-0.24	3.22	0.55	0.32
0.35	0.35	3.56	3.61	0.18	0.90	0.34
0.81	0.80	10.18	11.26	0.56	3.58	1.18

4-25 按地区分组的烟草制品业

地区	企业单位数（个）	亏损企业	工业总产值（当年价格）	工业销售产值（当年价格）	出口交货值
全国	**148**	**8**	**6805.68**	**6839.57**	**31.01**
北京	1		43.10	42.69	1.28
天津	1		32.35	32.26	
河北	3		135.92	135.45	
山西	1		31.45	31.58	
内蒙古	2		60.07	59.58	
辽宁	4	1	58.23	58.54	0.06
吉林	6		117.61	116.15	
黑龙江	7		86.71	86.46	
上海	2		676.24	670.98	7.73
江苏	5		403.60	403.50	
浙江	3		324.65	324.58	2.57
安徽	8	1	258.69	261.60	0.25
福建	6		208.66	204.87	0.14
江西	2		109.44	108.28	
山东	12	1	273.89	273.38	0.21
河南	11	1	342.53	339.15	
湖北	11	1	463.63	464.13	0.49
湖南	8	1	614.48	617.61	2.17
广东	15		359.62	446.03	4.21
广西	2		140.85	139.90	
海南	1		16.74	16.08	
重庆	4		119.97	118.05	
四川	4	1	203.66	199.17	0.10
贵州	6		253.47	256.77	0.04
云南	15		1185.25	1152.92	11.41
西藏					
陕西	3		152.28	152.15	0.35
甘肃	2		95.25	90.40	
青海					
宁夏	2	1	7.07	7.10	
新疆	1		30.27	30.21	

主要经济指标

单位：亿元

资产总计	流动资产合计	应收账款	存货	产成品	固定资产合计
6169.25	**4228.14**	**269.33**	**2270.72**	**145.94**	**1415.65**
35.96	19.50	1.14	11.12	0.74	13.60
25.41	8.12	0.38	2.74	0.28	15.74
91.44	59.07	8.36	41.54	2.12	29.53
26.22	17.20	3.67	1.71	0.83	8.77
48.21	32.03	9.19	10.88	0.75	13.09
33.72	19.48	3.69	13.46	0.99	10.48
98.49	63.15	9.75	38.63	1.64	32.83
69.14	45.93	3.57	23.38	1.89	14.57
871.96	686.44	17.26	142.18	8.74	88.58
395.92	314.03	5.60	101.67	4.05	46.34
267.73	182.95	4.48	114.28	6.15	50.27
184.49	133.19	4.28	98.93	2.99	38.82
177.02	106.03	5.16	79.42	3.82	49.07
83.99	63.56	2.14	39.06	2.45	17.50
229.28	125.86	4.13	91.08	0.72	95.20
238.24	177.25	14.60	98.06	2.84	45.47
321.05	227.89	10.70	177.88	11.90	49.81
536.79	375.25	15.99	222.62	5.02	85.50
331.14	222.62	17.61	100.82	11.76	73.61
105.58	62.46	2.38	40.84	2.05	23.50
16.11	12.35	0.99	2.53	0.50	1.04
72.35	51.20	9.12	28.65	3.69	16.14
117.60	61.29	1.44	54.94	5.41	51.41
204.19	134.53	11.51	81.82	3.40	59.81
1348.43	863.77	84.21	566.95	58.47	422.19
127.05	80.19	8.39	46.49	1.63	37.15
68.71	54.41	5.94	33.34	1.00	12.60
5.87	2.27	0.71	0.39	0.09	3.39
37.17	26.14	2.94	5.33		9.63

4-25　续表 1

地　区	固定资产原价	累计折旧	负债合计	流动负债合计
全　国	**1939.35**	**1009.89**	**1492.43**	**1441.00**
北　京	19.13	5.53	11.52	11.51
天　津	18.26	4.54	25.41	25.41
河　北	49.05	20.55	30.34	30.03
山　西	12.75	4.09	6.28	6.28
内蒙古	20.26	7.17	15.30	15.25
辽　宁	21.01	10.53	29.75	29.75
吉　林	43.03	16.88	51.49	49.72
黑龙江	29.87	15.49	9.06	9.06
上　海	91.65	49.32	78.53	78.51
江　苏	90.83	45.19	53.54	53.33
浙　江	62.25	34.16	28.60	28.52
安　徽	78.98	44.28	35.72	35.59
福　建	84.90	36.39	47.86	47.86
江　西	31.50	17.12	24.47	24.44
山　东	99.56	51.01	73.67	71.60
河　南	101.25	57.49	82.74	80.72
湖　北	97.60	50.34	172.52	151.35
湖　南	170.46	85.10	100.46	100.44
广　东	95.73	56.82	39.55	36.59
广　西	48.20	24.71	14.56	14.16
海　南	2.70	1.67	4.27	4.22
重　庆	33.67	17.66	32.42	27.26
四　川	72.18	25.99	54.01	40.54
贵　州	84.20	42.07	63.32	62.94
云　南	377.13	241.36	333.38	332.59
西　藏				
陕　西	62.32	25.16	42.20	41.86
甘　肃	23.27	11.27	15.84	15.84
青　海				
宁　夏	4.62	1.51	5.83	5.82
新　疆	12.97	6.51	9.81	9.81

单位：亿元

所有者权益合计	实收资本				主营业务收入
		国家资本	港澳台资本	外商资本	
4667.58	**900.43**	**166.04**	**1.12**	**0.42**	**6666.90**
24.44	9.30				42.15
					32.26
61.11	13.16	3.16			131.67
19.93	6.13				30.49
32.91	13.46				58.67
3.96	0.77	0.24			57.63
47.01	20.31				115.61
60.01	21.21	15.08	0.34		86.92
793.43	20.30	2.26	0.64		669.49
342.38	14.22	2.23			403.62
239.13	10.32	9.76	0.14		322.54
148.77	32.96	0.10			261.18
129.16	19.00	7.76			202.01
59.52	17.77				108.14
155.61	67.59	0.80			261.31
155.44	56.29	44.25		0.42	337.44
145.92	23.55	3.94			457.43
436.33	47.05	43.73			618.43
291.50	151.48	2.43			351.49
91.02	48.41				140.10
11.84	4.71				16.08
39.94	10.88	8.20			115.58
63.58	23.20				199.33
134.47	66.05				262.01
1015.05	136.92	11.87			1105.82
84.85	26.26	8.35			151.61
52.87	37.23				90.55
0.05	0.02	0.02			7.10
27.37	1.87	1.87			30.21

4-25 续表 2

地 区	主营业务成本	主营业务税金及附加	管理费用	营业费用
全 国	**1856.70**	**3453.41**	**382.53**	**143.23**
北 京	14.67	19.13	2.56	1.27
天 津	13.19	14.31	2.37	0.55
河 北	47.57	60.37	9.32	0.97
山 西	11.10	13.18	2.03	0.43
内蒙古	18.53	10.36	3.92	0.81
辽 宁	20.14	26.98	5.67	0.84
吉 林	40.69	50.38	8.87	2.94
黑龙江	33.12	35.79	6.96	1.36
上 海	75.74	411.56	29.33	5.03
江 苏	90.19	225.32	16.67	5.11
浙 江	64.42	203.07	12.24	9.36
安 徽	81.92	127.78	16.61	6.69
福 建	60.17	112.32	10.46	2.17
江 西	36.86	51.04	7.84	2.38
山 东	92.33	116.54	17.98	9.48
河 南	119.75	150.45	21.17	8.83
湖 北	128.51	240.79	24.79	16.75
湖 南	137.45	354.21	34.15	9.79
广 东	113.14	165.58	20.17	12.57
广 西	47.25	67.26	7.86	3.49
海 南	6.45	7.29	1.04	0.10
重 庆	39.77	55.11	7.17	0.31
四 川	69.97	102.77	10.85	0.34
贵 州	89.02	120.65	17.84	6.68
云 南	309.56	575.82	66.73	30.91
西 藏				
陕 西	53.21	68.05	13.04	2.13
甘 肃	27.94	50.78	2.83	1.27
青 海				
宁 夏	3.39	3.03	0.54	0.13
新 疆	10.63	13.49	1.50	0.58

单位：亿元

财务费用	利息支出	营业利润	利润总额	亏损企业亏损总额	本年应交增值税	全部从业人员平均人数（万人）
-5.31	**10.10**	**857.21**	**840.52**	**0.29**	**842.72**	**19.93**
0.17	0.22	4.39	4.37		4.66	0.09
-0.02		1.87	1.23		3.50	0.09
-0.01		13.56	14.05		15.23	0.58
-0.18		3.92	3.90		3.54	0.11
-0.16		5.18	5.11		7.18	0.29
-0.11		3.98	3.93	0.01	6.55	0.22
1.00	0.84	11.32	10.90		12.74	0.49
-0.04	0.15	10.37	11.03		10.29	0.59
-6.49		169.08	168.24		97.81	0.42
-2.26	0.01	68.98	68.77		53.50	0.60
-1.13	-0.76	30.31	27.97		41.38	0.44
-0.51	-0.06	28.70	29.02	0.03	30.99	0.34
0.20	0.28	18.25	18.00		23.02	0.48
0.50	0.63	10.30	10.16		13.28	0.67
0.37	0.47	25.80	25.72	0.11	31.12	0.68
1.24	1.35	35.74	35.72	0.03	40.54	2.11
2.95	3.15	36.29	34.66	0.01	49.17	1.34
-1.02	0.01	88.09	88.11	0.05	83.17	2.52
-0.17	0.38	44.42	43.96		43.16	0.82
-0.41		16.54	16.08		24.27	0.13
-0.12	-0.12	1.35	0.75		1.86	0.06
0.63	0.68	12.69	13.55		13.59	0.54
0.41	0.40	15.38	15.23	0.02	21.48	0.55
0.89	0.77	23.51	23.37		31.10	1.38
-1.48	1.11	148.59	138.27		146.73	2.99
0.17	0.27	17.03	16.76		17.31	0.97
0.28	0.30	7.50	7.60		11.42	0.32
		-0.01	-0.01	0.03	0.66	0.04
-0.04		4.07	4.06		3.49	0.09

4-26 按地区分组的纺织业

地区	企业单位数（个）	亏损企业	工业总产值（当年价格）	工业销售产值（当年价格）	出口交货值
全国	**22945**	**2109**	**32652.99**	**32068.29**	**4959.61**
北京	76	15	85.97	83.11	25.50
天津	70	14	86.46	80.58	18.61
河北	731	45	1268.89	1231.19	65.20
山西	32	11	35.20	29.39	4.19
内蒙古	156	23	457.83	459.42	38.06
辽宁	383	45	391.59	382.93	51.77
吉林	50	6	86.18	84.25	2.52
黑龙江	45	7	41.67	39.79	3.19
上海	437	99	389.78	383.90	120.90
江苏	5227	485	6084.89	6005.80	892.92
浙江	5267	526	5778.68	5621.43	1587.63
安徽	645	76	701.55	683.57	98.30
福建	963	47	1667.80	1611.29	242.27
江西	411	19	658.81	651.97	90.15
山东	3018	151	6769.92	6786.57	723.57
河南	1016	45	1898.49	1855.27	58.78
湖北	873	83	1321.34	1280.77	110.20
湖南	281	26	548.57	532.51	22.60
广东	2310	238	2779.89	2710.79	703.32
广西	135	30	175.90	167.12	9.93
海南	5	1	2.95	2.79	1.91
重庆	137	10	172.73	169.16	12.21
四川	376	27	815.75	803.83	43.26
贵州	9	6	8.07	7.30	
云南	20	4	14.69	12.97	2.98
西藏	2		1.16	1.22	
陕西	114	37	148.73	141.56	10.45
甘肃	21	4	19.22	17.64	1.15
青海	6	1	15.23	14.90	0.01
宁夏	44	1	102.19	98.39	11.22
新疆	85	27	122.84	116.90	6.82

主要经济指标

单位：亿元

资产总计	流动资产合计	应收账款	存货	产成品	固定资产合计
19993.34	**10669.80**	**2067.42**	**3164.83**	**1380.54**	**7138.86**
94.90	64.36	11.20	22.94	13.61	15.69
115.67	53.71	7.48	21.44	12.10	54.55
506.28	228.60	34.38	89.54	42.69	244.19
38.00	22.54	2.65	10.45	4.78	12.56
338.70	157.73	39.39	55.17	22.34	117.78
211.68	98.30	23.24	27.10	14.04	86.20
42.95	13.70	2.95	5.52	2.96	24.91
43.40	24.57	4.51	13.53	8.22	16.57
361.04	224.24	55.20	72.40	30.46	73.49
3807.82	2168.36	471.24	628.44	286.79	1198.89
5213.46	3183.97	675.98	737.78	336.35	1440.20
431.39	184.35	36.88	62.43	28.10	151.37
1095.99	604.74	135.47	162.05	73.32	375.41
233.21	92.53	20.04	29.41	15.32	106.68
3052.85	1343.36	153.38	442.77	149.42	1404.95
986.84	419.65	44.01	103.75	50.13	509.30
600.38	278.93	41.92	108.19	49.43	245.10
244.15	97.92	16.35	44.44	24.61	110.97
1555.35	891.23	209.97	301.42	103.92	550.02
80.93	48.47	7.38	21.89	9.50	26.80
7.33	3.69	0.65	0.36	0.16	2.05
61.44	30.84	5.30	9.71	5.72	27.57
333.15	146.23	21.77	47.86	22.65	154.70
4.74	2.40	0.25	0.90	0.54	1.50
36.59	12.77	1.76	4.44	2.21	18.19
0.98	0.76	0.02	0.44	0.19	0.22
100.14	46.30	3.71	24.56	11.23	38.96
16.37	7.86	1.30	2.81	1.38	6.23
16.68	7.30	0.59	3.62	1.99	8.53
151.48	110.38	21.19	62.50	35.66	23.62
209.45	100.05	17.26	46.98	20.75	91.68

4-26 续表 1

地 区			负债合计	
	固定资产原价	累计折旧		流动负债合计
全 国	**10954.06**	**4447.67**	**11240.90**	**9642.74**
北 京	27.19	11.56	53.24	44.24
天 津	71.98	24.35	71.98	56.72
河 北	301.74	84.40	241.82	196.98
山 西	18.51	7.45	27.94	24.33
内蒙古	146.47	70.57	189.30	132.70
辽 宁	135.42	55.98	105.51	83.92
吉 林	57.82	34.43	18.40	13.95
黑龙江	21.53	7.71	22.60	19.73
上 海	147.41	75.81	169.67	157.18
江 苏	2063.49	900.19	2327.10	2085.73
浙 江	2116.32	795.81	3363.96	3137.30
安 徽	209.36	75.10	232.23	170.62
福 建	499.52	162.23	511.18	454.18
江 西	176.49	78.02	106.84	85.27
山 东	2079.15	809.56	1484.34	1145.37
河 南	753.55	302.07	436.07	312.02
湖 北	485.62	270.05	301.26	216.62
湖 南	138.24	36.05	130.70	101.26
广 东	972.83	452.39	888.08	792.97
广 西	37.59	11.63	49.59	37.97
海 南	4.77	2.52	3.86	1.67
重 庆	44.52	18.38	31.01	20.09
四 川	217.98	78.88	154.98	103.22
贵 州	1.33	0.50	3.05	2.15
云 南	9.07	3.49	21.98	16.78
西 藏	0.26	0.04	0.49	0.40
陕 西	64.33	29.32	58.50	47.45
甘 肃	9.82	4.47	8.57	4.82
青 海	8.90	1.72	7.59	4.54
宁 夏	22.63	4.31	81.63	72.86
新 疆	110.21	38.68	137.45	99.69

单位：亿元

所有者权益合计	实收资本				主营业务收入
		国家资本	港澳台资本	外商资本	
8698.53	**4417.27**	**89.01**	**781.99**	**524.77**	**32288.52**
41.66	34.15	0.49	0.30	2.71	97.63
43.22	33.22	20.11		6.38	87.34
261.39	147.64	6.11	2.80	3.16	1253.09
9.77	9.38	1.21			28.82
149.18	43.48	0.75	0.34	4.89	437.04
104.31	54.53	0.08	2.16	8.00	393.77
23.57	6.26		0.12	0.78	79.15
20.63	6.77		1.39	0.05	38.41
191.38	104.92	0.56	23.94	43.49	391.46
1480.72	873.47	11.58	108.80	157.20	6004.61
1848.99	1056.87	2.42	202.60	108.89	5635.64
198.08	80.65	2.23	5.26	8.16	677.49
576.90	326.30	0.62	121.74	41.51	1610.10
126.03	63.12	0.44	7.17	4.49	656.43
1556.67	421.90	9.29	28.18	43.59	6950.09
544.39	292.52	9.77	1.94	1.75	1931.68
288.37	138.66	3.11	8.17	3.19	1271.96
113.44	62.27	2.56	2.62	0.15	523.41
664.04	454.41	3.59	255.80	81.41	2666.59
30.76	17.81	1.08	0.37	0.04	164.68
3.47	3.08	0.05			2.87
30.27	13.78			0.35	174.51
177.66	55.41	3.46	0.54	0.75	788.50
1.60	0.83	0.05			6.50
14.50	7.15	0.51			14.35
0.49	0.51				1.22
40.15	23.90	2.67	1.36	0.09	135.88
7.60	3.71	0.28			17.10
8.25	3.12			0.03	15.65
69.68	26.30			0.86	105.69
71.37	51.16	6.00	6.38	2.87	126.85

4-26 续表 2

地 区	主营业务成本	主营业务税金及附加	管理费用	营业费用
全 国	**28349.02**	**156.32**	**919.71**	**477.95**
北 京	79.77	0.31	6.20	6.18
天 津	76.28	0.27	3.92	2.24
河 北	1090.85	6.38	23.81	18.51
山 西	26.19	0.05	1.23	0.48
内蒙古	369.84	6.88	11.37	5.68
辽 宁	338.99	2.51	12.81	6.34
吉 林	68.16	0.23	4.19	1.85
黑龙江	33.56	0.09	2.19	0.89
上 海	332.08	0.68	24.04	17.15
江 苏	5349.22	22.36	164.13	81.70
浙 江	4995.10	22.79	181.20	71.96
安 徽	604.15	2.87	16.75	9.31
福 建	1399.36	5.78	49.55	24.38
江 西	571.58	2.47	14.41	9.35
山 东	6085.14	35.06	120.07	68.11
河 南	1665.33	14.49	32.40	34.03
湖 北	1088.04	8.84	56.99	28.75
湖 南	434.10	4.24	29.31	13.75
广 东	2376.57	10.13	102.27	54.82
广 西	148.08	0.60	14.67	2.00
海 南	2.29	0.01	0.44	0.18
重 庆	157.37	0.55	4.93	1.60
四 川	691.35	6.97	27.19	12.52
贵 州	6.10	0.02	0.26	0.05
云 南	11.65	0.11	1.16	0.14
西 藏	0.92		0.10	0.12
陕 西	116.11	1.00	4.98	1.72
甘 肃	14.07	0.05	0.73	0.29
青 海	14.10	0.04	0.24	0.05
宁 夏	88.54	0.20	3.90	0.87
新 疆	114.12	0.34	4.25	2.93

单位：亿元

财务费用		营业利润	利润总额	亏损企业	本年应交	全部从业人员平均人数（万人）
	利息支出			亏损总额	增值税	
411.08	**373.92**	**1999.62**	**1956.81**	**72.16**	**814.14**	**588.83**
0.86	0.83	5.19	5.90	1.04	2.61	1.92
1.32	1.25	4.25	4.32	0.90	1.60	2.23
8.82	8.22	92.95	83.29	1.82	28.11	21.75
0.93	0.88	1.02	0.97	0.70	0.44	1.30
6.13	6.44	48.28	33.80	0.50	4.80	3.99
2.96	2.08	27.64	24.53	1.49	9.19	7.05
0.45	0.44	3.74	3.30	0.09	0.99	2.20
0.59	0.57	1.49	1.39	0.45	1.15	2.03
2.96	2.47	21.15	22.83	2.65	8.76	9.54
76.64	69.76	321.50	314.64	12.77	169.41	105.78
122.59	123.81	274.54	279.40	11.05	146.69	101.50
7.16	5.83	46.96	43.36	2.13	13.98	14.22
22.30	19.74	125.99	125.20	1.93	27.50	30.22
4.35	3.21	46.56	45.70	0.39	18.39	12.44
78.07	66.81	438.87	444.11	8.59	183.65	95.38
19.61	16.37	174.36	171.68	3.69	46.97	34.56
17.96	11.92	85.27	81.53	3.56	29.32	25.85
6.05	3.90	26.55	22.58	1.73	19.09	10.69
11.94	11.64	152.69	152.19	9.03	53.81	70.60
1.67	1.62	11.04	7.60	0.42	3.68	4.47
0.08	0.10	-0.10	-0.05	0.07	0.07	0.10
1.71	1.49	11.33	9.56	0.11	4.74	2.85
6.52	5.87	54.92	51.50	0.92	29.65	14.45
0.02	0.01	-0.01	-0.01	0.17	0.14	0.39
0.29	0.29	0.89	1.60	0.11	0.36	0.75
0.01	0.01	0.08	0.08			0.02
1.85	1.78	8.06	9.02	2.02	3.64	6.47
0.13	0.10	0.25	0.66	0.15	0.18	0.72
0.34	0.18	0.72	0.70	0.02	0.13	0.27
3.77	3.54	10.36	10.88		1.05	1.08
2.99	2.82	3.08	4.58	3.67	4.06	4.00

4-27 按地区分组的纺织服装、鞋、帽

地 区	企业单位数（个）	亏损企业	工业总产值（当年价格）	工业销售产值（当年价格）	出口交货值
全 国	**11750**	**1050**	**13538.12**	**13193.69**	**3218.48**
北 京	145	28	112.53	104.68	25.16
天 津	160	20	231.06	226.83	66.76
河 北	203	12	288.04	274.15	39.81
山 西	10		22.90	22.26	
内蒙古	33	2	38.10	37.44	0.44
辽 宁	476	37	539.56	512.86	137.74
吉 林	52	5	71.15	71.43	16.62
黑龙江	12	1	11.66	11.40	5.28
上 海	430	104	440.35	430.34	105.82
江 苏	2233	169	2803.55	2769.58	716.31
浙 江	1524	200	1475.78	1432.73	605.28
安 徽	595	53	438.85	430.35	52.96
福 建	996	65	1251.27	1202.57	338.27
江 西	303	9	413.28	409.16	83.45
山 东	981	58	1315.17	1284.90	262.88
河 南	386	9	466.33	460.28	14.54
湖 北	385	31	530.83	515.86	81.52
湖 南	146	6	224.04	220.27	8.54
广 东	2416	223	2503.64	2429.63	615.24
广 西	50	3	62.32	61.71	5.80
海 南	1		6.04	6.04	2.47
重 庆	58	5	65.75	58.89	9.47
四 川	111	7	182.00	177.54	20.51
贵 州	3		3.53	3.48	0.20
云 南	4	1	1.56	1.62	0.19
西 藏					
陕 西	21		23.34	22.62	1.06
甘 肃	7	2	3.97	3.91	0.66
青 海	6		7.93	7.82	1.28
宁 夏	1		1.06	1.14	0.16
新 疆	2		2.56	2.23	0.05

制造业主要经济指标

单位：亿元

资产总计	流动资产合计	应收账款	存货	产成品	固定资产合计
7468.30	**4676.06**	**1043.32**	**1287.33**	**660.79**	**1973.21**
110.56	82.73	15.05	40.42	21.61	18.37
246.02	228.47	5.63	60.61	55.30	13.97
110.93	53.53	9.96	20.60	10.87	49.73
14.63	8.68	1.90	3.56	2.29	4.97
16.17	10.00	1.45	3.14	2.01	5.20
191.25	91.43	14.39	23.06	11.74	78.72
31.23	17.55	2.70	8.06	1.52	12.30
8.04	3.11	0.33	0.65	0.47	4.65
395.67	304.15	110.42	96.85	65.74	51.24
1573.19	930.40	196.94	261.99	131.35	371.27
1423.60	953.01	214.91	204.93	105.80	327.08
174.90	87.46	27.12	20.80	10.07	69.05
679.32	454.44	135.43	108.83	53.54	148.59
114.92	60.65	10.97	22.77	15.76	45.56
583.17	302.21	60.77	76.90	32.76	220.45
200.38	84.24	17.38	16.75	7.98	103.69
254.21	137.86	23.98	33.73	16.79	86.87
75.25	32.19	9.68	7.56	5.01	34.21
1081.69	737.56	165.89	246.58	97.51	264.61
35.67	15.20	3.20	2.18	0.96	8.24
3.42	3.06	0.77	1.73	1.15	0.21
27.26	14.85	3.00	7.33	3.10	10.02
81.82	41.50	7.00	11.76	4.91	34.01
2.35	1.63	0.12	0.58	0.30	0.55
4.66	3.15	0.29	0.86	0.51	0.43
15.82	10.27	1.78	3.15	1.10	4.83
2.96	1.33	0.39	0.49	0.30	1.33
6.15	3.52	1.48	0.61	0.20	2.24
1.29	0.70	0.30	0.19	0.09	0.49
1.78	1.16	0.10	0.68	0.06	0.31

4-27 续表 2

地 区	固定资产原价	累计折旧	负债合计	流动负债合计
全 国	**3037.79**	**1225.71**	**3924.54**	**3360.14**
北 京	25.64	10.93	71.57	63.61
天 津	21.43	9.32	188.14	186.76
河 北	63.47	19.71	56.19	50.73
山 西	5.39	1.81	7.56	6.49
内蒙古	7.53	2.61	10.10	9.20
辽 宁	113.36	48.80	74.39	54.48
吉 林	85.78	76.45	17.48	13.61
黑龙江	5.38	0.87	1.54	1.07
上 海	92.65	43.10	215.93	199.20
江 苏	627.76	269.43	880.06	705.30
浙 江	425.80	133.62	837.19	784.38
安 徽	79.57	17.76	90.51	72.76
福 建	192.13	53.73	264.06	233.74
江 西	93.52	54.21	46.13	30.42
山 东	330.20	124.18	273.04	207.51
河 南	113.76	19.35	64.54	46.38
湖 北	166.15	88.50	139.88	110.03
湖 南	38.78	7.56	32.62	17.72
广 东	465.38	218.39	569.17	504.02
广 西	11.67	4.05	11.48	4.72
海 南	1.04	0.83	1.29	1.29
重 庆	11.86	2.41	12.22	10.89
四 川	41.20	8.90	39.36	29.77
贵 州	0.86	0.56	0.89	0.61
云 南	0.73	0.36	2.89	2.41
西 藏				
陕 西	10.29	6.09	9.20	7.45
甘 肃	2.59	1.34	1.62	0.89
青 海	2.64	0.40	3.40	3.18
宁 夏	0.60	0.14	0.87	0.62
新 疆	0.60	0.31	1.22	0.91

单位：亿元

所有者权益合计	实收资本				主营业务收入
		国家资本	港澳台资本	外商资本	
3529.34	**1699.03**	**15.09**	**358.77**	**245.47**	**13214.41**
38.99	21.19	0.01	2.53	2.66	120.46
57.85	18.21	0.02	6.90	1.43	224.63
54.54	26.18		0.42	0.79	275.70
7.07	3.31	1.30			22.74
6.02	4.27	1.26	0.08		39.89
115.41	40.88	0.43	0.83	9.42	506.42
13.42	8.39	0.15		2.51	71.23
6.19	0.67			0.02	12.08
179.75	171.17	2.08	13.67	36.91	462.11
693.11	291.49	4.86	34.92	44.71	2758.09
587.49	314.66	0.37	58.72	43.91	1438.89
81.12	42.04	0.49	5.31	3.17	421.52
413.52	143.01	0.20	60.76	25.19	1206.57
67.73	35.34	0.14	6.50	2.71	413.24
307.59	121.06	0.02	5.12	27.91	1294.80
135.08	67.77	0.39	0.53	1.09	464.59
112.87	56.74	0.68	2.99	3.71	504.29
42.63	14.14	0.21	1.19		218.90
511.22	279.61	0.98	147.77	37.69	2421.56
23.88	9.77	0.06	6.33	0.48	60.44
2.13	0.70			0.70	6.04
14.92	5.26	0.01	2.42	0.17	58.13
42.11	16.23	1.08	1.80	0.25	167.67
1.46	1.02				4.33
1.77	1.01	0.30			1.74
6.62	3.24				24.68
1.32	0.40				3.84
2.57	0.96				4.60
0.42	0.10	0.08		0.03	1.24
0.56	0.23				3.99

4-27 续表 2

地 区	主营业务成本	主营业务税金及附加	管理费用	营业费用
全 国	**11020.47**	**67.69**	**542.66**	**450.20**
北 京	88.08	0.46	10.09	13.44
天 津	159.98	0.40	9.40	22.46
河 北	245.90	1.53	5.17	5.32
山 西	19.88	0.10	1.49	0.44
内蒙古	33.16	0.09	1.29	0.87
辽 宁	437.39	2.83	19.47	9.44
吉 林	63.24	0.09	2.82	1.05
黑龙江	10.64	0.02	0.23	0.20
上 海	330.44	1.50	29.90	56.14
江 苏	2367.38	12.77	100.50	61.95
浙 江	1161.63	8.30	79.12	64.42
安 徽	364.49	2.71	13.61	8.42
福 建	979.91	5.74	47.65	43.87
江 西	353.55	1.40	9.28	8.56
山 东	1080.63	8.02	51.38	32.77
河 南	390.54	3.51	10.60	10.26
湖 北	421.81	2.83	23.17	19.69
湖 南	176.17	1.77	12.88	8.01
广 东	2068.89	10.26	97.66	69.07
广 西	41.74	0.64	2.46	1.06
海 南	3.57	0.06	0.41	1.38
重 庆	46.21	0.63	2.04	3.92
四 川	140.62	1.62	8.85	6.02
贵 州	3.85		0.14	0.06
云 南	1.30	0.01	0.10	0.06
西 藏				
陕 西	18.67	0.39	1.16	0.97
甘 肃	3.05	0.02	0.31	0.11
青 海	3.15	0.01	1.17	0.05
宁 夏	0.93		0.11	0.12
新 疆	3.67		0.18	0.06

单位：亿元

财务费用		营业利润	利润总额	亏损企业	本年应交	全部从业人员平均人数（万人）
	利息支出			亏损总额	增值税	
98.52	**84.15**	**971.08**	**951.98**	**23.34**	**371.14**	**382.41**
0.82	0.68	7.80	8.02	1.07	4.88	4.76
0.61	0.76	15.80	15.80	0.72	6.27	9.27
1.49	1.02	17.06	17.11	0.26	4.91	5.87
0.13	0.13	1.17	1.57		0.60	0.68
0.12	0.10	5.25	1.91	0.17	0.69	0.70
2.62	1.39	29.91	28.86	0.58	8.28	11.81
0.54	0.35	1.39	1.43	0.01	0.79	1.22
0.02	0.01	1.04	0.66		0.25	0.18
4.14	3.99	43.72	44.44	2.95	17.22	11.75
21.23	18.90	201.38	195.91	4.15	83.07	70.39
22.90	22.90	100.22	99.72	4.46	52.93	45.74
2.58	1.94	23.81	23.28	0.38	8.58	15.50
7.79	6.66	129.44	128.80	0.81	38.75	36.00
1.64	1.25	33.11	30.77	0.07	11.69	10.07
10.73	6.61	89.97	87.26	1.22	36.96	27.02
3.40	2.58	45.43	44.31	0.19	11.27	12.80
5.26	4.50	34.79	32.64	0.99	11.89	14.75
1.36	1.16	16.64	15.10	0.31	7.95	5.67
8.43	7.44	140.42	142.25	4.66	53.70	88.59
0.24	0.18	8.26	8.70		0.80	1.60
0.03		0.58	0.59		0.19	0.34
0.47	0.25	6.00	5.00	0.02	1.02	2.16
1.33	0.96	13.99	13.93	0.25	7.50	3.67
		0.26	0.25		0.01	0.20
0.05	0.06	0.17	0.18	0.01	0.04	0.09
0.36	0.21	2.80	2.88		0.70	0.78
0.04	0.04	0.16	0.19	0.05	0.02	0.31
0.17	0.04	0.37	0.31		0.10	0.31
0.02	0.02	0.07	0.07		0.05	0.09
0.02	0.02	0.06	0.07		0.01	0.09

4-28 按地区分组的造纸及纸制品业

地 区	企业单位数（个）	亏损企业	工业总产值（当年价格）	工业销售产值（当年价格）	出口交货值
全 国	**7073**	**667**	**12079.53**	**11815.18**	**613.03**
北 京	44	10	66.73	66.53	4.56
天 津	133	16	146.76	142.78	3.69
河 北	273	15	465.19	453.74	2.64
山 西	23	3	14.49	13.53	
内蒙古	42	5	101.78	98.69	
辽 宁	262	15	356.56	354.23	8.96
吉 林	85	8	122.08	117.46	0.78
黑龙江	44	7	68.63	63.37	0.59
上 海	197	37	279.65	271.54	23.21
江 苏	620	76	1200.68	1199.62	150.71
浙 江	881	85	1116.69	1087.15	55.66
安 徽	202	14	261.51	257.25	2.67
福 建	450	38	678.14	644.92	30.80
江 西	138	8	213.43	211.12	7.03
山 东	775	48	2152.47	2094.56	63.33
河 南	383	7	1032.48	1028.97	3.51
湖 北	207	22	352.12	347.63	1.10
湖 南	344	8	573.61	568.75	3.87
广 东	1194	135	1703.20	1662.67	241.46
广 西	175	47	238.89	221.99	1.24
海 南	7	1	66.61	66.58	2.77
重 庆	93	4	131.49	127.18	3.40
四 川	301	14	491.04	480.60	1.05
贵 州	27	9	38.02	34.79	
云 南	59	10	56.70	54.07	
西 藏					
陕 西	61	10	79.38	76.76	
甘 肃	17	6	10.37	10.03	
青 海					
宁 夏	13	5	43.37	42.03	
新 疆	23	4	17.45	16.64	

主要经济指标

单位：亿元

资产总计	流动资产合计	应收账款	存货	产成品	固定资产合计
10933.74	**4907.30**	**1077.17**	**1090.76**	**433.48**	**4525.39**
66.61	37.40	10.05	11.97	4.17	19.42
177.08	84.22	20.22	14.09	5.52	80.59
205.30	82.09	16.77	24.97	13.25	106.70
13.00	5.66	1.53	1.94	0.69	6.51
43.99	19.59	3.79	7.28	2.79	21.79
152.21	53.29	14.66	11.35	5.30	66.82
106.60	32.37	5.94	9.79	4.32	60.61
82.89	34.24	6.38	10.51	4.04	43.28
256.44	144.27	55.78	35.68	9.80	90.89
1549.14	666.34	154.43	111.79	42.36	610.74
1367.56	809.10	206.26	149.61	60.30	431.61
171.82	77.88	22.52	17.43	8.97	72.58
584.07	276.67	55.83	57.88	23.37	182.74
109.61	38.22	7.82	9.29	4.02	63.84
1877.11	751.15	112.80	159.15	74.48	858.15
508.91	205.97	28.24	48.77	25.19	277.99
198.40	96.90	19.21	24.71	11.24	79.65
488.38	185.07	38.32	65.98	14.56	284.62
1532.86	783.18	207.65	183.10	67.95	571.23
393.21	131.21	18.13	30.16	9.98	125.87
324.28	108.81	9.65	20.27	1.77	113.08
144.19	54.62	12.45	13.42	4.11	75.01
240.30	101.03	22.18	24.90	10.66	105.98
44.66	13.76	3.82	5.21	2.86	26.00
87.06	41.87	7.08	13.11	6.56	29.64
45.09	19.50	7.84	6.05	3.46	23.26
10.19	4.32	0.77	1.54	0.77	4.96
126.34	36.19	5.76	16.03	8.69	80.09
26.43	12.37	1.28	4.76	2.31	11.75

4-28 续表 1

地区			负债合计	
	固定资产原价	累计折旧		流动负债合计
全国	**6945.46**	**2835.41**	**6274.66**	**4700.19**
北京	32.12	13.18	35.45	33.04
天津	91.96	16.20	121.30	87.38
河北	143.95	45.71	96.96	72.75
山西	8.17	2.01	7.04	6.11
内蒙古	38.47	19.35	21.84	18.46
辽宁	101.66	38.50	67.54	41.47
吉林	84.40	34.51	59.88	44.22
黑龙江	66.45	32.81	37.56	30.85
上海	150.56	62.43	134.51	118.05
江苏	1002.56	434.76	822.33	627.84
浙江	589.90	206.76	908.25	784.11
安徽	107.92	38.06	84.52	67.76
福建	257.21	89.93	276.74	230.12
江西	79.19	28.91	43.15	29.60
山东	1199.72	403.82	1104.45	773.93
河南	429.58	177.12	235.58	158.90
湖北	621.03	548.20	111.35	89.87
湖南	328.58	75.26	308.89	201.53
广东	877.45	350.12	886.25	686.55
广西	173.78	55.66	251.23	167.70
海南	140.65	27.61	219.81	130.54
重庆	70.22	13.07	74.20	40.66
四川	136.08	47.28	140.97	103.05
贵州	29.76	5.55	31.14	15.51
云南	60.66	31.99	53.05	33.76
西藏				
陕西	30.41	9.48	22.26	18.35
甘肃	6.77	1.92	5.22	3.55
青海				
宁夏	68.97	18.06	96.25	70.60
新疆	17.29	7.15	16.92	13.94

单位：亿元

所有者权益合计	实收资本				主营业务收入
		国家资本	港澳台资本	外商资本	
4630.45	**2632.30**	**232.06**	**390.62**	**785.18**	**11807.01**
31.16	19.44	0.23	2.19	9.72	71.25
55.69	94.60	1.72	20.55	8.60	141.28
104.06	52.69	7.05	0.30	4.71	447.28
5.97	3.05	0.04			13.75
22.14	9.41	0.04	1.37	3.71	95.34
81.29	34.16	0.03	1.81	2.07	356.04
45.98	31.22	0.44			112.75
45.27	19.95	2.13	4.60	2.67	71.30
121.92	81.20	0.95	22.88	41.37	283.69
726.79	519.71	7.90	31.42	385.49	1205.71
458.65	260.49	0.42	33.03	28.92	1083.13
86.62	33.81	0.60	0.61	1.10	257.12
301.51	130.03	13.80	20.02	18.64	648.79
65.32	41.48	14.24	1.85		212.92
768.78	223.89	60.76	30.46	31.77	2118.27
270.45	114.48	4.50	0.19	0.30	1025.30
86.13	48.93	1.30	0.36	5.76	340.10
179.49	113.66	41.18	0.48	9.34	554.27
645.17	450.41	23.73	167.45	114.13	1656.60
140.74	85.58	22.64	1.92	32.80	222.98
104.43	87.19	0.08		79.90	66.76
69.85	55.95	0.45	43.12	2.26	125.15
98.60	43.17	1.25	3.74	0.56	467.98
13.50	8.59	7.28	0.02	0.05	33.35
34.01	26.21	0.10	1.27	0.92	52.84
22.52	11.83		0.95	0.20	76.30
4.80	2.16	0.24			9.58
30.08	24.66	17.32		0.01	40.71
9.51	4.34	1.64	0.03	0.17	16.50

4-28 续表 2

地 区	主营业务成本	主营业务税金及附加	管理费用	营业费用
全 国	**10146.12**	**50.63**	**387.22**	**292.91**
北 京	56.21	0.31	3.08	2.03
天 津	123.03	0.39	4.54	2.91
河 北	381.59	1.96	9.08	6.76
山 西	12.74	0.05	0.34	0.12
内蒙古	77.27	0.43	4.57	1.05
辽 宁	303.88	1.80	12.78	7.85
吉 林	96.26	0.51	5.29	3.10
黑龙江	61.79	0.26	2.91	2.47
上 海	229.71	0.61	14.38	27.47
江 苏	1023.88	3.84	41.13	41.63
浙 江	934.14	3.80	39.51	23.79
安 徽	223.57	0.75	6.52	5.23
福 建	553.98	2.11	22.91	17.73
江 西	183.46	1.15	3.43	2.57
山 东	1835.34	9.07	52.48	42.96
河 南	874.07	6.26	15.41	19.72
湖 北	295.00	2.69	10.96	8.00
湖 南	440.68	4.88	35.56	14.20
广 东	1483.74	4.66	54.69	35.14
广 西	196.43	0.67	12.18	4.98
海 南	52.57	0.37	1.63	3.46
重 庆	106.58	0.53	5.04	3.64
四 川	408.39	2.57	17.59	8.43
贵 州	29.43	0.18	1.64	0.96
云 南	42.94	0.22	3.91	2.47
西 藏				
陕 西	63.01	0.37	2.46	1.73
甘 肃	8.52	0.03	0.43	0.13
青 海				
宁 夏	33.97	0.08	1.79	2.08
新 疆	13.97	0.09	0.99	0.31

单位：亿元

财务费用	利息支出	营业利润	利润总额	亏损企业亏损总额	本年应交增值税	全部从业人员平均人数（万人）
171.95	**173.94**	**772.94**	**760.41**	**43.64**	**319.17**	**146.75**
-0.10	0.13	10.22	10.31	0.25	3.13	0.61
2.03	1.88	9.72	9.68	0.33	3.95	2.11
3.10	2.95	38.90	34.25	0.54	15.36	4.82
0.27	0.26	0.31	0.37		0.28	0.36
0.14	0.22	10.82	10.45	0.12	3.47	0.75
2.02	1.61	28.19	26.04	0.38	6.18	3.84
1.19	1.03	7.45	7.40	2.95	2.57	1.61
0.93	0.96	2.82	3.26	0.96	1.58	1.18
1.50	2.08	12.33	13.51	2.44	8.54	3.54
16.52	22.75	85.05	81.12	3.54	30.65	11.68
29.21	32.49	58.90	63.50	2.45	32.42	14.21
3.27	2.98	12.82	12.64	0.18	8.38	2.96
9.52	8.42	57.38	55.70	3.68	20.40	9.84
1.59	1.47	17.03	14.95	0.06	6.62	2.68
39.71	35.19	118.08	124.65	3.18	53.30	18.50
8.67	7.48	103.58	102.43	2.06	24.51	11.78
3.23	2.56	21.78	19.28	1.83	7.01	4.01
12.21	11.28	34.66	32.30	0.98	21.45	6.82
14.07	15.28	71.76	72.64	6.90	34.47	26.04
3.93	3.30	11.95	8.63	5.28	6.24	4.13
3.68	5.15	4.64	4.86	0.04	4.44	0.78
1.35	1.40	8.58	8.73	0.03	3.39	1.64
4.99	4.53	35.60	32.61	0.48	14.76	6.74
1.59	1.55	0.22	0.31	1.87	0.71	0.39
1.16	1.27	3.38	3.54	1.34	2.19	1.28
0.94	0.91	6.15	5.89	0.08	1.70	2.24
0.13	0.13	0.08	0.18	0.20	0.13	0.48
4.72	4.32	-0.62	-0.33	1.22	0.76	1.20
0.37	0.36	1.16	1.54	0.26	0.60	0.52

4-29 按地区分组的石油加工、炼焦及

地 区	企业单位数（个）	亏损企业	工业总产值（当年价格）	工业销售产值（当年价格）	出口交货值
全 国	**1974**	**389**	**36889.17**	**36525.65**	**359.88**
北 京	25	5	902.48	904.67	0.41
天 津	35	7	1257.77	1252.56	0.89
河 北	129	25	2071.08	2049.59	4.52
山 西	192	98	1694.66	1674.59	2.02
内蒙古	39	11	536.05	503.75	
辽 宁	272	22	3901.11	3851.01	253.53
吉 林	34	6	176.71	168.94	
黑龙江	57	8	1445.72	1423.04	0.86
上 海	37	5	1648.24	1635.45	24.41
江 苏	120	16	1886.95	1856.86	12.39
浙 江	38	8	1765.62	1781.80	2.06
安 徽	26	5	401.19	394.35	
福 建	26	3	666.13	658.96	0.09
江 西	17	3	425.63	423.41	12.10
山 东	261	24	5394.44	5304.28	7.81
河 南	89	8	1214.32	1201.00	
湖 北	36	9	750.43	731.55	0.02
湖 南	34	5	690.69	697.56	
广 东	102	18	3255.85	3251.55	3.62
广 西	13	1	672.27	673.42	
海 南	4		581.26	578.62	32.96
重 庆	27	2	50.47	52.05	0.55
四 川	64	6	488.21	485.36	
贵 州	26	10	75.98	70.60	
云 南	39	11	252.60	248.64	
西 藏					
陕 西	102	36	1662.75	1664.25	
甘 肃	15	4	1198.09	1192.32	0.16
青 海	3		56.70	55.03	
宁 夏	25	8	193.74	180.62	
新 疆	87	25	1572.00	1559.81	1.46

核燃料加工业主要经济指标

单位：亿元

资产总计	流动资产合计	应收账款	存货	产成品	固定资产合计
18870.47	**8877.04**	**852.96**	**3281.02**	**936.83**	**8019.97**
268.27	130.12	9.19	82.65	23.00	97.94
480.44	270.44	56.46	144.08	21.08	158.75
1104.36	497.66	55.49	189.88	50.26	457.49
2349.49	1251.71	150.71	251.32	114.62	790.72
640.39	180.58	33.15	36.00	14.57	342.03
1862.08	909.52	47.61	438.74	110.86	868.53
62.86	21.13	3.19	7.94	3.63	35.44
690.56	278.63	19.27	108.96	41.26	367.23
571.74	221.14	29.07	121.97	21.39	282.68
618.27	341.23	56.70	143.90	40.99	200.44
563.43	285.09	30.81	132.88	18.82	270.56
143.86	48.98	10.05	19.55	7.24	78.31
467.65	149.47	20.82	107.21	18.58	273.51
205.46	108.01	15.92	40.16	14.51	51.33
2221.58	1150.11	76.62	406.51	151.72	932.58
389.99	177.63	21.16	54.37	18.44	170.96
281.28	122.27	9.75	32.22	9.14	86.39
242.65	69.60	11.65	36.21	9.40	154.70
1147.68	561.39	73.08	320.01	48.93	482.80
298.91	126.35	2.00	63.99	20.86	166.58
131.61	59.16	9.31	47.09	13.14	70.84
31.56	13.18	1.83	5.40	2.54	9.50
200.93	96.76	5.91	28.11	11.20	82.60
46.57	28.93	7.47	4.95	2.68	10.84
282.59	149.44	15.25	24.89	7.57	92.97
1674.24	909.81	44.37	121.19	58.30	504.39
547.83	221.65	3.40	112.14	25.95	308.46
55.58	27.43	15.11	6.06	1.65	26.30
406.05	152.07	5.10	38.35	21.42	154.56
882.53	317.55	12.54	154.30	33.07	490.54

4-29 续表 1

地 区	固定资产原价	累计折旧	负债合计	流动负债合计
全 国	**12599.54**	**5668.46**	**11894.30**	**9600.68**
北 京	291.98	194.10	164.39	164.12
天 津	359.92	189.67	283.14	267.32
河 北	797.03	366.79	718.46	616.33
山 西	1069.66	416.94	1871.91	1513.05
内蒙古	385.75	54.39	391.65	290.26
辽 宁	1185.26	521.71	1099.34	786.98
吉 林	67.19	35.34	39.31	32.88
黑龙江	577.98	336.74	368.25	283.63
上 海	595.04	365.09	268.05	252.80
江 苏	364.30	169.64	411.74	346.67
浙 江	373.52	152.04	344.10	341.11
安 徽	151.53	73.24	118.32	102.41
福 建	329.26	56.31	343.78	101.50
江 西	113.54	62.40	174.80	148.23
山 东	1887.74	1099.02	1505.86	1312.83
河 南	297.36	133.66	248.06	208.33
湖 北	171.27	95.12	193.58	172.48
湖 南	226.33	85.25	145.62	126.33
广 东	886.78	410.60	862.60	816.03
广 西	165.04	20.82	122.14	73.99
海 南	102.17	35.17	78.43	68.61
重 庆	13.06	6.15	16.71	14.68
四 川	105.92	29.24	116.15	85.87
贵 州	15.06	4.91	30.93	26.86
云 南	144.42	56.86	200.58	141.61
西 藏				
陕 西	476.56	161.65	844.43	641.13
甘 肃	488.45	200.95	284.79	197.33
青 海	29.25	2.94	34.66	26.22
宁 夏	152.38	54.97	264.43	174.54
新 疆	775.78	276.75	348.07	266.52

单位：亿元

所有者权益合计	实收资本				主营业务收入
		国家资本	港澳台资本	外商资本	
6924.78	**4444.69**	**1796.59**	**66.89**	**157.54**	**37275.12**
103.88	7.47	0.01	0.63	0.25	930.98
197.31	132.20	6.59	0.38	8.79	1264.40
385.32	176.33	62.61	10.60	6.24	2139.43
476.45	318.17	46.15	6.05	10.79	1770.12
248.32	71.73	2.45			504.13
737.28	387.84	220.38	1.62	6.09	3905.81
23.26	12.32	2.08		0.08	168.35
323.31	260.11	185.29	0.78		1447.22
303.69	189.79	112.51	23.46	2.37	1660.82
206.53	117.66	9.90	3.30	8.30	1983.17
219.33	199.04	2.76	7.47	2.64	1800.31
25.52	41.25	30.33	6.90	0.83	390.27
123.24	138.08	0.67	1.14	65.91	666.33
30.33	27.71	17.21			431.19
701.51	375.41	114.04	1.44	1.67	5491.01
141.64	124.80	0.17		5.49	1224.20
87.69	104.80	89.61	0.42	10.67	752.59
97.03	97.17	4.20	0.17	3.15	662.58
286.97	298.70	169.58	2.44	11.29	3287.02
176.49	159.62	2.01			679.11
53.18	41.56			9.97	578.62
14.73	9.85				51.99
80.59	32.52	2.68		1.33	491.48
15.59	8.73			0.08	67.96
81.92	34.10	9.34		0.64	239.70
827.10	248.56	147.13	0.10	0.98	1661.04
262.49	253.00	96.36			1175.37
20.92	7.43				43.25
139.52	93.07	48.16			205.05
533.64	475.68	414.36			1601.62

4-29 续表 2

地 区	主营业务成本	主营业务税金及附加	管理费用	营业费用
全 国	**32634.69**	**2888.49**	**831.61**	**281.30**
北 京	826.43	79.45	24.35	6.50
天 津	1129.86	107.46	28.03	3.96
河 北	1888.34	124.02	40.12	13.94
山 西	1606.25	9.84	52.62	63.43
内蒙古	409.47	18.13	21.63	5.64
辽 宁	3428.80	368.52	126.45	22.00
吉 林	155.20	6.56	5.61	1.27
黑龙江	1267.30	147.82	52.72	7.39
上 海	1477.16	133.23	42.36	11.36
江 苏	1768.44	116.04	23.93	9.62
浙 江	1545.45	176.28	20.80	3.03
安 徽	353.94	38.24	10.23	0.98
福 建	599.90	48.04	7.98	3.83
江 西	386.29	38.38	9.46	4.88
山 东	4912.76	261.30	84.16	27.98
河 南	1078.83	54.30	20.47	18.26
湖 北	673.48	84.64	13.34	2.12
湖 南	585.85	67.57	24.13	3.45
广 东	2884.20	300.50	48.58	12.45
广 西	623.70	86.67	6.81	4.74
海 南	476.25	83.39	4.60	0.71
重 庆	43.88	0.27	2.09	1.25
四 川	405.52	18.76	8.05	4.72
贵 州	56.10	0.33	1.54	2.05
云 南	217.97	0.58	4.67	2.37
西 藏				
陕 西	1161.03	196.72	38.17	19.55
甘 肃	1029.16	148.13	44.97	6.29
青 海	34.34	0.12	0.97	0.27
宁 夏	168.34	9.57	10.61	2.67
新 疆	1440.44	163.60	52.16	14.58

单位：亿元

财务费用	利息支出	营业利润	利润总额	亏损企业亏损总额	本年应交增值税	全部从业人员平均人数（万人）
284.42	**272.32**	**549.82**	**423.10**	**752.09**	**1129.86**	**96.12**
4.36	4.39	-10.13	-10.46	12.19	27.98	2.04
4.15	4.87	-7.75	3.38	22.35	31.42	1.69
20.18	18.79	42.55	38.51	15.13	54.69	6.13
49.66	41.54	19.01	7.91	37.72	53.78	15.65
14.25	10.19	36.53	34.42	1.42	15.58	2.62
24.04	23.00	-97.55	-105.58	169.31	123.08	9.38
1.18	1.05	4.50	2.53	1.71	2.88	0.82
8.10	6.91	63.67	65.16	13.73	28.96	7.54
2.76	5.49	-6.21	-5.18	21.52	48.37	2.39
8.34	8.00	58.12	44.27	9.28	111.91	2.81
3.14	4.53	52.02	57.98	6.11	79.23	1.05
2.91	2.91	-14.30	-17.08	19.19	6.95	0.80
10.69	14.12	0.62	-4.51	12.37	9.34	0.65
3.84	3.97	-7.64	-7.59	14.70	9.19	1.42
49.16	48.69	170.19	150.63	33.65	131.05	10.95
9.37	7.88	56.16	38.49	29.65	21.80	3.99
4.53	4.53	-2.52	-2.73	16.31	10.38	1.14
3.52	3.67	-8.96	-13.37	28.63	25.37	2.37
11.77	13.00	56.82	24.38	38.84	143.85	2.79
3.40	3.41	-45.87	-45.95	51.10	4.12	0.29
0.98	0.59	12.85	13.25		15.16	0.09
0.56	0.38	4.21	4.23	0.20	1.51	0.79
4.55	3.43	41.06	40.09	0.14	18.90	1.99
1.25	0.72	3.05	2.90	0.27	2.02	0.89
7.57	6.43	15.02	15.19	2.01	6.58	1.76
16.97	15.55	230.98	212.97	25.29	87.04	4.42
1.75	2.80	-65.04	-64.63	67.53	24.94	3.18
0.95	0.90	8.68	8.70		1.46	0.18
6.62	6.39	12.16	10.56	2.12	6.47	1.93
3.88	4.21	-72.42	-75.38	99.61	25.85	4.36

4-30 按地区分组的化学原料及化学制品

地区	企业单位数(个)	亏损企业	工业总产值(当年价格)	工业销售产值(当年价格)	出口交货值
全国	**22600**	**2083**	**60825.06**	**59478.30**	**3603.35**
北京	221	34	371.15	363.73	10.80
天津	384	54	1159.14	1145.47	56.45
河北	804	74	1845.82	1804.06	97.34
山西	205	72	620.71	604.34	8.43
内蒙古	339	51	1079.89	1055.25	18.68
辽宁	949	79	2303.04	2247.97	45.15
吉林	358	23	1444.87	1425.72	4.27
黑龙江	169	36	424.13	414.98	0.55
上海	742	123	2527.78	2521.33	273.69
江苏	3657	306	11738.06	11591.52	1027.84
浙江	1464	155	4546.79	4449.30	431.42
安徽	740	72	1549.99	1520.25	61.44
福建	592	55	1016.84	997.03	80.50
江西	650	33	1582.32	1567.23	165.82
山东	3343	145	10169.45	9986.32	388.57
河南	1040	48	2539.07	2499.04	46.39
湖北	774	58	2206.59	2148.32	98.31
湖南	1600	36	2129.59	2083.24	132.61
广东	2039	189	4944.30	4737.11	408.01
广西	437	59	682.05	636.67	69.59
海南	22	3	108.00	104.65	2.09
重庆	232	29	736.60	718.41	13.15
四川	831	66	2102.30	2034.73	51.54
贵州	134	39	476.80	455.50	32.33
云南	267	87	759.76	718.27	31.65
西藏	2		0.55	0.49	
陕西	232	61	472.81	454.93	10.47
甘肃	107	32	317.12	304.88	14.29
青海	68	28	245.89	206.21	0.07
宁夏	90	23	252.68	229.95	6.33
新疆	108	13	470.96	451.39	15.60

制造业主要经济指标

单位：亿元

资产总计	流动资产合计	应收账款	存货	产成品	固定资产合计
44919.06	**20924.56**	**3923.65**	**4796.36**	**2058.18**	**18245.49**
487.66	286.02	55.57	49.06	19.86	97.86
1131.42	476.35	107.66	107.46	42.83	572.50
1313.22	567.49	99.33	138.35	57.96	569.94
945.57	347.33	42.08	96.07	36.20	491.98
1223.31	437.62	59.51	90.33	38.96	641.94
1582.26	749.86	106.33	156.54	69.27	722.14
758.81	285.88	30.39	91.66	28.36	411.48
335.59	135.62	15.98	39.65	17.10	172.39
2133.84	1125.26	343.57	277.92	113.59	802.68
7757.56	3967.07	955.64	927.35	389.33	2819.34
3857.91	2167.80	418.60	420.15	182.45	1180.87
1017.48	493.77	97.59	119.18	54.51	378.86
690.51	369.09	98.59	83.83	35.36	238.85
999.14	418.21	50.61	71.45	39.27	476.55
5640.59	2570.93	336.26	556.84	235.41	2379.28
1810.75	687.74	87.06	139.31	52.16	935.83
1468.76	679.24	91.84	170.77	61.84	604.50
902.10	301.99	71.44	89.63	44.43	495.23
2953.55	1704.41	461.02	390.39	166.74	958.66
547.60	251.33	39.55	81.82	41.46	196.33
165.96	46.87	3.36	7.79	2.66	50.08
754.48	300.98	39.12	66.96	35.07	309.29
1895.68	791.32	110.69	179.70	78.24	863.15
730.26	321.99	28.15	90.29	55.58	291.67
920.29	395.09	66.63	101.85	43.63	352.42
2.09	0.78	0.07	0.18	0.10	1.19
665.07	228.59	38.41	51.72	26.79	296.69
301.69	135.95	17.17	42.06	22.04	125.76
822.36	301.58	21.62	55.84	14.04	301.51
294.55	125.07	10.25	43.08	20.46	142.55
808.98	253.35	19.59	59.14	32.50	363.97

4-30 续表 1

地 区			负债合计	
	固定资产原价	累计折旧		流动负债合计
全 国	**27380.34**	**11045.95**	**25166.09**	**19233.28**
北 京	206.40	112.28	257.72	212.71
天 津	603.46	186.75	703.96	473.34
河 北	723.71	240.14	737.07	576.30
山 西	634.85	216.82	659.45	512.07
内蒙古	763.99	188.00	781.49	486.50
辽 宁	1002.20	411.13	904.66	684.03
吉 林	882.85	523.85	283.73	203.47
黑龙江	221.06	83.92	199.14	159.41
上 海	1359.11	592.10	1101.05	898.41
江 苏	4624.15	1879.77	4259.28	3558.87
浙 江	1602.95	503.06	2221.50	1873.77
安 徽	535.14	208.14	567.76	446.60
福 建	342.47	133.47	337.45	290.26
江 西	717.75	267.45	554.29	443.70
山 东	3945.30	1851.46	3078.51	2410.19
河 南	1312.83	484.16	1034.01	734.09
湖 北	1390.98	825.77	899.69	628.44
湖 南	648.39	221.44	422.33	297.97
广 东	1525.97	633.00	1512.62	1252.47
广 西	265.48	100.38	323.25	214.52
海 南	88.79	38.87	20.34	18.33
重 庆	457.70	184.16	428.17	288.57
四 川	1212.40	473.28	1048.88	748.53
贵 州	309.16	116.15	491.74	368.92
云 南	477.90	170.70	600.62	455.25
西 藏	1.29	0.17	1.34	0.93
陕 西	414.78	138.36	445.20	228.86
甘 肃	180.40	67.04	160.15	118.52
青 海	329.34	55.23	500.56	286.31
宁 夏	168.29	50.42	212.31	150.86
新 疆	431.28	88.50	417.82	211.10

单位：亿元

所有者权益合计	实收资本				主营业务收入
		国家资本	港澳台资本	外商资本	
19759.18	**10192.87**	**1095.80**	**789.21**	**2156.54**	**60097.89**
229.95	146.01	6.35	5.38	21.88	392.77
426.70	237.89	10.43	6.22	108.46	1152.18
571.00	292.49	46.02	29.89	18.83	1813.45
285.05	199.06	67.40	15.91	4.71	658.84
428.14	300.01	4.93	8.66	1.40	1046.51
674.14	425.42	192.84	12.15	16.80	2332.83
473.83	233.88	149.15	0.74	9.75	1422.53
135.89	76.71	27.55	2.50	8.83	439.19
1032.79	773.71	91.72	50.95	448.85	2610.72
3498.28	1916.97	34.46	203.04	699.31	11661.26
1636.14	768.80	22.57	86.51	211.49	4568.92
447.82	201.77	5.09	3.43	34.44	1408.78
349.93	218.02	8.28	50.46	54.99	1013.84
440.15	264.92	9.85	72.23	67.19	1583.15
2536.78	889.20	47.94	17.19	99.76	10210.84
774.55	419.01	21.78	4.79	8.82	2564.24
565.77	247.57	25.70	6.42	12.08	2096.10
479.77	239.91	24.45	4.53	3.82	2056.48
1538.72	749.43	12.22	176.03	226.95	4710.49
219.05	100.92	4.53	1.67	4.79	645.07
145.61	62.85	5.13	0.11	2.00	108.90
324.44	172.90	19.63	1.99	24.88	715.33
834.91	339.80	38.08	26.01	30.91	2008.44
236.82	141.44	74.04		3.10	536.18
318.68	164.00	40.62	1.00	7.77	719.24
0.75	0.62				1.40
221.24	158.65	38.71	0.27	6.19	464.36
140.00	81.86	39.14	0.59	2.99	295.49
318.94	134.18	12.21		14.00	217.47
82.24	49.88	0.53	0.12	0.82	228.94
391.11	184.99	14.46	0.41	0.75	413.92

4-30 续表 2

地　区	主营业务成本	主营业务税金及附加	管理费用	营业费用
全　国	**50478.68**	**462.88**	**2171.50**	**1734.46**
北　京	315.67	1.88	24.12	28.65
天　津	1002.69	2.45	45.36	24.16
河　北	1545.11	6.96	63.93	41.82
山　西	581.30	2.19	31.67	13.39
内蒙古	837.66	3.91	33.79	29.88
辽　宁	2007.36	60.72	91.03	42.18
吉　林	1247.97	72.36	60.21	20.56
黑龙江	381.37	6.93	17.53	5.35
上　海	2196.61	5.18	130.42	153.76
江　苏	9925.70	81.78	362.51	223.78
浙　江	3887.62	21.53	170.87	111.13
安　徽	1197.93	5.59	54.50	45.41
福　建	869.14	3.97	32.82	26.20
江　西	1329.08	12.43	37.73	20.09
山　东	8734.29	51.03	238.44	165.06
河　南	2169.31	14.76	62.10	48.07
湖　北	1815.45	11.45	74.19	56.98
湖　南	1572.88	28.80	116.81	58.11
广　东	3677.98	23.04	199.56	420.29
广　西	527.80	3.76	33.20	19.34
海　南	73.72	0.30	2.67	2.11
重　庆	591.49	2.74	38.22	19.04
四　川	1658.61	11.19	107.36	57.43
贵　州	442.76	7.24	21.46	10.99
云　南	603.35	2.92	37.05	31.47
西　藏	0.72		0.17	0.10
陕　西	384.65	2.03	27.77	18.13
甘　肃	257.48	3.37	12.88	6.77
青　海	131.26	7.58	16.01	13.79
宁　夏	204.33	0.49	8.11	5.82
新　疆	307.36	4.33	19.00	14.60

单位：亿元

财务费用	利息支出	营业利润	利润总额	亏损企业亏损总额	本年应交增值税	全部从业人员平均人数（万人）
670.53	**659.32**	**4624.47**	**4432.13**	**295.65**	**1685.44**	**454.86**
3.52	4.09	20.55	36.24	2.84	14.46	3.85
15.44	16.46	67.73	69.21	5.38	20.30	6.41
20.13	18.90	139.83	136.81	6.18	43.86	17.47
21.39	20.52	16.98	16.99	14.48	11.69	10.46
17.56	13.28	118.83	99.13	2.57	26.24	8.86
19.60	19.30	128.74	117.85	15.05	64.77	15.66
8.13	7.58	-10.07	-10.58	58.36	31.11	8.66
4.79	4.48	28.49	27.74	2.61	10.49	4.24
14.51	20.39	129.40	137.13	23.39	66.86	11.74
110.96	111.37	963.56	926.27	22.21	341.12	66.68
60.92	75.88	342.78	348.11	13.94	120.58	23.69
14.99	14.16	130.72	105.51	2.93	31.37	12.27
13.45	13.45	87.52	86.79	2.62	25.61	8.05
8.81	8.24	127.42	124.35	4.37	43.39	13.86
113.46	94.78	800.77	770.97	22.69	244.91	58.41
31.26	27.95	206.81	206.78	21.29	59.39	25.39
27.83	24.72	191.86	130.11	4.61	36.10	17.63
18.22	15.63	160.48	142.23	3.73	77.23	30.97
15.68	25.82	391.84	395.46	15.89	219.64	32.43
9.29	7.91	68.11	55.21	4.88	17.31	8.89
0.41	0.41	30.89	38.32	0.22	4.60	0.32
13.09	13.08	52.15	44.90	3.39	24.58	7.88
31.66	30.21	186.59	176.03	8.22	68.49	23.11
13.94	13.46	41.52	42.33	7.52	5.72	5.65
19.06	19.24	50.75	46.29	7.47	13.16	7.83
0.01	0.01	0.41	0.41		0.13	0.04
8.64	8.41	28.33	28.64	7.87	15.96	7.50
3.77	3.53	7.83	8.93	4.41	9.70	5.12
11.19	6.88	44.18	48.59	3.30	12.21	3.33
6.58	6.24	6.88	7.21	1.76	4.82	3.48
12.23	12.94	62.57	68.19	1.47	19.66	4.97

4-31 按地区分组的医药制造业

地区	企业单位数（个）	亏损企业	工业总产值（当年价格）	工业销售产值（当年价格）	出口交货值
全国	**5926**	**547**	**14941.99**	**14262.31**	**1030.48**
北京	169	20	452.88	419.41	7.06
天津	96	14	330.19	320.57	27.47
河北	189	27	554.41	519.15	75.47
山西	75	20	114.19	100.27	5.16
内蒙古	74	4	270.01	245.30	6.51
辽宁	263	25	528.89	497.82	17.33
吉林	287	30	873.32	837.49	4.29
黑龙江	95	14	271.32	264.11	9.58
上海	186	30	448.95	424.48	36.36
江苏	595	54	1810.02	1784.09	190.12
浙江	385	50	850.62	801.82	246.00
安徽	242	20	352.43	338.19	16.38
福建	106	4	180.81	169.93	17.72
江西	236	13	584.78	573.19	16.92
山东	603	29	2023.09	1966.24	131.85
河南	389	20	1084.00	1051.30	22.66
湖北	272	37	557.25	538.86	55.56
湖南	260	16	489.93	480.61	9.61
广东	330	33	920.98	837.92	77.10
广西	151	11	226.73	205.16	7.58
海南	41	3	76.61	70.70	0.04
重庆	97	5	219.79	208.69	12.06
四川	364	26	901.60	867.69	14.42
贵州	76	6	227.31	191.50	
云南	81	12	172.40	157.27	3.91
西藏	5	1	6.00	6.68	0.02
陕西	162	13	277.64	260.00	4.13
甘肃	45	6	62.33	58.05	2.08
青海	24	2	28.39	25.56	
宁夏	9	1	31.75	27.39	12.91
新疆	19	1	13.36	12.85	0.19

主要经济指标

单位：亿元

资产总计	流动资产合计	应收账款	存货	产成品	固定资产合计
13220.51	**7288.80**	**1484.48**	**1627.90**	**716.04**	**3770.22**
587.38	387.04	69.15	100.57	43.95	82.47
554.17	298.99	51.00	70.41	14.28	121.11
664.21	357.39	62.94	62.44	29.28	181.55
172.69	85.21	15.17	22.07	10.41	51.91
202.24	76.50	12.48	18.62	10.01	106.67
373.45	191.88	44.86	46.97	24.24	129.11
682.37	349.01	78.02	73.82	28.87	161.22
340.60	219.50	42.56	60.95	18.98	87.28
572.13	366.11	90.53	99.84	48.02	122.81
1248.79	714.99	197.09	134.32	55.86	379.00
1117.72	654.13	141.29	164.98	75.21	272.19
257.02	149.36	50.21	35.82	14.62	78.45
162.87	89.48	20.62	25.47	9.47	47.71
310.19	157.39	32.56	30.03	14.14	101.68
1471.83	715.35	129.65	152.62	77.48	563.55
627.40	321.96	53.07	67.71	31.90	240.88
488.63	241.40	40.59	55.64	30.55	147.52
265.33	118.79	24.95	26.75	12.78	109.64
995.62	613.59	88.91	116.65	54.66	213.14
192.54	97.49	16.10	25.12	10.36	66.84
127.44	85.74	18.94	15.28	6.90	22.22
281.38	142.46	23.47	25.01	9.71	91.78
640.47	354.19	83.21	73.39	30.93	180.97
170.43	116.31	23.56	21.21	9.18	31.67
231.20	146.19	23.94	36.74	13.59	46.77
19.54	10.20	2.73	1.54	0.28	2.43
199.38	113.80	24.42	35.65	19.03	58.28
129.82	71.74	16.12	13.82	5.10	25.54
60.82	16.25	1.73	5.04	2.01	10.55
49.00	12.44	2.19	4.23	1.82	28.94
23.85	13.93	2.41	5.19	2.44	6.33

4-31 续表 1

地 区			负债合计	
	固定资产原价	累计折旧		流动负债合计
全 国	**5630.12**	**2320.22**	**5667.56**	**4613.49**
北 京	137.93	58.75	244.12	220.09
天 津	175.33	65.55	205.16	166.07
河 北	260.58	112.10	359.91	270.07
山 西	65.30	19.46	92.54	79.80
内蒙古	149.99	52.20	100.82	72.62
辽 宁	195.51	82.00	176.47	121.92
吉 林	375.78	226.79	253.60	215.78
黑龙江	137.84	56.41	154.66	135.87
上 海	198.56	87.98	250.10	220.26
江 苏	526.60	191.31	511.05	447.10
浙 江	357.95	138.28	527.76	445.01
安 徽	152.59	86.09	122.05	109.85
福 建	72.99	27.39	66.47	59.35
江 西	145.82	60.20	138.86	120.60
山 东	807.95	327.54	606.48	506.82
河 南	401.02	178.69	256.06	187.31
湖 北	207.51	74.91	236.83	174.19
湖 南	138.70	37.46	104.94	77.91
广 东	312.77	124.35	355.70	259.58
广 西	94.43	36.75	88.25	60.29
海 南	31.07	11.74	36.95	33.70
重 庆	92.22	30.57	142.46	118.64
四 川	269.65	103.33	284.18	221.05
贵 州	42.11	14.84	63.50	53.21
云 南	69.72	25.55	109.96	94.96
西 藏	2.46	0.95	4.01	1.89
陕 西	111.83	59.96	84.32	71.72
甘 肃	33.99	11.66	41.44	29.17
青 海	13.16	2.84	14.57	11.85
宁 夏	39.56	11.21	23.26	16.91
新 疆	9.22	3.38	11.04	9.91

单位：亿元

所有者权益合计	实收资本				主营业务收入
		国家资本	港澳台资本	外商资本	
7523.01	**2815.36**	**240.07**	**170.40**	**441.05**	**14484.38**
343.26	138.01	4.99	9.40	28.86	437.23
348.95	143.75	5.79	0.99	57.87	368.93
303.88	119.89	8.65	21.68	12.57	632.61
79.58	36.29	5.91	0.15	0.91	97.70
100.57	39.36	2.01	14.72	0.10	257.32
195.67	88.68	17.17	3.21	13.16	545.17
426.78	131.27	5.92	1.81	5.83	775.47
185.91	69.59	17.45	2.50	19.84	346.50
322.03	181.18	43.78	19.78	41.07	449.24
737.73	237.07	10.62	21.09	81.95	1795.40
589.96	182.15	13.64	12.58	31.05	820.79
134.34	56.10	6.81	0.45	3.06	361.99
104.07	40.10	1.39	5.39	7.38	170.28
169.81	75.45	5.95	0.85	7.52	597.73
853.58	225.40	17.93	2.93	43.30	1957.00
362.35	209.48	1.66	2.70	2.62	1040.38
248.47	117.98	13.13	8.55	6.34	524.06
160.39	64.56	6.01	0.15	0.64	468.00
639.01	219.85	3.72	19.02	50.64	824.71
103.68	45.08	0.56	0.62	4.62	204.75
90.49	24.81	1.14	2.94	4.97	71.25
137.62	45.80	5.33	0.06	0.07	204.37
354.51	122.69	9.47	5.32	5.05	842.29
106.81	33.94	0.53	0.26	2.98	176.30
121.23	43.50	4.60	2.99	1.95	158.08
15.52	6.27	0.63			5.24
114.87	55.86	3.45	10.24	6.37	239.00
88.11	33.88	18.15		0.08	55.26
45.67	12.79	1.08			19.77
25.38	8.27	0.06			25.96
12.80	6.30	2.53		0.28	11.59

4-31 续表 2

地 区	主营业务成本	主营业务税金及附加	管理费用	营业费用
全 国	**10277.30**	**95.36**	**928.86**	**1577.67**
北 京	207.57	3.59	42.43	120.55
天 津	237.95	3.34	28.52	63.35
河 北	505.56	3.18	33.26	42.48
山 西	62.42	0.75	10.82	12.87
内蒙古	205.04	1.06	9.98	7.50
辽 宁	404.82	3.28	38.22	52.82
吉 林	565.15	3.23	50.99	108.46
黑龙江	240.09	2.07	27.30	34.25
上 海	264.22	1.71	46.77	92.49
江 苏	1184.36	12.17	126.25	295.97
浙 江	544.06	4.95	77.00	93.78
安 徽	299.65	1.70	16.49	18.74
福 建	121.32	0.87	12.38	16.54
江 西	456.31	4.30	22.01	54.11
山 东	1443.49	13.65	90.67	143.85
河 南	850.22	6.94	26.01	38.90
湖 北	404.59	3.10	42.02	35.94
湖 南	346.65	4.35	34.85	30.12
广 东	555.26	5.61	56.42	91.22
广 西	126.36	1.27	16.26	19.81
海 南	39.39	0.64	6.93	12.53
重 庆	150.30	0.98	15.30	17.53
四 川	639.11	7.47	51.92	58.02
贵 州	111.26	1.35	9.45	33.32
云 南	87.58	1.07	11.85	31.34
西 藏	1.84	0.07	0.75	0.84
陕 西	149.63	1.98	12.64	41.07
甘 肃	33.11	0.30	4.62	5.24
青 海	15.49	0.16	2.66	1.75
宁 夏	17.64	0.14	2.70	0.55
新 疆	6.84	0.08	1.37	1.74

单位：亿元

财务费用	利息支出	营业利润	利润总额	亏损企业亏损总额	本年应交增值税	全部从业人员平均人数（万人）
135.01	**132.65**	**1631.91**	**1606.02**	**34.86**	**670.28**	**178.60**
3.94	2.56	70.39	75.98	1.62	35.57	5.78
2.71	3.96	48.70	50.26	1.27	24.92	3.83
6.93	6.88	41.99	48.43	2.55	19.95	8.77
2.28	2.14	9.60	10.46	1.49	5.16	2.61
1.78	1.98	34.61	30.29	0.32	10.70	2.72
5.47	4.70	48.44	46.26	1.43	21.53	4.87
4.99	4.61	84.74	85.77	0.91	25.22	10.67
1.08	1.93	41.37	42.11	0.36	16.20	4.97
2.10	3.56	55.27	57.66	3.51	26.36	5.53
9.07	10.00	175.06	173.68	3.82	95.45	16.84
13.15	14.20	107.97	107.14	3.55	41.93	11.43
3.01	3.05	27.44	28.07	0.28	11.19	4.53
2.13	1.89	19.19	20.00	0.24	5.95	2.48
4.16	4.06	45.42	42.61	0.30	25.08	7.67
23.29	19.22	231.74	228.20	0.99	74.43	18.93
12.35	10.12	108.23	108.93	0.84	28.03	13.52
6.37	5.75	60.65	46.44	3.70	17.91	7.12
3.36	3.07	50.52	45.20	0.46	20.82	5.59
3.89	6.76	106.73	108.20	2.73	54.52	10.28
2.47	2.43	35.51	31.20	0.65	10.71	3.48
0.02	0.47	11.97	12.26	0.39	5.40	1.01
3.70	3.59	18.75	18.40	0.28	9.11	3.31
8.30	7.93	95.73	89.69	1.23	40.10	11.97
2.05	2.08	23.85	24.28	0.23	10.37	2.46
1.27	1.41	29.79	25.13	0.93	10.02	2.04
-0.03	0.02	1.80	1.85	0.01	0.65	0.11
2.78	2.12	28.88	29.96	0.23	18.17	3.86
0.84	0.77	8.96	9.21	0.39	2.55	1.01
0.40	0.29	2.60	2.27	0.11	0.88	0.40
1.05	0.92	4.59	4.68	0.01	0.75	0.48
0.14	0.18	1.42	1.42	0.04	0.63	0.34

4-32 按地区分组的化学纤维制造业

地 区	企业单位数（个）	亏损企业	工业总产值（当年价格）	工业销售产值（当年价格）	出口交货值
全 国	**1750**	**234**	**6673.67**	**6507.62**	**437.74**
北 京	3		1.80	1.87	0.67
天 津	8	2	9.33	9.15	0.19
河 北	40	3	71.76	68.62	2.67
山 西	1		0.51	0.48	
内蒙古					
辽 宁	20	6	38.35	37.94	1.96
吉 林	8	2	86.89	84.34	0.37
黑龙江	2	1	9.02	7.56	
上 海	34	7	42.51	42.11	9.75
江 苏	800	112	2268.16	2248.11	154.49
浙 江	466	61	2585.88	2520.86	147.93
安 徽	25	1	80.81	77.82	9.60
福 建	74	3	478.22	454.74	25.71
江 西	9		59.34	57.74	3.87
山 东	79	7	194.24	177.60	25.33
河 南	36	2	136.95	131.74	14.03
湖 北	19	5	62.84	62.64	3.04
湖 南	14	1	44.58	43.83	
广 东	62	8	195.27	184.61	23.63
广 西	1				
海 南	3		10.32	10.06	
重 庆	2		7.14	7.15	
四 川	20	1	154.54	152.63	14.51
贵 州					
云 南	1		12.74	12.80	
西 藏					
陕 西	5	2	11.73	11.53	
甘 肃	4	1	3.40	3.17	
青 海					
宁 夏					
新 疆	14	9	107.38	98.54	

主要经济指标

单位：亿元

资产总计	流动资产合计	应收账款	存货	产成品	固定资产合计
5236.96	**2757.05**	**304.22**	**677.82**	**321.03**	**1777.65**
3.27	1.61	0.23	0.81	0.49	0.63
5.16	3.07	0.77	1.09	0.33	1.91
42.91	20.10	2.01	8.05	4.17	16.21
0.44	0.20	0.07	0.03	0.02	0.05
52.88	23.00	2.28	6.92	3.38	20.74
86.08	32.01	3.49	10.18	5.36	40.26
17.60	16.08	0.32	1.91	0.76	0.91
46.95	24.81	5.05	6.57	3.93	16.32
1709.69	896.61	114.93	235.57	111.12	592.23
1876.85	1102.39	92.20	225.34	109.41	505.91
83.81	27.04	2.01	7.65	3.29	37.13
420.89	228.71	23.94	53.03	23.53	144.23
79.46	36.78	4.58	10.25	2.32	30.46
181.44	84.03	5.93	22.88	9.36	70.08
145.47	35.83	6.88	12.33	7.52	93.78
42.23	17.38	1.65	5.16	2.47	16.63
21.18	8.83	1.62	3.90	2.80	10.79
130.51	62.31	10.04	19.50	11.63	59.78
8.69	4.86	1.04	0.70	0.28	3.03
1.46	0.88	0.04	0.36	0.03	0.42
124.17	56.57	3.69	17.55	8.63	58.39
9.88	8.01		1.86	0.53	1.74
8.17	3.67	0.69	0.82	0.46	3.54
28.62	16.08	14.74	0.24	0.21	1.90
109.18	46.19	6.06	25.12	9.00	50.58

4-32 续表 1

地 区	固定资产原价	累计折旧	负债合计	流动负债合计
全 国	**2834.81**	**1196.83**	**3242.19**	**2710.12**
北 京	1.04	0.41	0.90	0.32
天 津	2.95	1.32	2.85	2.55
河 北	29.79	14.20	26.07	21.13
山 西	0.05		0.26	0.06
内蒙古				
辽 宁	31.88	13.09	27.05	23.80
吉 林	90.29	50.74	59.99	46.70
黑龙江	0.99	0.07	16.75	16.72
上 海	34.01	18.77	20.76	19.65
江 苏	1007.25	452.85	1065.10	877.58
浙 江	735.09	277.95	1140.35	1036.44
安 徽	52.36	16.11	47.93	29.29
福 建	188.68	65.43	253.44	200.11
江 西	48.24	19.49	63.30	45.88
山 东	126.61	57.48	111.04	98.82
河 南	119.04	35.97	82.81	40.37
湖 北	26.62	12.01	22.44	15.38
湖 南	18.14	8.04	15.77	4.87
广 东	118.27	59.45	71.57	61.93
广 西				
海 南	7.93	2.15	4.89	4.89
重 庆	0.68	0.32	0.46	0.46
四 川	112.08	61.32	98.28	70.40
贵 州				
云 南	6.36	4.62	2.05	2.05
西 藏				
陕 西	7.17	3.67	1.26	1.26
甘 肃	8.46	6.57	21.44	20.91
青 海				
宁 夏				
新 疆	60.83	14.76	85.42	68.54

单位：亿元

所有者权益合计	实收资本				主营业务收入
		国家资本	港澳台资本	外商资本	
1991.55	**1026.49**	**97.11**	**188.64**	**126.32**	**6646.95**
2.37	0.98				1.87
2.31	2.32	1.51	0.07	0.36	8.77
16.83	8.12	0.80		0.24	72.31
0.18	0.12				0.48
24.49	43.29	36.87	2.66	0.92	56.84
26.09	10.41				78.63
0.85	0.11				7.56
26.19	20.01	0.42	9.93	4.62	47.05
644.59	352.70	22.50	40.41	42.21	2290.72
736.49	286.17	8.90	52.46	35.88	2560.68
35.88	15.57	9.33	0.58	0.36	78.40
166.95	113.77	0.35	74.16	6.76	443.83
16.15	11.11			8.88	56.96
69.96	32.26	0.49	1.00	3.86	192.29
62.66	10.95	3.44	0.24	0.41	131.31
19.52	14.30		0.36	1.71	64.72
5.41	7.37		0.03	0.25	40.00
58.82	43.42	3.06	6.73	13.81	189.52
3.79	4.93	4.93			10.06
1.00	0.15				6.51
25.89	15.70	3.29		4.07	174.48
7.83	4.09			1.23	12.80
6.91	5.26			0.74	11.55
7.16	1.77	1.20			1.39
23.23	21.61				108.21

4-32 续表 2

地 区	主营业务成本	主营业务税金及附加	管理费用	营业费用
全 国	**6005.38**	**17.01**	**165.39**	**60.41**
北 京	1.39	0.01	0.26	0.07
天 津	7.56	0.06	0.35	0.09
河 北	64.46	0.39	2.57	1.11
山 西	0.44		0.01	
内蒙古				
辽 宁	56.72	0.36	2.09	1.18
吉 林	73.67	0.05	3.62	1.91
黑龙江	7.62		0.20	0.16
上 海	41.80	0.05	2.15	1.87
江 苏	2038.20	5.36	52.33	18.43
浙 江	2356.30	5.49	39.92	13.54
安 徽	66.42	0.27	3.36	1.30
福 建	389.45	0.84	20.47	3.60
江 西	52.06	0.07	1.53	0.69
山 东	171.30	0.71	7.06	2.96
河 南	118.50	0.56	2.82	1.66
湖 北	59.46	0.79	7.27	0.72
湖 南	34.78	0.42	3.73	0.48
广 东	170.46	0.50	6.86	2.45
广 西				
海 南	9.84	0.02	0.15	
重 庆	6.28	0.05	0.05	0.02
四 川	158.98	0.73	5.11	4.01
贵 州				
云 南	8.83	0.09	0.63	0.03
西 藏				
陕 西	9.78	0.04	0.34	0.07
甘 肃	1.25		0.03	
青 海				
宁 夏				
新 疆	99.83	0.14	2.48	4.06

单位：亿元

财务费用		营业利润	利润总额	亏损企业	本年应交	全部从业人员平均人数（万人）
	利息支出			亏损总额	增值税	
94.81	**98.85**	**372.58**	**368.07**	**29.20**	**145.02**	**46.27**
		0.17	0.20		0.03	0.06
0.05	0.05	0.73	0.73	0.11	0.29	0.08
0.82	0.56	1.88	2.01	2.05	1.16	1.32
0.02	0.02	0.01	0.01		0.01	0.01
0.77	0.85	-1.52	-1.39	3.58	1.21	1.12
2.93	2.74	-2.14	-1.83	2.98	1.67	1.12
0.22	0.04	-0.62	-0.64	0.67	0.01	0.08
0.41	0.32	1.95	2.11	0.55	1.01	0.41
31.95	31.21	151.89	144.08	4.51	59.44	15.87
31.51	37.99	135.21	138.68	2.47	50.37	12.36
1.62	1.27	4.53	4.87	0.03	2.59	0.91
7.29	6.83	37.17	37.14	0.11	6.82	2.32
0.78	0.90	4.50	4.57		1.06	0.48
4.86	4.74	9.73	9.00	0.96	3.49	2.14
1.94	1.70	7.59	7.35	0.05	1.56	2.00
0.99	0.81	1.20	1.23	2.58	1.53	0.82
0.33	0.28	2.50	2.27	0.33	1.76	0.37
1.63	2.30	8.05	7.15	2.82	2.92	1.70
0.01	0.01	0.49	0.49		0.15	0.08
0.03	0.02	0.16	0.16		0.12	0.03
3.21	3.12	6.46	6.86		5.05	1.88
-0.10		3.32	3.31		0.76	0.03
	0.02	1.40	1.40	0.01	0.33	0.10
0.03	0.03			0.01	0.02	0.05
3.49	3.04	-2.09	-1.67	5.38	1.67	0.92

4-33 按地区分组的非金属矿物制品业

地　区	企业单位数（个）	亏损企业	工业总产值（当年价格）	工业销售产值（当年价格）	出口交货值
全　国	**26530**	**2160**	**40180.26**	**39285.23**	**1637.49**
北　京	271	26	445.17	438.41	12.92
天　津	221	34	283.69	279.76	10.53
河　北	953	127	1672.91	1625.48	50.73
山　西	401	98	369.45	348.00	20.91
内蒙古	383	49	685.87	674.77	3.90
辽　宁	1575	108	2727.70	2690.81	138.74
吉　林	481	27	1041.28	1026.96	7.95
黑龙江	308	37	403.97	392.96	6.37
上　海	427	79	539.32	537.67	58.59
江　苏	2216	170	3157.50	3104.70	177.60
浙　江	1276	130	1784.81	1747.82	108.81
安　徽	1280	93	1439.70	1400.01	10.79
福　建	1513	54	1775.07	1738.63	273.10
江　西	752	42	1345.42	1334.27	31.67
山　东	3362	102	5489.02	5350.22	191.57
河　南	2916	62	5082.80	4995.00	32.20
湖　北	1074	68	1543.57	1510.10	25.23
湖　南	1241	46	1659.47	1631.68	34.24
广　东	2095	181	3205.62	3108.15	359.02
广　西	577	75	843.82	811.43	28.83
海　南	45	14	102.09	101.64	0.04
重　庆	399	44	608.29	591.80	17.07
四　川	1366	115	2198.97	2143.08	13.44
贵　州	248	80	273.54	262.96	7.64
云　南	250	84	287.83	278.32	0.32
西　藏	12	4	14.39	15.51	
陕　西	372	92	537.90	517.03	2.67
甘　肃	156	42	207.01	192.31	7.74
青　海	42	13	71.66	68.40	
宁　夏	103	28	110.32	105.05	3.30
新　疆	215	36	272.12	262.29	1.56

主要经济指标

单位：亿元

资产总计	流动资产合计				固定资产合计
		应收账款	存货		
				产成品	
29888.96	**13464.71**	**3324.92**	**3021.07**	**1320.91**	**12888.11**
618.57	424.49	196.01	79.04	22.54	105.07
303.84	179.17	70.33	33.71	15.49	103.62
1558.00	571.02	106.93	152.02	63.99	783.24
494.37	213.81	54.01	65.00	26.90	239.82
504.48	187.39	32.75	54.90	21.65	257.31
1455.75	645.31	168.44	143.34	73.40	598.99
758.91	344.34	68.41	106.41	32.09	324.65
363.81	172.42	31.76	45.43	11.85	146.03
632.19	415.73	160.43	90.11	34.51	139.90
2579.64	1476.42	478.88	260.77	108.22	876.64
1934.21	1101.56	313.55	203.61	103.83	597.25
1234.25	554.69	133.33	99.00	42.08	553.41
1192.04	574.99	139.16	150.92	75.70	436.84
810.73	288.44	55.48	69.20	35.91	438.78
3201.75	1348.74	261.49	295.99	133.84	1470.20
2480.65	1047.33	202.76	196.89	105.16	1215.89
1086.62	401.54	80.21	90.15	45.93	534.29
977.67	305.83	90.64	87.21	30.60	566.96
2312.56	1144.24	239.97	296.97	137.23	932.50
692.17	263.07	49.47	62.20	26.13	367.09
138.49	62.01	7.75	9.33	3.43	45.60
658.30	247.59	56.73	47.49	17.48	316.78
1567.63	597.35	140.51	159.03	69.80	763.65
317.69	108.76	16.89	24.52	9.72	166.07
441.26	165.45	31.73	41.96	17.76	219.13
26.92	11.87	2.47	3.33	0.70	13.16
458.90	161.83	34.63	44.95	18.41	254.05
283.23	123.38	32.85	40.70	14.08	121.50
105.32	42.75	7.36	12.66	3.08	45.36
200.05	91.06	21.14	19.45	7.21	71.41
498.94	192.14	38.88	34.79	12.20	182.91

4-33 续表 1

地 区	固定资产原价	累计折旧	负债合计	流动负债合计
全 国	**17935.83**	**6102.45**	**16153.60**	**12470.37**
北 京	185.22	81.23	361.78	338.21
天 津	139.19	48.17	181.66	165.41
河 北	983.55	268.42	904.64	648.22
山 西	305.05	87.00	338.66	255.76
内蒙古	314.62	80.07	299.04	234.71
辽 宁	901.30	350.72	747.26	571.95
吉 林	530.83	261.20	421.14	345.70
黑龙江	191.49	54.65	203.85	170.00
上 海	253.67	123.11	361.94	342.17
江 苏	1430.24	588.73	1540.72	1326.75
浙 江	842.37	299.04	1212.34	1064.69
安 徽	740.58	243.62	648.86	467.90
福 建	588.35	180.44	544.33	445.78
江 西	543.14	152.56	382.01	283.84
山 东	1986.18	621.03	1539.38	1113.05
河 南	1534.97	418.59	1009.47	719.55
湖 北	943.34	443.17	591.06	388.63
湖 南	631.34	128.05	425.06	268.85
广 东	1485.19	582.28	1373.60	1141.12
广 西	444.76	107.75	357.65	256.79
海 南	55.10	17.13	77.97	48.32
重 庆	394.42	120.91	417.15	279.08
四 川	1128.45	425.52	854.86	585.70
贵 州	179.10	36.93	208.77	132.11
云 南	284.45	87.18	284.19	217.77
西 藏	20.32	7.38	10.50	7.53
陕 西	347.66	116.69	265.89	233.45
甘 肃	162.10	48.17	162.14	120.61
青 海	61.02	24.54	69.49	49.16
宁 夏	96.13	28.67	97.88	79.03
新 疆	231.70	69.51	260.31	168.54

单位：亿元

所有者权益合计	实收资本				主营业务收入
		国家资本	港澳台资本	外商资本	
13660.55	**6741.47**	**414.26**	**557.10**	**675.15**	**39294.75**
256.80	133.18	0.86	5.54	11.43	459.88
119.57	94.03	0.90	17.82	18.31	281.92
647.81	328.07	35.95	7.64	27.95	1606.59
154.42	126.76	10.63	1.85	9.56	343.38
204.82	115.77	25.03	2.17	1.42	665.52
703.48	329.48	6.37	12.85	28.20	2723.41
334.72	121.36	7.09	0.94	3.12	1036.51
159.11	76.43	9.08	0.30	3.86	384.12
270.25	185.17	10.93	22.96	80.99	562.41
1038.89	575.72	20.53	97.61	112.89	3106.71
719.82	382.03	16.45	37.27	38.96	1735.40
581.37	285.81	23.63	22.05	11.34	1379.91
640.79	324.14	7.26	48.52	34.49	1753.45
423.17	256.08	24.69	23.43	1.97	1348.94
1677.28	582.83	40.72	20.12	60.92	5485.18
1454.07	602.51	33.91	2.35	13.16	5051.49
491.14	244.50	38.40	2.17	28.99	1447.55
552.61	255.68	10.10	3.13	1.27	1649.86
933.19	495.07	20.81	127.59	69.48	3072.36
331.70	171.74	4.47	53.89	4.56	784.15
60.46	33.16	1.00	11.57	0.49	100.64
238.71	149.81	6.64	8.02	28.02	584.61
708.98	305.04	14.56	10.84	39.77	2101.86
107.46	81.76	6.51	6.90	12.41	224.06
153.09	107.94	7.76	4.75	12.86	273.28
16.42	7.57	1.91			13.50
190.49	123.43	1.97	4.65	15.47	495.73
120.72	70.68	8.34			182.36
35.64	19.99	2.29		0.05	64.69
101.85	31.79	6.63		0.86	110.86
231.75	123.95	8.84	0.19	2.36	264.41

4-33 续表 2

地 区	主营业务成本	主营业务税金及附加	管理费用	营业费用
全 国	**32422.81**	**274.32**	**1410.57**	**1054.87**
北 京	384.42	1.81	30.25	20.12
天 津	243.50	2.91	11.74	7.09
河 北	1336.52	8.53	62.05	40.76
山 西	289.76	1.76	16.92	11.27
内蒙古	521.57	3.80	32.76	11.93
辽 宁	2274.53	16.68	80.08	64.01
吉 林	877.99	8.00	41.20	25.04
黑龙江	306.97	2.69	17.76	10.59
上 海	473.48	1.98	34.75	22.48
江 苏	2634.57	17.42	110.01	78.00
浙 江	1421.22	9.58	65.81	56.05
安 徽	1100.34	7.82	45.10	39.93
福 建	1465.10	13.78	64.65	50.74
江 西	1055.16	8.87	25.93	21.00
山 东	4560.87	42.24	142.40	121.34
河 南	4078.76	46.86	116.54	147.49
湖 北	1181.45	13.35	60.18	47.79
湖 南	1290.62	16.40	93.83	47.90
广 东	2603.12	14.10	109.60	75.30
广 西	635.45	5.35	46.05	23.22
海 南	82.30	0.54	3.03	4.67
重 庆	481.42	3.65	27.16	14.59
四 川	1787.88	16.21	91.15	60.43
贵 州	188.24	1.54	11.93	7.14
云 南	230.01	1.60	13.93	7.31
西 藏	9.28	0.21	0.85	0.51
陕 西	411.96	3.43	20.69	12.15
甘 肃	146.13	1.09	11.56	8.54
青 海	52.60	0.34	3.60	2.08
宁 夏	89.33	0.48	4.61	6.24
新 疆	208.28	1.34	14.47	9.18

单位：亿元

财务费用	利息支出	营业利润	利润总额	亏损企业亏损总额	本年应交增值税	全部从业人员平均人数（万人）
490.16	**433.70**	**3633.81**	**3587.25**	**120.90**	**1433.51**	**517.03**
4.35	4.70	21.24	30.38	1.57	10.72	5.76
2.66	2.71	16.59	18.46	2.42	9.03	3.30
29.02	28.48	128.47	132.94	11.98	49.59	23.50
10.42	9.72	15.28	13.05	9.26	13.96	9.47
8.15	8.01	84.08	54.26	1.55	20.20	6.69
24.87	19.97	289.09	267.86	3.93	97.79	24.30
13.77	12.15	72.18	71.78	1.85	28.34	7.90
3.52	2.98	43.40	44.25	1.29	16.86	5.15
4.78	5.34	32.02	36.66	7.19	17.31	7.22
42.14	36.06	231.22	232.75	8.22	130.84	36.71
39.95	41.35	151.99	165.30	6.77	72.95	19.64
16.83	15.23	171.58	175.43	2.45	51.75	15.89
19.66	17.32	167.53	169.90	2.46	49.72	32.24
10.27	10.02	151.91	148.94	1.92	51.51	17.33
60.62	47.99	493.09	495.39	5.20	202.20	56.91
48.97	38.85	621.00	621.29	4.15	199.58	56.81
24.17	18.84	123.88	120.24	2.47	43.19	17.75
16.81	13.21	125.14	111.99	2.59	70.70	25.43
23.53	22.44	252.32	248.09	7.67	89.35	55.90
7.06	7.58	96.29	89.33	2.05	30.41	15.60
0.96	0.95	10.72	11.94	0.61	4.64	0.92
11.55	10.48	42.45	41.75	4.29	23.81	10.37
31.05	26.44	162.92	147.70	9.19	79.95	31.67
5.36	4.63	7.59	8.34	4.73	7.97	5.66
6.70	6.34	16.33	16.51	4.39	13.20	5.24
0.18	0.19	2.40	2.87	0.27	1.43	0.35
7.19	6.34	43.70	44.01	5.03	18.58	8.14
4.65	4.21	15.47	16.52	1.46	8.75	3.75
1.65	1.44	5.54	5.89	0.97	2.74	1.19
2.99	2.93	7.23	9.11	1.42	4.35	1.63
6.34	6.80	31.17	34.33	1.55	12.08	4.62

4-34 按地区分组的黑色金属冶炼及

地区	企业单位数（个）	亏损企业	工业总产值（当年价格）	工业销售产值（当年价格）	出口交货值
全 国	**6742**	**1131**	**64066.98**	**63136.66**	**2148.61**
北 京	23	8	183.15	183.94	17.30
天 津	326	59	3510.32	3481.33	58.36
河 北	428	80	11464.03	11303.92	158.59
山 西	170	61	2587.43	2505.13	79.63
内蒙古	213	53	1603.41	1575.28	76.34
辽 宁	466	56	4524.52	4502.17	288.86
吉 林	55	10	718.63	716.31	4.01
黑龙江	30	7	324.05	307.60	13.17
上 海	88	19	1813.16	1811.44	187.90
江 苏	946	115	8352.72	8271.78	419.64
浙 江	682	77	2267.86	2211.58	88.69
安 徽	150	23	1774.12	1761.88	36.56
福 建	168	27	1254.12	1233.63	25.65
江 西	81	5	1203.62	1206.16	44.91
山 东	369	26	4876.91	4799.32	150.80
河 南	299	14	2463.15	2446.98	31.21
湖 北	142	19	3067.36	3016.05	97.54
湖 南	377	18	1568.90	1554.52	103.03
广 东	460	65	2315.60	2276.64	193.44
广 西	224	68	1394.87	1357.75	18.64
海 南	3	1	8.56	8.50	
重 庆	133	25	688.89	673.55	0.38
四 川	299	45	2124.33	2082.73	39.17
贵 州	166	92	541.53	512.55	1.60
云 南	115	36	891.92	871.97	
西 藏					
陕 西	66	18	647.21	599.51	1.89
甘 肃	85	37	843.77	831.13	9.02
青 海	39	20	182.19	176.36	0.03
宁 夏	80	29	173.25	168.24	0.94
新 疆	59	18	697.39	688.71	1.31

压延加工业主要经济指标

单位：亿元

资产总计	流动资产合计	应收账款	存货	产成品	固定资产合计
52025.12	**23820.33**	**2054.63**	**7558.95**	**2270.48**	**19685.74**
382.38	135.02	24.89	37.55	7.62	112.34
2941.15	1713.14	80.92	423.24	207.86	911.92
9033.57	3612.44	195.45	1164.37	251.95	3802.39
2305.80	938.13	73.20	387.15	113.31	976.29
1589.14	703.87	82.39	230.76	96.63	525.38
4926.65	1983.32	139.35	688.04	195.74	1611.73
609.69	255.14	43.05	75.92	21.53	196.25
480.06	283.02	35.73	69.99	22.86	106.91
2119.48	761.31	97.61	293.42	55.19	1017.03
6049.18	3370.95	441.76	919.64	331.07	1925.83
1687.73	1008.70	139.93	276.12	105.15	482.14
1306.59	674.49	54.99	199.44	48.84	523.61
907.00	498.77	43.88	153.63	46.02	310.74
732.13	265.67	17.38	117.72	28.05	414.00
3375.60	1655.96	85.71	442.90	129.62	1178.31
1357.79	642.35	50.17	192.83	65.61	625.50
2993.40	1096.55	64.29	417.26	99.38	1395.62
1240.05	503.13	35.40	150.65	34.06	596.40
1385.36	642.90	72.88	231.87	69.87	621.74
791.17	421.38	30.41	177.12	37.08	286.09
6.28	4.44	0.30	1.97	0.97	1.49
434.13	218.75	20.22	91.23	17.90	140.02
1752.60	719.97	85.24	240.31	66.72	636.96
365.08	181.08	27.92	61.74	21.74	157.38
698.00	336.71	29.82	102.46	38.12	260.54
479.52	289.37	35.38	70.44	35.11	170.16
1173.28	536.13	20.19	190.36	60.62	334.80
204.20	74.51	6.63	24.50	7.84	89.45
109.24	57.24	9.55	24.19	15.04	41.09
588.88	235.90	10.00	102.12	38.96	233.64

4-34 续表 1

地 区			负债合计	
	固定资产原价	累计折旧		流动负债合计
全 国	**32170.97**	**14290.63**	**35119.55**	**28416.17**
北 京	255.58	143.32	249.57	159.20
天 津	1099.11	366.76	2330.79	2076.83
河 北	5322.92	2123.27	6066.53	4702.89
山 西	1515.29	709.18	1582.39	1182.50
内蒙古	942.24	433.61	1067.30	760.75
辽 宁	3176.10	1612.96	3053.23	2351.64
吉 林	401.52	237.08	434.57	357.94
黑龙江	138.99	45.95	403.68	352.28
上 海	2356.29	1361.55	1029.90	867.16
江 苏	3149.48	1309.92	4062.85	3379.74
浙 江	639.33	220.62	1194.05	1078.61
安 徽	893.65	440.56	801.24	523.59
福 建	421.69	135.19	561.71	517.22
江 西	590.11	192.63	534.53	445.27
山 东	2580.14	1364.96	2298.35	1873.62
河 南	809.68	278.89	871.16	688.80
湖 北	2242.39	915.60	1911.28	1613.80
湖 南	856.55	289.94	911.95	744.88
广 东	987.32	425.41	1078.77	944.73
广 西	390.77	121.19	531.32	458.72
海 南	4.02	2.56	8.28	8.28
重 庆	168.56	44.65	323.54	217.99
四 川	1511.88	918.93	1261.34	1029.43
贵 州	176.32	76.91	236.16	213.92
云 南	301.83	99.83	458.90	418.68
西 藏				
陕 西	174.20	34.89	378.70	338.93
甘 肃	580.53	251.29	844.20	578.15
青 海	121.81	36.01	142.01	111.23
宁 夏	50.95	13.72	87.89	84.94
新 疆	311.71	83.27	403.36	334.47

单位：亿元

所有者权益合计	实收资本				主营业务收入
		国家资本	港澳台资本	外商资本	
16848.10	**7385.51**	**1231.65**	**247.54**	**426.93**	**65909.31**
132.81	136.96			1.94	200.61
610.21	425.97	90.62	1.22	6.10	3721.93
2936.80	1220.26	152.81	48.66	21.52	11380.60
718.00	261.72	80.58			2719.97
521.52	334.69	142.62		1.06	1582.72
1867.47	762.04	89.54	2.97	25.61	5166.17
175.11	154.21	3.09		1.38	717.75
76.38	41.05	4.37		1.30	320.03
1089.58	283.31	140.55	2.67	52.30	2235.94
1986.32	749.67	5.70	85.92	125.49	8557.36
493.68	299.06	29.30	20.22	21.79	2226.31
504.61	155.69	45.28	17.83	9.38	2012.66
345.04	191.13	31.13	6.56	24.29	1260.94
197.46	83.70	5.61	0.10	0.18	1320.87
1074.84	368.78	24.67	7.44	4.12	4574.37
485.97	209.67	23.32	0.01	7.53	2576.07
1081.24	323.49	172.99	2.41	36.16	3247.65
328.09	137.25	6.08	1.69	0.25	1556.03
303.86	239.85	15.04	42.13	77.54	2245.87
258.69	107.33	33.88	2.33	5.71	1345.63
-2.00	2.37				9.80
109.08	57.95	1.39	5.38	0.59	654.49
490.96	304.72	14.76		0.45	2126.85
127.03	85.12	7.25		0.47	494.79
239.07	106.88	2.98		0.10	912.76
100.37	50.13	1.12		1.24	674.20
328.26	123.64	106.65			999.65
61.87	35.04				174.29
21.22	23.52	0.25		0.35	176.52
184.55	110.26	0.06		0.10	716.48

4-34 续表 2

地 区	主营业务成本	主营业务税金及附加	管理费用	营业费用
全 国	**60285.03**	**200.09**	**1645.41**	**531.57**
北 京	199.07	0.08	3.04	4.88
天 津	3342.27	6.45	40.91	10.82
河 北	10358.86	15.09	192.64	39.59
山 西	2497.15	6.83	76.17	25.69
内蒙古	1421.90	12.68	44.14	28.55
辽 宁	4653.60	24.08	252.97	55.91
吉 林	689.97	15.91	9.44	5.17
黑龙江	297.30	0.65	6.71	5.13
上 海	2094.87	2.72	73.78	12.33
江 苏	7794.68	19.78	141.34	54.74
浙 江	2059.97	5.43	43.62	14.10
安 徽	1890.45	5.38	30.92	11.73
福 建	1146.80	2.16	25.22	8.77
江 西	1224.24	3.02	25.49	6.98
山 东	4255.25	12.81	120.34	34.94
河 南	2372.38	9.00	39.26	19.09
湖 北	3004.39	10.95	146.03	25.97
湖 南	1408.38	12.96	57.61	21.42
广 东	2065.34	5.79	34.60	17.40
广 西	1239.25	5.75	66.78	11.79
海 南	10.08	0.01	0.35	0.08
重 庆	579.86	1.03	17.71	9.68
四 川	1946.54	10.20	75.64	30.89
贵 州	475.18	1.41	11.16	5.83
云 南	842.20	1.25	18.55	8.19
西 藏				
陕 西	560.77	1.69	26.35	14.03
甘 肃	877.85	3.88	38.88	27.34
青 海	151.80	0.78	5.46	4.07
宁 夏	165.69	0.51	3.61	3.68
新 疆	658.92	1.80	16.70	12.79

单位：亿元

财务费用	利息支出	营业利润	利润总额	亏损企业亏损总额	本年应交增值税	全部从业人员平均人数（万人）
845.41	**891.71**	**2694.82**	**2239.48**	**238.92**	**1388.37**	**339.92**
2.47	2.78	-3.61	-5.70	13.63	1.07	1.61
37.43	46.28	191.76	189.00	3.46	123.41	11.78
135.71	114.70	406.61	323.17	65.35	176.85	54.09
40.65	39.74	78.79	58.94	11.00	72.36	17.42
24.65	26.38	86.85	63.02	2.65	48.45	11.39
72.31	80.86	171.92	147.88	28.05	93.37	33.15
9.88	6.56	17.17	12.27	2.56	9.08	4.27
8.27	4.69	6.89	7.65	1.07	4.39	2.92
1.81	20.32	59.31	61.53	2.79	25.64	2.43
113.11	111.60	490.65	402.34	11.70	199.97	31.61
32.26	40.15	72.43	74.30	4.88	40.42	10.60
15.32	18.13	105.50	81.34	0.83	56.42	8.44
15.99	15.32	77.93	72.79	3.36	34.81	5.89
16.71	14.68	38.09	39.03	0.06	22.06	7.28
69.68	80.51	185.82	143.39	4.06	88.94	22.71
22.29	22.94	128.21	121.41	0.86	60.65	14.79
47.66	57.94	113.49	110.65	7.17	59.00	16.77
17.93	27.58	105.95	48.99	2.89	49.19	11.98
28.56	31.17	79.95	68.65	27.82	38.84	9.80
19.32	20.67	67.37	38.06	7.67	24.47	6.81
0.02	0.02	-0.67	-0.68	0.77	0.12	0.08
9.99	10.83	27.82	21.93	5.98	15.55	4.19
41.46	35.37	46.78	45.15	15.71	63.15	20.71
3.81	4.11	1.68	4.23	6.51	9.36	6.06
8.87	9.88	37.70	35.91	2.22	16.94	6.41
8.09	7.46	44.92	19.49	0.83	9.47	3.31
22.28	22.97	23.18	23.94	0.99	23.18	4.96
5.21	4.75	8.22	7.46	1.22	5.84	2.37
2.58	2.19	2.85	1.71	1.74	2.86	2.33
11.08	11.10	21.27	21.61	1.09	12.52	3.77

4-35 按地区分组的有色金属冶炼及

地 区	企业单位数（个）	亏损企业	工业总产值（当年价格）	工业销售产值（当年价格）	出口交货值
全 国	**6765**	**885**	**35906.82**	**35091.06**	**1382.02**
北 京	49	9	94.75	100.65	42.32
天 津	100	14	618.06	622.17	11.91
河 北	194	24	483.36	471.07	9.90
山 西	92	24	519.61	496.65	3.56
内蒙古	172	16	1619.84	1583.15	27.98
辽 宁	325	35	1086.81	1066.77	18.95
吉 林	32	2	144.38	140.07	4.58
黑龙江	16	2	43.45	43.09	0.70
上 海	172	35	497.47	493.47	61.14
江 苏	929	129	2986.29	2951.78	150.71
浙 江	697	106	2062.99	2016.85	119.50
安 徽	145	27	1579.91	1552.87	35.02
福 建	132	14	743.26	722.21	94.24
江 西	491	36	3469.49	3425.28	104.98
山 东	348	19	3917.18	3861.90	45.25
河 南	470	42	3726.46	3668.96	201.07
湖 北	152	20	836.64	819.04	11.44
湖 南	637	24	2484.20	2468.70	46.12
广 东	648	77	2471.53	2411.06	238.90
广 西	132	42	832.58	739.47	29.12
海 南	5	1	3.94	4.00	
重 庆	90	8	488.80	456.76	19.30
四 川	192	37	822.95	807.83	26.53
贵 州	78	31	299.07	290.70	3.17
云 南	195	63	1286.88	1229.03	22.35
西 藏					
陕 西	152	25	925.21	842.30	24.80
甘 肃	39	5	985.96	969.67	9.10
青 海	35	11	461.00	442.73	
宁 夏	19	3	289.19	270.20	19.13
新 疆	27	4	125.55	122.65	0.26

压延加工业主要经济指标

单位：亿元

资产总计	流动资产合计	应收账款	存货	产成品	固定资产合计
23710.49	**12380.64**	**1635.53**	**4385.51**	**1290.52**	**8269.91**
65.76	49.19	10.78	15.39	6.30	7.51
206.98	155.20	32.77	36.90	10.31	31.98
273.32	126.54	26.22	41.92	11.41	98.72
594.68	223.11	23.10	103.87	31.58	315.20
870.73	375.65	71.07	116.14	44.37	356.28
789.88	431.64	33.81	98.21	30.41	265.13
282.72	136.47	13.14	32.49	7.48	115.45
63.68	25.17	3.42	10.48	1.42	7.38
294.93	195.66	47.57	56.44	17.05	76.87
1352.86	909.12	225.63	203.14	77.07	321.76
1087.20	767.66	137.61	207.55	75.87	171.10
822.76	433.14	51.71	165.02	17.21	189.68
687.66	303.39	36.66	89.21	38.32	153.73
1704.70	1115.63	121.75	430.13	114.25	496.03
2628.39	1309.30	134.58	436.38	69.18	1078.14
2476.76	1192.19	158.99	359.16	105.94	1070.67
380.68	210.35	26.37	75.81	21.88	122.28
881.99	403.25	38.08	156.90	56.77	356.68
1295.39	705.44	171.25	218.35	88.91	495.12
822.54	331.03	38.10	131.80	51.75	401.55
5.79	2.19	0.31	0.42	0.15	1.40
313.50	130.87	21.15	49.00	14.59	155.74
534.37	292.54	42.12	94.61	31.36	174.18
374.12	112.72	12.84	46.98	12.65	208.82
1384.31	736.51	47.57	306.68	90.86	369.21
863.57	479.20	41.38	183.35	78.54	242.42
1508.78	793.34	22.60	522.23	142.12	440.47
486.86	174.00	26.25	76.41	17.01	252.74
410.91	179.32	14.76	79.60	20.99	189.40
244.66	80.81	3.93	40.96	4.77	104.24

4-35 续表 1

地 区			负债合计	
	固定资产原价	累计折旧		流动负债合计
全 国	**11768.85**	**4337.81**	**14754.79**	**11438.47**
北 京	13.93	6.58	32.22	28.84
天 津	46.18	14.59	140.86	135.63
河 北	131.72	41.86	166.12	140.21
山 西	474.84	181.21	424.81	290.60
内蒙古	586.81	273.40	468.24	351.81
辽 宁	389.02	166.76	469.95	365.11
吉 林	204.52	105.26	195.15	148.13
黑龙江	19.00	12.20	39.19	24.41
上 海	110.38	44.74	176.76	158.86
江 苏	479.28	164.20	871.88	785.51
浙 江	238.86	82.52	719.06	694.16
安 徽	250.52	79.43	581.19	433.71
福 建	209.55	61.51	321.50	271.80
江 西	739.86	281.78	912.31	733.18
山 东	1651.37	688.76	1427.30	1117.84
河 南	1422.73	488.97	1575.91	1190.41
湖 北	189.54	76.43	258.75	208.06
湖 南	455.88	155.69	538.46	374.39
广 东	854.99	387.78	816.99	682.89
广 西	533.33	167.48	613.63	450.85
海 南	2.01	0.62	3.93	3.84
重 庆	189.63	76.96	225.84	133.50
四 川	226.78	76.16	370.54	283.64
贵 州	278.43	96.69	249.94	157.48
云 南	458.82	136.95	935.05	749.83
西 藏				
陕 西	336.66	120.09	433.67	317.72
甘 肃	589.12	182.65	963.27	634.97
青 海	335.50	103.21	344.79	210.71
宁 夏	237.36	48.95	285.41	185.63
新 疆	112.24	14.37	192.03	174.80

单位：亿元

所有者权益合计	实收资本				主营业务收入
		国家资本	港澳台资本	外商资本	
8920.36	**13993.49**	**812.21**	**322.60**	**303.72**	**36869.42**
33.54	14.31	0.18	0.08	1.17	103.26
65.74	51.47	4.40	3.34	6.47	620.08
105.41	91.06	14.83	3.56	30.91	474.90
169.07	108.35	18.20	2.02	1.18	512.06
401.92	197.37	34.77	2.50	23.89	1605.79
316.99	157.30	1.75	64.34	7.31	1059.96
87.14	26.40	2.20		14.77	147.12
24.43	19.51	4.52			41.78
118.17	84.78	5.09	10.36	26.22	494.74
480.98	10292.10	4.40	38.09	92.12	2974.56
368.50	165.17	0.53	23.59	11.57	2014.73
241.00	103.20	51.36	2.32	1.61	1716.04
365.45	126.86	26.61	21.71	9.55	743.51
787.74	203.57	51.30	1.53	2.52	3898.41
1199.47	287.07	55.39	7.32	10.24	3970.79
897.71	354.13	69.12	17.99	20.55	3641.43
120.19	61.44	23.14		3.30	923.38
343.53	153.34	14.01	1.09	1.53	2422.11
478.30	228.28	4.30	114.56	25.45	2390.04
204.45	145.14	28.48	3.32		762.80
1.81	0.84				3.96
87.58	71.70	9.79	1.23		440.91
154.67	81.01	22.06	1.25	1.20	814.57
123.92	87.62	46.50	0.21	3.06	272.76
449.04	185.72	30.61	1.14	6.71	1312.62
429.86	159.68	14.21	0.05	0.50	929.76
544.96	329.89	207.64			1737.76
140.70	101.90	55.59		1.80	443.36
125.50	60.74	9.35	0.63		277.23
52.56	43.56	1.90	0.37	0.09	118.98

4-35 续表 2

地 区	主营业务成本	主营业务税金及附加	管理费用	营业费用
全 国	**32977.05**	**119.68**	**924.92**	**309.68**
北 京	84.77	2.97	3.61	0.96
天 津	580.60	1.12	7.47	2.19
河 北	402.17	0.93	10.22	3.28
山 西	461.67	2.10	14.32	6.22
内蒙古	1385.47	7.43	30.17	12.47
辽 宁	891.39	4.02	38.47	19.58
吉 林	122.28	0.73	4.19	1.71
黑龙江	34.68	0.17	3.25	0.73
上 海	461.97	0.25	12.86	5.41
江 苏	2706.05	8.23	52.31	24.93
浙 江	1860.43	3.75	34.68	10.43
安 徽	1590.94	3.51	30.53	7.23
福 建	631.62	2.69	20.95	6.43
江 西	3538.04	16.26	49.86	14.83
山 东	3533.39	9.14	46.79	26.03
河 南	3348.77	11.04	66.02	29.50
湖 北	858.30	1.96	24.49	5.90
湖 南	1965.18	19.74	113.25	27.63
广 东	2190.82	4.48	50.85	22.76
广 西	675.05	2.85	96.74	9.47
海 南	2.50		0.42	0.01
重 庆	407.28	1.00	13.20	3.50
四 川	751.43	2.10	23.32	10.79
贵 州	240.89	1.12	9.97	5.62
云 南	1162.09	3.94	52.35	12.47
西 藏				
陕 西	845.13	2.88	37.78	14.38
甘 肃	1500.43	2.51	33.08	10.80
青 海	389.46	1.94	32.24	7.28
宁 夏	246.25	0.71	8.08	5.31
新 疆	107.98	0.12	3.43	1.83

单位：亿元

财务费用	利息支出	营业利润	利润总额	亏损企业亏损总额	本年应交增值税	全部从业人员平均人数(万人)
448.25	**448.36**	**2382.18**	**2067.38**	**147.35**	**826.52**	**192.62**
0.63	1.16	10.38	10.54	0.46	1.92	0.57
5.47	4.65	26.00	26.34	0.93	25.98	1.27
4.32	4.48	46.66	45.83	2.67	10.52	2.95
14.99	14.19	24.94	18.15	4.34	13.78	6.32
19.72	18.93	186.86	151.69	3.62	36.36	6.70
19.80	19.55	77.16	69.07	24.95	25.90	6.71
8.04	6.92	16.27	9.56	0.19	6.72	1.10
0.74	0.72	2.43	2.35	0.12	0.69	1.06
4.19	4.89	10.64	11.73	2.39	3.03	2.62
25.02	28.42	191.60	132.46	4.19	48.62	13.04
24.53	26.44	87.39	85.47	2.63	34.19	8.63
13.49	16.67	154.30	53.85	4.61	24.11	4.98
8.35	8.59	97.51	87.79	0.72	11.24	4.08
20.03	18.75	258.59	252.15	10.48	115.82	12.19
52.82	46.67	272.20	270.50	2.91	95.90	15.00
65.46	60.30	158.19	151.62	30.17	77.61	19.54
10.12	8.08	31.09	21.53	1.74	13.75	4.68
18.75	14.83	200.82	173.69	6.23	104.48	13.21
22.78	23.29	157.24	137.45	9.70	33.23	15.81
16.12	15.22	50.45	49.72	4.32	23.90	6.99
0.02	0.02	1.00	1.15	0.04	0.17	0.06
5.87	5.80	25.26	22.98	1.24	7.33	2.72
11.07	10.78	36.97	35.71	9.65	17.49	5.79
5.89	5.90	12.84	12.71	5.11	7.97	3.58
28.07	30.26	85.47	81.75	4.43	27.76	11.57
9.25	10.00	56.24	55.02	1.60	20.55	6.90
11.57	21.73	59.17	59.68	2.61	24.56	7.89
10.14	9.89	30.05	20.32	3.28	5.15	2.98
9.51	9.66	7.77	9.51	0.81	3.38	2.69
1.46	1.54	6.71	7.07	1.22	4.43	0.99

4-36 按地区分组的金属制品业

地区	企业单位数（个）	亏损企业	工业总产值（当年价格）	工业销售产值（当年价格）	出口交货值
全国	**16573**	**1433**	**23350.81**	**22882.48**	**3016.62**
北京	229	21	251.36	248.79	16.71
天津	518	74	870.59	886.71	99.28
河北	922	64	1614.94	1565.53	109.24
山西	84	17	55.41	54.50	0.77
内蒙古	90	8	153.17	151.43	0.17
辽宁	825	67	1402.49	1382.55	93.51
吉林	149	5	225.47	219.79	0.24
黑龙江	95	12	86.37	83.49	0.63
上海	780	112	917.45	907.94	226.48
江苏	2604	238	3829.26	3764.68	438.92
浙江	1963	183	2089.82	2028.07	577.11
安徽	576	39	719.41	694.81	15.91
福建	412	42	560.52	551.42	116.56
江西	174	9	307.49	303.20	20.00
山东	1379	90	2274.36	2227.20	204.74
河南	609	9	785.10	774.11	4.40
湖北	448	39	700.78	678.68	14.64
湖南	342	12	564.88	555.36	13.46
广东	3317	280	4377.84	4275.00	1011.18
广西	112	13	181.82	175.54	21.78
海南	3		26.32	26.26	3.13
重庆	170	7	225.22	217.98	13.29
四川	479	37	758.33	738.96	6.82
贵州	19	5	45.29	43.73	2.21
云南	50	12	53.68	54.23	1.44
西藏					
陕西	101	13	110.73	104.48	2.72
甘肃	41	12	73.19	64.08	
青海	5		3.99	13.12	
宁夏	19	2	27.20	26.47	0.01
新疆	58	11	58.35	64.38	1.27

主要经济指标

单位：亿元

资产总计	流动资产合计	应收账款	存货	产成品	固定资产合计
15191.47	**9115.56**	**2366.64**	**2428.63**	**852.12**	**4471.78**
314.01	208.42	59.56	66.77	23.57	55.50
604.47	392.95	83.91	100.47	40.61	151.71
918.09	431.42	89.85	118.00	54.82	435.46
49.51	35.04	11.82	11.71	4.52	12.01
58.64	29.69	9.25	7.21	2.80	17.55
798.53	394.81	113.14	107.77	31.13	317.24
116.89	53.59	12.62	19.29	6.38	57.04
77.44	36.18	9.75	11.84	3.94	19.23
758.21	513.06	154.34	139.33	45.94	174.48
2501.91	1588.41	508.76	369.41	147.79	654.73
1781.62	1189.05	293.40	271.11	108.28	411.39
410.42	254.34	74.03	70.41	29.25	113.66
347.85	230.99	61.10	52.79	17.11	75.64
117.77	53.66	14.18	13.78	7.13	44.14
1152.53	604.29	124.98	154.13	57.29	398.73
384.48	185.78	43.25	37.08	16.81	173.93
454.05	234.22	59.85	67.25	33.22	161.26
209.26	94.37	20.73	28.93	15.31	92.32
2965.53	1919.13	441.50	583.35	135.52	743.06
80.03	35.60	10.16	7.66	3.89	31.55
19.93	15.53	4.10	4.77	0.94	4.25
131.82	87.38	18.71	22.26	7.45	30.07
507.09	292.87	77.56	80.06	27.89	144.60
50.16	32.38	7.19	11.23	5.36	12.61
74.11	53.03	13.24	26.44	6.74	11.80
148.54	59.63	18.06	20.34	8.95	80.23
70.45	40.90	16.89	9.44	4.08	19.18
3.31	2.33	1.46	0.50	0.10	0.31
29.44	13.05	3.02	4.82	2.10	15.41
55.38	33.48	10.27	10.49	3.19	12.67

4-36 续表 1

地 区	固定资产原价	累计折旧	负债合计	流动负债合计
全 国	**6662.63**	**2665.73**	**8577.35**	**7566.33**
北 京	89.84	35.54	167.71	150.41
天 津	181.05	54.49	378.18	356.73
河 北	554.02	138.82	409.29	375.66
山 西	15.94	4.56	34.30	33.05
内蒙古	38.41	22.13	28.88	24.03
辽 宁	500.41	209.57	401.52	309.74
吉 林	142.74	95.74	50.78	41.94
黑龙江	22.37	6.60	41.18	28.86
上 海	297.53	130.43	407.99	370.86
江 苏	1011.70	400.22	1470.49	1317.57
浙 江	517.47	159.91	1112.89	1047.53
安 徽	162.69	57.38	218.14	189.30
福 建	107.72	38.15	169.14	153.79
江 西	60.94	22.23	44.76	36.12
山 东	618.63	262.83	616.47	471.45
河 南	195.10	44.51	160.38	123.91
湖 北	255.59	136.48	246.86	188.73
湖 南	110.71	26.96	99.28	69.65
广 东	1305.27	624.08	1854.26	1734.36
广 西	46.69	17.94	42.00	31.08
海 南	8.91	4.91	13.23	13.13
重 庆	49.29	22.43	88.75	81.16
四 川	217.72	83.98	273.85	225.59
贵 州	20.99	8.94	29.12	27.25
云 南	14.54	4.33	57.67	53.25
西 藏				
陕 西	49.13	20.47	74.69	41.22
甘 肃	38.42	22.76	35.46	26.60
青 海	0.51	0.25	1.81	1.80
宁 夏	13.68	4.87	14.76	13.36
新 疆	14.62	4.22	33.48	28.19

单位：亿元

所有者权益合计	实收资本				主营业务收入
		国家资本	港澳台资本	外商资本	
6550.78	**3249.67**	**154.41**	**361.03**	**537.31**	**22951.33**
146.30	68.66	1.96	6.24	11.21	282.08
220.12	133.50	7.49	7.35	26.75	949.04
505.85	196.36	9.66	4.69	15.69	1591.84
15.14	9.73	0.37			55.99
29.75	13.58	0.68	0.85	0.16	151.81
393.34	155.99	7.70	8.33	25.44	1311.28
64.99	30.84	0.94		0.82	216.94
36.23	30.13	7.42	0.74	0.14	79.13
350.22	185.91	21.32	29.37	56.45	928.22
1031.42	548.55	26.99	48.74	139.92	3751.81
669.66	353.85	2.47	45.29	40.69	2016.97
190.18	83.36	2.09	1.50	7.24	695.83
176.02	92.81	0.93	19.62	26.93	546.76
70.17	42.18	2.66	0.34	6.88	310.48
530.61	222.22	2.57	15.95	38.58	2290.99
222.50	122.63	11.78	0.28	0.63	788.25
206.18	98.00	6.48	7.50	7.76	674.25
109.98	48.45	4.52	0.51	0.51	538.21
1081.37	611.23	11.92	162.80	125.88	4252.47
35.83	15.20	1.43	0.01	1.28	168.17
6.70	2.27	0.06		1.07	25.81
42.78	18.13	1.63	0.01	1.23	216.43
232.21	77.16	1.59	0.26	1.74	734.25
21.02	11.44	4.77	0.03		47.49
16.41	13.03	1.63	0.20		55.33
73.81	26.79	2.91	0.10	0.28	136.58
34.03	16.50	3.63			42.95
1.50	1.10				5.80
14.58	5.19	0.67			26.49
21.89	14.87	6.15	0.34	0.03	59.69

4-36 续表 2

地 区	主营业务成本	主营业务税金及附加	管理费用	营业费用
全 国	**19706.29**	**110.82**	**873.18**	**472.94**
北 京	235.09	1.23	16.71	11.45
天 津	854.40	2.28	23.46	11.99
河 北	1366.75	4.82	38.85	32.80
山 西	49.46	0.24	2.54	0.86
内蒙古	119.92	0.73	5.73	2.76
辽 宁	1092.85	6.76	58.98	25.79
吉 林	181.41	2.12	8.37	4.93
黑龙江	70.46	0.28	3.62	0.95
上 海	797.25	2.25	51.60	25.27
江 苏	3241.40	15.05	125.71	71.93
浙 江	1742.56	9.03	82.58	44.18
安 徽	604.65	3.75	22.66	12.13
福 建	476.35	2.80	19.09	9.91
江 西	265.96	2.33	6.88	4.54
山 东	1958.69	14.26	62.46	38.49
河 南	657.06	5.34	16.46	14.73
湖 北	573.11	5.63	27.42	17.44
湖 南	426.96	5.08	35.13	15.48
广 东	3698.43	18.41	193.97	91.40
广 西	139.31	0.72	9.34	3.67
海 南	23.31	0.04	0.55	0.91
重 庆	187.65	1.37	6.40	4.20
四 川	622.52	4.79	37.00	18.58
贵 州	40.75	0.22	2.23	2.07
云 南	49.36	0.25	2.81	0.89
西 藏				
陕 西	112.02	0.50	7.03	3.10
甘 肃	36.15	0.24	2.05	0.60
青 海	5.11	0.02	0.09	0.32
宁 夏	22.92	0.08	1.24	0.70
新 疆	54.41	0.21	2.24	0.87

单位：亿元

财务费用	利息支出	营业利润	利润总额	亏损企业亏损总额	本年应交增值税	全部从业人员平均人数(万人)
207.22	**185.35**	**1649.77**	**1545.71**	**47.31**	**582.35**	**311.51**
2.48	2.76	17.19	17.60	0.70	6.25	4.08
5.90	5.77	59.86	60.66	2.78	19.51	9.12
10.34	9.19	107.98	98.10	1.71	30.80	14.30
0.81	0.67	1.64	1.63	0.22	1.32	1.65
1.34	1.14	19.17	14.41	0.12	2.14	1.05
10.47	8.10	103.62	89.57	2.59	24.59	14.33
2.24	1.89	20.12	15.70	0.32	4.81	1.84
0.41	0.35	2.64	2.53	0.25	0.89	1.24
5.98	5.79	56.84	58.86	3.61	23.60	14.22
43.83	39.70	260.98	247.07	7.69	124.33	45.51
39.25	37.99	110.45	111.76	5.72	47.58	35.60
6.47	5.66	51.60	45.43	0.66	16.57	11.19
3.57	4.20	41.05	40.25	1.04	13.78	8.27
1.60	1.31	22.78	22.00	0.71	7.05	3.36
19.44	14.16	166.19	150.73	6.36	65.37	20.78
6.90	5.74	82.79	81.83	0.18	19.40	10.96
7.31	6.07	52.08	44.36	1.14	14.64	8.04
3.89	3.11	53.45	44.87	0.32	19.68	5.75
19.49	17.64	299.26	294.69	9.12	98.15	77.62
1.20	0.93	25.69	17.53	0.19	3.40	2.15
0.08	0.26	0.97	0.97		0.39	0.11
2.00	1.84	14.88	14.31	0.15	4.81	3.46
8.61	7.51	60.24	52.57	0.75	25.01	10.04
0.34	0.45	1.76	1.94	0.02	1.16	1.29
0.57	0.60	2.77	2.62	0.09	0.90	1.16
0.87	0.84	7.53	7.20	0.30	3.70	2.16
0.78	0.65	2.39	2.48	0.41	0.99	0.90
0.02	0.02	0.35	0.36		0.16	0.06
0.48	0.43	1.61	1.60	0.01	0.50	0.53
0.55	0.56	1.89	2.07	0.17	0.89	0.76

4-37 按地区分组的通用设备制造业

地 区	企业单位数（个）	亏损企业	工业总产值（当年价格）	工业销售产值（当年价格）	出口交货值
全 国	**25877**	**1606**	**40992.55**	**39992.18**	**3832.80**
北 京	287	41	597.94	571.38	75.92
天 津	410	41	855.67	861.04	135.03
河 北	1037	55	1607.29	1564.84	88.32
山 西	250	46	277.90	280.38	16.86
内蒙古	109	22	233.30	231.87	1.18
辽 宁	2581	142	4249.71	4141.86	178.49
吉 林	236	15	341.43	333.06	0.18
黑龙江	176	25	444.13	424.88	59.12
上 海	1289	135	2596.90	2556.44	506.83
江 苏	4525	276	6492.06	6378.94	757.46
浙 江	3635	238	3918.90	3798.40	886.47
安 徽	952	47	1271.23	1219.83	52.03
福 建	586	44	794.21	770.67	88.23
江 西	214	7	397.60	395.54	27.40
山 东	3795	111	6974.96	6787.77	332.98
河 南	1222	24	2208.27	2177.67	19.63
湖 北	697	45	1012.24	974.12	25.55
湖 南	758	24	1206.62	1184.64	20.41
广 东	1317	119	2138.14	2079.00	431.60
广 西	166	26	244.37	232.91	3.33
海 南	1		0.58	0.71	
重 庆	300	22	533.44	516.53	38.12
四 川	938	50	1874.07	1824.21	66.52
贵 州	37	7	50.94	46.62	0.36
云 南	69	10	90.98	88.00	2.16
西 藏					
陕 西	193	23	440.32	418.40	9.44
甘 肃	40	8	56.45	53.57	3.58
青 海	7		21.21	20.02	
宁 夏	30	3	49.69	47.02	5.43
新 疆	20		12.00	11.86	0.16

主要经济指标

单位：亿元

资产总计	流动资产合计	应收账款	存货	产成品	固定资产合计
29853.77	**18491.81**	**5266.27**	**5305.01**	**1717.02**	**8070.54**
755.06	565.23	137.83	193.55	50.31	103.26
923.73	501.21	135.97	141.43	40.67	227.15
861.00	440.72	119.49	144.92	55.59	355.53
276.69	175.74	57.06	58.39	27.29	87.22
146.88	89.57	18.59	22.95	7.73	37.95
2499.31	1331.12	399.53	380.34	116.24	904.36
164.39	85.20	21.38	24.77	10.82	68.32
575.81	442.30	167.50	136.12	17.35	91.83
2908.97	2069.79	568.79	692.72	158.34	554.44
4964.30	3133.84	1007.12	828.90	310.27	1295.21
3912.64	2553.65	734.71	608.09	234.71	852.79
903.31	532.19	140.70	142.26	60.25	255.88
481.14	301.21	81.35	93.44	39.98	130.91
213.69	114.23	27.94	32.20	15.29	84.97
3317.57	1818.77	443.32	482.07	184.32	1130.43
1055.21	548.44	149.96	128.47	52.89	396.03
909.53	519.26	128.86	135.27	54.72	280.78
558.71	283.92	102.96	75.35	33.93	223.09
1550.67	1048.71	305.89	285.33	97.17	338.91
147.28	107.00	27.56	26.73	9.77	27.40
0.83	0.52	0.15	0.24	0.14	0.14
422.00	282.60	83.43	64.80	26.46	95.88
1491.42	1003.49	281.10	450.18	54.83	332.23
52.27	34.76	8.31	9.75	2.56	11.32
85.94	59.62	12.77	24.28	10.74	19.60
471.30	322.77	66.92	83.18	31.28	110.32
78.42	47.35	13.07	15.21	3.68	23.40
31.29	20.73	5.33	6.57	2.90	7.67
80.42	47.42	15.39	15.13	5.42	21.89
13.97	10.46	3.31	2.38	1.36	1.62

4-37 续表 1

地 区	固定资产原价	累计折旧	负债合计	流动负债合计
全 国	**12219.55**	**5030.35**	**16626.43**	**14533.63**
北 京	164.62	64.34	363.01	345.62
天 津	311.99	102.13	441.62	398.17
河 北	426.27	119.65	452.72	403.90
山 西	109.86	35.90	181.54	157.40
内蒙古	49.00	14.09	95.41	88.32
辽 宁	1465.19	663.16	1261.99	1010.77
吉 林	282.81	220.46	82.44	61.26
黑龙江	136.41	58.92	400.93	377.01
上 海	914.59	386.34	1719.24	1548.58
江 苏	1896.75	749.70	2748.04	2420.00
浙 江	1160.51	400.28	2283.46	2153.72
安 徽	383.49	160.45	498.26	409.47
福 建	182.07	64.17	237.63	211.29
江 西	109.63	44.66	113.32	99.53
山 东	1686.61	681.77	1704.53	1404.52
河 南	546.13	199.20	461.59	340.22
湖 北	469.15	227.54	520.83	385.49
湖 南	259.38	66.60	289.56	224.35
广 东	554.37	247.58	887.83	812.35
广 西	37.97	15.53	102.53	88.41
海 南	0.60	0.45	0.62	0.60
重 庆	155.40	69.82	249.72	220.87
四 川	607.50	299.19	1050.23	949.72
贵 州	14.60	4.53	29.65	23.95
云 南	28.21	10.99	50.13	46.06
西 藏				
陕 西	183.97	88.83	275.14	247.35
甘 肃	37.78	15.96	49.84	41.60
青 海	8.69	3.61	19.56	14.22
宁 夏	33.14	13.08	47.32	41.33
新 疆	2.84	1.42	7.75	7.54

单位：亿元

所有者权益合计	实收资本				主营业务收入
		国家资本	港澳台资本	外商资本	
13135.76	**6250.64**	**405.03**	**334.90**	**1274.01**	**40157.93**
392.06	165.60	0.70	6.00	70.29	609.85
476.05	632.30	5.26	17.85	174.00	892.48
400.60	173.53	8.58	2.16	16.18	1564.36
94.30	55.84	8.69	0.17	4.01	271.14
49.88	32.15	11.55		1.64	223.41
1225.06	487.08	39.04	6.49	127.56	4202.35
80.23	41.52	5.48		7.89	330.39
174.18	72.41	17.28		0.37	421.89
1189.73	614.84	78.69	40.48	221.59	2602.54
2216.18	989.55	34.76	64.12	284.96	6409.32
1628.30	737.67	11.34	89.41	102.65	3824.29
400.23	174.75	11.40	9.78	7.05	1201.47
241.61	127.68	3.42	8.62	36.99	774.79
99.90	57.82	7.60	2.03	0.84	399.15
1593.55	577.47	29.88	27.06	89.88	6791.18
582.81	292.32	4.38	0.30	1.67	2211.24
375.02	187.16	57.46	0.15	5.91	940.04
269.15	144.60	16.73	0.57	4.42	1163.23
662.90	286.59	15.60	55.88	88.05	2103.09
43.64	22.73	1.49	0.45	3.44	235.76
0.21	0.06				0.56
168.16	72.16	7.82	0.51	8.70	529.01
439.04	166.82	2.78	1.01	6.06	1778.48
22.56	11.62	4.85	0.17		45.13
35.66	14.74	2.53	1.64	1.08	91.81
195.43	65.69	9.45	0.04	2.39	409.32
28.45	17.01	3.99		0.22	52.88
11.63	4.50	0.80			18.15
33.05	21.09	3.44		6.20	48.37
6.22	3.32	0.03			12.26

4-37 续表 2

地区	主营业务成本	主营业务税金及附加	管理费用	营业费用
全国	**33512.26**	**204.91**	**1861.79**	**1027.45**
北京	475.73	2.20	40.48	27.37
天津	724.77	3.37	50.65	19.42
河北	1310.67	6.21	49.71	33.50
山西	237.63	1.13	12.72	7.42
内蒙古	192.14	0.70	8.83	2.94
辽宁	3523.22	20.60	162.16	95.89
吉林	286.49	2.11	13.97	5.63
黑龙江	354.66	2.56	23.79	9.71
上海	2135.07	6.67	190.25	92.66
江苏	5346.23	27.54	301.63	169.86
浙江	3174.20	15.95	218.44	101.49
安徽	1020.83	5.42	53.44	30.26
福建	657.53	3.82	28.77	21.32
江西	338.57	1.99	12.74	7.62
山东	5712.69	43.60	222.84	149.29
河南	1863.36	18.67	56.85	49.20
湖北	774.75	5.15	54.22	25.50
湖南	935.25	11.81	60.69	29.64
广东	1803.03	8.24	104.71	56.53
广西	193.54	0.89	18.12	6.45
海南	0.43		0.06	0.02
重庆	432.77	2.18	27.66	13.94
四川	1476.18	11.22	92.86	46.07
贵州	36.88	0.24	3.57	1.00
云南	76.81	0.35	4.67	3.48
西藏				
陕西	320.91	1.79	34.95	14.61
甘肃	42.85	0.20	4.73	2.74
青海	17.12	0.07	2.65	0.74
宁夏	37.88	0.13	4.58	2.68
新疆	10.09	0.08	1.05	0.46

单位：亿元

财务费用	利息支出	营业利润	利润总额	亏损企业亏损总额	本年应交增值税	全部从业人员平均人数（万人）
338.94	**315.58**	**3211.94**	**3054.92**	**79.77**	**1135.72**	**494.52**
2.19	3.62	68.59	70.85	2.85	19.78	6.23
1.93	4.96	102.68	104.17	4.31	26.09	9.26
12.00	10.53	143.64	140.11	2.62	41.04	19.99
3.61	3.09	12.00	12.59	1.18	5.90	5.96
1.29	1.23	22.69	15.56	0.92	3.52	2.47
31.30	26.41	312.33	277.74	7.62	86.37	41.18
1.74	1.45	20.71	19.37	1.18	6.43	3.57
1.36	2.11	26.84	27.90	2.79	22.24	5.94
5.68	15.31	184.31	194.31	9.05	76.21	26.19
58.84	55.68	526.37	506.75	11.30	203.27	77.20
67.59	65.86	275.81	282.15	8.40	105.24	66.67
9.71	9.20	100.86	99.93	1.34	33.30	16.76
7.86	7.06	58.72	55.40	0.93	19.20	10.91
2.78	2.15	28.68	27.63	0.29	9.13	5.10
54.84	40.39	519.39	481.62	6.27	203.45	65.29
17.98	14.69	205.61	202.95	0.87	62.36	27.20
11.68	10.30	74.05	67.69	2.64	24.24	13.52
7.88	6.59	118.90	98.69	0.90	45.23	12.82
9.51	10.47	129.36	133.99	6.03	44.65	35.01
2.88	1.87	26.60	17.63	0.98	4.91	3.09
0.02	0.01	0.06	0.18		0.04	0.04
4.19	3.99	46.04	44.22	1.53	13.96	7.72
16.82	12.54	160.04	122.89	4.29	58.96	19.41
0.49	0.48	3.53	4.11	0.24	1.56	1.12
0.83	0.78	5.54	5.51	0.14	2.46	1.73
1.41	2.53	31.80	33.24	0.51	12.58	6.40
1.07	0.95	2.51	2.70	0.57	1.63	1.72
0.27	0.28	0.79	0.76		0.45	0.57
1.11	1.00	2.59	3.16	0.03	1.22	1.23
0.08	0.07	0.88	1.13		0.29	0.22

4-38 按地区分组的专用设备制造业

地　区	企业单位数（个）	亏损企业	工业总产值（当年价格）	工业销售产值（当年价格）	出口交货值
全　国	**13889**	**1057**	**26149.13**	**25354.42**	**2321.23**
北　京	310	32	565.60	541.30	77.56
天　津	324	40	597.13	575.32	86.57
河　北	540	38	900.62	862.76	30.52
山　西	114	18	488.03	466.72	25.79
内蒙古	70	13	256.91	247.49	10.84
辽　宁	941	63	1784.58	1719.91	76.22
吉　林	214	13	386.58	375.96	4.22
黑龙江	162	15	351.17	294.22	8.57
上　海	692	107	1254.24	1227.28	244.33
江　苏	2451	200	3930.77	3870.75	572.57
浙　江	1299	103	1324.08	1271.13	272.31
安　徽	504	26	728.70	693.56	19.66
福　建	369	21	560.89	544.20	43.42
江　西	136	2	229.42	226.95	10.54
山　东	1694	69	3671.01	3577.78	185.03
河　南	957	16	2130.89	2094.48	31.51
湖　北	393	33	531.90	503.00	15.33
湖　南	471	16	2493.25	2470.14	63.45
广　东	1192	138	1626.43	1567.75	408.94
广　西	146	9	413.88	384.25	36.29
海　南	2		1.70	1.65	0.11
重　庆	132	4	196.03	195.80	4.78
四　川	441	26	1002.93	968.89	37.70
贵　州	29	5	37.61	34.33	2.62
云　南	42	10	67.38	65.88	1.23
西　藏					
陕　西	185	29	484.93	451.33	44.21
甘　肃	44	9	68.28	62.76	4.01
青　海	3		2.47	2.36	
宁　夏	10		33.33	33.77	
新　疆	22	2	28.38	22.68	2.92

主要经济指标

单位：亿元

资产总计	流动资产合计	应收账款	存货	产成品	固定资产合计
22778.01	**14511.14**	**4207.13**	**4020.70**	**1454.80**	**5638.50**
978.45	672.59	181.19	160.03	40.34	138.50
659.22	454.85	121.04	144.42	62.62	138.30
710.38	452.13	134.82	139.04	57.66	197.46
709.71	496.71	168.34	123.01	46.36	179.35
332.97	188.41	34.31	61.13	12.37	121.28
1681.68	941.78	291.04	229.32	75.91	579.07
194.54	89.90	22.67	29.48	9.18	90.42
584.94	406.59	145.73	117.37	35.47	113.64
1448.98	1079.06	313.39	315.49	83.05	249.65
3070.38	2042.61	678.94	552.88	196.86	742.99
1381.62	903.98	258.16	238.94	87.02	320.81
469.75	284.92	91.09	88.31	33.65	123.58
491.48	338.35	98.68	114.03	45.62	97.87
115.09	43.68	11.80	11.94	4.55	55.18
2072.88	1254.92	302.59	387.84	199.49	606.75
1359.89	795.96	180.10	195.31	62.93	399.34
454.74	287.68	93.16	69.58	28.76	123.53
2062.05	1212.40	310.32	285.71	101.99	352.43
1485.34	939.68	278.88	267.05	81.56	389.01
393.78	267.26	76.66	78.65	38.18	49.38
2.89	1.30	0.24	0.41	0.10	0.40
150.36	93.50	24.79	23.33	7.96	40.84
1029.71	659.59	202.56	188.85	69.48	279.55
58.97	38.91	10.02	12.68	3.70	10.69
75.52	50.84	19.99	14.79	5.58	14.57
634.65	401.82	126.06	139.40	53.95	177.92
93.07	55.97	17.80	17.13	3.94	32.05
2.30	1.78	0.90	0.34	0.13	0.41
37.61	27.76	6.75	5.95	1.54	6.30
35.07	26.22	5.13	8.30	4.84	7.23

4-38 续表 1

地 区	固定资产原价	累计折旧	负债合计	流动负债合计
全 国	**8247.44**	**3318.85**	**12839.28**	**10951.81**
北 京	200.16	63.40	543.47	508.91
天 津	192.18	70.29	348.38	311.78
河 北	246.08	78.88	388.12	351.41
山 西	213.90	85.11	484.86	385.32
内蒙古	293.91	180.97	209.31	144.98
辽 宁	669.42	236.24	1021.83	851.72
吉 林	331.57	251.79	81.41	63.99
黑龙江	147.42	45.74	317.56	248.17
上 海	379.34	144.48	874.48	821.90
江 苏	1233.88	528.63	1685.53	1552.75
浙 江	427.36	140.85	788.41	735.23
安 徽	166.43	57.31	247.31	221.91
福 建	125.90	40.72	265.12	236.30
江 西	72.48	25.10	50.20	42.51
山 东	879.08	359.79	1100.09	898.68
河 南	575.14	218.03	684.93	575.17
湖 北	258.71	145.09	270.50	231.12
湖 南	399.88	86.93	1183.58	854.40
广 东	600.07	225.18	769.59	676.54
广 西	67.88	26.50	227.04	183.91
海 南	0.57	0.18	0.82	0.61
重 庆	69.28	33.36	91.27	74.50
四 川	385.70	167.64	659.16	507.17
贵 州	16.24	6.21	39.24	32.42
云 南	23.13	9.73	54.86	50.47
西 藏				
陕 西	228.14	76.97	363.33	310.29
甘 肃	25.68	9.00	50.27	43.69
青 海	0.56	0.15	1.45	1.16
宁 夏	8.86	2.58	21.21	21.06
新 疆	8.51	1.97	15.95	13.72

单位：亿元

所有者权益合计	实收资本				主营业务收入
		国家资本	港澳台资本	外商资本	
9874.77	**4310.50**	**379.63**	**331.70**	**787.90**	**26059.60**
434.98	167.27	5.10	20.03	21.24	617.26
309.34	183.00	11.00	3.40	49.84	568.36
320.10	165.36	15.42	4.09	24.06	879.46
224.82	93.10	39.04	1.81	1.00	464.35
109.72	75.18	34.51		1.05	245.24
653.06	378.81	24.39	3.36	42.91	2247.12
112.40	32.25	3.62	1.20	3.37	368.15
266.08	51.44	10.93	1.03	3.71	284.08
574.51	311.71	66.51	28.38	122.16	1276.64
1384.86	706.04	10.68	77.35	244.23	3855.50
593.22	276.06	3.42	48.74	55.73	1273.02
218.91	91.99	1.79	4.08	11.40	629.00
226.36	83.93	7.95	12.19	15.66	582.50
64.53	39.68	0.46	13.22	1.99	230.98
956.01	333.11	15.31	8.79	38.88	3589.54
669.56	321.64	6.88	8.21	1.25	2198.02
182.65	93.40	4.46	0.12	1.31	445.23
878.47	170.32	27.84	0.27	7.12	2427.22
712.66	336.52	1.87	85.19	123.10	1565.20
164.31	45.45	14.32		2.14	423.43
1.93	0.83				1.49
58.49	21.55	0.32	0.43	1.23	197.82
369.19	117.20	28.72	8.65	6.56	1003.75
18.91	13.81	2.20		2.18	32.32
20.66	10.86	1.17	0.15	0.01	65.42
270.11	161.78	31.86	0.12	5.60	460.42
42.67	17.93	8.46	0.88		64.43
0.85	0.35			0.06	2.29
16.30	3.95	0.01			33.53
19.12	5.98	1.41	0.01	0.10	27.85

4-38 续表 2

地 区	主营业务成本	主营业务税金及附加	管理费用	营业费用
全 国	**21353.47**	**136.11**	**1466.43**	**829.98**
北 京	468.48	3.54	63.89	30.88
天 津	465.91	2.69	47.89	17.36
河 北	720.40	3.48	43.04	24.01
山 西	398.25	1.41	38.19	12.90
内蒙古	217.07	0.63	15.06	4.04
辽 宁	1817.12	17.68	175.32	79.09
吉 林	305.14	2.33	13.65	8.36
黑龙江	222.75	1.24	23.29	7.75
上 海	1024.38	2.85	100.03	58.70
江 苏	3182.59	17.02	194.39	102.51
浙 江	1033.14	5.54	83.52	41.14
安 徽	528.92	2.86	41.00	16.28
福 建	481.11	2.83	28.00	20.06
江 西	194.95	1.45	5.45	3.58
山 东	3011.87	22.54	126.43	91.53
河 南	1848.58	12.99	75.63	54.83
湖 北	363.26	3.33	26.38	13.13
湖 南	1892.10	14.67	106.38	106.36
广 东	1291.63	6.50	101.95	59.84
广 西	354.59	1.21	25.81	18.31
海 南	1.11		0.25	0.11
重 庆	158.71	0.68	13.07	6.14
四 川	830.37	5.95	58.34	27.95
贵 州	24.43	0.08	3.80	1.67
云 南	56.26	0.17	4.75	1.47
西 藏				
陕 西	359.80	1.82	38.78	17.00
甘 肃	51.61	0.38	7.44	1.96
青 海	1.75	0.02	0.11	0.13
宁 夏	25.35	0.16	3.26	1.50
新 疆	21.84	0.07	1.31	1.38

单位：亿元

财务费用	利息支出	营业利润	利润总额	亏损企业亏损总额	本年应交增值税	全部从业人员平均人数（万人）
234.88	**225.50**	**2194.45**	**2154.43**	**88.11**	**730.25**	**323.41**
3.33	5.29	66.44	70.87	2.26	18.44	7.73
2.73	3.37	43.30	43.69	4.85	19.72	7.33
7.16	6.28	82.47	81.60	2.20	24.49	12.36
5.34	5.42	15.42	13.85	3.77	9.00	9.43
1.99	1.92	36.79	9.75	0.67	2.61	3.73
20.73	18.86	157.79	151.14	12.06	45.60	17.05
2.72	2.29	24.51	22.41	0.74	7.02	3.44
3.72	3.93	26.26	25.88	1.13	7.09	5.02
8.15	8.66	90.52	95.86	11.58	33.93	14.65
35.33	32.08	331.28	325.19	12.41	116.48	49.21
21.26	20.66	98.79	103.16	3.46	33.72	22.37
4.07	4.81	54.75	54.13	1.24	16.43	7.93
6.26	5.98	49.76	49.27	0.79	13.28	7.03
0.89	0.63	17.56	16.17	0.15	6.21	3.78
32.37	24.41	288.15	279.17	3.11	104.98	32.45
20.45	19.92	198.17	197.14	1.25	62.81	26.25
6.08	4.36	33.30	34.18	1.31	10.41	6.61
19.90	21.93	290.06	280.58	0.85	96.74	19.25
8.91	9.46	117.29	124.58	15.13	38.49	34.76
2.28	3.46	35.85	36.12	0.22	7.28	4.29
0.01	0.01	0.10	0.13		0.05	0.05
1.34	1.27	15.69	16.64	0.07	3.49	2.96
12.61	12.45	84.36	84.86	1.93	34.96	12.75
0.49	0.54	1.86	2.44	0.22	0.53	0.87
1.04	1.07	2.87	2.92	2.07	1.29	1.42
4.69	5.37	22.39	23.00	3.95	11.86	7.89
0.79	0.76	1.91	2.44	0.62	1.41	1.75
0.05	0.05	0.25	0.25		0.10	0.05
0.02	0.02	3.77	3.95		1.52	0.48
0.18	0.24	2.77	3.05	0.09	0.31	0.50

4-39 按地区分组的交通运输设备

地　区	企业单位数（个）	亏损企业	工业总产值（当年价格）	工业销售产值（当年价格）	出口交货值
全　国	**15012**	**1546**	**63251.30**	**62256.41**	**6813.78**
北　京	274	37	2495.62	2476.80	50.51
天　津	414	59	2131.31	2120.74	114.14
河　北	495	30	1627.83	1615.26	146.69
山　西	70	28	199.40	197.41	4.53
内蒙古	35	10	312.06	299.60	22.30
辽　宁	646	71	3306.24	3278.29	547.48
吉　林	420	44	4889.29	4839.11	90.72
黑龙江	80	22	352.10	330.44	28.64
上　海	716	88	5024.93	4984.79	678.83
江　苏	2081	194	7639.20	7582.85	1615.98
浙　江	1942	214	3867.98	3786.33	1093.99
安　徽	747	76	2146.95	2090.52	237.83
福　建	476	40	1223.49	1200.32	243.36
江　西	195	7	863.07	853.05	85.91
山　东	1393	102	5783.81	5687.44	523.51
河　南	638	20	1919.32	1894.78	46.12
湖　北	985	118	4475.13	4301.01	141.93
湖　南	324	23	1142.63	1134.53	52.63
广　东	986	133	5498.96	5412.99	703.55
广　西	328	56	1490.53	1482.49	14.94
海　南	30	1	137.86	132.85	1.33
重　庆	1067	91	3484.77	3398.76	230.39
四　川	441	42	1501.73	1483.54	39.54
贵　州	46	8	162.58	150.89	11.62
云　南	28	6	158.61	146.52	1.87
西　藏	1		0.72	0.72	
陕　西	128	17	1367.51	1327.96	85.41
甘　肃	13	1	29.73	28.53	0.02
青　海	2	1	4.60	4.45	
宁　夏	3		5.74	5.64	
新　疆	8	7	7.61	7.79	0.01

制造业主要经济指标

单位：亿元

资产总计	流动资产合计	应收账款	存货	产成品	固定资产合计
54340.84	**33049.16**	**6863.96**	**7387.60**	**2251.03**	**13893.12**
1945.96	1165.61	325.53	284.55	109.52	391.79
1543.77	949.47	244.60	206.32	34.08	444.21
1355.67	858.90	177.29	236.87	66.28	322.65
229.10	128.39	40.82	45.23	13.14	77.45
277.89	180.33	43.10	36.47	16.58	62.22
4119.81	2609.32	527.88	626.63	138.35	893.74
3024.69	1916.91	279.48	446.76	102.23	629.25
486.51	287.85	46.18	89.75	16.27	129.14
5319.77	3205.96	476.77	472.05	192.80	924.35
6258.14	3892.62	869.48	870.87	218.49	1632.17
4060.93	2428.17	578.04	600.13	137.85	924.49
1716.13	861.49	185.12	191.60	81.61	591.16
831.46	512.99	127.18	134.07	49.77	224.08
831.63	500.78	60.17	93.53	24.24	241.90
4732.65	2899.34	562.20	768.27	217.83	1242.97
1054.89	569.63	150.75	110.25	46.14	322.63
4698.84	2670.23	471.44	428.54	166.95	1710.17
865.40	512.61	142.47	131.45	49.47	267.12
4089.40	2634.02	646.31	523.76	149.75	1004.26
1049.73	730.75	119.62	158.29	91.50	215.71
108.58	64.29	6.67	17.58	10.16	23.83
2387.79	1433.98	295.00	279.37	119.64	656.48
1285.76	752.31	200.75	174.60	57.64	385.37
284.77	178.18	50.14	61.76	19.64	75.95
156.17	91.28	17.10	30.92	14.31	45.84
0.38	0.31	0.22	0.02	0.01	0.06
1549.84	966.84	204.62	355.21	102.66	438.44
45.39	26.65	11.33	7.66	1.99	9.85
7.59	6.79	0.99	0.65	0.05	0.80
6.17	4.49	0.73	1.02	0.77	1.26
16.05	8.68	1.98	3.41	1.30	3.81

4-39 续表 1

地 区			负债合计	
	固定资产原价	累计折旧		流动负债合计
全 国	**20051.76**	**8315.05**	**33305.39**	**28262.44**
北 京	603.77	213.83	1147.26	994.72
天 津	660.32	279.02	892.08	782.06
河 北	398.38	135.72	828.45	687.96
山 西	91.50	27.62	168.91	141.44
内蒙古	442.32	381.44	202.66	155.23
辽 宁	1210.78	409.33	3051.45	2208.95
吉 林	1192.45	635.30	1674.93	1376.75
黑龙江	235.70	124.65	385.90	304.38
上 海	1607.73	741.34	2807.15	2381.17
江 苏	2490.81	926.55	3845.22	3431.83
浙 江	1155.57	335.85	2661.56	2293.39
安 徽	728.98	285.55	1054.16	875.15
福 建	297.51	111.23	486.52	404.59
江 西	388.42	174.81	511.38	462.41
山 东	1719.52	680.31	3013.62	2511.96
河 南	462.50	158.93	521.48	416.67
湖 北	1610.70	589.78	2807.20	2428.32
湖 南	592.12	352.38	529.85	472.42
广 东	1608.56	668.02	2499.96	2245.72
广 西	320.46	117.18	740.00	689.07
海 南	41.44	17.92	51.23	50.09
重 庆	992.36	475.71	1394.82	1236.56
四 川	511.34	174.72	764.18	640.97
贵 州	104.61	47.67	194.02	138.12
云 南	47.85	19.16	86.26	73.87
西 藏	0.12	0.06	0.22	0.22
陕 西	511.93	221.53	933.08	812.91
甘 肃	16.68	7.25	30.57	26.53
青 海	0.75	0.08	4.21	3.04
宁 夏	1.00	0.07	3.54	3.51
新 疆	5.56	2.03	13.51	12.43

单位：亿元

所有者权益合计	实收资本				主营业务收入
		国家资本	港澳台资本	外商资本	
20925.28	**8970.09**	**1135.13**	**422.00**	**2104.40**	**63131.95**
798.70	358.19	73.10	1.79	115.48	2555.24
651.00	329.29	12.99	4.74	116.17	2096.99
525.73	204.62	26.99	13.24	29.10	1599.29
60.11	37.48	11.53		1.29	197.23
75.15	32.99	14.93		1.45	296.84
1064.48	546.00	30.68	9.07	164.36	3346.61
1348.08	331.56	114.62	9.27	67.79	4995.11
100.51	89.00	21.19	1.18	3.48	328.41
2512.62	896.36	118.48	22.28	262.08	5966.59
2412.92	1155.73	101.93	92.68	391.37	7523.71
1399.36	638.25	11.18	71.51	121.25	3659.74
659.62	248.42	19.11	19.41	16.21	1994.56
342.95	198.42	17.66	33.14	59.98	1174.59
319.12	107.83	39.62	0.84	15.93	891.44
1702.49	776.08	62.67	42.43	175.44	5848.99
531.22	216.45	3.58	1.65	12.10	1912.36
1822.89	759.47	217.61	3.26	167.65	4156.01
335.56	168.42	29.98	2.02	15.50	1065.70
1587.45	817.90	30.47	86.31	269.70	5475.80
308.77	111.61	6.98	0.65	14.01	1500.22
56.27	24.83	0.65	1.93	1.35	133.55
989.37	410.30	23.34	2.94	56.82	3317.57
520.49	194.00	21.09	1.35	22.28	1440.31
90.31	54.70	1.30	0.25	0.77	157.90
69.91	30.85	13.92			146.79
0.16	0.10	0.05			0.75
616.68	213.10	107.28	0.06	2.82	1298.81
14.81	9.96	1.36			27.93
3.38	2.11				1.63
2.63	1.48	0.20			5.49
2.53	4.57	0.66			15.78

4-39 续表 2

地 区	主营业务成本	主营业务税金及附加	管理费用	营业费用
全 国	**52892.54**	**891.02**	**2889.71**	**1612.25**
北 京	2107.74	69.36	96.56	86.15
天 津	1799.51	60.11	81.82	19.61
河 北	1332.58	14.58	65.25	33.45
山 西	175.64	0.75	12.87	4.83
内蒙古	260.85	0.74	10.18	7.45
辽 宁	2799.86	73.60	153.71	87.84
吉 林	4163.05	46.04	230.46	118.51
黑龙江	287.48	1.24	32.29	7.56
上 海	4717.34	134.09	347.33	173.62
江 苏	6286.04	79.18	308.90	147.12
浙 江	3169.46	17.43	166.31	69.11
安 徽	1757.99	17.49	93.44	59.07
福 建	1007.59	11.00	44.93	30.06
江 西	737.56	10.49	45.52	26.16
山 东	5064.72	37.85	190.21	116.69
河 南	1596.06	13.36	58.80	64.00
湖 北	3470.81	25.27	217.16	141.15
湖 南	896.34	12.99	74.81	30.19
广 东	4421.11	126.91	234.33	162.68
广 西	1259.46	18.10	60.04	54.65
海 南	116.41	4.60	4.85	0.55
重 庆	2856.16	44.74	179.01	97.66
四 川	1191.18	58.76	80.27	33.57
贵 州	129.03	0.33	18.64	3.65
云 南	124.93	0.35	7.45	3.01
西 藏	0.67	0.03	0.02	
陕 西	1118.43	11.54	70.25	33.06
甘 肃	23.51	0.07	2.82	0.39
青 海	1.41	0.01	0.42	0.10
宁 夏	4.03	0.01	0.23	0.02
新 疆	15.61	0.02	0.83	0.31

单位：亿元

财务费用	利息支出	营业利润	利润总额	亏损企业亏损总额	本年应交增值税	全部从业人员平均人数（万人）
265.83	**446.36**	**5512.69**	**5478.38**	**184.38**	**1804.55**	**579.48**
2.45	14.84	208.01	215.15	6.24	75.99	13.04
0.91	4.45	172.97	176.00	4.89	75.91	17.20
8.84	9.86	157.15	158.75	1.36	43.43	18.20
2.95	3.02	3.81	3.03	2.08	5.38	3.34
4.10	4.57	50.62	4.60	1.29	5.45	1.62
-2.85	39.93	252.89	250.27	6.72	64.42	28.62
3.57	14.28	529.77	531.84	11.04	134.58	25.42
5.35	4.99	-4.96	-0.03	11.44	5.99	5.22
-9.10	21.36	820.83	841.76	11.62	182.26	30.31
40.41	57.26	721.66	713.62	18.93	256.09	76.42
67.78	70.22	194.75	205.96	19.96	73.26	50.90
12.25	15.16	77.88	88.09	5.45	59.25	19.64
7.73	8.06	83.53	82.25	3.47	41.83	14.81
3.88	7.41	62.31	65.21	0.42	25.45	10.30
44.71	48.64	422.08	394.34	24.18	130.48	44.25
11.75	12.64	195.32	191.35	2.40	56.48	20.13
12.36	20.20	426.89	444.58	11.66	121.49	37.57
8.76	8.28	94.99	63.95	3.74	43.39	13.13
-8.48	21.75	576.77	586.66	16.86	166.62	48.50
7.61	8.85	89.29	87.75	2.48	41.70	14.07
-0.44	0.23	8.00	8.68	0.08	3.20	0.92
14.53	21.34	194.21	188.88	7.42	110.69	38.58
10.53	11.34	98.30	91.99	3.91	51.44	19.04
4.07	4.07	2.29	3.93	3.77	1.98	4.76
1.22	1.35	11.78	12.08	0.38	2.83	1.72
		0.04	0.04			0.01
10.29	11.65	60.30	66.49	1.24	24.22	20.54
0.36	0.35	1.06	1.19		0.21	0.80
0.10	0.01	0.14	-0.13	0.18	0.07	0.04
0.03	0.03	1.23	1.24		0.37	0.17
0.16	0.19	-1.22	-1.14	1.15	0.10	0.21

4-40 按地区分组的电气机械及

地 区	企业单位数（个）	亏损企业	工业总产值（当年价格）	工业销售产值（当年价格）	出口交货值
全 国	**20084**	**2051**	**51426.42**	**50141.59**	**9477.85**
北 京	270	47	775.08	761.62	57.85
天 津	332	50	815.39	802.51	240.35
河 北	580	39	1483.25	1488.81	193.66
山 西	56	13	123.54	116.64	2.75
内蒙古	91	14	252.02	247.95	0.48
辽 宁	830	58	1805.09	1778.80	117.44
吉 林	131	11	231.37	224.47	0.06
黑龙江	79	9	183.58	181.79	15.45
上 海	954	162	2164.37	2134.41	600.10
江 苏	3561	352	11653.06	11423.96	2096.92
浙 江	3404	369	5099.90	4961.83	1392.96
安 徽	867	77	3098.21	2995.54	253.76
福 建	571	58	1190.95	1152.30	318.01
江 西	345	14	1237.77	1225.36	182.49
山 东	1497	82	4588.44	4501.63	280.56
河 南	579	25	1542.10	1528.71	69.95
湖 北	398	49	956.36	947.29	52.35
湖 南	430	16	928.54	896.51	41.12
广 东	3982	499	10021.38	9737.41	3342.77
广 西	139	8	418.86	384.36	37.47
海 南	7		52.66	52.26	20.85
重 庆	187	23	701.73	671.83	30.10
四 川	449	28	985.90	959.79	81.41
贵 州	42	6	92.13	83.95	1.30
云 南	53	5	77.42	79.77	2.22
西 藏					
陕 西	139	17	410.91	386.56	39.47
甘 肃	46	14	254.29	145.76	1.32
青 海	10	1	15.90	13.61	
宁 夏	25	4	52.97	50.11	0.06
新 疆	30	1	213.27	206.06	4.58

器材制造业主要经济指标

单位：亿元

资产总计	流动资产合计	应收账款	存货	产成品	固定资产合计
37583.86	**25027.60**	**7997.44**	**5355.26**	**2166.94**	**8235.70**
1092.94	906.51	375.21	182.57	33.00	82.56
745.70	511.88	176.73	127.49	62.24	172.88
1481.20	863.41	254.58	154.48	76.18	468.16
167.56	112.74	45.48	31.32	13.25	37.82
163.95	112.97	51.68	26.44	7.12	40.97
1108.07	638.40	208.96	144.31	57.96	333.83
132.36	71.66	17.09	15.94	8.35	55.22
284.40	205.07	51.00	67.49	12.02	37.81
1832.74	1338.23	567.79	318.69	141.17	317.88
7841.04	5206.98	1905.53	902.61	386.32	1729.96
4817.16	3250.23	1024.21	640.13	281.65	912.51
1532.29	972.11	351.62	195.92	103.74	404.82
834.66	564.51	171.45	130.15	46.65	154.04
629.78	309.17	118.39	58.90	34.74	241.85
2665.62	1675.61	369.71	288.34	131.64	670.61
956.97	605.74	195.22	121.99	39.05	271.75
648.94	363.96	115.12	88.40	32.96	200.46
675.54	434.40	117.39	105.37	29.79	170.32
6965.96	4940.05	1239.65	1263.49	464.13	1296.88
261.06	144.73	42.15	36.44	23.42	101.95
74.53	39.79	16.40	5.54	1.08	17.28
393.28	293.70	121.55	75.46	39.71	71.55
808.57	506.40	154.69	125.25	38.47	205.26
62.01	45.08	13.43	14.09	8.58	7.13
97.00	67.42	20.70	22.91	12.76	11.97
578.65	386.92	112.57	102.14	45.53	170.32
141.51	97.49	39.00	34.91	9.06	16.95
11.09	5.54	2.82	0.82	0.21	3.08
48.70	34.90	14.09	12.71	8.63	8.68
530.58	322.01	103.23	60.94	17.54	21.22

4-40 续表 1

地 区	固定资产原价	累计折旧	负债合计	流动负债合计
全 国	**14314.65**	**6977.70**	**21901.16**	**19279.17**
北 京	136.95	55.57	656.29	563.95
天 津	253.97	100.51	439.78	421.56
河 北	480.02	112.65	911.84	621.20
山 西	41.10	13.43	115.02	89.36
内蒙古	44.21	9.32	117.19	110.25
辽 宁	614.31	331.05	543.17	434.35
吉 林	181.09	127.15	58.34	51.41
黑龙江	59.63	28.24	169.52	159.24
上 海	526.26	232.73	1034.01	980.64
江 苏	2975.90	1301.76	4451.24	4024.99
浙 江	1166.96	378.79	2948.40	2749.49
安 徽	510.95	150.76	859.74	785.24
福 建	209.52	71.35	418.29	393.09
江 西	364.37	155.12	345.34	218.12
山 东	2673.02	2094.02	1434.68	1225.50
河 南	371.51	135.01	502.96	398.38
湖 北	329.00	156.34	354.67	300.17
湖 南	179.16	45.02	399.82	312.06
广 东	2186.20	989.72	4379.75	4021.75
广 西	121.53	29.59	159.51	119.16
海 南	21.11	3.84	39.39	24.80
重 庆	92.88	35.18	246.61	216.16
四 川	309.39	119.00	514.42	393.99
贵 州	11.76	5.27	26.32	24.37
云 南	18.35	7.47	61.18	54.37
西 藏				
陕 西	181.15	78.10	309.77	258.67
甘 肃	214.44	198.84	87.97	72.41
青 海	5.74	2.71	8.78	7.14
宁 夏	7.87	2.03	30.21	26.31
新 疆	26.27	7.09	276.96	221.06

单位：亿元

所有者权益合计	实收资本				主营业务收入
		国家资本	港澳台资本	外商资本	
15618.96	**7188.60**	**226.15**	**654.62**	**1386.37**	**50148.85**
436.65	197.58	0.79	4.22	33.10	753.27
305.31	200.77	7.13	20.15	71.16	798.99
564.22	281.31	18.45	0.61	65.52	1487.32
51.00	34.03	7.70		0.49	119.33
47.05	27.58	0.33	0.39	3.48	251.49
556.65	259.72	10.22	17.57	58.64	1800.89
73.40	25.44	1.76		7.09	222.45
114.78	40.80	0.98	2.28	7.45	173.44
798.73	427.37	25.74	22.02	166.52	2168.10
3389.79	1640.14	24.85	142.90	438.54	11472.74
1869.14	895.49	3.71	75.83	129.56	4991.96
668.09	354.97	7.52	4.37	25.73	2630.64
415.46	197.36	9.26	51.18	22.02	1159.31
283.16	147.73	2.40	25.28	6.06	1237.82
1210.85	327.11	14.39	7.78	48.79	4695.09
447.44	245.50	2.15	4.67	7.89	1499.86
287.71	167.28	8.73	2.06	27.59	903.46
275.72	126.07	21.49	3.26	4.91	897.71
2583.68	1106.48	13.36	265.15	232.20	9917.00
101.12	42.60	1.03	0.98	1.13	362.54
35.14	19.12			4.47	51.99
142.75	57.85	8.08	0.27	0.97	658.69
293.87	152.35	5.19	0.54	11.82	907.41
35.27	21.15	0.32	0.36	2.80	72.16
35.83	16.82	2.95		0.30	80.34
268.86	79.14	19.38	2.77	7.84	353.55
53.09	21.14	7.47			181.89
2.23	2.09				15.51
18.46	10.29	0.45		0.29	48.31
253.50	63.30	0.34			235.60

4-40 续表 2

地 区	主营业务成本	主营业务税金及附加	管理费用	营业费用
全 国	**42545.12**	**183.57**	**2059.26**	**1676.78**
北 京	618.77	2.13	40.70	33.57
天 津	696.34	2.27	35.81	22.84
河 北	1205.60	5.08	61.03	31.40
山 西	98.62	0.49	7.87	2.76
内蒙古	213.01	0.67	6.85	3.39
辽 宁	1515.51	7.56	76.05	38.65
吉 林	188.32	1.03	9.46	4.50
黑龙江	136.34	0.70	13.19	8.01
上 海	1844.97	2.88	123.34	76.22
江 苏	9827.63	36.22	394.99	294.35
浙 江	4253.26	15.79	260.58	153.54
安 徽	2190.47	9.66	89.26	146.71
福 建	981.39	4.48	46.63	33.48
江 西	1077.36	3.94	20.76	16.31
山 东	3906.63	24.49	158.48	171.90
河 南	1243.78	9.08	46.13	52.37
湖 北	768.18	3.20	36.22	23.86
湖 南	742.32	7.83	56.84	27.85
广 东	8532.80	32.30	428.21	437.23
广 西	300.27	1.19	18.65	7.51
海 南	41.10	0.09	3.12	2.94
重 庆	580.27	2.34	18.53	15.05
四 川	759.65	5.19	53.53	29.74
贵 州	61.42	0.26	3.78	2.96
云 南	67.57	0.30	4.46	2.97
西 藏				
陕 西	296.33	2.47	26.92	18.51
甘 肃	157.03	1.36	5.40	3.30
青 海	14.64	0.08	1.48	0.40
宁 夏	42.29	0.11	2.68	1.39
新 疆	183.24	0.39	8.30	13.05

单位：亿元

财务费用	利息支出	营业利润	利润总额	亏损企业亏损总额	本年应交增值税	全部从业人员平均人数（万人）
482.59	**444.22**	**3465.06**	**3310.13**	**162.76**	**1268.22**	**599.61**
4.55	7.15	55.68	59.13	8.58	18.27	6.23
5.75	6.08	58.28	60.13	4.87	25.06	7.47
32.78	28.29	153.48	152.22	4.64	34.72	14.34
2.24	2.15	7.67	7.04	1.96	3.21	1.53
0.86	0.81	28.27	14.00	0.89	4.54	1.29
11.98	8.42	120.19	117.58	3.98	27.82	15.17
1.64	1.28	16.61	15.22	0.68	5.25	2.07
0.93	1.16	13.88	11.46	3.87	5.23	2.60
15.44	14.75	113.20	121.85	15.47	34.60	25.09
119.29	104.91	826.15	756.74	29.84	332.48	99.24
88.39	89.06	256.64	265.13	16.10	114.90	80.28
27.35	23.56	259.90	213.00	2.91	100.51	23.42
9.00	8.44	95.54	89.97	3.56	33.96	16.99
9.08	7.16	90.56	80.95	4.50	34.66	13.12
39.21	31.85	314.39	305.96	5.53	115.97	34.98
15.52	12.51	135.54	134.16	5.69	31.64	16.19
8.20	7.21	57.13	54.00	5.30	15.59	10.71
8.94	9.38	78.65	61.89	0.71	26.47	8.74
50.41	51.31	555.54	575.06	23.71	207.52	187.54
3.56	3.00	46.22	42.75	0.12	7.86	3.48
0.96	0.64	5.33	5.61		0.83	0.56
4.78	4.73	46.69	42.24	1.66	13.70	5.62
11.77	8.87	69.72	62.69	6.65	42.88	11.90
0.29	0.32	3.37	3.63	0.10	1.18	1.03
1.51	1.58	3.28	4.36	0.67	2.71	1.19
3.47	3.77	6.83	6.47	9.22	12.79	5.77
0.64	0.69	11.02	10.01	0.75	7.20	1.49
0.09	0.06	1.19	0.40	0.10	0.23	0.12
0.78	0.77	2.65	2.85	0.69	0.93	0.61
3.19	4.31	31.44	33.65	0.01	5.51	0.87

4-41 按地区分组的通信设备、计算机及

地　区	企业单位数（个）	亏损企业	工业总产值（当年价格）	工业销售产值（当年价格）	出口交货值
全　国	**11364**	**1824**	**63795.65**	**62567.28**	**37469.14**
北　京	300	58	2026.15	2022.46	974.61
天　津	312	77	2045.06	1998.79	1123.33
河　北	106	14	309.81	306.04	73.18
山　西	29	5	180.73	176.91	72.47
内蒙古	15	1	52.82	51.90	0.03
辽　宁	215	21	931.00	924.58	347.73
吉　林	33	3	79.00	77.59	3.88
黑龙江	15	1	18.46	17.80	1.46
上　海	499	108	6085.22	5998.95	4686.43
江　苏	2408	486	14862.25	14726.79	10156.01
浙　江	989	105	2181.56	2138.04	904.31
安　徽	240	28	587.48	561.95	88.89
福　建	395	47	2683.63	2622.09	1641.92
江　西	198	17	575.35	558.12	164.99
山　东	579	64	3608.06	3561.20	1280.51
河　南	144	8	699.33	647.42	404.74
湖　北	186	22	1034.71	996.90	320.68
湖　南	289	15	719.72	693.35	85.40
广　东	3870	676	21496.20	20986.90	13539.44
广　西	92	11	348.80	335.36	137.78
海　南	4		13.20	12.36	1.83
重　庆	71	11	814.26	810.18	470.45
四　川	258	27	2029.60	1951.22	946.67
贵　州	16	1	47.64	44.94	6.43
云　南	8		15.63	14.70	0.67
西　藏					
陕　西	83	16	301.43	282.17	26.48
甘　肃	6	2	25.03	25.09	3.60
青　海	1		0.95	0.90	
宁　夏	1		3.41	3.05	
新　疆	2		19.18	19.56	5.21

其它电子设备制造业主要经济指标

单位：亿元

资产总计	流动资产合计	应收账款	存货	产成品	固定资产合计
41510.83	**27725.97**	**10332.61**	**5745.83**	**1805.03**	**9817.51**
2346.63	1332.89	331.82	234.97	62.95	385.66
973.27	691.27	283.90	172.58	51.17	236.15
270.15	118.11	38.65	29.50	11.75	125.18
239.30	134.83	50.47	28.82	8.35	92.84
47.53	41.94	3.36	1.20	0.36	3.94
637.54	355.84	117.72	62.32	17.63	181.33
94.53	42.20	5.67	5.57	2.80	45.87
30.59	19.99	5.47	3.21	0.38	6.26
3317.39	2348.13	931.73	449.29	123.26	734.26
8643.10	5250.69	2247.35	1063.03	338.49	2771.93
1941.78	1332.40	463.31	276.60	109.24	406.07
706.21	340.88	95.83	53.69	21.88	272.81
1378.85	1000.75	377.26	189.03	64.84	285.81
240.43	112.48	39.56	32.09	14.08	106.86
1510.57	933.09	246.22	202.18	64.30	470.39
503.25	324.02	140.94	80.61	8.35	147.14
926.77	570.88	167.48	160.09	61.69	261.93
344.92	159.56	45.40	34.28	11.61	140.60
14570.04	10863.38	4188.56	2277.58	683.08	2471.70
167.78	101.52	42.35	20.91	6.85	47.30
12.91	10.40	1.40	4.42	1.70	2.13
319.76	231.39	125.59	38.25	8.59	71.74
1632.44	1065.88	298.81	238.15	101.74	388.24
35.11	23.71	5.36	7.76	3.39	9.45
29.52	17.91	6.62	3.14	0.50	4.46
446.30	231.92	61.59	62.81	23.72	118.02
69.39	30.06	7.09	7.13	0.97	18.83
0.62	0.40	0.19	0.18	0.12	0.16
3.29	2.59	0.51	0.72	0.12	0.46
70.86	36.83	2.39	5.75	1.14	9.98

4-41 续表 1

地 区			负债合计	
	固定资产原价	累计折旧		流动负债合计
全 国	**18331.62**	**9138.12**	**24401.50**	**21667.00**
北 京	745.84	357.71	1173.03	990.12
天 津	490.93	270.49	547.81	501.67
河 北	180.45	55.82	140.47	121.42
山 西	137.70	46.71	159.61	156.83
内蒙古	5.21	1.79	33.57	32.70
辽 宁	324.02	153.14	268.35	220.97
吉 林	63.12	18.94	43.17	33.49
黑龙江	9.20	3.68	14.46	12.79
上 海	1718.64	973.30	2171.17	1989.55
江 苏	5891.02	3199.58	4827.15	4362.75
浙 江	625.49	253.75	1036.80	979.84
安 徽	288.28	52.00	382.28	236.65
福 建	416.70	160.18	825.17	733.68
江 西	152.79	62.44	113.21	88.90
山 东	1244.22	862.65	795.91	725.17
河 南	179.12	61.97	341.62	297.39
湖 北	414.93	165.85	517.29	435.35
湖 南	155.49	33.89	169.75	133.89
广 东	4189.51	1844.67	9137.08	8231.25
广 西	62.23	17.94	85.65	76.40
海 南	4.17	2.14	7.31	7.26
重 庆	127.68	60.15	246.98	228.75
四 川	676.61	386.48	1010.55	841.68
贵 州	15.94	7.18	11.98	10.87
云 南	5.49	1.37	11.14	10.48
西 藏				
陕 西	155.76	62.48	253.87	172.02
甘 肃	33.43	14.77	39.05	25.17
青 海	0.22	0.06	0.18	0.05
宁 夏	0.51	0.05	1.48	1.41
新 疆	16.92	6.94	35.40	8.50

单位：亿元

所有者权益合计	实收资本				主营业务收入
		国家资本	港澳台资本	外商资本	
17059.67	**9475.55**	**462.74**	**1910.30**	**3681.28**	**63474.89**
1173.61	720.00	5.58	19.04	199.78	2427.41
425.20	309.58	7.71	44.16	208.71	2024.56
129.19	77.75	2.64	14.58	25.82	304.25
79.58	64.24	0.91	14.35	39.53	180.32
13.93	3.50	0.07	0.20	0.83	51.38
368.24	226.34	13.35	9.95	138.22	924.03
51.31	13.79	0.38	0.17	0.29	76.78
15.99	5.73	1.55		1.14	17.61
1146.22	1002.83	14.34	232.49	615.69	6111.58
3815.89	2398.05	166.50	517.08	1281.96	14846.45
904.98	417.94	11.87	89.49	106.78	2128.25
322.01	232.28	23.40	15.51	4.70	521.61
548.79	272.98	4.19	62.01	113.18	2619.72
125.54	73.74	3.40	19.58	13.33	574.11
708.34	234.62	9.28	26.63	95.38	3602.89
160.42	92.27	8.13	32.90	8.24	657.69
408.50	167.21	19.13	23.31	5.95	905.21
175.16	77.63	4.48	11.09	6.42	702.33
5420.87	2664.25	70.58	732.54	780.12	21274.27
80.49	33.28	1.97	13.09	5.92	303.60
5.60	3.07	1.05	1.45		12.36
69.65	50.84	1.39	19.72	5.44	789.75
608.32	194.65	47.39	9.93	12.32	2062.27
23.13	14.37		0.08		44.69
18.38	5.42		0.27		17.31
192.25	98.60	43.08	0.65	11.54	248.39
30.34	15.54	0.36	0.02		23.85
0.44	0.10				0.57
1.81	0.80				3.05
35.46	4.14				18.58

4-41 续表 2

地 区	主营业务成本	主营业务税金及附加	管理费用	营业费用
全 国	**56534.99**	**155.84**	**2636.02**	**1411.21**
北 京	2208.82	4.76	96.46	92.26
天 津	1809.82	5.34	60.14	66.60
河 北	264.21	0.71	13.49	3.91
山 西	158.47	0.71	11.29	1.41
内蒙古	43.02	0.14	0.65	3.98
辽 宁	749.07	3.16	77.87	16.12
吉 林	62.40	0.36	4.91	1.45
黑龙江	12.92	0.18	2.02	0.89
上 海	5780.38	2.37	165.77	86.08
江 苏	13466.31	21.45	422.44	148.07
浙 江	1774.72	7.57	123.04	58.32
安 徽	448.62	1.91	38.37	10.78
福 建	2321.88	6.55	172.79	68.21
江 西	501.30	2.17	13.23	4.83
山 东	3175.89	8.56	103.81	87.74
河 南	600.23	1.53	15.78	8.04
湖 北	776.84	3.58	63.40	32.84
湖 南	570.26	5.04	35.10	13.03
广 东	18788.07	68.74	1037.92	618.03
广 西	259.62	0.53	10.96	3.34
海 南	10.69		0.95	0.35
重 庆	747.15	0.66	63.85	5.33
四 川	1710.30	8.39	71.02	66.30
贵 州	36.37	0.12	2.97	3.73
云 南	12.39	0.08	1.70	0.75
西 藏				
陕 西	211.04	1.00	21.91	7.24
甘 肃	17.61	0.16	3.25	0.97
青 海	0.55			
宁 夏	2.06	0.01	0.16	0.08
新 疆	13.99	0.05	0.77	0.55

单位：亿元

财务费用	利息支出	营业利润	利润总额	亏损企业亏损总额	本年应交增值税	全部从业人员平均人数（万人）
147.23	**244.19**	**2917.40**	**2827.42**	**243.42**	**1326.11**	**819.48**
-1.37	9.02	81.94	92.75	21.07	22.26	13.82
2.62	5.26	92.92	93.15	11.32	39.68	16.40
0.78	2.04	20.77	21.13	2.17	6.14	7.02
-2.25	1.23	15.79	15.73	0.51	2.37	9.01
-0.05	0.06	3.39	3.23	0.01	0.86	0.34
2.98	2.53	39.62	81.10	2.52	8.79	8.33
1.01	0.89	6.59	7.30	0.05	1.74	1.03
0.28	0.25	1.45	1.81	0.26	0.61	0.59
-16.25	22.39	105.29	119.43	22.27	14.82	45.99
12.38	46.80	883.09	652.32	71.30	175.89	185.21
20.82	22.39	159.84	174.92	13.17	42.07	34.20
12.62	5.17	33.16	33.86	13.32	29.91	8.29
1.84	8.76	139.61	149.94	7.89	20.98	27.41
2.17	1.92	37.04	30.56	0.80	12.76	11.24
2.26	11.97	193.33	190.75	3.40	75.78	30.22
1.45	3.39	23.37	24.78	1.79	23.72	20.08
1.92	5.00	66.31	76.69	5.60	9.98	12.30
3.12	3.04	83.93	66.65	0.91	22.25	11.68
82.43	68.80	749.16	808.75	52.42	690.92	330.77
0.56	0.45	50.40	48.96	0.71	4.62	6.33
	0.03	0.48	0.47		0.50	0.29
3.10	2.26	13.69	8.37	5.94	20.87	5.91
10.62	15.94	95.60	101.19	2.21	91.31	25.63
0.12	0.16	1.40	1.99	0.09	0.75	0.77
0.17	0.19	2.28	2.34		0.53	0.20
2.51	2.76	11.11	13.47	3.68	5.06	5.00
0.95	0.96	2.03	2.06	0.01	0.84	0.98
0.01	0.01	0.33	0.01			0.01
		0.72	0.77		0.11	0.02
0.43	0.50	2.77	2.94			0.40

4-42 按地区分组的仪器仪表及文化

地 区	企业单位数(个)	亏损企业	工业总产值(当年价格)	工业销售产值(当年价格)	出口交货值
全 国	**3896**	**343**	**7633.01**	**7444.16**	**2188.42**
北 京	194	19	242.33	243.80	28.24
天 津	70	10	130.12	130.95	68.40
河 北	63	2	83.75	80.61	5.11
山 西	13		22.46	22.03	0.91
内蒙古	5	1	1.17	1.16	
辽 宁	187	17	190.45	187.78	20.77
吉 林	32	4	33.43	32.10	0.84
黑龙江	20	2	24.36	23.79	0.35
上 海	208	36	361.14	365.34	149.48
江 苏	890	66	2454.89	2406.77	504.27
浙 江	578	43	727.44	697.80	172.05
安 徽	76	5	120.23	115.52	6.30
福 建	136	9	234.07	229.07	135.39
江 西	53	1	75.20	76.46	22.88
山 东	266	13	438.14	433.20	24.06
河 南	164	3	241.88	236.40	8.77
湖 北	74	6	70.28	67.03	3.19
湖 南	109	2	270.79	258.90	6.20
广 东	515	87	1533.17	1484.21	1010.00
广 西	24	1	25.85	23.37	1.37
海 南	2		9.95	9.78	0.47
重 庆	74	4	114.61	110.86	5.58
四 川	69	5	79.09	74.22	2.59
贵 州	9	2	10.25	8.47	0.11
云 南	15		13.35	13.08	1.60
西 藏					
陕 西	38	3	109.87	100.88	9.37
甘 肃	5	2	2.44	2.24	
青 海	1		1.31	1.19	0.12
宁 夏	4		9.96	6.18	
新 疆	2		1.03	0.98	

办公用机械制造业主要经济指标

单位：亿元

资产总计	流动资产合计	应收账款	存货	产成品	固定资产合计
6076.74	**4080.42**	**1288.68**	**1026.89**	**301.82**	**1315.02**
356.71	278.49	79.59	72.36	13.14	30.15
94.91	68.49	24.72	22.38	5.69	16.82
77.09	53.84	18.77	12.16	4.19	13.20
40.29	26.42	9.24	4.51	1.04	6.97
0.60	0.47	0.13	0.09	0.06	0.09
144.67	83.20	28.08	21.92	5.45	41.34
29.52	15.86	3.93	3.11	0.83	8.86
35.42	24.25	5.86	7.60	3.43	6.87
322.64	253.83	82.24	65.98	16.97	46.85
1803.32	1159.85	345.57	306.28	83.55	444.14
776.24	524.78	152.22	112.23	44.12	152.44
103.30	72.79	19.83	9.93	3.59	22.10
134.23	90.16	22.06	22.97	7.05	27.96
71.33	42.46	7.30	7.95	2.34	23.57
203.79	129.45	36.77	26.43	10.29	51.73
185.17	112.87	43.18	22.05	7.00	57.61
73.36	50.00	16.75	9.74	4.57	14.59
216.30	127.64	30.62	29.65	12.08	51.67
949.62	672.51	260.25	194.82	56.07	171.65
18.61	10.03	2.45	2.55	0.81	5.12
3.66	2.23	0.48	0.82	0.24	1.32
109.09	80.81	26.22	18.34	5.67	17.68
72.64	48.94	16.63	17.40	3.16	17.03
9.59	7.66	3.01	1.53	0.63	1.37
49.82	19.07	8.90	4.74	1.09	30.55
181.16	114.17	37.65	27.74	7.99	51.03
2.40	1.64	0.60	0.60	0.29	0.46
1.72	0.86	0.60	0.09	0.04	0.73
7.62	6.39	4.51	0.62	0.20	1.09
1.93	1.25	0.52	0.29	0.24	0.02

4-42 续表 1

地 区			负债合计	
	固定资产原价	累计折旧		流动负债合计
全 国	**2109.57**	**928.63**	**3011.09**	**2723.53**
北 京	50.43	20.78	195.73	183.36
天 津	28.56	13.87	48.56	45.27
河 北	18.44	6.25	32.62	31.85
山 西	9.82	3.40	22.72	15.27
内蒙古	0.09	0.01	0.34	0.32
辽 宁	62.82	26.16	58.15	44.50
吉 林	30.53	21.90	11.45	7.95
黑龙江	10.85	5.10	16.59	14.55
上 海	88.17	43.92	153.49	147.10
江 苏	715.40	296.92	922.94	835.58
浙 江	208.50	72.40	425.23	393.12
安 徽	29.86	9.87	41.04	37.55
福 建	47.17	20.27	49.65	43.53
江 西	38.39	18.47	35.88	28.08
山 东	85.53	39.85	90.32	79.47
河 南	75.14	23.99	90.10	77.98
湖 北	21.63	8.04	36.71	32.29
湖 南	126.33	80.55	91.04	74.06
广 东	315.58	157.66	458.13	432.59
广 西	8.42	3.38	7.79	5.17
海 南	1.70	0.38	1.22	0.68
重 庆	27.97	12.18	67.99	63.14
四 川	21.63	5.72	37.56	31.52
贵 州	1.99	0.91	5.35	4.84
云 南	6.92	2.97	8.62	8.31
西 藏				
陕 西	74.88	32.49	93.98	78.13
甘 肃	0.87	0.54	1.22	1.16
青 海	0.90	0.37	0.19	0.19
宁 夏	1.00	0.24	5.71	5.36
新 疆	0.05	0.03	0.75	0.63

单位：亿元

所有者权益合计	实收资本				主营业务收入
		国家资本	港澳台资本	外商资本	
3061.03	**1249.91**	**109.06**	**131.34**	**323.76**	**7468.83**
160.97	65.62	3.67	9.36	7.27	289.10
45.06	24.22	0.34	5.16	10.72	141.21
44.31	17.36	0.15		1.58	79.67
17.56	3.95	1.09	0.11	0.20	23.53
0.26	0.20				1.25
86.18	31.34	2.90	0.82	8.20	189.83
18.05	5.18	0.04			31.65
18.81	9.80	0.19			23.14
169.15	76.46	13.10	7.71	41.58	381.42
880.38	346.86	29.69	16.11	117.30	2391.10
351.01	137.65	2.64	13.07	23.02	694.21
61.63	13.81	0.03	0.12	1.69	112.87
84.21	44.16	1.40	13.73	9.52	228.91
35.16	13.20	3.19	0.82	0.40	92.49
112.99	40.53	1.53	1.24	9.52	424.68
94.03	39.66	5.94	0.54	1.75	235.00
36.62	15.08	0.34	1.43	0.33	64.61
125.25	32.74	3.93		0.25	238.99
491.76	211.33	0.34	59.27	83.99	1469.32
10.72	2.43				22.76
2.44	0.57	0.07			9.78
41.08	15.81	0.16	0.49	1.87	106.26
35.03	13.81	1.11	0.20	2.33	73.67
4.25	3.04	0.50	0.31	0.08	8.55
41.19	37.97	25.08	0.05	0.04	13.36
87.17	44.74	11.64	0.35	2.14	110.36
1.16	0.68		0.06		2.06
1.52	0.15				1.21
1.90	1.10		0.40		6.88
1.17	0.45				0.98

4-42 续表 2

地 区	主营业务成本	主营业务税金及附加	管理费用	营业费用
全 国	**6136.70**	**33.12**	**455.96**	**235.98**
北 京	215.73	1.45	28.14	17.94
天 津	122.77	0.33	7.92	4.81
河 北	59.58	0.50	4.74	2.85
山 西	14.95	0.12	2.90	1.01
内蒙古	1.16		0.01	0.01
辽 宁	155.12	1.24	14.23	5.84
吉 林	24.98	0.18	2.14	0.88
黑龙江	16.56	0.18	3.23	1.67
上 海	298.36	0.80	36.79	16.25
江 苏	1984.39	10.78	108.15	61.61
浙 江	536.98	3.44	57.73	30.44
安 徽	84.55	0.39	8.23	3.98
福 建	194.30	0.75	14.67	4.87
江 西	80.22	0.31	4.06	1.72
山 东	352.89	3.31	14.92	10.46
河 南	192.08	1.50	11.98	6.77
湖 北	48.74	0.48	8.57	2.63
湖 南	176.93	2.38	21.36	10.88
广 东	1297.34	3.42	68.15	37.71
广 西	16.83	0.20	2.37	0.98
海 南	8.97	0.01	0.34	0.12
重 庆	83.64	0.48	11.23	6.14
四 川	57.03	0.34	6.10	2.35
贵 州	5.83	0.04	1.00	0.39
云 南	10.51	0.02	1.88	0.18
西 藏				
陕 西	87.73	0.46	14.08	2.88
甘 肃	1.72	0.01	0.22	0.09
青 海	0.88	0.01	0.10	0.05
宁 夏	5.19		0.66	0.39
新 疆	0.75		0.06	0.07

单位：亿元

财务费用	利息支出	营业利润	利润总额	亏损企业亏损总额	本年应交增值税	全部从业人员平均人数(万人)
44.51	**48.26**	**612.88**	**612.83**	**18.21**	**208.06**	**124.49**
0.99	1.67	32.78	35.24	1.20	9.80	3.27
0.47	0.45	6.50	7.83	0.78	1.96	2.11
0.23	0.26	12.28	12.45	0.01	3.01	1.59
0.25	0.24	4.60	2.19		0.63	0.48
		0.05	0.04		0.01	0.02
1.48	0.96	14.23	14.97	0.55	4.82	2.96
0.19	0.19	2.83	2.92	0.08	1.05	0.50
0.30	0.17	1.40	1.94	0.02	1.13	0.73
1.39	1.27	34.06	35.42	2.19	6.55	5.22
13.94	16.39	214.49	205.45	3.69	77.04	26.64
12.04	12.07	59.73	64.62	3.11	24.32	15.15
0.57	0.56	17.50	15.50	0.34	3.53	1.22
0.73	0.84	15.14	13.57	0.21	3.61	5.26
0.51	0.38	5.01	5.95		1.79	2.27
2.66	2.45	35.93	34.18	0.74	14.14	4.63
1.75	1.51	21.89	22.80	0.74	6.53	4.84
0.89	0.67	5.14	5.47	0.08	2.08	1.72
1.67	1.65	26.94	25.09	0.05	12.29	2.61
1.65	3.72	72.20	76.20	3.59	19.78	35.73
0.13	0.13	3.32	3.20		0.63	0.46
0.07	0.04	0.24	0.25		0.65	0.28
1.16	1.09	7.42	7.83	0.15	4.12	2.25
0.56	0.41	8.20	7.80	0.36	2.16	1.10
0.04	0.05	0.81	0.88	0.08	0.52	0.23
0.01	0.02	1.33	1.44		0.29	0.30
0.67	0.92	6.37	7.09	0.21	5.34	2.68
0.01		0.03	0.03	0.01	0.09	0.11
		0.16	0.16		0.06	0.06
0.15	0.12	2.24	2.24		0.12	0.06
0.01	0.02	0.07	0.08		0.02	0.01

4-43 按地区分组的电力、热力的生产和

地　区	企业单位数（个）	亏损企业	工业总产值（当年价格）	工业销售产值（当年价格）	出口交货值
全　国	**5287**	**1467**	**47352.67**	**47164.67**	**69.17**
北　京	61	21	2283.41	2283.25	
天　津	64	29	665.67	664.59	5.07
河　北	266	76	2505.15	2500.69	0.01
山　西	89	41	1216.04	1213.35	
内蒙古	339	86	2063.88	2055.54	
辽　宁	233	83	1476.14	1472.73	
吉　林	203	60	716.01	707.04	
黑龙江	229	87	989.69	983.82	5.50
上　海	35	7	1537.38	1537.33	
江　苏	226	60	3566.95	3562.17	
浙　江	281	33	3767.70	3767.89	1.30
安　徽	145	52	1830.62	1821.28	
福　建	225	76	1534.75	1527.99	2.91
江　西	145	46	814.57	813.04	
山　东	383	128	3924.44	3898.82	1.43
河　南	224	66	2779.88	2752.71	0.54
湖　北	128	39	1567.77	1556.71	
湖　南	262	33	1150.33	1143.20	
广　东	284	83	4912.33	4899.30	52.00
广　西	190	47	986.06	979.68	0.35
海　南	29		136.53	135.51	
重　庆	75	20	544.55	541.67	
四　川	355	73	1640.52	1638.34	0.06
贵　州	148	29	980.17	967.32	0.01
云　南	255	59	912.34	909.04	
西　藏	3	3	10.63	10.63	
陕　西	101	44	998.74	990.36	
甘　肃	138	46	622.98	619.99	
青　海	17	3	238.84	233.94	
宁　夏	37	12	519.65	519.20	
新　疆	117	25	458.94	457.55	

供应业主要经济指标

单位：亿元

资产总计	流动资产合计	应收账款	存货	产成品	固定资产合计
83820.65	**12628.75**	**2224.90**	**1163.58**	**87.89**	**53479.42**
10081.49	1176.31	158.11	12.42	0.16	2217.33
1172.36	223.51	35.02	20.15	3.70	891.90
2852.90	414.13	90.19	47.35	0.72	2162.01
1910.86	306.91	70.53	41.67	0.59	1460.01
4696.29	782.41	139.84	39.30	1.91	3082.39
2563.40	429.62	99.02	49.79	8.34	1989.26
1396.19	193.52	40.61	20.30	0.40	992.43
1853.48	470.48	70.60	79.58	7.39	1252.77
2120.07	201.50	50.81	20.12	1.88	1668.45
4894.15	805.72	178.93	111.36	9.24	3356.45
3584.79	649.14	110.35	73.00	3.58	2703.05
2091.72	235.45	77.55	23.48	0.56	1659.77
2181.48	356.92	65.31	33.52	0.48	1567.55
984.22	205.39	25.87	20.12	0.06	745.22
4178.07	675.53	123.24	85.61	18.77	2610.37
3779.41	905.22	131.21	73.90	5.99	2506.69
3528.51	332.26	94.43	30.22	3.03	2920.94
2199.81	263.11	40.82	25.87	1.73	1727.42
8151.34	1433.60	194.68	188.69	5.67	5249.95
1824.72	245.69	54.79	22.79	3.54	1311.43
236.82	11.69	2.08	2.46	0.02	191.39
1233.54	198.60	19.64	11.50	0.54	815.95
4589.78	564.21	65.35	27.40	1.03	2755.39
2068.72	203.91	31.44	17.63	0.07	735.75
3029.60	278.24	41.67	11.55	2.04	2036.04
148.15	24.21	0.51	0.95	0.03	118.18
1855.79	318.58	68.45	29.42	2.24	1400.42
1596.94	243.39	64.54	13.70	1.37	1188.48
801.11	80.18	10.82	0.88	0.01	664.36
964.34	186.78	34.59	17.55	0.53	632.44
1250.61	212.53	33.92	11.32	2.24	865.65

4-43 续表 1

地 区	固定资产原价	累计折旧	负债合计	流动负债合计
全 国	**80634.98**	**29446.76**	**55801.04**	**26095.40**
北 京	3721.88	1505.07	4522.50	1320.96
天 津	1269.22	479.56	733.64	418.82
河 北	3549.05	1424.37	1987.55	1098.89
山 西	2306.45	928.05	1557.29	761.12
内蒙古	4253.36	1355.57	3591.26	1586.43
辽 宁	2911.87	1164.70	1787.01	1008.82
吉 林	1545.21	600.73	992.63	456.94
黑龙江	1874.90	708.82	1320.94	736.19
上 海	2915.96	1254.03	784.36	430.12
江 苏	5523.86	2216.83	3285.26	1928.87
浙 江	4468.99	1836.04	2296.62	1177.69
安 徽	2510.14	912.80	1638.22	888.95
福 建	2317.73	884.96	1412.62	723.33
江 西	1051.76	382.54	799.90	461.80
山 东	4179.05	1744.95	2931.62	1797.29
河 南	3509.73	1270.95	2962.88	1504.11
湖 北	3974.77	1166.61	2323.38	1325.93
湖 南	2517.76	883.91	1776.19	711.96
广 东	7881.20	3075.81	4536.95	2113.93
广 西	1824.64	588.54	1282.20	464.44
海 南	277.70	95.08	196.38	97.31
重 庆	1191.02	388.12	826.10	352.32
四 川	3887.60	1285.95	3416.97	1396.75
贵 州	1907.40	583.52	1738.92	616.83
云 南	2616.14	664.91	2311.86	761.05
西 藏	127.48	38.91	25.30	17.31
陕 西	1975.74	655.47	1457.99	785.70
甘 肃	1642.03	492.69	1232.27	424.96
青 海	894.83	271.65	583.11	150.62
宁 夏	854.77	235.79	696.13	226.82
新 疆	1152.74	349.81	792.99	349.13

单位：亿元

所有者权益合计	实收资本				主营业务收入
		国家资本	港澳台资本	外商资本	
28116.77	**15569.44**	**6233.16**	**368.00**	**350.64**	**47097.57**
5558.98	2753.93	2042.13	5.21	15.76	2294.56
438.72	155.40	56.23	0.24	3.27	659.45
855.42	511.95	126.01	17.99	20.42	2500.02
345.93	393.66	77.89		11.52	1242.22
1140.35	796.17	338.77	7.15	13.96	1992.88
744.35	571.16	249.11	14.85	12.07	1565.71
402.94	301.00	82.76	0.64	5.86	718.80
532.32	260.78	45.72	2.47	5.45	1027.96
1335.70	305.67	125.62	7.14	5.54	1536.07
1608.88	766.75	235.24	64.28	26.47	3576.05
1424.07	560.08	231.68	21.15	30.40	3768.62
451.90	301.62	108.68	6.30	3.91	1778.32
764.31	371.61	112.04	65.27	25.13	1520.81
183.85	136.95	73.17		0.45	811.58
1236.47	869.94	252.34	5.76	42.27	3822.23
814.09	622.10	250.14	33.20	19.89	2768.95
1201.01	471.58	216.75	22.29	7.77	1570.59
423.63	338.17	68.16	24.07		1170.58
3608.28	2055.32	504.08	52.55	42.76	4864.49
541.22	298.24	105.71	0.17	28.45	976.54
40.44	20.49	10.90		0.75	135.28
406.21	188.77	77.26		1.42	542.94
1170.55	729.12	220.67	9.68	5.60	1617.42
328.85	239.30	68.84			916.37
731.03	410.60	74.60	5.96	2.98	904.04
122.85	30.85	14.98			10.50
397.35	325.00	150.40		5.05	979.56
363.84	311.49	117.18	1.30	12.30	599.92
218.00	113.11	48.12			248.39
268.21	150.66	21.03			521.36
457.02	207.95	126.95	0.33	1.21	455.33

4-43 续表 2

地 区	主营业务成本	主营业务税金及附加	管理费用	营业费用
全 国	43215.46	187.37	972.54	199.06
北 京	2148.79	13.13	14.66	0.87
天 津	641.36	2.40	10.05	1.85
河 北	2370.21	7.83	36.73	1.32
山 西	1199.72	5.00	38.81	0.54
内蒙古	1481.44	10.88	57.93	9.82
辽 宁	1496.72	6.97	26.60	1.59
吉 林	683.57	4.15	15.31	4.01
黑龙江	970.27	3.42	19.47	14.29
上 海	1494.79	4.52	10.00	0.01
江 苏	3316.73	13.54	34.68	2.52
浙 江	3434.59	15.92	73.09	11.20
安 徽	1435.72	6.88	27.46	1.09
福 建	1427.02	5.55	45.60	1.74
江 西	800.33	2.85	18.02	0.68
山 东	3723.46	11.44	102.69	10.13
河 南	2689.32	7.18	58.35	4.97
湖 北	1380.63	8.10	58.38	2.80
湖 南	1047.88	6.92	59.73	5.05
广 东	4381.76	12.32	54.69	23.95
广 西	907.86	5.37	33.01	3.70
海 南	111.51	0.50	2.27	
重 庆	507.10	1.94	7.24	0.77
四 川	1339.25	9.55	39.11	8.61
贵 州	867.03	2.48	13.92	5.91
云 南	823.71	5.36	50.73	10.54
西 藏	20.77	0.01		
陕 西	886.98	5.04	31.84	1.29
甘 肃	552.82	2.46	8.54	67.42
青 海	213.08	1.63	1.93	0.01
宁 夏	471.73	2.32	9.43	0.30
新 疆	389.30	1.71	12.28	2.06

单位：亿元

财务费用	利息支出	营业利润	利润总额	亏损企业亏损总额	本年应交增值税	全部从业人员平均人数（万人）
1712.29	1714.27	1741.87	1921.58	673.32	1838.91	252.60
76.07	72.24	231.58	249.54	6.52	65.20	6.42
17.36	18.08	-1.04	2.82	14.18	29.72	3.02
65.86	63.01	28.25	35.22	33.43	78.36	14.86
57.79	57.98	-20.62	-21.32	54.13	47.09	5.22
103.90	97.17	347.02	363.92	35.21	127.54	11.13
52.69	51.39	-3.23	3.28	29.06	52.67	6.63
36.70	33.36	-12.72	-9.08	23.62	24.21	9.45
35.29	34.59	4.34	12.29	15.68	39.83	10.25
21.95	24.22	28.72	30.99	4.73	45.41	2.14
83.08	97.28	145.00	161.57	24.31	136.78	10.41
80.60	81.70	182.48	195.83	7.73	136.83	7.83
46.11	43.05	70.92	65.13	21.14	55.64	6.55
50.12	51.60	45.14	42.48	12.30	52.66	6.56
27.48	26.57	-18.60	-20.61	33.25	24.73	11.66
88.21	85.13	62.29	66.61	71.53	99.00	17.63
94.07	94.06	-44.24	-32.44	66.43	67.84	18.75
92.24	92.30	97.53	107.79	17.41	87.27	11.40
61.72	61.71	20.86	14.45	25.41	51.78	11.71
148.90	149.51	276.67	309.82	27.44	222.88	9.35
50.69	49.87	1.16	16.62	21.56	46.36	11.21
6.44	6.34	14.53	15.01		5.72	1.17
27.28	28.73	13.97	10.33	6.69	26.31	4.67
97.75	100.79	128.02	127.43	14.21	89.24	13.50
60.77	66.81	-3.93	7.34	22.84	35.57	10.67
67.14	63.86	46.08	41.15	20.70	64.89	7.71
-0.14		-10.02	-3.32	3.32	0.11	0.39
43.82	44.55	52.46	60.18	19.17	48.33	7.46
43.38	41.96	1.10	0.04	25.60	27.17	5.69
26.05	25.63	-2.46	2.53	2.70	11.94	0.92
25.27	26.38	19.16	20.65	4.72	16.66	2.91
23.70	24.44	41.47	45.33	8.30	21.16	5.35

4-44 按地区分组的主要工业产品产量

地区	洗煤 (万吨)	天然原油 (万吨)	天然气 (亿立方米)	铁矿石原矿 (万吨)
全国	**108389.30**	**20287.55**	**1026.89**	**132880.84**
北京	13.70			2001.60
天津	1180.20	3187.80	18.40	
河北	8372.90	586.10	12.20	59470.90
山西	42353.90			7161.40
内蒙古	7703.80			9735.70
辽宁	2015.00	1000.00	7.20	15536.80
吉林	818.20	739.40	15.00	1665.97
黑龙江	5814.60	4006.00	31.00	226.90
上海		8.10	3.00	
江苏	1182.90	189.00	0.50	233.10
浙江				142.60
安徽	2433.70			3760.10
福建	70.40			2664.30
江西	445.40			1108.60
山东	7525.90	2713.45	5.20	1926.20
河南	9219.50	485.50	5.00	1337.10
湖北		79.00	2.28	1790.80
湖南	1568.50			445.50
广东		1152.80	83.30	2052.00
广西	36.70	2.30		350.00
海南		19.70	2.00	579.50
重庆	1585.60		0.46	1.60
四川	4521.40	16.20	265.53	13509.80
贵州	3718.70			68.00
云南	1220.90		0.07	2201.50
西藏				67.10
陕西	3027.10	3225.40	272.20	1042.47
甘肃	174.20	62.60	0.20	963.70
青海	649.40	195.00	65.00	105.50
宁夏	2100.10	3.60	3.02	
新疆	636.60	2615.60	235.33	2732.10

4-44 续表 1

地 区	硫铁矿石（折含硫35%）（万吨）	磷矿石（折含五氧化二磷30%）（万吨）	原盐（万吨）	精制食用植物油（万吨）	成品糖（万吨）
全 国	**1583.80**	**8122.30**	**6742.16**	**4331.80**	**1187.43**
北 京				3.90	
天 津			184.00	288.40	
河 北	16.40	37.70	377.70	146.20	4.99
山 西	3.70			16.20	4.30
内蒙古	60.40		311.00	62.10	17.96
辽 宁	160.00		114.54	169.80	24.21
吉 林				87.90	
黑龙江				288.80	22.42
上 海				84.60	
江 苏	40.40	9.80	698.93	482.50	0.84
浙 江	9.30		13.56	43.10	0.16
安 徽	259.00	13.20	146.00	76.30	
福 建	0.30		39.41	71.60	10.01
江 西	193.40		2.10	28.60	0.01
山 东	20.30		1815.02	557.50	3.13
河 南	17.20		282.97	265.90	0.86
湖 北	27.10	2768.70	615.50	346.90	
湖 南	17.60		240.30	266.20	4.33
广 东	350.40		7.75	510.80	101.65
广 西	83.50		6.57	131.70	742.31
海 南			10.73		25.19
重 庆	0.60	43.50	224.40	48.60	0.54
四 川	202.40	959.30	1038.71	162.30	2.52
贵 州	4.40	2052.80		11.40	0.67
云 南	36.20	2236.10	100.78	9.10	173.55
西 藏				0.10	
陕 西	48.00	1.20	41.90	88.10	0.04
甘 肃	18.20		17.00	9.10	1.60
青 海			195.23	7.60	
宁 夏				6.30	
新 疆	15.00		258.06	60.20	46.14

4-44 续表 2

地 区	乳制品 (万吨)	罐头 (万吨)	饮料酒 (万千升)	#啤酒 (万千升)	软饮料 (万吨)
全 国	**2316.44**	**1093.41**	**6168.41**	**4834.50**	**11812.18**
北 京	58.60	0.70	187.00	164.82	381.90
天 津	22.99	16.90	41.80	33.20	468.10
河 北	269.00	38.37	197.20	160.34	267.70
山 西	52.50	1.55	57.90	45.68	83.50
内蒙古	383.20	0.30	170.70	116.40	204.50
辽 宁	102.90	25.17	332.50	262.20	397.10
吉 林	6.90	0.70	211.35	148.64	623.50
黑龙江	178.30	2.65	247.10	223.67	239.50
上 海	45.70	3.90	62.90	50.90	268.20
江 苏	100.20	16.78	314.30	235.41	400.30
浙 江	35.70	99.46	370.00	281.40	856.20
安 徽	79.00	37.40	222.90	170.60	161.10
福 建	19.40	243.82	205.10	198.52	424.80
江 西	28.90	11.20	145.60	130.07	213.30
山 东	246.08	80.06	794.09	642.75	589.70
河 南	153.17	34.55	479.94	357.00	833.40
湖 北	49.10	80.69	275.70	202.50	622.00
湖 南	27.00	115.33	152.03	127.12	268.18
广 东	61.20	26.37	495.80	482.24	2015.00
广 西	14.30	48.70	156.50	150.74	545.10
海 南	0.40	23.20	16.00	10.10	42.10
重 庆	12.90	5.49	94.80	77.30	298.40
四 川	78.00	49.05	504.50	192.10	644.70
贵 州	5.50	1.60	60.90	36.28	109.50
云 南	34.60	2.38	84.50	76.22	245.00
西 藏	0.60		18.20	18.20	10.20
陕 西	160.20	1.42	109.80	99.00	383.50
甘 肃	16.70	9.64	69.60	64.90	93.00
青 海	12.20		10.60	8.90	12.40
宁 夏	25.20		21.10	16.20	7.30
新 疆	36.00	116.03	58.00	51.10	103.00

4-44 续表 3

地 区	方便面 (万吨)	卷烟 (亿支)	纱 (万吨)	布 (亿米)	印染布 (亿米)
全 国	**827.50**	**24474.00**	**2870.17**	**814.14**	**593.10**
北 京	5.40	208.90	0.30		
天 津	29.30	226.00	3.10	2.80	0.30
河 北	101.30	807.50	147.60	63.18	4.00
山 西	4.80	155.00	5.40	0.82	1.10
内蒙古	3.10	287.50	2.00	1.00	
辽 宁	39.80	274.50	13.20	8.42	1.70
吉 林	10.10	430.00	7.10	0.50	
黑龙江	13.40	436.10	2.50	0.21	
上 海	2.60	896.10	3.90	1.84	1.10
江 苏	23.50	991.10	406.53	120.72	49.70
浙 江	26.30	885.20	198.80	220.87	362.50
安 徽	44.60	1258.30	65.00	12.56	1.50
福 建	13.60	884.30	214.52	41.19	42.20
江 西	1.60	584.00	96.80	8.35	0.90
山 东	43.00	1361.30	714.83	136.44	38.90
河 南	245.00	1676.10	457.89	43.22	16.40
湖 北	17.60	1347.50	207.70	64.59	4.80
湖 南	35.50	1816.20	87.00	4.52	0.70
广 东	45.30	1345.60	43.60	32.50	54.80
广 西	9.90	741.50	11.50	14.19	
海 南		95.00			
重 庆	7.80	516.00	13.30	10.50	1.60
四 川	54.40	944.20	96.90	17.37	9.90
贵 州	1.40	1226.20	1.40	0.10	
云 南	3.10	3649.90	0.50	0.02	0.20
西 藏					
陕 西	39.50	860.00	29.50	7.36	0.70
甘 肃	1.00	410.00	1.00	0.10	0.10
青 海			0.60		
宁 夏					
新 疆	4.60	160.00	37.70	0.77	

4-44 续表 4

地区	绒线(毛线)(万吨)	机制纸及纸板(万吨)	原油加工量(万吨)	汽油(万吨)	煤油(万吨)
全国	**30.40**	**11010.89**	**44729.34**	**8158.06**	**1879.8**
北京		10.00	1103.10	251.20	126.4
天津	0.10	125.90	1725.70	178.20	115.0
河北	7.30	534.20	1436.80	292.80	
山西		20.00		2.80	
内蒙古		30.80	92.50	34.30	
辽宁	0.20	73.70	6307.94	1017.43	222.0
吉林		88.00	1001.60	193.50	
黑龙江		58.55	1707.60	481.70	34.7
上海		87.30	2131.00	274.40	150.1
江苏	5.60	1118.57	2784.50	298.50	201.3
浙江	2.70	1522.23	3138.50	315.20	162.9
安徽	0.30	256.97	482.50	96.30	
福建	0.40	529.70	994.40	137.10	106.8
江西	0.20	219.40	431.80	100.70	
山东	4.60	1821.03	6017.60	1286.30	92.2
河南	3.20	1181.46	782.40	191.40	47.7
湖北	0.30	249.30	1003.60	242.90	51.2
湖南		426.80	759.70	191.00	12.5
广东	4.70	1494.08	4213.70	635.50	366.1
广西		235.50	1108.00	229.70	18.4
海南		112.80	915.10	295.20	68.1
重庆	0.30	178.00	1.90		
四川	0.30	369.20	343.90	76.20	0.9
贵州		24.50			
云南		40.60			
西藏					
陕西		92.80	1962.60	610.80	25.7
甘肃	0.10	6.90	1613.50	398.60	31.7
青海			154.10	46.30	
宁夏	0.10	72.30	127.50	46.50	
新疆		30.30	2387.80	233.53	46.1

4-44 续表 5

地 区	柴油（万吨）	润滑油（万吨）	燃料油（万吨）	液化石油气（万吨）	焦炭（万吨）
全 国	**16676.31**	**826.50**	**1868.80**	**2181.10**	**43270.78**
北 京	355.70	49.10	21.40	30.20	
天 津	646.00	37.60	21.90	77.50	234.32
河 北	538.30	4.70	17.40	77.80	6290.45
山 西		3.90			9009.63
内蒙古	93.60	1.10	11.20	18.30	2482.37
辽 宁	2284.75	121.40	572.80	194.70	2027.00
吉 林	412.90		40.00	48.80	484.62
黑龙江	609.12	25.50	40.40	165.80	1010.56
上 海	798.90	47.20	29.30	99.00	640.60
江 苏	746.80	169.00	232.40	161.50	1855.49
浙 江	870.90	27.40	157.80	130.10	291.84
安 徽	208.20	0.10	7.90	34.90	868.70
福 建	253.20	4.10	3.70	17.50	150.50
江 西	193.90	4.40	7.80	21.30	875.80
山 东	2463.50	76.30	327.90	342.50	3973.40
河 南	274.32	8.10	14.70	44.40	2416.92
湖 北	389.32	17.60	21.30	61.80	993.60
湖 南	291.60	7.30	24.00	69.40	677.40
广 东	1551.70	56.20	130.80	247.50	193.53
广 西	474.80	7.70	60.80	59.70	411.36
海 南	319.20		36.70	60.00	
重 庆		11.10			397.00
四 川	86.60	35.00	26.20	21.60	1280.60
贵 州		0.20			685.20
云 南		1.20			1602.78
西 藏					
陕 西	853.30	3.60	30.90	82.20	2172.38
甘 肃	736.00	25.30	15.50	42.90	263.20
青 海	73.00		4.20	11.20	167.50
宁 夏	53.30		1.70	8.40	437.50
新 疆	1097.40	81.40	10.10	52.10	1376.53

4-44 续表 6

地区	机械化焦炉生产的焦炭(万吨)	硫酸(折100%)(万吨)	盐酸(氯化氢含量31%)(万吨)	烧碱(折100%)(万吨)
全国	**39385.67**	**7482.70**	**841.00**	**2473.52**
北京			14.40	6.40
天津	234.32	29.60	23.60	129.60
河北	6171.97	84.42	27.00	82.50
山西	8990.05	21.10	7.90	59.80
内蒙古	2165.57	270.90	25.30	174.90
辽宁	1987.71	78.93	22.30	57.30
吉林	344.70	23.10	8.20	23.00
黑龙江	958.08	9.80	10.70	11.30
上海	640.60	28.00	32.20	62.50
江苏	1942.81	488.47	87.10	237.00
浙江	291.84	110.69	55.00	126.70
安徽	810.80	505.39	12.90	39.10
福建	150.48	64.95	8.10	21.00
江西	775.90	240.36	34.60	35.12
山东	2955.87	607.71	112.20	548.00
河南	2329.85	330.78	39.00	166.70
湖北	838.30	687.54	64.20	85.70
湖南	665.30	254.96	36.50	70.30
广东	193.50	273.82	50.60	31.70
广西	411.10	269.50	37.30	48.80
海南				
重庆	351.50	197.14	7.20	28.50
四川	1203.70	438.68	29.60	117.90
贵州	597.10	733.80	9.50	13.80
云南	853.01	1199.44	12.20	19.90
西藏				
陕西	1790.83	148.46	18.70	44.00
甘肃	263.20	259.70	20.00	24.80
青海	95.60	20.50		39.00
宁夏	387.08	68.81	7.80	37.70
新疆	984.90	36.15	26.90	130.50

4-44 续表 7

地 区	纯碱(碳酸钠)(万吨)	农用氮、磷、钾化学肥料总计(折纯)(万吨)	氮肥(折含N 100%)(万吨)	磷肥(折合P2O5 100%)(万吨)
全 国	**2294.03**	**6213.13**	**4294.71**	**1561.22**
北 京				
天 津	26.20	6.30	6.30	
河 北	254.10	222.86	211.15	11.71
山 西	18.60	363.29	353.70	9.59
内蒙古	103.60	126.10	104.70	21.40
辽 宁	33.80	74.27	69.26	5.01
吉 林		27.70	27.70	
黑龙江		68.12	67.86	0.26
上 海		2.60	2.10	0.50
江 苏	318.99	267.33	240.51	26.82
浙 江	25.18	30.19	26.93	3.26
安 徽	42.10	266.86	211.50	55.36
福 建	10.04	52.67	50.49	2.18
江 西		30.39	10.70	19.69
山 东	439.90	657.00	616.31	40.69
河 南	266.74	455.93	423.39	32.54
湖 北	145.20	995.09	439.24	555.85
湖 南	60.10	201.24	171.32	29.92
广 东	48.80	54.64	5.90	48.74
广 西	4.40	95.66	65.84	29.82
海 南		67.10	67.10	
重 庆	113.60	173.87	104.93	68.94
四 川	169.81	505.76	383.14	122.62
贵 州		365.38	168.30	197.08
云 南	15.20	326.94	108.02	218.92
西 藏				
陕 西	27.87	79.86	62.25	17.61
甘 肃	19.00	73.73	50.75	22.98
青 海	133.00	288.24		0.54
宁 夏	2.60	106.92	89.53	17.39
新 疆	15.20	227.09	155.79	1.80

4-44 续表 8

地 区	合成氨(无水氨)(万吨)	乙烯(万吨)	化学农药原药(折有效成分100%)(万吨)	初级形态的塑料(塑料树脂及共聚物)(万吨)	合成橡胶(万吨)
全 国	**5252.70**	**1527.50**	**230.00**	**4992.31**	**367.13**
北 京		89.60		113.15	21.96
天 津		134.30	0.05	337.75	
河 北	286.40		3.09	83.17	4.37
山 西	466.20		0.08	46.30	2.90
内蒙古	140.71		5.40	202.00	
辽 宁	82.90	106.80	2.17	179.83	4.05
吉 林	55.30	80.50	1.56	98.10	18.00
黑龙江	78.60	61.60	0.32	125.80	6.70
上 海		197.50	1.40	325.94	26.84
江 苏	321.70	153.90	60.43	606.59	91.48
浙 江	51.06	110.80	23.36	497.81	20.14
安 徽	288.64	0.60	13.24	67.92	0.41
福 建	101.50	88.40	0.07	248.40	0.21
江 西	17.60		2.85	10.70	1.20
山 东	710.75	85.20	49.17	375.98	54.59
河 南	472.38	18.30	18.05	211.55	1.31
湖 北	392.84		17.21	81.63	0.26
湖 南	195.63		5.76	50.50	20.02
广 东	6.10	226.60	1.89	516.12	37.84
广 西	100.00		2.97	43.51	1.20
海 南	83.60			23.80	
重 庆	154.62		0.82	3.22	2.97
四 川	368.72		18.32	105.78	15.56
贵 州	170.10			12.18	
云 南	226.60		0.10	20.20	13.90
西 藏					
陕 西	114.00		0.33	70.11	0.01
甘 肃	73.30	69.40	0.10	129.07	18.30
青 海				19.30	
宁 夏	115.90		1.22	48.20	
新 疆	177.55	104.00	0.04	337.70	2.91

4-44 续表 9

地 区	合成洗涤剂（万吨）	化学药品原药（化学原料药）（万吨）	中成药（万吨）	化学纤维（万吨）	橡胶轮胎外胎（万条）
全 国	**888.14**	**296.01**	**259.48**	**3390.07**	**83566.22**
北 京	8.52	0.10	3.72	0.10	375.40
天 津	0.60	0.80	0.40	12.80	3618.90
河 北	10.81	70.05	4.22	22.30	61.22
山 西	9.80	0.60	0.86	0.60	164.90
内蒙古		23.00	6.02		
辽 宁	13.76	11.83	0.92	15.84	1669.85
吉 林	13.58	2.90	41.61	29.60	4.61
黑龙江		0.58	15.15	13.30	441.00
上 海	29.52	2.69	1.40	51.30	908.30
江 苏	30.02	8.45	1.32	1132.59	10767.70
浙 江	76.00	33.57	2.44	1522.95	9685.62
安 徽	81.82	1.83	4.82	25.80	7919.09
福 建	12.97	0.90	0.73	225.09	3000.20
江 西	1.92	3.10	8.78	31.50	439.97
山 东	48.60	89.45	12.16	80.90	30493.86
河 南	59.82	23.34	17.48	53.10	2385.24
湖 北	21.44	8.72	23.95	14.40	558.25
湖 南	42.96	0.70	12.70	4.40	12.97
广 东	310.56	4.61	20.30	42.00	6132.61
广 西	17.04	0.71	18.87		59.48
海 南	0.01		0.01	5.50	
重 庆	4.61	0.82	6.72	6.30	2503.00
四 川	70.65	4.54	40.81	61.20	1533.31
贵 州	2.90		4.96		536.80
云 南	1.56	0.12	2.61	3.60	0.34
西 藏			0.15		
陕 西	13.70	1.30	4.83	2.30	1.37
甘 肃	1.55	0.40	0.70		
青 海		0.10	0.11		
宁 夏		0.80	0.10		188.40
新 疆	3.42		0.63	32.60	103.83

4-44 续表 10

地 区	塑料制品 (万吨)	水泥熟料 (万吨)	水泥 (万吨)	平板玻璃 (万重量箱)	生铁 (万吨)	粗钢 (万吨)
全 国	**5474.40**	**130199.59**	**209925.86**	**79107.55**	**64050.88**	**68528.31**
北 京	35.30	784.20	923.29			2.90
天 津	96.50	168.80	942.56	866.28	2097.00	2295.70
河 北	204.20	5979.60	14533.91	16941.62	15450.38	16450.70
山 西	23.00	3038.04	4101.46	1847.61	3786.04	3490.39
内蒙古	23.20	3816.66	6499.31	1259.50	1431.10	1669.70
辽 宁	301.40	3570.57	5799.75	2258.04	5450.21	5424.82
吉 林	56.80	3692.60	3801.93	411.80	973.32	906.77
黑龙江	54.80	1847.90	4379.04	557.90	589.10	667.50
上 海	193.50	49.00	805.68	1.30	1947.50	2225.50
江 苏	360.70	4921.70	15034.22	7594.95	5307.01	6838.81
浙 江	845.70	6056.67	12196.95	4023.21	1002.20	1329.90
安 徽	205.00	10808.94	9572.17	2680.40	1830.01	1968.55
福 建	188.90	4895.12	6809.62	3507.10	547.00	1166.90
江 西	70.90	4927.30	6874.02	607.21	1917.67	2067.78
山 东	377.40	9272.06	15072.84	7794.48	6359.81	5664.71
河 南	255.20	6711.04	13824.26	2159.28	2167.21	2370.79
湖 北	198.50	5613.11	9504.29	6830.09	2522.81	2866.64
湖 南	70.30	5700.14	9364.29	1945.56	1919.99	1819.82
广 东	1073.80	8526.50	12714.01	8390.53	862.06	1324.25
广 西	392.40	6397.00	8746.52	327.40	959.96	1212.15
海 南	1.90	1026.90	1521.92			
重 庆	77.30	3847.25	5016.19	731.36	573.16	630.60
四 川	229.30	9038.09	14522.30	4924.40	1715.58	1729.18
贵 州	26.90	3826.37	5309.36	126.21	494.09	434.00
云 南	31.50	4538.90	6788.90	849.98	1349.99	1323.20
西 藏		206.20	232.80			
陕 西	13.00	4374.15	6591.60	1442.12	732.23	766.00
甘 肃	11.80	2234.54	2759.55	577.42	769.30	819.80
青 海	0.40	758.20	1048.09	205.90	115.75	139.50
宁 夏	9.70	1167.60	1463.37	0.42	91.90	28.76
新 疆	45.10	2404.44	3171.66	245.48	1088.50	892.99

4-44 续表 11

地 区	钢材 (万吨)	#大型型钢 (万吨)	中小型型钢 (万吨)	钢筋 (万吨)	线材(盘条) (万吨)
全 国	**88619.57**	**1085.25**	**4471.91**	**15573.99**	**12461.56**
北 京	289.58		2.20		53.10
天 津	5164.53	56.60	274.40	258.90	167.10
河 北	19256.23	254.80	1718.70	1757.78	2435.89
山 西	3371.15	3.70	129.65	558.40	981.20
内蒙古	1417.40	23.10	1.10	180.50	346.90
辽 宁	5761.07	14.40	574.29	490.63	688.63
吉 林	1107.43	7.30	2.70	364.27	119.20
黑龙江	597.83	50.80	1.88	306.80	32.35
上 海	2483.55		78.80	3.98	84.90
江 苏	10011.71	1.20	122.04	2198.88	1363.95
浙 江	3177.61	12.00	90.32	168.77	294.14
安 徽	2746.30	236.98	232.60	860.81	343.10
福 建	1589.14		105.44	585.05	326.76
江 西	2250.32		0.10	619.05	604.76
山 东	7083.34	361.10	596.91	1082.51	793.94
河 南	3553.54	25.70	60.40	649.10	886.77
湖 北	3706.01	13.10	79.61	545.88	260.51
湖 南	1947.75		24.99	529.64	328.65
广 东	3189.90	0.57	27.70	847.37	621.28
广 西	1809.22		97.90	531.27	347.13
海 南	23.20			18.20	
重 庆	950.14	11.50	51.60	56.86	178.36
四 川	2237.59	12.40	112.97	869.50	205.35
贵 州	462.88			306.26	112.40
云 南	1351.98		42.20	657.10	391.10
西 藏					
陕 西	1034.73		2.49	544.15	99.79
甘 肃	841.66		3.00	220.00	173.20
青 海	142.07		0.04	6.00	11.40
宁 夏	76.60			71.90	4.70
新 疆	985.11		37.88	284.43	250.00

4-44 续表 12

地 区	#热轧薄宽钢带（万吨）	#冷轧薄宽钢带（万吨）	#中厚宽钢带（万吨）	#无缝钢管（万吨）	#焊接钢管（万吨）
全 国	**4256.94**	**3269.51**	**10505.10**	**2680.75**	**4077.68**
北 京		108.89			1.50
天 津	106.20	153.10	701.00	338.50	1190.50
河 北	1987.78	671.94	3068.20	92.51	1061.00
山 西	164.60	110.40	384.90	16.80	114.30
内蒙古	6.90	98.30	120.50	100.80	54.50
辽 宁	483.50	406.54	1374.11	95.70	148.23
吉 林	133.60	6.02	131.20	61.20	43.80
黑龙江				44.70	24.40
上 海	153.80	460.30	447.20	77.20	52.90
江 苏	579.99	122.34	785.40	399.25	182.70
浙 江	58.39	66.95	57.06	190.06	208.45
安 徽	11.70	148.30	222.50	123.07	21.60
福 建	1.40	4.50	94.30	2.90	52.10
江 西	64.80	53.50	189.80	26.33	4.80
山 东	65.20	153.10	1058.50	507.90	199.30
河 南	27.10	17.24	90.70	165.51	95.30
湖 北	180.40	239.20	393.70	117.80	23.30
湖 南	80.60	83.13	238.30	117.00	7.90
广 东	61.43	83.14	7.13	10.90	120.70
广 西		90.20	364.70	6.63	15.90
海 南					
重 庆	4.90	9.80	201.50	23.66	12.90
四 川	24.45	57.62	160.50	126.05	110.30
贵 州				17.62	
云 南	4.10	3.30	52.70		49.50
西 藏					
陕 西	0.80			10.83	166.40
甘 肃	10.60	97.00	209.10		14.60
青 海				5.60	
宁 夏					
新 疆	44.70	24.70	152.10	2.23	100.80

4-44 续表 13

地 区	铁合金 (万吨)	十种有色金属 (万吨)	#精炼铜(铜) (万吨)	铅 (万吨)	锌 (万吨)	原铝(电解铝) (万吨)
全 国	**2795.64**	**3435.44**	**524.02**	**471.19**	**516.83**	**1767.89**
北 京	1.40					
天 津	0.22	2.2	2.20			
河 北	33.60	13.92	12.40		0.90	
山 西	168.90	143.01	8.80	0.20		104.70
内蒙古	341.60	238.5	24.50	8.20	39.80	165.70
辽 宁	89.70	76.7	11.60	2.00	33.50	21.20
吉 林	61.74	0.4				
黑龙江		0.32	0.29			
上 海		16.72	11.40	5.30		
江 苏	81.90	67.24	32.40	18.90	2.00	11.00
浙 江	17.50	53.46	30.17	0.10	7.20	15.30
安 徽	5.10	142.4	61.90	80.10	0.40	
福 建	37.10	22.4	0.20	4.10	3.40	14.70
江 西	1.40	115.15	96.40	10.50	4.00	
山 东	58.10	263.3	68.30	4.00		191.00
河 南	144.50	564.83	10.35	130.70	29.80	388.40
湖 北	31.10	93.14	35.20	21.49	0.80	35.50
湖 南	340.68	273.76	1.50	96.30	119.70	29.90
广 东	0.20	27.07	11.41	2.20	13.20	
广 西	311.60	134.03		16.90	47.00	63.10
海 南						
重 庆	41.70	32.16	1.00	6.00	2.10	22.80
四 川	201.10	83.64	0.40		24.63	58.00
贵 州	261.30	94.88		0.80	1.90	87.70
云 南	78.20	270.71	39.00	43.10	87.10	88.30
西 藏						
陕 西	51.20	129.78	0.40	7.20	65.60	31.30
甘 肃	129.30	218.63	62.50	1.90	24.40	116.89
青 海	113.50	189.08		4.50	9.00	174.60
宁 夏	178.40	130.2		2.80		118.40
新 疆	14.60	37.81	1.70	3.90	0.40	29.40

4-44 续表 14

地 区	氧化铝 （万吨）	铜材 （万吨）	电站锅炉 （蒸发量吨）	发动机 （万千瓦）	金属切削机床 （万台）
全 国	**3417.20**	**1075.43**	**538832.30**	**137099.43**	**88.68**
北 京		1.50	10376.00	2372.10	2.05
天 津		12.80		3616.20	0.1
河 北		7.30	5252.00	1283.40	0.56
山 西	500.90	6.30	7542.00	16.80	0.2
内蒙古		56.90			
辽 宁		15.00		11360.20	16.88
吉 林		0.10		6820.60	0.2
黑龙江			114022.10	1343.40	0.81
上 海		37.90	65723.00	16348.90	1.58
江 苏		155.62	35582.00	9838.82	8.74
浙 江		189.10	13045.00	3288.28	19.39
安 徽		132.80		7169.10	4.21
福 建		8.33		238.60	0.51
江 西		156.50	3527.00	34.80	0.4
山 东	1093.10	28.70	157178.70	22004.40	14.56
河 南	1041.70	41.70	5385.00	967.54	0.94
湖 北		19.10		8430.80	0.3
湖 南		38.47		39.50	0.31
广 东		130.26		15545.27	2.55
广 西	529.20	4.90	25722.00	15505.80	0.72
海 南				979.30	
重 庆	41.30	7.60		6664.20	0.7
四 川		3.25	95477.50	1999.10	0.91
贵 州	211.00			4.00	0.08
云 南		1.90		1122.60	7.41
西 藏					
陕 西		1.20		105.72	3.26
甘 肃		13.50			0.6
青 海		4.40			0.1
宁 夏					0.61
新 疆		0.30			

4-44 续表 15

地 区	大中型拖拉机 (万台)	汽车 (万辆)	#基本型乘用车(轿车) (万辆)	摩托车整车 (万辆)	两轮脚踏自行车 (万辆)
全 国	**40.19**	**1841.64**	**1012.67**	**2735.50**	**7169.11**
北 京		150.46	67.18		
天 津	1.60	75.69	65.23	30.20	2912.60
河 北	0.07	72.11	19.79	56.16	197.50
山 西		0.61			
内蒙古		3.65			
辽 宁		75.54	44.37	3.50	
吉 林	0.20	155.68	119.73		
黑龙江	0.37	18.17	0.71		
上 海	0.83	191.57	174.2	92.60	442.00
江 苏	9.32	80.38	38.35	193.70	793.13
浙 江	4.65	30.63	27.07	213.76	1709.73
安 徽		117.03	61.3	2.50	
福 建		18.64	9.85	24.10	
江 西	0.40	34.35	7.83		
山 东	12.37	76.29	36.93	75.30	6.83
河 南	9.31	36.58	1.4	189.29	43.12
湖 北	0.05	131.9	52.95		
湖 南	0.63	16.19	11.63	37.40	
广 东		150.28	120.6	920.94	1039.53
广 西		142.35	8.87	15.70	3.16
海 南		15.2	10.23		
重 庆		166.64	93.67	879.85	20.80
四 川	0.19	12.86			
贵 州		1.28	0.04		
云 南		9.72			
西 藏					
陕 西		55.67	38.68	0.50	
甘 肃		2.06	2.06		
青 海					
宁 夏					
新 疆	0.18	0.11			0.71

4-44 续表 16

地 区	发电机组（发电设备）（万千瓦）	变压器（万千伏安）	家用洗衣机（万台）	家用电冰箱（万台）	房间空气调节器（万台）
全 国	**14410.52**	**141804.05**	**6715.94**	**8699.20**	**13912.50**
北 京	694.10	838.80	0.20	73.50	
天 津	630.10	527.00	29.10	49.40	322.20
河 北		15131.30	0.05		204.20
山 西	15.80	153.60			
内蒙古	79.30	159.80			
辽 宁	11.70	13483.50		95.90	194.90
吉 林	34.80	839.50			
黑龙江	2186.47	1123.30			
上 海	2889.60	5734.90	219.00	185.20	619.90
江 苏	779.79	22293.20	1216.70	1194.80	509.50
浙 江	483.40	8818.30	1818.17	626.80	469.50
安 徽	14.90	3820.30	1629.60	3114.00	2821.90
福 建	112.43	589.20			
江 西	28.10	3168.20		116.50	190.40
山 东	898.80	21091.30	610.20	718.50	411.90
河 南	92.20	1134.00	25.20	406.40	1.00
湖 北	239.40	1233.00	122.30	219.80	808.50
湖 南	103.80	10359.20	63.00	26.00	
广 东	275.69	5686.30	502.10	1409.20	6374.60
广 西	41.90	985.45			
海 南		815.70			
重 庆	125.84	2767.70	264.06	194.40	867.40
四 川	4251.20	1368.80	209.70	67.00	116.60
贵 州		386.60		169.50	
云 南	62.90	1596.50			
西 藏					
陕 西		11936.60		32.30	
甘 肃	4.20	225.00	6.50		
青 海		2.50			
宁 夏		705.40			
新 疆	354.10	4829.10	0.06		

4-44 续表 17

地区	程控交换机（万线）	电话单机（万部）	传真机（万部）	移动通信手持机（手机）（万台）	微型计算机设备（万台）
全国	**3034.04**	**14017.91**	**187.57**	**113257.71**	**32036.93**
北京	86.37	5.60		25962.30	1083.70
天津	4.90	192.00		9061.70	0.60
河北	26.00				
山西					
内蒙古					
辽宁	72.50	2.40		310.40	0.30
吉林				146.10	
黑龙江					3.50
上海	164.00	331.71	1.10	1005.90	10162.50
江苏	6.37	196.89		2720.90	9408.19
浙江	251.60	0.32		1175.71	154.90
安徽					124.00
福建		568.59		1658.80	898.60
江西	1.40	1.20		3239.60	17.80
山东	197.00	225.70		4351.10	22.40
河南		3.42		2449.80	
湖北	0.10			334.60	825.20
湖南				19.10	11.30
广东	2223.80	12482.98	186.47	59284.10	4417.84
广西					1.10
海南					
重庆		1.80		592.50	2547.80
四川		5.30		744.20	2357.20
贵州				200.50	
云南					
西藏					
陕西				0.40	
甘肃					
青海					
宁夏					
新疆					

4-44 续表 18

地 区	#笔记本计算机（万台）	显示器（万台）	集成电路（亿块）	彩色电视机（万台）	组合音响（万台）
全 国	**23897.41**	**12680.54**	**719.52**	**12231.34**	**12231.92**
北 京	57.00	851.40	32.00	5.00	
天 津		677.70	8.90	186.60	15.90
河 北			0.20		
山 西		0.03			
内蒙古				261.10	
辽 宁			0.10	564.50	
吉 林				13.20	
黑龙江					
上 海	8954.20	117.85	166.30	224.60	743.60
江 苏	8399.33	2907.10	224.80	1414.52	439.90
浙 江	154.90	7.30	37.35	497.30	509.54
安 徽	123.30	1.01	0.70	408.02	104.90
福 建	500.70	3118.90	0.10	1115.30	3.16
江 西	17.80			102.60	
山 东		104.10	2.00	1249.50	
河 南		0.02		3.80	
湖 北	0.90	1505.70	0.01		0.83
湖 南	11.30	14.00		8.90	
广 东	912.28	2481.23	153.46	4862.40	10414.09
广 西	1.10	673.50	1.20	34.60	
海 南					
重 庆	2407.40	220.70		85.10	
四 川	2357.20		27.00	1116.40	
贵 州			0.10	77.90	
云 南					
西 藏					
陕 西					
甘 肃			65.30		
青 海					
宁 夏					
新 疆					

4-44 续表 19

地 区	照相机（万台）	复印和胶版印制设备（万台）	发电量（亿千瓦小时）	#火力发电量（亿千瓦小时）	#水力发电量（亿千瓦小时）
全 国	**8241.34**	**655.05**	**47130.19**	**38337.02**	**6989.45**
北 京	28.20		262.98	255.50	4.48
天 津	844.90	4.70	621.06	619.52	
河 北		1.80	2326.98	2214.67	7.25
山 西			2343.97	2301.73	34.63
内蒙古			2972.83	2639.00	12.21
辽 宁		0.60	1369.93	1260.40	31.69
吉 林			709.87	591.97	62.9
黑龙江			834.55	771.57	17.02
上 海	0.07	30.81	949.24	946.00	
江 苏	3113.00	215.60	3762.5	3562.63	2.02
浙 江	74.50	1.04	2777.4	2323.10	161.72
安 徽		1.30	1635.35	1609.86	17.9
福 建	533.10	0.03	1580.45	1272.58	285.2
江 西	1.00		729.92	648.70	79.82
山 东			3168.86	3128.18	2.03
河 南		0.09	2584.57	2467.24	103.42
湖 北	395.20		2086	913.63	1163.89
湖 南			1346.6	880.78	459.03
广 东	3251.37	399.08	3802.49	3017.97	331.03
广 西			1039.07	623.02	415.49
海 南			172.91	157.24	12.55
重 庆			582.17	393.50	184.27
四 川			1980.69	609.42	1364.02
贵 州			1379.26	1024.00	355
云 南			1555.08	536.03	1007.43
西 藏			27.17	4.60	20.62
陕 西			1222.47	1122.04	99.63
甘 肃			1027.9	709.90	252
青 海			463.13	91.80	370.87
宁 夏			939.3	909.42	16.75
新 疆			875.18	731.02	114.58

五 附录

主要统计指标解释

国内生产总值(GDP) 指按市场价格计算的一个国家(或地区)所有常住单位在一定时期内生产活动的最终成果。国内生产总值有三种表现形态，即价值形态、收入形态和产品形态。从价值形态看，它是所有常住单位在一定时期内生产的全部货物和服务价值超过同期投入的全部非固定资产货物和服务价值的差额，即所有常住单位的增加值之和；从收入形态看，它是所有常住单位在一定时期内创造并分配给常住单位和非常住单位的初次收入之和；从产品形态看，它是所有常住单位在一定时期内最终使用的货物和服务价值与货物和服务净出口价值之和。在实际核算中，国内生产总值有三种计算方法，即生产法、收入法和支出法。三种方法分别从不同的方面反映国内生产总值及其构成。

对于一个地区来说，称为地区生产总值或地区 GDP。

国民总收入（GNI） 即国民生产总值，指一个国家(或地区)所有常住单位在一定时期内收入初次分配的最终结果。一国常住单位从事生产活动所创造的增加值在初次分配中主要分配给该国的常住单位，但也有一部分以生产税及进口税(扣除生产和进口补贴)、劳动者报酬和财产收入等形式分配给非常住单位；同时，国外生产所创造的增加值也有一部分以生产税及进口税(扣除生产和进口补贴)、劳动者报酬和财产收入等形式分配给该国的常住单位，从而产生了国民总收入的概念。它等于国内生产总值加上来自国外的净要素收入。与国内生产总值不同，国民总收入是个收入概念，而国内生产总值是个生产概念。

工业总产值(当年价格) 指工业企业在本年内生产的以货币形式表现的工业最终产品和提供工业劳务活动的总价值量。

（1）工业总产值计算应遵循的原则

①工业生产的原则。即凡是企业在本年内生产的最终产品和提供的劳务，均应包括在内。其中的最终产品，不管是否在本年内销售，只要是本年内生产的，就应包括在内。凡不是工业生产的产品，均不得计入工业总产值。

②最终产品的原则。即企业生产的成品价值必须是本企业生产的，经检验合格不需再进行任何加工的最终产品。企业对外销售的半成品也应视为最终产品计入工业总产值。而在本企业内各车间转移的半成品和在制品只能计算其期末期初差额价值。

③“工厂法” 原则。即以法人工业企业作为一个整体计算工业总产值，是其本年内生产的最终产品和提供劳务的总价值量。

（2）工业总产值的内容

包括三部分：生产的成品价值、对外加工费收入、自制半成品在制品期末期初差额价值。

①成品价值：指企业在本年内生产，并在本年内不再进行加工，经检验合格、包装入库的已经销售和准备销售的全部工业成品(包括半成品)价值合计。成品价值中包括企业生产的自制设备及提供给本企业在建工程、其他非工业部门和生活福利部门等单位使用的成品价值，但不包括用订货者来料加工的成品(半成品)价值。

工业总产值是按现行价格计算的。成品价值按成品实物量乘以本年不含应交增值税(销项税额)的产品实际销售平均单价计算。会计核算中按成本价格转帐的自制设备和自产自用的成品，按成本价格计算生产成品价值。

②对外加工费收入：指企业在本年内完成的对外承做的工业品加工(包括用订货者来料加工生产)的加工费收入和对外工业品修理作业所收取的加工费收入。对外加工费收入按不含应交增值税(销项税额)的价格计

算，可根据会计“产品销售收入”科目的有关资料取得。

对于以对外加工生产为主，对外加工费收入所占比重较大的企业，如果对外加工费收入出现跨年度支付的情况，为保证总产值生产口径计算的准确性，则应将对外加工费收入按实际情况调整，记录本年应实际收取的对外加工费收入。

③自制半成品在制品期末期初差额价值。为了使工业总产值与工业中间投入中的物耗价值一致，以便同口径地计算工业增加值，规定本指标的计算原则是：凡是企业会计产品成本核算中计算半成品、在制品成本，则工业总产值中必须包括自制半成品在制品期末期初差额价值。反之则不包括。

自制半成品在制品期末期初差额价值等于自制半成品在制品期末价值减去期初价值后的余额，如果期末价值小于期初价值，该指标为负值，企业在计算产值时，应按负值计算，不能作为零处理。

（3）工业总产值计算的几种具体规定

①凡自备原材料，不论其加工繁简程度如何，一律按全价，即包括自备原材料的价值，计算工业总产值。

②凡来料加工，加工企业一律按财务上结算的加工费计算工业总产值，即不包括定货者来料的价值。一般分两种情况：a、工业企业之间的来料加工，加工企业(即承包单位)按财务上结算的加工费计算工业总产值；委托加工的企业(即发包单位)按全价计算工业总产值。b、工业企业与非工业企业之间的来料加工，当工业企业作为加工企业时一律按加工费计算工业总产值。

③自制半成品、在制品期末期初差额价值，原则上应计入工业总产值，但如果会计产品成本核算中不计算自制半成品、在制品成本，则不计入工业总产值；如果会计产品成本核算中计算自制半成品、在制品成本的，则计入工业总产值。

工业销售产值(当年价格) 是以货币形式表现的、工业企业在本年内销售的本企业生产的工业产品或提供工业性劳务价值的总价值量。工业销售产值包括的内容为：

（1）销售成品价值：指企业在报告期内实际销售(包括本期生产和非本期生产)的全部成品、半成品的总价值，即按报告期产品的实际销售数量乘以不含增值税(销项税额)的产品实际销售平均单价计算。销售成品价值包括为本企业在建工程，生活福利部门等提供的成品和自制设备价值，不包括用定货者来料加工的成品和半成品价值。

（2）对外加工费收入：指企业在报告期内完成的对外承接的工业品加工(包括用定货者来料加工的产品)的加工费收入；对外工业品修理作业可收取的加工费收入和对内非工业部门提供的加工修理、设备安装等收入。对外加工费收入按不含增值税(销项税额)的价格计算。

出口交货值 指工业企业交给外贸部门或自营(委托)出口(包括销往香港、澳门、台湾)，用外汇价格结算的产品价值，以及外商来样、来料加工、来件装配和补偿贸易等生产的产品价值。在计算出口交货值时，要把外汇价格按交易时的汇率折成人民币计算。

资产总计 指企业拥有或控制的能以货币计量的经济资源，包括各种财产、债权和其他权利。资产按其流动性(即资产的变现能力和支付能力)划分为：流动资产、长期投资、固定资产、无形资产、递延资产和其他资产。根据会计“资产负债表”中“资产总计”项的年末数填列。

流动资产合计 指企业可以在一年内或者超过一年的一个生产周期内变现或者耗用的资产，包括现金及各种存款、短期投资，应收及预付款项、存货等。根据会计“资产负债表”中“流动资产合计”项的年末数填列。

应收账款 指企业因销售商品、产品、提供劳务等，应向购货单位或接受劳务单位收取款项。该指标根据会计“资产负债表”中“应收账款”项的年末数填报。未执行2001年《企业会计制度》的企业，用“应收账款净额”年末数代替。

存货 指企业在生产经营过程中为销售或耗用而储备的各种资产，包括原材料、周转材料、包装物、低值易耗品、在产品、自制半成品、产成品等。根据会计“资产负债表”中“存货”项的年末数填列。“年初存货”根据会计“资产负债表”中“存货”项的年初数填列。

产成品 指企业报告期末已经加工生产并完成全部生产过程，可以对外销售的制成产品。根据企业会计“资产负债表”中“产成品”的年末数填报。

流动资产年平均余额 指企业在报告期内全部流动资产的平均余额。计算公式为：

$$流动资产年平均余额=\frac{1至12月各月流动资产平均余额之和}{12}$$

或：

$$流动资产年平均余额=\frac{1至12月各月月初、月末流动资产之和}{24}$$

其中：

$$流动资产=\frac{月初流动资产合计+月末流动资产合计}{2}$$

$$流动资产季平均余额=\frac{季内各月流动资产平均余额}{3}$$

固定资产合计 指企业使用期限超过一年的房屋、建筑物、机器、机械、运输工具以及其他与生产、经营有关的设备、器具、工具等。不属于生产经营主要设备的物品，单位价值在2000元以上，并且使用年限超过 2 年的，也应当作为固定资产。“固定资产合计”根据会计“资产负债表”中“固定资产合计”项的年末数填列。

固定资产原价 指企业在建造、购置、安装、改建、扩建、技术改造某项固定资产时所支出的全部货币总额。根据会计“资产负债表”中“固定资产原价”项的年末数填列。

累计折旧 指企业在报告期末提取的历年固定资产折旧累计数。根据会计“资产负债表”中“累计折旧”项的年末数填列。

图定资产净值年平均余额 指报告期内固定产值净额的平均数。计算公式为：

$$\begin{matrix}固定资产净值\\年平均余额\end{matrix}=\frac{1至12月各月固定资产净值平均余额之和}{12}$$

或：

$$\begin{matrix}固定资产净值\\年平均余额\end{matrix}=\frac{1至12月各月月初、月末固定资产净值之和}{24}$$

其中：

$$\begin{matrix}固定资产净值\\月平均余额\end{matrix}=\frac{月初固定资产净值+月末固定资产净额}{2}$$

$$固定资产净值季平均余额=\frac{季内各月固定资产净值平均余额}{3}$$

负债合计 指企业所承担的能以货币计量，将以资产或劳务偿付的债务，偿还形式包括货币、资产或提供劳务。负债一般按偿还期长短分为流动负债和长期负债。根据会计“资产负债表”中“负债合计”的年末数填列。

流动负债合计 指企业在一年内或超过一年的一个营业周期内需要偿还的债务，包括短期借款、应付票据、应付帐款、预收帐款、应付工资、应交税金、应付利润、预提费用等。根据企业会计“资产负债表”中“流动负债合计”的年末数填报。

所有者权益合计 指企业投资人对企业净资产的所有权。企业净资产为企业全部资产与企业全部负债的差额，包括实收资本、资本公积、盈余公积、未分配利润等。根据会计“资产负债表”中“所有者权益”项的年末数填列。

实收资本 指企业投资者实际投入的资本(或股本)，包括货币、实物、无形资产等各种形式的投入。实收资本按投资主体可分为国家资本、集体资本、法人资本、个人资本、港澳台资本和外商资本。根据会计

"资产负债表"中"实收资本"项的年末数填列。

国家资本 指有权代表国家投资的政府部门或机构、直属事业单位对企业形成的资本金。根据会计"实收资本"科目计算填列。

集体资本 指由本企业职工等自然人集体投资或各种机构对企业进行扶持形成的集体性质的资本金。根据会计"实收资本"科目计算填列。

法人资本 指法人以其依法可支配的资产投入企业形成的资本金。根据会计"实收资本"科目计算填列。

个人资本 指自然人实际投入企业的资本金。根据会计"实收资本"科目计算填列。

港澳台资本 指我国香港、澳门和台湾地区投资者实际投入企业的资本金。根据会计"实收资本"科目计算填列。

外商资本 指外国投资者实际投入企业的资本金。根据会计"实收资本"科目计算填列。

主营业务收入 指企业经营主要业务所取得的收入总额。执行2006年《企业会计准则》的企业，如果未设置该项科目，则以营业收入发生额代替填列。

主营业务成本 指企业经营主要业务发生的实际成本。根据会计"利润表"中对应指标计算填列。执行2006年《企业会计准则》的企业，如果未设置该项科目，则以营业成本发生额代替填列。

主营业务税金及附加 指企业经营主要业务应负担的营业税、消费税、城市维护建设税、资源税、土地增值税、教育费附加。根据会计"利润表"中对应指标"本年累计数"填列。执行2006年《企业会计准则》的企业，如果未设置该项科目，则以营业税金及附加发生额代替填列。

营业费用 指企业在销售商品过程中发生的各项费用，根据"利润表"中对应项目的"本年累计数"填列。

管理费用 指企业行政管理部门为组织和管理生产经营活动而发生的各项费用。根据会计"利润表"中对应指标本年累计数填列。

税金 指企业按规定从管理费用中支付的各种税金，包括房产税、土地使用税、车船使用税、印花税等。根据会计"管理费用"科目归纳本年累计数填列。

财务费用 指企业为筹集生产经营所需资金等而发生的费用，包括利息支出、汇兑损失以及相关的金融机构手续费等。根据会计"利润表"中对应指标本年累计数填列。

利息支出 指企业在生产经营期间利息支出扣除利息收入后的净额。根据会计"财务费用"科目归纳计算填列。

营业利润 指企业从事生产经营活动所产生的利润，即主营业务利润加其他业务利润扣除管理费用、财务费用后的净额。根据会计"利润表"中对应指标本年累计数填列。

利润总额 指企业在生产经营过程中各种收入扣除各种耗费后的盈余，反映企业在报告期内实现的亏盈总额。根据会计"利润表"中的对应指标本年累计数填列。

应交所得税 指企业按税法规定，应从生产经营等活动的所得中交纳的税金。根据会计"利润表"中的对应指标本年累计数填列。

本年应交增值税 指企业按税法规定，从事货物销售或提供加工、修理修配劳务等增加货物价值的活动本期应交纳的税金。指企业在报告期应交增值税额。计算公式为：

本年应交增值税=销项税额-(进项税额-进项税额转出)

-出口抵减内销产品应纳税额-减免税款+出口退税

全部从业人员年平均人数 指年内每月平均拥有的人数，其计算公式为：

$$全部从业人员年平均人数=\frac{1月末从业人员数+2月末从业人员数+\cdots+12月末从业人员数}{12}$$